ÉTUDES RIMBALDIENNES
sous la direction de Didier Alexandre et Pierre Glaudes

3

Rimbaud dans son temps

Ce volume a été publié sous la direction de Pierre Glaudes.

Yves Reboul

Rimbaud
dans son temps

PARIS
ÉDITIONS CLASSIQUES GARNIER
2009

© 2009. Éditions Classiques Garnier, Paris.
Reproduction et traduction, même partielles, interdites.
Tous droits réservés pour tous les pays.

ISBN : 978-2-8124-0088-9

Yves Reboul est Maître de Conférences honoraire à l'Université de Toulouse – Le Mirail. Il est par ailleurs rédacteur en chef de la revue *Littératures*.

*À Maïté
sans qui ce livre n'aurait jamais été*

QUELQUES MOTS POUR COMMENCER

«J'ai pour Rimbaud une admiration qui ne peut pas être dépassée et je ne ferais pas grande difficulté [...] à le révérer comme le plus grand poète qui ait jamais existé» : depuis près d'un siècle que la gloire s'est emparée de l'enfant de Charleville, innombrables assurément sont ceux qui auraient pu signer une telle déclaration[1]. Gide, qui savait voir et flairer le vent, fait dire au jeune héros de ses *Faux-Monnayeurs*, où il veut peindre l'atmosphère intellectuelle du début du XXe siècle, que «le seul poète qui [l]e satisfasse aujourd'hui, c'est Rimbaud[2]». Et combien de fois a-t-on pu lire, comme une litanie d'ailleurs un peu monotone, que depuis Rimbaud la poésie ne pourrait plus jamais être ce qu'elle avait été ; ou encore (ce qui est la même chose) qu'avec Rimbaud seulement elle avait pris conscience de ce qu'il lui revenait d'être ? Disons-le donc d'entrée : il est seul à jouir d'un semblable privilège. Ni Mallarmé, dont la parole ésotérique n'a jamais touché qu'une minorité de fervents, ni même Lautréamont ne peuvent là-dessus rivaliser avec lui. On a cru un moment qu'Artaud le pourrait, tant son aventure poétique et intellectuelle paraissait recueillir l'héritage de Rimbaud, le porter même à une incandescence jamais égalée. Mais plus d'un demi-siècle après sa mort, on est à l'évidence loin du compte : ce n'est pas lui, mais Rimbaud qui investit périodiquement nos écrans.

C'est, bien sûr, qu'il s'est imposé une fois pour toutes comme la figure emblématique de la révolte. Thème romantique au fond et déjà vieux en son temps, mais qu'il renouvelle totalement parce

---

[1] Elle est de Jacques Rivière, dont on aura largement l'occasion de reparler.
[2] *Les Faux-Monnayeurs* (III,5), Gallimard, 1925, p. 345.

qu'il est à jamais le poète de l'exigence adolescente et aussi parce que sa poésie tout en ruptures est perçue comme essentiellement moderne : avec lui l'aventure sans limites envahit à la fois la vie et l'écriture. De là sa capacité sans cesse renouvelée à servir de modèle, même purement incantatoire. Quand Jim Morrison, fils d'amiral et poète du rock, entreprend d'incarner la rébellion contre l'Amérique bourgeoise et puritaine des années cinquante du XXe siècle, c'est à Rimbaud qu'il s'identifie, non sur le plan strictement littéraire, mais comme ayant montré le chemin d'une libération qui s'inscrirait d'un même mouvement dans la vie et dans la parole. Et il n'est pas, loin de là, le premier à le faire : pour ne citer que cet exemple, si au début des années trente le groupe du *Grand Jeu*, qui fut un temps le compagnon de route des Surréalistes, se voue à la drogue et à la dérive sociale dans l'espoir de mériter la poésie, c'est déjà en une imitation délibérée de ce qu'il pensait (sans doute à tort) être l'expérience rimbaldienne.

Beaucoup plus que son œuvre, c'est donc la *figure* de Rimbaud qui a fasciné et fascine encore. Il y eut bien, au tout début du XXe siècle, un court moment où ses proses furent tenues par certains pour un possible modèle formel : on le voit chez Reverdy ou dans ce qu'on a nommé le cubisme littéraire. Mais ce ne fut là qu'un feu de paille et quand, aux premiers temps de sa gloire, il fut porté au pinacle par Claudel d'abord, ensuite par les Surréalistes, ce fut pour des raisons qui n'avaient au fond rien de littéraire. De là un curieux divorce qui devint évident à partir des années soixante, quand l'avant-garde se détourna quelque peu de lui pour pratiquer le culte et l'imitation de Mallarmé : aux yeux du public, Rimbaud n'en demeurait pas moins la figure emblématique de toute poésie moderne, de sorte que cette même avant-garde, en dépit de sa dévotion mallarméenne, céda périodiquement à la tentation de se l'annexer. Si elle y échoua régulièrement, c'est que sa pratique poétique était trop évidemment à l'opposé de la manière rimbaldienne ; mais surtout, elle ne s'intéressait par principe qu'au texte et le prestige sans rival de Rimbaud n'en avait dépendu que très secondairement.

C'est cette figure et c'est ce texte qu'on voudrait resituer ici dans leur véritable cadre car un des aspects, peut-être le plus décisif, de cette mythification de Rimbaud est qu'on l'a traité comme une sorte d'aérolithe venu de nulle part alors que c'est à la lumière d'un ancrage, qui fut en réalité profond, dans son époque qu'on peut véritablement le comprendre. Si on a tant rechigné à le reconnaître, la faute en revient bien entendu au mythe, mais aussi à ce que la poésie régnante au moment où il « se lève tout à coup[1] » semblait si peu à sa mesure qu'il paraissait inconcevable qu'il lui ait dû si peu que ce soit. Évoquant (à sa façon) Verlaine découvrant le futur compagnon d'Enfer à son arrivée à Paris, Claudel a bien marqué ce fossé à ses yeux infranchissable[2] :

> Il a regardé Rimbaud, et c'est fini pour lui désormais
> Du Parnasse contemporain, et de l'échoppe où l'on fabrique
> Ces sonnets qui partent tout seuls comme des tabatières à musique!

Mais en vérité le Parnasse n'était pas, ou pas toujours, cette médiocre fabrique d'une poésie convenue. Et surtout, ce n'est que pour des raisons circonstancielles que Rimbaud tenta un moment de s'y agréger[3]. Sa véritable patrie était ailleurs : dans Hugo, par exemple, avec qui il ne cessera d'entretenir un véritable dialogue textuel, lequel le mènera au fil des événements de l'imitation à la parodie; et au-delà, dans cette grande mythologie du Progrès, de l'avènement d'un monde nouveau à laquelle toute une part de la poésie s'était identifiée depuis le romantisme. Or le moment où il commence à écrire est précisément celui de la dernière flambée de ce romantisme politique, visionnaire et teinté d'eschatologie,

---

1 L'expression est de Claudel, dans sa célèbre préface de 1912 aux œuvres de Rimbaud.
2 *Le faible Verlaine* (poème liminaire du recueil *Feuilles de saints*).
3 Voir ce qu'il écrit à Banville le 24 mai 1870 : « Que si je vous envoie quelques-uns de ces vers [...] c'est que j'aime tous les poètes, tous les bons Parnassiens, – puisque le poète est un Parnassien [...] Anch'io, messieurs du journal, je serai Parnassien! ». Pur geste d'arrivisme de sa part! Et il vend d'ailleurs la mèche en terminant sur ces mots : « Si ces vers trouvaient place au *Parnasse contemporain*? ».

lequel fut en 1871 un des visages de la Commune. L'œuvre de Rimbaud en porte la marque indélébile et par là, elle est entièrement de son siècle, ou plutôt de cet aspect-là du siècle : eût-elle été immédiatement publiée qu'on l'aurait sans doute comprise ainsi et prise pour ce qu'elle était. Mais il fallut attendre près de vingt ans et elle surgit dans un tout autre contexte où l'idée de la poésie était à ce point différente que, son éclatante obscurité y aidant, on ne pouvait plus que l'interpréter à contresens. Tout ou presque est parti de là.

Ce n'est pas que l'œuvre de Rimbaud soit entièrement politique, tant s'en faut ; mais même dans les textes, si nombreux, où c'est son aventure personnelle qui fait la matière du poème, il tend le plus souvent à la renvoyer, d'une façon ou d'une autre, au monde dans lequel il vivait, à ses violences et à ses maux. Cette démarche n'était plus guère de saison au temps du Symbolisme où, enfin, on l'édita ; et elle l'était moins encore, du moins en poésie, dix ou vingt ans plus tard, quand sa gloire monta au zénith. Rimbaud aura eu en somme la chance, mais aussi l'infortune d'être un poète du XIXe siècle qui a été lu et glosé au XXe. C'est cet hiatus qu'on voudrait tenter de combler ici.

PREMIÈRE PARTIE

RIMBAUD EN SON TEMPS

MYTHE

Bien que la majorité des exégètes s'en dispense fort bien, il est impossible en réalité d'aborder l'œuvre de Rimbaud sans traiter d'abord de son mythe. S'il est vrai en effet, comme l'a écrit Étiemble dans son fameux *Mythe de Rimbaud*, que « nul écrivain ne peut être appréhendé dans sa stricte vérité » si on ne prend conscience pour commencer de son existence « comme légende et comme mythe[1] », tout porte à croire qu'il en est peu pour qui cette hypothèse se vérifie aussi bien qu'avec lui. C'est que, réellement, son rayonnement ne se sépare pas de mythes innombrables : l'enfant poète au génie déjà fulgurant ; l'adolescent révolté sur les barricades de la Commune ; *l'époux infernal* défiant Dieu, mais vivant dans sa chambre londonienne une aventure mystique à jamais indéchiffrable ; le trafiquant d'armes et, peut-être, d'esclaves ; l'agonisant miraculeusement réconcilié, s'ouvrant au seuil de la mort à la parole de Celui qui dit[2] : *Rimbaud, pensais-tu toujours me fuir ?* C'est à ces images légendaires, foisonnantes et contradictoires, que l'adolescent de Charleville a dû sa gloire sans rivale et d'avoir inspiré films ou posters en incarnant à lui tout seul une certaine idée moderne de la poésie. Toutes ces images, naturellement (quoique à des degrés divers), sont fausses et certaines sont clairement démonétisées aujourd'hui ; mais ce sont bien elles, autant et plus que la force et la capacité d'appel d'un texte, qui ont imposé l'œuvre au lectorat. Et l'ascension fulgurante du poète, autour de 1900, a dépendu presque entièrement de ces prestiges du mythe.

---

1 Étiemble, *Le Mythe de Rimbaud* (t. 1 : *Genèse du mythe*), Gallimard, 1954, p. 26.
2 Paul Claudel, « Consécration » (*La Messe là-bas*).

Or ceux-ci n'ont pas seulement popularisé une image entièrement faussée de Rimbaud. Dans la mesure où, trop souvent, ce sont eux qui ont entraîné le lecteur vers l'œuvre, ils se sont en même temps interposés entre lui et le texte, créant bien souvent les conditions d'une lecture mystifiée. Rien n'est plus révélateur à cet égard que l'attitude d'Étiemble lui-même, dont le travail pionnier se proposait justement d'en finir avec les légendes. Or chaque fois qu'il s'avise d'aborder, non la fable, mais le texte rimbaldien, il saute aux yeux que la lecture qu'il en propose dépend entièrement de celle des Surréalistes, qu'il dénonçait pourtant comme contaminée par le mythe : traitant par exemple d'un poème comme *Michel et Christine*, il l'envisage comme une suite de représentations fantasmatiques ou oniriques, abdique du coup toute prétention exégétique et s'en justifie en affirmant, dans des termes que n'aurait pas désavoués Breton, que la vision poétique de Rimbaud «ne s'insère pas dans le cadre de nos concepts[1]». On peut en dire autant de Char : posant que l'œuvre de Rimbaud est «la seule réplique de l'Occident [...] aux magies des peuples primitifs», le poète de *Fureur et Mystère* témoigne lui aussi d'une orthodoxie surréaliste impeccable, laquelle lui interdit toute tentation exégétique puisque interpréter irait à l'encontre de sa croyance en un texte rimbaldien quasiment magique, incommensurable par conséquent à toute démarche analytique. Sans doute ces affirmations extrêmes ont-elles surgi l'une et l'autre dans le contexte d'un mouvement qui avait fait de Rimbaud sa chose, mais on se tromperait en supposant que cette façon de lire les textes rimbaldiens sous l'emprise d'un dogme a été le fait de ceux-là seuls qui ont subi l'influence surréaliste. Sans même parler des adeptes du «mystique à l'état sauvage» imaginé par Claudel, c'est à foison qu'on ramasserait les exemples avec lesquels une vision mythique de Rimbaud a clairement déterminé l'approche du texte. Inutile de s'étendre à l'excès, par exemple, sur le cas trop connu de *Voyelles*;

---

1 Étiemble et Yassu Gauclère, «À propos de *Michel et Christine*», *Cahiers du Sud*, décembre 1936, p. 941.

mais on ne peut tout de même s'empêcher de rappeler qu'alors que Verlaine, mieux placé que quiconque pour en parler, avait assez clairement laissé entendre que l'ironie était au cœur de ce poème, ce sont les interprétations mystiques ou occultistes qui ont longtemps proliféré à son sujet, tout simplement parce que le mythe du *mage* Rimbaud ou le sens illuministe attribué au mot *voyant* gouvernaient la lecture. Et qu'on ne croie pas que ce soit là un cas unique : extrême, peut-être, et encore n'est-ce pas sûr. Voici par exemple *Après le Déluge*, pièce liminaire des *Illuminations* et allégorie assez évidente des lendemains de la Commune. D'autres textes rimbaldiens comme *Paris se repeuple* ou *Les Mains de Jeanne-Marie* traitent bien de ce même sujet, mais comment admettre qu'un *voyant* ait pu s'abaisser, surtout dans un ensemble baptisé *Illuminations*, à des préoccupations si platement séculières ? *Après le Déluge* sera donc un poème où se devine la nostalgie, fondamentalement mystique bien sûr, de la « fraîcheur édénique[1] », à moins qu'on n'invoque à son propos l'archaïsme métaphysique d'un « cycle cosmogonique[2] ». Voici encore *L'Homme juste*, où Rimbaud règle ses comptes avec un Hugo dont il pense qu'il a joué les Ponce Pilate au temps de l'insurrection communaliste ; mais combien mieux conforme à l'idée à la fois prométhéenne et satanique qu'on se fait de l'*époux infernal* est de croire que c'est au Christ que s'adressent les invectives dont regorge le texte ! Les impossibilités, voire les absurdités, ont beau s'accumuler dans cette voie, rien n'y fait : c'est Jésus qui passera pendant des années pour être la cible de Rimbaud dans ce poème.

On pourrait sans difficulté multiplier les exemples. Qui connaît la façon dont les mythes, et notamment les mythes religieux, plient couramment les textes à leur usage n'en sera pas surpris. Mais les mythes eux-mêmes ne naissent pas de rien, ne sont jamais non

---

1 L'expression est de Suzanne Bernard (Rimbaud, *Œuvres*, Classiques Garnier, 1960, p. 479).
2 C'est, *passim*, l'idée que développe Pierre Brunel dans son livre *Éclats de la violence. Pour une lecture comparatiste des* Illuminations *d'Arthur Rimbaud*, José Corti, 2004, p. 47-60.

plus donnés une fois pour toutes : il surgissent, se construisent, se transforment au gré de l'étonnante plasticité qui est un de leurs caractères. Or il se trouve qu'avec Rimbaud, nous connaissons la totalité de l'histoire ; et qu'à la dérouler, on s'aperçoit que presque jamais son œuvre ne fut lue pour elle-même, pour des raisons purement esthétiques ou littéraires. Dès l'origine, c'est à travers le prisme d'une forme quelconque du mythe que la quasi totalité de ses lecteurs avait été conduite à l'aborder : de sorte que ni son sens ni même l'évolution qu'on croyait y lire n'avaient la moindre chance d'échapper aux conséquences d'une si étrange naissance.

Il est sans doute excessif d'affirmer, comme Étiemble l'a fait[1], que Rimbaud était déjà un mythe au temps de sa brève existence littéraire. S'il l'a été, aux yeux d'ailleurs d'un très petit nombre, ce fut d'abord et brièvement comme *génie qui se lève*[2] et maître à venir de la poésie, ensuite certainement comme voyou et principal auteur du naufrage de la vie de Verlaine ; rien là qui puisse orienter la lecture d'une œuvre en devenir et d'ailleurs connue seulement – de façon fragmentaire – d'une poignée d'artistes ou d'hommes de lettres. Après quoi vient le temps de l'occultation, jamais totale cependant : en 1882 le roman à clés de Champsaur, *Dinah Samuel,* fait référence en une demi-page à *Arthur Cimber,* le qualifie (fumistement, sans nul doute) de « plus grand poète du monde » et donne deux strophes des *Chercheuses de poux* ; un an plus tard, Mirbeau cite dans un article de journal quelques mots des *Sœurs de charité* : et des indices convaincants laissent penser que d'autres textes rimbaldiens circulaient alors dans certains milieux littéraires parisiens[3].

---

1 Étiemble, *op. cit.*, p. 33-58.
2 L'expression est, comme on sait, du poète Léon Valade, Parnassien et ami de Verlaine, dans une lettre à Émile Blémont du 5 octobre 1871.
3 Notamment l'obscène *Sonnet du Trou du cul* (voir là-dessus : Arthur Rimbaud, *Œuvres complètes. I Poésies*, édition critique par Steve Murphy, Paris, Honoré Champion, 1999, p. 612).

C'est cependant, comme on sait, à Verlaine que l'œuvre de Rimbaud doit son existence éditoriale et critique : à l'automne de 1883, son article de la série *Les Poètes maudits*, paru dans la revue *Lutèce*, allait enfin la faire sortir, certes très partiellement, de l'ombre[1]. Seulement, éditeur assurément passionné, Verlaine n'avait rien d'un éditeur objectif et il se trouvait même, face aux textes rimbaldiens, dans une situation des plus embarrassantes, assez semblable au fond à celle où le mettait sa propre œuvre. Disparu un temps du monde littéraire après le scandale de Bruxelles, il avait certes échoué dans sa tentative de devenir avec *Sagesse* le poète attitré du parti catholique et monarchiste ; mais une grande partie de ce qu'il avait écrit naguère n'en demeurait pas moins inavouable, pour des motifs moraux, bien entendu, mais aussi pour des raisons politiques, touchant notamment ses rapports avec la Commune. De là toute une stratégie éditoriale de camouflage dont un recueil comme *Jadis et Naguère*, notamment, porte les traces indubitables. Or c'était pire avec Rimbaud, pour des motifs qu'il est facile de comprendre et qui, là aussi, ne tenaient pas seulement à la nature de leur liaison. On pouvait donc s'attendre à ce que, à côté d'une volonté indiscutable de révéler au monde une œuvre géniale encore inconnue, il s'efforce d'en orienter la lecture, à la fois par ce qu'il allait dire et par ce qu'il allait taire. C'est bien ce qu'il a fait et ses mensonges intéressés, ses silences et, plus encore peut-être, ses prétendus embarras devant le texte, ont été la condition nécessaire au développement du mythe, encore que son objet lui ait en quelque sorte échappé et que la lecture de Rimbaud ait pris du coup une direction qu'il n'avait certainement pas prévue.

Les silences ou les demi-vérités, l'article des *Poètes maudits* n'en manque pas. Les demi-vérités, c'est par exemple que la

---

1 L'article «Arthur Rimbaud» des *Poètes maudits* parut du 5 octobre au 10 novembre 1883. Y figuraient, dans l'ordre : *Voyelles, Oraison du soir, Les Assis, Les Effarés, Les Chercheuses de poux, Bateau ivre*, une strophe des *Premières Communions*, quelques vers de *Paris se repeuple* et la strophe initiale de *L'Éternité*.

dimension politique de l'œuvre de Rimbaud s'y trouve avouée en même temps que dissimulée[1] ; le silence, lui, se fait sur sa haine du christianisme, y compris (ce qui est un comble) quand est citée une strophe entière des *Premières Communions*. Mais le pire est sans doute dans les commentaires systématiquement esthétisants dont sont l'objet les citations – commentaires dont certains se donnent même l'apparence de la niaiserie : le lecteur apprend ainsi que « la Muse [*sic*] » de Rimbaud « pince toutes les cordes de la harpe, gratte toutes celles de la guitare » ou qu'on trouve dans *Les Chercheuses de poux* des « *effets* roses et bleus ». À l'évidence, Verlaine souhaitait avant tout attirer l'attention du lecteur sur les choix esthétiques de Rimbaud tel qu'il le lui présentait : la « profonde ordonnance » des *Premières Communions*, qui en faisait l'héritier de la grande tradition de la poésie oratoire, les « [r]imes très honorables », la langue « nette », le refus des « césures libertines » ou de la rime plate, qui le situaient nettement du côté d'une poétique parnassienne. Rien d'étonnant à cela, du moins à cette date où aucun mouvement nouveau n'avait encore relégué le Parnasse au rang des vieilles lunes. Quand un lecteur, sans doute fictif, fit paraître dans *Lutèce*, en réaction aux *Poètes maudits*, un texte parodique intitulé *Rimes riches*, il lui donna d'ailleurs comme sous-titre « Pour embêter les Parnassiens[2] » : les Parnassiens, c'est-à-dire précisément ceux que venaient d'exalter *Les Poètes maudits* – Mallarmé, Rimbaud et, sans doute, Verlaine lui-même. Il est vrai qu'en se référant ainsi implicitement aux valeurs parnassiennes, Verlaine n'avait certainement pas en vue le Parnasse officiel et académique de 1883, mais le groupe conquérant et novateur des dernières années de l'Empire, le plus souvent

---

1 *Paris se repeuple*, écrit Verlaine, fut « écrit au lendemain de la Semaine sanglante ». Cette précision apparemment anodine et les vers cités ensuite permettent au lecteur de deviner quelle fut l'attitude de Rimbaud à l'époque, mais rien n'est dit clairement.
2 *Lutèce*, 15 mars 1884 : le poème est attribué à un prétendu Marco Flamma. Pour ce qui regarde *Lutèce*, je suis de près le récent et remarquable article d'Olivier Bivort, « *Lutèce* et les petits décadents », *Cahiers de littérature française*, n° VII-VIII, mars 2009, p. 161-193.

mal pensant politiquement et dont lui-même avait été la pointe avant que les clivages nés de la guerre et surtout de la Commune n'aboutissent à l'en exclure[1]. Et les poèmes de Rimbaud qu'il citait, relevant presque tous de sa première manière, avaient bien l'air de conforter cette relation au Parnasse : or paradoxalement, ce sont eux précisément qui allaient mettre l'entreprise à mal et engager la lecture de Rimbaud dans une direction entièrement différente de celle que Verlaine avait, à l'évidence, souhaitée.

Le choix de ces poèmes tenait sans doute au hasard : Verlaine publiait là les pièces sur lesquelles il avait pu mettre la main, à un moment où il ne détenait pratiquement plus aucun manuscrit rimbaldien. De leur ordre, on ne peut sans doute pas en dire autant : rien de surprenant, par exemple, à ce que les citations, même tronquées, des *Premières Communions* ou de *Paris se repeuple* aient été renvoyées à la fin de l'article, moment où la figure de Rimbaud qu'il souhaitait imposer se trouvait entièrement dessinée. Mais précisément, ce fut l'ordre adopté qui allait, dans une large mesure, faire échouer la manœuvre de Verlaine et engendrer la première lecture de Rimbaud à avoir conquis une reconnaissance sociale – lecture assurément bien différente de celle à laquelle il avait songé. Les premiers textes figurant dans l'article verlainien étaient en effet *Voyelles*, puis *Oraison du soir* : or si l'on pouvait rattacher *Voyelles* à une tradition bien connue de spéculation sur les éléments du langage, d'origine romantique, et à laquelle Baudelaire n'était pas demeuré étranger, le lecteur pouvait aussi bien être tenté d'y voir la manifestation d'une attitude zutique ou fumiste toujours bien vivante aux marges du milieu littéraire. Quant à *Oraison du soir*, c'était pire ; surtout du fait de ses deux derniers vers

> Je pisse vers les cieux bruns, très haut et très loin,
> Avec l'assentiment des grands héliotropes

---

[1] Sur ce point, on se reportera à Steve Murphy, *Marges du premier Verlaine* (Honoré Champion, 2003), en particulier l'épilogue, « Rayé de la carte du Parnasse », p. 389-395.

le poème semblait à l'évidence être une fumisterie. Ce n'est pas un hasard si, dix-huit mois plus tard à peine, la plaquette parodique *Les Déliquescences d'Adoré Floupette*, voulant tourner en dérision toute une poétique fumiste en voie de se transformer en esthétique décadente[1], y incluait une «symphonie en vert mineur» qui fut aussitôt tenue pour allusion à *Voyelles* et un *Sonnet libertin* dont les dernier vers :

> Très dolents, nous ferons d'exquises infamies,
> – Avec l'assentiment de ton Callybistris

renvoyaient évidemment à la clausule d'*Oraison du soir*, d'ailleurs citée en épigraphe avec la signature «Arthur Rimbaud». Dans ce contexte, ni *Les Effarés*, ni *Les Assis*, ni même *Le Bateau ivre*, pourtant tous cités par Verlaine dans leur intégralité, ne pesaient réellement. Pour la première fois se produisait un phénomène qu'on allait voir fréquemment se reproduire : la cristallisation et la succès d'une image de Rimbaud reposant sur quelques textes seulement, en général interprétés à contre sens, et oublieuse de ce qu'il convenait d'oublier.

C'est qu'en effet à ce moment précis où un lectorat, certes marginal, pouvait commencer à découvrir un Rimbaud évidemment très partiel, les valeurs poétiques en vogue commencèrent à subir une brusque inflexion au cœur de laquelle certaines des œuvres publiées dans *Les Poètes maudits* allaient se trouver prises. On parle en général à ce propos de Décadence, mais encore faut-il s'entendre sur le mot. Il y avait depuis longtemps un thème décadent dans la littérature française, qui consistait à affirmer que la société était en décadence, que la création littéraire ne pouvait ignorer cet état de choses et qu'en dehors même des sujets liée à cette décadence supposée de la civilisation, elle se devait d'user désormais d'une langue corrompue, à l'image du latin du

---

[1] Plusieurs des poèmes composant la plaquette parurent en préoriginales dans *Lutèce*, de février à mai 1885. La plaquette elle-même eut deux éditions, une en mai, l'autre (augmentée) en juin.

Bas-Empire. C'est en gros l'idée que développe Gautier, dans le texte qui servira de préface à la première édition des œuvres complètes de Baudelaire ; et c'est sur elle que repose un livre comme *À Rebours*, où Des Esseintes ne goûte que la littérature de décadence, dans laquelle Huysmans tente d'enrégimenter Verlaine et Mallarmé. Le mouvement tendant à bouleverser les valeurs poétiques et au cœur de laquelle va se trouver Rimbaud arbore volontiers, lui aussi, le nom de décadence, mais il est entièrement différent. Il naît dans de petites revues, notamment *Lutèce* dont le principal responsable, Léo Trézenik, bien que d'esprit au fond classique, avait été formé à l'esprit fumiste à l'école des Hydropathes. Que la revue ait publié en 1883 *Les Poètes maudits* est donc une chose à laquelle l'esprit de provocation n'a pas dû être étranger. Seulement, cette publication et aussi le fait que Verlaine ait été à partir de cette époque comme chez lui à *Lutèce* vont déterminer de jeunes poètes comme Tailhade, Moréas ou autres à publier des poèmes en style nouveau à l'intérieur de la revue. Ce n'est pas qu'ils aient partagé l'idée d'une décadence de la société et là est le malentendu : Trézenik écrira que, « s'ils se sont jetés dans l'intense et le subtil », autrement dit dans ce que le public considérera comme le style décadent, c'est par mépris pour la « littérature de rez-de-chaussée[1] ». Pour plus d'un parmi eux, il s'agissait d'une manifestation d'élitisme liée à une attitude anarchisante et un Gustave Kahn, arrivant à Paris quelques mois plus tard et prenant acte de ces nouveautés, en conclura qu'il fallait certes « reforger l'instrument », mais pour faire un « art social » à destination des « prolétaires intellectuels[2] ». Étaient à l'ordre du jour dans cette perspective la provocation et le fumisme comme moyens de rompre avec la convention littéraire, en même temps que la recherche de sujets étranges et le style *corrompu* au sens baudelairien du terme, passant notamment par la recherche de mots rares et aussi, plus d'une fois, par une véritable distorsion

---

1 Léo Trézenik, « Chronique lutécienne », *Lutèce*, 1er juin 1884.
2 Gustave Kahn, *Symbolistes et Décadents*, Slatkine (reprint), 1977, p. 32.

du sens de ceux qui étaient socialement reçus[1]. Dès la fin de 1884, ces Décadents au sens nouveau du terme avaient commencé de se faire connaître : ils se groupaient surtout autour de Verlaine et brandissaient comme autant d'étendards les noms de ceux que venaient d'exalter *Les Poètes maudits* et avant tout celui de Rimbaud. Se concrétisa ainsi, autour de 1885, une première lecture de son œuvre, qui en faisait une œuvre décadente avant la lettre ; mais encore faut-il préciser qu'on ne connaissait de lui que ce que *Les Poètes maudits* avaient révélé et qu'au sein même de ce petit groupe de poèmes s'opérait encore une sorte de sélection. C'est en effet avant tout sur *Voyelles* et *Oraison du soir*, on l'a dit, que se fondait ce Rimbaud décadent : conséquence inattendue des silences de Verlaine dans sa présentation et aussi de ce que, par tactique et volonté de s'imposer dans le champ littéraire, il se déclarait lui-même à l'époque décadent et même *décadissimant*[2]. Rien d'étonnant dès lors à ce que *Les Déliquescences d'Adoré Floupette*, cette plaquette parodique dirigée précisément contre la poésie décadente, paradoxalement née au sein même de *Lutèce*[3] et parue au printemps 1885, s'en soit notamment pris à Rimbaud.

---

1 Quelques années plus tard paraîtra sous la signature de Jacques Plowert un *Petit Glossaire pour servir à l'intelligence des auteurs décadents et symbolistes* (Vanier, 1888) qui fait le bilan de ces innovations lexicales. Rimbaud y figure une douzaine de fois – ce qui prouve bien qu'il était considéré comme un Décadent avant l'heure – notamment aux entrées suivantes : *clarteux, essorer* (prendre essor), *flache, illuné, ithyphallique, nitide, pier* (n. m. poutre). Nom d'un personnage d'un roman du Symboliste Paul Adam, *Jacques Plowert* est un pseudonyme qui recouvre plusieurs auteurs, dont surtout ce même Paul Adam.
2 Le 21 août 1885, Verlaine publie dans *Lutèce* un article sur la mise au Panthéon de Hugo, texte intitulé *Panthéonades*. Il y parle de «nous autres décadissimants», non sans ironie très probablement ; mais il n'en est pas moins symptomatique que, par ce biais, la Décadence se trouve associée à une attitude de protestation contre la République officielle et ses icônes. Verlaine republiera ce texte l'année suivante dans *Mémoires d'un veuf*, mais il supprimera le mot.
3 Dès 1884, Trézenik pratique à *Lutèce* une sorte de double jeu : il publie la littérature décadente, mais en même temps des textes la parodiant ou l'attaquant (ce qui correspondait à ses goûts personnels). Sans doute cette attitude était-elle rentable au plan médiatique et commercial.

Mais la provocation n'a qu'un temps et on dit généralement dans cette perspective que le Symbolisme a éliminé la Décadence. Il est vrai que ceux qui le dirent à l'époque s'étaient ordinairement identifiés au mouvement symboliste[1] et les choses ne furent pas en réalité si simples[2] : dans le courant de 1885, le mot *Symbolique* (et non encore *Symboliste*) apparaît bien, mais c'est pour désigner sensiblement les mêmes hommes et les mêmes choses que le mot *décadence* et ils peuvent être tenus à ce moment-là pour quasiment synonymes[3]. L'année 1886, quant à elle, sera celle d'une véritable foire d'empoigne où chacun crée sa revue[4] dans une perspective de conquête du champ poétique et utilise à cette fin le mot *symboliste*, qui tend décidément à s'imposer comme slogan ; et chacun d'affirmer qu'il représente le véritable Symbolisme. Or c'est dans ce contexte que le massif principal de l'œuvre rimbaldienne va faire son apparition. Dès son premier numéro, en avril 1886, *La Vogue* avait publié *Les Premières Communions*, mais il est symptomatique que cette publication n'ait apparemment guère satisfait

---

1 Kahn affirmera par exemple que ce fut *La Vogue*, revue dont, comme par hasard, il assuma la direction, qui fit véritablement « le départ entre les symbolistes et les décadents » (*Symbolistes et Décadents, op. cit.*, p. 50).
2 Bien des années plus tard, répondant à des questions sur les revues du temps du Symbolisme, Édouard Dujardin répondra en évoquant *La Revue wagnérienne* : « Un des plus grands services qu'elle put rendre aux Lettres fut d'avoir voulu et d'avoir su faire un départ entre l'éphémère et souvent un peu caricaturale agitation des décadents qui florissaient en certains cafés de la rive gauche et le grand mouvement poétique qui devait être le symbolisme » (*Les Revues d'avant-garde [1870-1924]*, Belles-Lettres, décembre 1924, réédition J.-M. Place, 1980, p. 139-140).
3 Dans la *Vie d'Adoré Floupette* qui est comme une préface aux *Déliquescences*, Floupette annonce à son ami le pharmacien Tapora que Hugo, le Parnasse et le naturalisme sont dépassés et ajoute : « Il reste le *Symbole* » (voir Daniel Grojnowski, *La Muse parodique*, José Corti, 2009, p. 352) : or le personnage même de Floupette est une parodie des poètes *décadents*. D'ailleurs, *Lutèce* a publié plusieurs des futures *Déliquescences* avec le surtitre « pour les symboliques » ; et Moréas proposera dans *Le XIXᵉ siècle* du 11 août 1885 de remplacer le mot *décadent* par le mot *symbolique*.
4 En vrac : *La Pléiade* (Darzens) en mars 1886 ; *La Vogue* (D'Orfer et Kahn) en avril ; *Le Symboliste* (Kahn) en octobre ; *La Revue Indépendante* (Dujardin) en novembre ; les *Écrits pour l'art* (Ghil) en janvier 1887.

Kahn, alors secrétaire de la rédaction[1] qui, à l'en croire, serait allé trouver Verlaine pour lui dire son désir de publier des œuvres de Rimbaud « supérieures aux *Premières Communions*[2] » : preuve que ce grand texte, au fond politique, cadrait mal avec l'idée qu'on se faisait de Rimbaud dans les milieux de la jeune poésie (une fois de plus, les silences intéressés de Verlaine avaient produit là leurs conséquences), mais signe aussi de ce que la grande rhétorique du poème ne correspondait plus à une esthétique alors en devenir. Or c'est précisément *La Vogue* qui, en cinq numéros et de mai à juin, va publier les *Illuminations*[3], dont l'apparition ne pouvait évidemment que renvoyer au néant les interprétations fumistes ou décadentes qui s'étaient fondées sur *Oraison du soir* ou même sur *Voyelles*. En réalité, à partir de ce mois de mai 1886, Rimbaud devient une sorte d'enjeu : imposé par les Décadents, souvent à des fins de provocation[4], dans le paysage de la poésie nouvelle, il se retrouve au cœur de la compétition qui va opposer tous ceux – pour beaucoup d'entre eux récents Décadents – qui visent à s'imposer dans le champ de la poésie en utilisant la notion nouvelle (et largement artificielle) de Symbolisme. Et comme la logique de la situation les amenait de plus en plus à se définir *contre* la Décadence, l'apparition des *Illuminations*, si évidemment réfractaires à une lecture de type fumiste, était pain béni pour eux. C'est dans ce contexte que vont se développer de nouvelles lectures de Rimbaud, radicalement différentes de celle des Décadents.

---

1 Le directeur était alors Léo d'Orfer, qui était décadent. Kahn deviendra par la suite le principal responsable de la revue.
2 *Symbolistes et Décadents, op. cit.*, p. 56.
3 Mêlées, comme on sait, à des vers de 1872.
4 Le Décadent Édouard Dubus racontera dans *La Plume* (15 septembre 1890) qu'à une conférence publique de poètes décadents tenue en octobre 1886, il parla de Rimbaud « avec d'imperturbables éloges ». Le mot *imperturbables* en dit long, mais prouve aussi que Dubus, en cet automne 1886, était déjà dépassé : il continuait visiblement, à propos de Rimbaud, à pratiquer la lecture fumiste des Décadents, alors que l'apparition des *Illuminations*, quelques mois auparavant, avait radicalement changé la donne.

La première de ces lectures est développée par Félix Fénéon dans un article intitulé « Arthur Rimbaud. Les Illuminations » et publié dans la revue *Le Symboliste* du 7-14 octobre 1886. Il faut préciser que le numéro en question était le premier de cette publication, dirigée par Gustave Kahn[1] et il est clair qu'inaugurer cette revue nouvelle par une critique des *Illuminations* avait du sens – d'autant plus que ce qu'écrivait Fénéon était d'une nouveauté absolue :

> Les *Illuminations*. – Ce sont soudainement apparues, aheurtées en des chocs aux répercussions radiantes, des images d'une beauté bestiale, énigmatique et glorieuse, suscitant du sang, des chairs, des fleurs, des cataclysmes, de lointaines civilisations d'un épique passé ou d'un avenir industriel. [...]
> De ces décors, de ces foules, s'isole un individu : exaltations passionnelles tôt acescentes et âcres, et déviées en érotismes suraigus. [...] Brusque, un réveil haineux, des sursauts, un appel à quelque bouleversement social glapi d'une voix d'alcoolique, une insulte à cette Démocratie militaire et utilitaire, un ironique et final : en avant, route !
> Œuvre enfin hors de toute littérature, et probablement supérieure à toute.

C'est généralement cette dernière phrase que l'on retient parce qu'elle a été lue, reprise et travestie comme une affirmation, tantôt de la dimension métaphysique des *Illuminations*, tantôt de la surhumanité de Rimbaud. Or, au-delà de traits stylistiques qui

---

1 Et qui n'eut d'ailleurs que quatre numéros. On lisait dans ce numéro inaugural un texte de Moréas dont voici le début : « Sous le poids de ciels aplanes, aux véhémentes clartés des lampadaires, monstrueuses et bigles les maisons bordent la rue. Au trot éclopé de hongres et de cavales pies, les roues des véhicules se tarrabalent ; çà, les piboles sonnent les sauts enluminés des bouffons, là, les bouches équivoques de glabres marmonneux clament la vertu des babioles. En longue talare, cols tors, mentons pelus de deux coudées, ou squirreux, ou pouacres, des gentlemen. À sourires abortifs, à toisons conquises, des femmes folles de leurs corps [...] ». Donné ensuite pour une évocation du Boulevard des Italiens, ce texte est clairement parodique de la « décadente écriture » ; mais il se souvient peut-être aussi de *Villes*, dans les *Illuminations*, ce qui pourrait indiquer que Moréas, ancien collaborateur de *Lutèce*, en était encore quant à lui à la lecture décadente de Rimbaud.

dénoncent une époque, c'est tout autre chose qui compte dans ce texte de Fénéon. Il est clair qu'il a cherché à comprendre une esthétique, relevant par exemple les «chocs» des images et leur beauté «énigmatique». Mais surtout, il a noté dans les proses de Rimbaud, d'abord qu'elles font surgir, outre des images d'un «passé épique[1]», celles d'un «avenir industriel» – on songe à *Villes* ou à *Métropolitain*; ensuite que dans le cadre de tels «décors» apparaît un «individu» que caractérisent des «érotismes suraigus» – référence à des poèmes tels que *Bottom*; enfin que ce même «individu», méprisant apparemment la «Démocratie militaire et utilitaire» alors régnante – et c'est évidemment de *Démocratie* qu'il s'agit – appelle à «quelque bouleversement social». C'est donc une poésie en prise directe sur le monde contemporain[2] et même une poésie de la révolte que Fénéon découvre en parcourant les *Illuminations* et on peut soupçonner que la chose n'était pas sans rapport avec le fait que lui-même était, comme chacun sait, anarchiste. Là est sans doute le véritable sens de l'expression *hors de toute littérature, et probablement supérieure à toute*, où le mot *littérature* a certainement un sens péjoratif : hors de toute littérature, c'est-à-dire hors de tout le petit jeu dérisoire du monde littéraire (bourgeois par définition). Fénéon, à n'en pas douter, voyait que ce type de jeu commençait de se jouer autour de Rimbaud depuis l'apparition des *Illuminations*, puisqu'il écrivait sardoniquement qu'il «flott[ait] en ombre mythique sur les symbolistes». Ce qui visait certainement, au-delà des légendes biographiques qui commençaient de courir, l'interprétation même du texte ; d'où le côté combatif de sa recension avec laquelle il tentait en somme de poser un garde-fou. Peine perdue ! Fénéon proposait

---

1 De ce point de vue, Fénéon place sans doute Rimbaud dans la perspective ouverte par *La Légende des siècles*.
2 Il n'était pas seul. Dans *La Revue Indépendante* d'octobre 1888, Gustave Kahn écrit qu'il trouve chez Rimbaud «une sève de la pensée» et qu'il devine chez lui une «foi à un âge d'or scientifique à venir». Mais à cette date, défendre cette idée de Rimbaud, c'était déjà soutenir une cause perdue.

une lecture d'une lucidité remarquable pour l'époque, traitant l'œuvre rimbaldienne pour ce qu'il pensait qu'elle était et non en fonction des slogans du jour. Mais c'est d'un autre Rimbaud que l'apparition des *Illuminations* allait accoucher dans le contexte d'un Symbolisme qui tendait alors à imposer ses mots d'ordre.

Le Symbolisme, en effet, a toujours été une auberge espagnole et du fait la situation éditoriale de Rimbaud en cette année 1886, tout était prêt pour qu'on lise dans son œuvre ce qu'on voudrait y lire. Un poème comme *Oraison du soir*, sur lequel s'était largement fondée la lecture fumiste des Décadents, s'efface alors de la mémoire collective, tandis que *Voyelles*, qu'un Symboliste comme René Ghil prenait suffisamment au sérieux pour en critiquer la conception, commence de glisser vers un statut de poème quasiment gnostique. Mais surtout, c'est l'éclatante obscurité du texte des *Illuminations* qui va en très peu d'années, mais pour longtemps, déterminer la lecture de l'œuvre. Il ne faut pas en effet commettre d'erreur de perspective : Rimbaud est alors devenu le poète des *Illuminations* et, à peu de chose près, des *Illuminations* seules. C'est qu'en dehors de *Voyelles* et du *Bateau ivre*, qui allait très vite passer pour une allégorie de la vie de son auteur, le lecteur ignorait à peu près tout du reste de l'œuvre. *Une saison en enfer* allait bien paraître à son tour dans *La Vogue* en septembre, mais à la différence des *Illuminations*, elle ne connaîtrait pas d'édition en volume, ce qui devait la réduire pour plusieurs années à une audience confidentielle[1]. Et surtout, presque aucun des poèmes des années 1870 ou 1871, qui auraient donné de Rimbaud une image de poète engagé dans le siècle, pour ne pas dire de poète de combat, n'avait encore paru, à l'exception des *Premières Communions*, dont l'écho fut à peu près nul[2]. Il fallut

---

1 *Une saison en enfer* ne parut en volume qu'en 1892.
2 *Les Premières Communions* figuraient bien dans le numéro inaugural de *La Vogue* mais, on se le rappelle, elles avaient suscité fort peu d'intérêt de la part des responsables de la revue eux-mêmes, qui se faisaient sans doute une autre idée de la poésie et, très probablement, leur (maigre) public avec eux.

attendre, pour connaître ces poèmes, novembre 1891, avec la parution de l'édition des vers de Rimbaud procurée par Rodolphe Darzens et curieusement appelée *Reliquaire* : mais à cette date, les jeux étaient faits[1].

Rien de surprenant dès lors à ce que, dans un lectorat jeune et influencé par les mots d'ordre diffusés dans les petites revues, ces *Illuminations* où Fénéon lui-même avait relevé la part de l'énigmatique aient été lues sous le signe du mystère, d'où l'on glissait facilement à l'idée de mysticisme. Il est vrai que le mot *mystique* faisait l'objet à l'époque d'une inflation qui lui ôtait parfois presque tout sens[2], mais il n'en est pas moins exact qu'il y eut au sein du Symbolisme une ligne, non pas mystique au sens propre du terme, mais qui affirmait des valeurs idéalistes et tenait volontiers l'œuvre d'art pour une voie d'accès, au-delà de toute raison, à l'énigme du monde. Cette tendance n'avait jamais rien eu de commun, bien entendu, avec la Décadence et c'était surtout dans la *Revue wagnérienne* qu'elle allait s'exprimer. Fondée en février 1885, dirigée par Dujardin mais aussi par un Wyzewa qui devait plus tard donner une interprétation mystique de Mozart, la revue était en principe vouée au triomphe de Wagner en France, mais elle n'allait pas tarder, sous couleur d'étendre les principes wagnériens, à devenir en fait une revue symboliste militante : son numéro de janvier 1886, entièrement fait de sonnets d'hommage à Wagner dus à de jeunes poètes ou aux maîtres qu'ils se reconnaissaient (Mallarmé ou Verlaine d'un côté, un Ghil ou un Stuart Merrill de l'autre), était apparu comme un résumé des nouvelle tendances en poésie, voire comme un manifeste. Or ce Symbolisme-là, confronté à l'énigme des *Illuminations*, n'allait évidemment pas tarder à les lire à sa manière et tout porte à croire notamment que

---

1   Sans compter qu'une grande partie de l'édition fut saisie, suite à un différend entre Darzens et l'éditeur.
2   Un exemple entre mille. À propos d'*Akédysséril*, Dujardin écrit que Villiers lui a donné «les émotions d'apparitions et de musiques mystiquement idéales» (*Revue wagnérienne*, 8 août 1885).

c'est de lui qu'une des plus fameuses lectures de Rimbaud, celle de Claudel, tire son origine. Il était en effet grand consommateur de petites revues symbolistes et allait naturellement découvrir les *Illuminations* dans *La Vogue*; mais il était aussi, à l'époque, fanatique de l'œuvre wagnérienne. Il devait d'ailleurs écrire, bien des années après[1], que l'envoûtement de la phrase de Rimbaud ne se comparait qu'à celle de Wagner et on comprend bien à quoi il se référait : à la phrase magique, poétique ou musicale, dont l'enchantement[2] s'emparait du lecteur ou de l'auditeur au-delà de toute raison et ouvrait sur un monde inconnu – *surnaturel*, comme Claudel l'écrira des années plus tard.

Claudel est évidemment un cas limite. Mais l'idée que si les *Illuminations* opposaient une énigme au lecteur, c'est qu'elles étaient nées du commerce de l'indicible, ou d'une expérience à quelque degré mystique – cette idée-là, indéniablement, était en marche en ces années de Symbolisme triomphant. Elle allait s'imposer au détriment même du Rimbaud de Fénéon, tout en lui empruntant sa phrase conclusive – «Œuvre enfin hors de toute littérature» – pour lui donner un sens métaphysique qu'elle n'avait évidemment pas. Sans doute est-ce cette évolution qui, dès 1888, allait faire écrire à Kahn, pourtant favorable en principe à la lecture de Fénéon, qu'on trouvait dans les *Illuminations* un «circulus perpétuel d'intuitions métaphysiques[3]». Ou qui nous vaut, sous la plume du poète symboliste Georges Vanor, un Rimbaud mâtiné pour le coup d'un orientalisme mystique et qui passe, il faut le reconnaître, les bornes du ridicule :

---

1 Dans sa fameuse préface de 1912 aux œuvres de Rimbaud.
2 C'est à dessein que j'emploie ici le mot *enchantement*. Tout laisse croire en effet que le fameux Enchantement du Vendredi saint, dans *La Walkyrie*, a joué pour Claudel (et beaucoup d'autres) un rôle de modèle. Le brusque sentiment d'un mystère indicible, la nature qui parle *en paroles et en énigmes* : c'est tout à fait le Rimbaud de la préface de 1912.
3 «Chronique de la littérature et de l'art», *La Revue Indépendante*, octobre 1888. Kahn croit avec Fénéon qu'on trouve dans les *Illuminations* une «foi à un âge d'or scientifique à venir». Mais *en même temps*, il écrit le mot *métaphysique* parce qu'il est dans l'air du temps à propos de Rimbaud.

> Arthur Rimbaud dont l'œuvre condensée en quelques rares pages d'une prose miraculeuse enferme l'ensemble de toutes philosophies […] Seuls les poèmes de tradition chaldéo-sémitique et les fragments poétiques des Évangiles hindous pourraient offrir une équitable comparaison[1].

Vanor était sans doute un imbécile, mais sa prose ampoulée avait du sens. Elle révélait à sa façon comment on tendait désormais à lire les *Illuminations*, cette « prose miraculeuse ». L'ambiguïté du mot *illumination*, d'ailleurs, favorisait cette dérive qui, au-delà des groupuscules fanatiques de la jeune poésie, commençait d'atteindre le grand public, lequel avait ignoré Rimbaud jusque-là et allait le découvrir avec ce visage. En veut-on une preuve ? Le lendemain de sa mort[2], *L'Écho de Paris* entretenait de lui ses lecteurs ; or, traitant pourtant du *Reliquaire*, qui venait de paraître, et contenait en nombre des poèmes politiques, il n'en évoquait pas moins essentiellement *Voyelles* et les *Illuminations*. Après quoi une conclusion sans appel sur Rimbaud : « Ce fut en effet un illuminé ».

Cette image mythique en voie de cristallisation, Verlaine aurait pu la contredire. Il s'en garda, se contentant de protester contre les faux Rimbaud que publiait alors *Le Décadent*. Il reprit même à son compte la fameuse phrase de Fénéon en lui faisant subir une distorsion significative puisqu'il lui fait dire dans ses *Confessions* que l'œuvre de Rimbaud était « au-dessus de la littérature[3] » (Fénéon, lui, on s'en souvient, la jugeait en réalité *hors* de la littérature). Tout cela, en effet, l'arrangeait fort : si le public s'engouait de ce portrait de Rimbaud en mystique, il ne *verrait* littéralement plus ce qui gênait Verlaine : non seulement les faits

---

1 Georges Vanor, *L'Art symboliste* (préface de Paul Adam), 1889, p. 23. Pour Vanor, les deux générations précédentes sont celle du Parnasse et la génération Mallarmé / Verlaine. On observera que Rimbaud n'est à ses yeux que l'auteur de « pages d'une prose miraculeuse », autrement dit des *Illuminations*.
2 Mort que le journal, daté du 12 novembre 1891, ignore. Il ne traite en fait de Rimbaud qu'à l'occasion de la saisie du *Reliquaire* et du scandale bien parisien qui s'en est suivi.
3 *Confessions*, II, 17.

biographiques difficiles à avouer, mais aussi la dimension érotique et politique de l'œuvre. Et c'est bien ce qui se produisit : confortée par diverses légendes biographiques tendant à faire de Rimbaud une manière de surhomme, cette image de quelqu'un qui avait vécu une aventure unique dans les annales de l'esprit – aventure dont les *Illuminations* étaient censées désormais nous livrer l'écho – était en voie de s'imposer en cette fin de siècle. L'arrivée sur la scène rimbaldienne de la sœur du poète, Isabelle, allait parachever cette construction mythique.

Ce n'est pas ici le lieu de refaire le portrait d'un personnage dont les impostures et les affabulations sont dévoilées depuis bien longtemps, mais de marquer l'influence qu'elle a pu avoir sur la *lecture* de l'œuvre rimbaldienne. Qu'il suffise donc de rappeler ici qu'au moment de la mort de Rimbaud, elle ignorait même qu'il avait été poète et que, traditionaliste et catholique, elle découvrit avec horreur que sa vie avait été pavée de scandales et qu'il était l'auteur d'une œuvre pour elle inavouable. En une série de mensonges d'un aplomb stupéfiant (« En fait de biographie, je n'admets qu'un thème, c'est le mien », devait-elle écrire), elle se mit donc à édifier une ligne de défense autour de l'idée de *rétractation* : Rimbaud s'était repenti, avait renié son œuvre parce que, comme il était censé le lui avoir dit, « c'était mal » – expression qui visait sans doute les poèmes pénétrés d'un « détestable esprit politique et irréligieux[1] ». D'où la légende, qu'elle s'employa aussitôt à colporter, selon laquelle il avait brûlé (en sa présence, assurait-elle !) la totalité des exemplaires en sa possession d'*Une saison en enfer*. Cette position tactique, mise au point durant les mois qui suivirent la mort de Rimbaud, elle allait la maintenir jusqu'au bout, mais non sans de notables inflexions. La première de ces inflexions lui vint de ce qu'elle se trouva très vite partagée entre le désir de dissimuler ou de nier tout ce qui pouvait l'être et celui de ne pas mettre obstacle à la gloire qui se levait pour

---
1 Les citations sont, bien sûr, d'Isabelle elle-même.

son frère. Du coup, comme elle avait fini par lire (quoique moins vite qu'on aurait pu le croire) la totalité de l'œuvre rimbaldienne alors publiée, elle se trouva poussée par la logique de la situation à modifier le sens du fameux *c'était mal* : du rejet d'une poésie détestable idéologiquement, elle allait ainsi passer (sans doute sous l'influence d'*Alchimie du verbe*) au remords désormais attribué à Rimbaud de s'être engagé dans une entreprise visionnaire d'inspiration prométhéenne qui était un véritable défi à Dieu. La seconde inflexion concernait directement *Une saison en enfer* et elle était, pour l'évolution de la lecture de Rimbaud, d'une importance capitale : la prétendue *rétractation* se trouvant désormais confiée tout entière à la *Saison*, celle-ci devait logiquement clore l'œuvre en un sublime geste de repentir[1]. Naissait donc là une chronologie, destinée à ne pas rester longtemps implicite et qui était devenue comme la clé de voûte du système d'Isabelle : d'abord poète enfant, Rimbaud avait été ensuite, mais brièvement, un révolté (on ne pouvait le nier) ; sa véritable vocation, toutefois, était l'entreprise visionnaire s'exprimant dans les *Illuminations* ; après quoi, se tenant pour coupable d'avoir en quelque sorte entrepris sur ce qui appartenait à Dieu seul, il avait dit son repentir dans *Une saison en enfer* avant de se contraindre à un silence définitif. Il avait cependant conservé intact son don de visionnaire, lequel s'était à nouveau manifesté quand il n'avait plus eu la force de se contraindre – sur son lit de mort.

Mais si cette chronologie était en fait vitale pour Isabelle, il lui était extrêmement difficile de l'imposer. D'abord parce que Verlaine avait écrit dans sa préface à la première édition des *Illuminations* que celles-ci avaient été écrites « de 1873 à 1875 », c'est-à-dire, au moins en partie, après *Une saison en enfer* et que, témoin privilégié, il jouissait d'une autorité dont on voit mal comment Isabelle aurait pu la contester, bien qu'il y ait

---

1 On observera qu'en bonne logique, ce sens désormais attribué à *Une saison en enfer* était contradictoire avec la légende de l'autodafé : Rimbaud brûlant le livre où s'exprimait son repentir !

d'excellentes raisons de croire qu'il n'était pas de très bonne foi en certifiant ces dates. Ensuite, tout simplement, parce qu'elle n'avait aucune relation dans les milieux littéraires ou journalistiques. Or, ce relais, elle allait le trouver en la personne de Paterne Berrichon, peintre, sculpteur, bohème et vaguement anarchiste qui devait devenir son mari et avec qui elle allait entrer en contact épistolaire dans l'été de 1896. Berrichon voulait écrire sur Rimbaud et ce fut la raison pour laquelle il s'adressa à Isabelle ; il pensait à l'origine peindre son personnage en héros libertaire, mais il ne fallut pas longtemps à la sœur abusive pour lui imposer ses propres vues et faire de lui son porte-parole. Or en septembre 1896, elle lut l'article bien connu de Mallarmé sur Rimbaud ; et d'écrire aussitôt à Berrichon : « Vous pensez, n'est-ce pas, comme M. Mallarmé, que, malgré l'assertion de Verlaine, les *Illuminations* sont de conception antérieure à celle de la *Saison en enfer* ? ». Mallarmé n'avait rien écrit de tel[1], ce qui n'empêcha pas Berrichon, capitulant une fois de plus, de répondre aussitôt qu'il « savai[t] » en effet qu'*Une saison en enfer* était « de conception postérieure aux *Illuminations*, la dernière illumination, en quelque sorte » ; puis d'écrire quelque temps plus tard dans *La Revue blanche*, parlant de la « période d'amitié » avec Verlaine : « Toute la prose publiée de Rimbaud, aussi, date d'alors : les *Illuminations*, puis *Une saison en enfer*[2] ». Quelques mois encore et dans l'édition des œuvres de Rimbaud qu'il allait procurer au printemps 1898 en collaboration avec l'ami de jeunesse de Rimbaud, Ernest Delahaye, on pouvait lire comme titre : les *Illuminations* (1872-1873), suivi de ce commentaire : « Tout en adoptant rigoureusement le texte et l'ordonnance de

---

1 Parlant de coup de pistolet de Bruxelles, Mallarmé écrit de Rimbaud : « Solitaire, après cette circonstance tragique, on peut dire que rien ne permet de le déchiffrer, en sa crise définitive, certes, intéressante puisqu'il cesse toute littérature ». La *circonstance* de Bruxelles ne se confond évidemment pas ici avec la *crise définitive* : c'est pourtant ce que, volontairement ou pas, Isabelle a lu.
2 « Rimbaud (deuxième article) », *La Revue blanche*, 15 avril 1897, p. 450-460.

l'édition de *La Vogue*, nous croyons que la confrontation des *Illuminations* avec *Une saison en enfer* désapprouve les dates que leur assigne Verlaine en une préface ».

Or il ne s'agissait pas là d'un détail. La chronologie de Verlaine, en effet, s'adaptait difficilement à l'image de l'œuvre rimbaldienne qui avait commencé de s'imposer dans les années symbolistes : si Rimbaud avait vraiment été un *illuminé* et que ses poèmes en prose témoignaient de cette entreprise visionnaire, il était difficile d'admettre qu'il ait pu la poursuivre jusqu'en 1875, comme le voulait Verlaine, après la condamnation portée par *Alchimie du verbe*. La chronologie nouvelle, au contraire, expliquait tout, à condition toutefois que Rimbaud ait bien été ce que les Symbolistes, précisément – ou une partie d'entre eux, mais il n'importe – avaient commencé de penser qu'il était : un *voyant* qui avait renoncé. Elle permettait en outre de concéder leur place aux poèmes politiques et antireligieux de l'année 1871, tout en leur donnant un sens qui ne compromettait pas l'image du visionnaire : révolte de quelques mois, allait-on penser, suscitée par l'explosion de l'*année terrible* et dont Rimbaud n'avait pas tardé à se détourner pour se dédier à cela seul qui comptait. Cette césure, on la situait de façon précise à la fin de l'été 1871, c'est-à-dire au moment de l'arrivée à Paris ; et deux bornes marquaient l'entrée de ce monde de *visions* dans lequel on voyait s'engager le jeune poète : *Le Bateau ivre*, censé avoir été composé pour être lu à Paris ; et *Voyelles*, ce poème dont on s'accordait à dire que Rimbaud l'avait écrit à l'automne et dont l'énigme, désormais prise entièrement au sérieux, était perçue comme annonçant celle des *Illuminations*. Dans les biographies successives qu'il publie alors[1], Berrichon allait s'employer à conforter ces constructions imaginaires en les présentant comme autant de faits, tout en y ajoutant force anecdotes légendaires tendant à accréditer la « surhumanité du

---

1   *La Vie de Jean-Arthur Rimbaud*, Mercure de France, 1897 ; introduction aux *Lettres de Jean-Arthur Rimbaud*, Mercure de France, 1899 ; *Jean-Arthur Rimbaud le Poète*, 1912. Sans préjudice de nombreux articles (près de vingt en une quinzaine d'années).

rimeur de *Voyelles*[1] ». Tout cela sans oublier de souligner (sous l'influence d'Isabelle, bien entendu) que l'expérience visionnaire des *Illuminations* plongeait fondamentalement ses racines dans un christianisme dont Rimbaud ne se serait éloigné que par une sorte de malentendu, en attendant d'y revenir pour toujours.

Il fallut cependant du temps à cette imagerie pour s'imposer. S'il y avait eu une lecture décadente de Rimbaud, puis une lecture symboliste (ou plutôt *des* lectures symbolistes), aucune conception nouvelle ne cristallise vraiment à la frontière des deux siècles. Rimbaud cependant inquiète, pour reprendre un mot cher à Gide ; il inquiète précisément Gide, d'ailleurs, et plus encore Valéry qui, fidèle à sa méthode, traquera le système qu'il croit deviner derrière les *Illuminations* et mettra en avant le concept d'*incohérence harmonique*. Il est clair que dans son idée Rimbaud a quelque chose de Monsieur Teste, qu'il a été pour lui un chercheur dans le domaine des pouvoirs et du fonctionnement de l'esprit ; ce n'est toutefois que la génération suivante qui s'intéressera à cette figure possible de l'auteur des *Illuminations*. En attendant, dans les premières années du XXe siècle, les proses rimbaldiennes vont brièvement jouer le rôle de modèle rhétorique pour les initiateurs de ce qu'on appellera le cubisme littéraire et en particulier pour Reverdy[2]. Mais pour le mythe, cette période est un temps de latence où cheminent en profondeur les thèmes mis en circulation au temps du Symbolisme, croisés avec les légendes venues de Berrichon ou d'Isabelle. C'est peu avant la première guerre mondiale qu'ils vont produire leurs effets pour donner naissance à une lecture nouvelle de Rimbaud dont les surprenants avatars vont faire de lui, pour deux générations au moins, une figure unique et de sa poésie – c'est-à-dire, une fois encore, pour l'essentiel, des *Illuminations*– un texte *autre*, au-delà des frontières de la littérature, où une révélation est à l'œuvre.

---

1 Paterne Berrichon «Rimbaud, premier article», *La Revue blanche*, 15 août 1896.
2 Voir sur cette question l'article remarquable d'Étienne-Alain Hubert, «Reverdy et Max Jacob devant Rimbaud : la querelle du poème en prose», *Arthur Rimbaud*, *Cahiers de l'Herne* n° 64 (dirigé par André Guyaux), 1993, p. 161-176.

On pense là, bien entendu, à la célèbre préface de Claudel, écrite pour la nouvelle édition de Rimbaud procurée par Berrichon en 1912 et qui allait orner pendant un demi-siècle la quasi-totalité des autres éditions. Texte trop connu – surtout par son attaque : « Rimbaud fut un mystique à l'état sauvage » – pour qu'on doive le gloser ici longuement. Deux remarques cependant. D'abord cette préface adopte strictement la chronologie d'Isabelle et celle-ci produit là toutes ses conséquences : l'œuvre en vers devient manifestation du « mâle tout pur », sans que le lecteur puisse savoir à quoi s'appliquait cette violence virile – l'auteur se payant même, du coup, le luxe de citer *Paris se repeuple*; *Une saison en enfer* est, bien sûr, le texte ultime sur lequel Rimbaud s'est arrêté; et ce sont donc, sans surprise, les *Illuminations* seules qui comptent pour qui veut comprendre ce que fut l'entreprise rimbaldienne. Cette entreprise ensuite, précisément : on y retrouve tout à fait la pente mystique du Symbolisme, celle de la *Revue wagnérienne* de 1886, avec son approche d'un mystère qui excède la parole, cette idée que la nature est énigme et reflet, mais qu'en de brefs instants elle s'adresse à nous dans son étrangeté même, avec sa *note unique*[1]. La force de cette préface, c'était d'ailleurs de n'avoir christianisé Rimbaud qu'à la marge, dans l'*incipit* et dans le récit final de la conversion[2] *in extremis*; ce n'en était pas moins un texte d'inspiration catholique et, comme tel, il devait d'ailleurs convertir à Rimbaud quantité de lecteurs. Mais il allait aussi susciter de violentes réactions de rejet, de sorte qu'explicitement au moins, cette lecture de l'œuvre demeura celle d'un parti.

C'est pourquoi, pour saisir les mutations que subit la lecture de Rimbaud en ce début du XXe siècle, mieux vaut évoquer la figure d'un Jacques Rivière qui joua en la matière un rôle d'autant plus décisif qu'ami et correspondant de Claudel, puis lié après la

---

[1] Dans cette *note unique*, on retrouve évidemment l'enchantement wagnérien.
[2] Ce n'est pas ici le lieu d'insister sur cette question, mais on sait que Claudel avait beaucoup hésité avant d'écrire ce texte et qu'il ne s'y décida qu'après une visite aux Berrichon, à Charleville. Ce qui emporta sa décision, ce fut notamment la fameuse lettre relatant la conversion finale de Rimbaud, qu'Isabelle lui montra à cette occasion. Tout porte à croire qu'elle l'avait au minimum arrangée pour la circonstance.

guerre avec tout ce qui comptait dans le surréalisme naissant, il s'est trouvé en quelque sorte à un carrefour. Il devait évidemment subir l'ascendant du Rimbaud claudélien et c'est à coup sûr sous son empire qu'il alla un jour jusqu'à écrire en termes christiques que le « passage de Rimbaud ici-bas » avait été « une des aventures les plus extraordinaires qui soient arrivées à l'humanité[1] ». Mais il s'en faut que sa vision de Rimbaud soit un simple reflet de celle de Claudel et s'il dépendait lui aussi de la lecture symboliste, c'était d'une manière différente et qui lui valut en définitive, en matière rimbaldienne, une influence largement occulte mais autrement agissante que celle de l'auteur des *Cinq Grandes Odes*. Il avait abordé Rimbaud dans sa première jeunesse, non sans quelque retard ; c'est qu'adolescent de province pétri de littérature comme on l'était alors dans tant de familles bourgeoises, il était surtout fervent de poésie moderne, c'est-à-dire symboliste. Il ignorait donc Rimbaud – on était en 1905 – mais savait, probablement par la rumeur, qu'on avait voulu en « faire un génie[2] ». Ce fut son ami Fournier (le futur Alain-Fournier) qui le lui révéla et, bien sûr, ce furent les *Illuminations* seules qui, aussitôt, l'intéressèrent. Les vers de Rimbaud, écrit-il en effet, « ça ne m'intéresse pas. [...] Mais les *Illuminations* ! Il y a d'admirables choses. Il y a des hallucinations extraordinaires [...] on sent la transformation du monde vrai en rêves[3] ». À quoi Fournier répondit, avec un déplacement d'accent sans doute décisif, qu'il voyait en Rimbaud l'homme qui, le premier, avait « senti qu'il y avait un autre paysage », ajoutant même « de façon très mystique peut-être, que le paysage à substituer *existe*, qu'il faut l'*atteindre*, pour le *décrire*[4] ». Échange décisif car désormais, Rimbaud ne va

---
1 Recension du livre de Paterne Berrichon, *Jean-Arthur Rimbaud le Poète* (*La Nouvelle Revue française*, février 1913). On trouvera l'ensemble des textes de Rivière sur Rimbaud dans : Jacques Rivière, *Rimbaud. Dossier 1905-1925*, présenté, établi et annoté par Roger Lefèvre, Gallimard, 1977.
2 Lettre à Alain-Fournier, 20 septembre 1905.
3 Lettre à Alain-Fournier, 13 avril 1906.
4 Lettre d'Alain-Fournier à Jacques Rivière, 15 décembre 1906. Cet acte de substituer, Fournier en attribue la paternité aux Symbolistes, qu'il déclare pour cette raison « mal nommés ».

plus cesser d'être au cœur des préoccupations de Rivière, sous le double signe d'une lecture passionnée des *Illuminations* et d'un intérêt profond pour le rêve que, bon lecteur de poésie symboliste, il conçoit comme une région énigmatique où un lourd secret se trouve enclos[1]. Et c'est dans cette perspective que, le 6 décembre 1913, il donne au Vieux-Colombier une conférence sur Rimbaud et Laforgue où tout va se nouer. Parlant des *Illuminations* (comme de bien entendu), il déclare en effet :

> Je voudrais donc essayer de définir avec vous ce que c'est qu'il peint dans les *Illuminations*. [...] je crois que le meilleur moyen c'est de penser d'abord à nos rêves [...] ces rêves profonds, lourds, secrets où l'on ne descend que rarement [...] Tous, ils nous font toucher un autre monde. Mais en général il nous est impossible de les fixer. Eh bien, R[imbaud] a réussi à les fixer. Cet objet mystérieux, [...] ce sont nos rêves[2].

Mais ces rêves, naturellement, ne sont pas des rêves au sens ordinaire du mot (Rivière concède d'ailleurs que ce sont « un peu plus que des rêves »). Et de risquer en s'excusant, comme naguère Fournier, de se « montrer si mystique », cette glose appelée à un bel avenir :

> Mais je crois que ce que les *Illuminations* nous font voir, c'est tout simplement notre monde à nous, en tant que l'autre monde le désorganise. [...] Tous, nous sommes obligés d'admettre en temps normal que le monde est cohérent. Mais il n'en est rien. [...] Il me semble que c'est cette désagrégation de notre monde par l'autre que R[imbaud] a représentée dans les *Illuminations*. Et si je disais d'abord qu'il avait fixé des rêves, c'est parce que le plus souvent cette désagrégation ne nous est sensible que dans le mystérieux royaume du rêve[3].

---

1 Rivière publie en novembre 1909 dans *La Nouvelle Revue française* un texte intitulé *Introduction à une métaphysique du rêve* où, parlant du royaume du rêve, il écrit que « sur tout un territoire pèse l'emprise d'un maître caché ». Ambivalence de cet énoncé : il pourra être reçu aussi bien de Claudel que des futurs surréalistes. Rivière, lui, pense probablement à *Soir historique* : « La main d'un maître anime le clavecin des prés ».
2 Jacques Rivière, *op. cit.*, p. 65.
3 *Ibid.*, p. 66-67.

On est ici au cœur d'une lecture de Rimbaud qui va, en fait, s'imposer pour longtemps. Non pas forcément dans les termes que lui assigne ici Rivière, mais bien dans la direction qu'il indique. Qu'on relise en effet ces lignes. On y retrouvera le Rimbaud symboliste, avec cette passion pour le rêve que la génération de 1886 avait héritée d'une des veines majeures du romantisme en même temps que la conviction que c'était là une voie vers la connaissance. Mais tout aussi bien, le texte de Rivière pouvait être avoué par Claudel et les siens : cet *autre monde* n'était-ce pas le *surnaturel* dont le jeune Claudel aurait eu la révélation grâce, précisément, aux *Illuminations* ? Mais ce n'est pas tout. Il n'est pas besoin d'être grand clerc en effet pour comprendre que ce Rimbaud-là allait être *aussi* celui des Surréalistes : l'importance attribuée au songe, la certitude que la rationalité du monde n'est qu'illusion, l'usage du rêve pour accéder à cet *autre monde* qui, heureusement pour la condition de l'homme, est là pour désagréger celui auquel nous avons affaire – le texte de Rivière avait tout, pour reprendre un titre surréaliste célèbre, d'un *discours sur le peu de réalité*. Qu'après cela Breton ait figuré, très probablement, au nombre de ses auditeurs[1], n'est qu'un indice de plus.

L'année suivante, Rivière allait reprendre tous ces thèmes dans une étude[2] publiée en juillet-août 1914 dans *La Nouvelle Revue française* et promise à un considérable retentissement. Ce texte de 1914 inclinait peut-être davantage que la conférence du Vieux-Colombier sur le versant métaphysique – ce que laisserait croire notamment le sentiment de *peur* avoué par Rivière à la lecture des textes rimbaldiens ; encore n'est-ce pas sûr, car l'ambivalence marque à nouveau cet article. Que par exemple Rimbaud y soit présenté comme une manière d'ange combattant exempt du

---

[1] Marguerite Bonnet, *André Breton, naissance de l'aventure surréaliste*, Corti, 1975, p. 13.
[2] «Rimbaud, I», *La Nouvelle Revue française*, juillet 1914 ; «Rimbaud, II», *La Nouvelle Revue française*, août 1914. Ces deux articles furent repris en volume en 1930, après la mort de l'auteur, sous le titre *Rimbaud*.

péché originel pouvait évidemment se lire dans une perspective claudélienne : comme métaphore de son destin de « mystique à l'état sauvage ». Mais on pouvait y voir aussi bien une représentation des pouvoirs nouveaux à conquérir pour l'homme, loin de toute idée de faute – et c'est évidemment ainsi que devait le lire Breton. Et d'ailleurs, cette figure de l'ange, c'est-à-dire d'un être totalement *retranché*, Rivière la reliait à l'indéfinition tout onirique caractérisant les créatures qui, parfois, traversent les proses rimbaldiennes : « Les étranges habitants qui peuplent les *Illuminations* », écrivait-il, « ne sont assignés à aucune patrie, ne sont astreints à aucun lieu ni à aucun temps ». On imagine bien comment Breton a pu lire une telle phrase : de là aux Grands Transparents qui apparaîtront, des années plus tard, dans le *Troisième Manifeste* du surréalisme, il n'y a évidemment qu'un pas.

On pourrait presque en rester là parce que, pour des années, la lecture de l'œuvre rimbaldienne ne connaîtra plus d'inflexion notable. Lecture chrétienne et lecture surréaliste vont certes prospérer chacune de leur côté, connaître des avatars parfois surprenants : c'est dans les marges du Surréalisme, par exemple, que se développera l'entreprise du *Grand Jeu* qui voudra découvrir dans les textes de Rimbaud l'expression d'une mystique hindouiste[1]. Mais en réalité, ce qui caractérise ce moment du destin posthume de Rimbaud, c'est que ces lectures à la fois contradictoires et liées entre elles ont donné naissance à ce qu'on pourrait nommer une *vulgate*, au regard de laquelle il serait à peine paradoxal de dire que l'adhésion au Rimbaud de Claudel, ou à celui du surréalisme n'a qu'un importance somme toute mineure. Rien ne le montre mieux que la façon dont Breton, dans ses entretiens radiophoniques de 1952, évoque la figure de Valéry telle qu'elle lui apparaissait vers la fin de la première guerre mondiale pour la relier aussitôt à celle de Rimbaud :

---

[1] Dans le livre d'A. Rolland de Renéville, *Rimbaud le Voyant* (Au Sans Pareil, 1929).

Il semblait en effet avoir pris définitivement congé de la vie littéraire. [...] À mes yeux, il bénéficiait par là du prestige inhérent à un mythe[1] qu'on a pu voir se constituer autour de Rimbaud – celui de l'homme tournant le dos, un beau jour, à son œuvre comme si, certains sommets atteints, elle « repoussait » en quelque sorte son créateur. Un tel comportement de la part de celui-ci prête à ce sommets un caractère indépassable, quelque peu vertigineux et, je le répète, leur permet d'exercer une fascination[2].

Texte fascinant parce qu'à travers cette figure mythique de Valéry, telle que Breton l'envisage trente ans après, c'est en réalité le mythe rimbaldien qui impose sa logique jusque dans la manière d'envisager l'œuvre. De l'apprentissage on ne dit rien, justement parce qu'il ne vaut guère la peine d'en parler : ce qu'on retrouve là, en somme, c'est le mépris symboliste pour la première partie de l'œuvre rimbaldienne. Ce qui compte vient en effet ensuite : une illumination menant à des *sommets* qui ne sont pas vraiment de l'ordre de la littérature, mais tiennent plutôt de la révélation ou d'un expérience initiatique (*Monsieur Teste* pour Valéry, les *Illuminations* pour Rimbaud) ; après quoi, le silence final. Et, bien sûr, clé de cette structure mythique, le texte unique et littéralement *autre* qui, comme le dira encore Breton à propos de Vaché, attestera que « quelque chose s'est passé ».

Cette *vulgate*, les éditions qui commencent alors à se multiplier vont la diffuser, comme aussi les ouvrages de synthèse, qu'il s'agisse de livres consacrés à Rimbaud ou d'ouvrages généraux de littérature, qui commencent alors à lui faire une place[3] : dans tous ces écrits, il n'est question que de *voyance*, de mysticisme ou de visions. Avec comme résultat que ce qui est donné d'un commun accord comme le cœur de l'œuvre rimbaldienne – c'est-à-dire les *Illuminations* et les vers de 1872 – est tenu en même

---

1 À cette date, Breton connaissait évidemment les travaux d'Étiemble.
2 Breton, *Entretiens*, *Œuvres complètes*, Gallimard, Bibliothèque de la Pléiade, t. III, p. 433.
3 Par exemple les *Morceaux choisis des auteurs français* de Ch.-M. des Granges (Hatier, 1933).

temps pour au-dessus de la misérable question du sens puisque porteur d'un secret qui excède précisément tout sens. Quant à *Une saison en enfer*, elle n'a plus obligatoirement la portée que lui avait donnée Isabelle, celle d'une rétractation morale soutenue par la conviction que « c'était mal ». Mais elle reste la clé de voûte du système en tant qu'*œuvre finale* et surtout comme expression du désabusement de celui qui s'était cru un *mage* et préface à un silence à quoi l'ambition déçue du *voyant*, précisément, conférait une dimension tragique et auquel Mallarmé, naguère, avait donné son slogan : s'être *opéré vivant de la poésie*.

Ce n'est pas que tout le monde soit convaincu par cette lecture mythique. À cet égard l'attitude d'un Aragon, notamment, a toujours été au moins ambiguë. On en jugera aisément grâce à ces lignes de lui, datant de 1918 et intitulées « *Rimbaud, puisque son nom fut prononcé...* » :

> Un matin triste, j'ai ouvert les *Illuminations* et voici que s'effaça le décevant visage de la vie. Les mers montaient, symphoniques, au-dessus des maisons et, pour l'Univers, resurgi du Déluge, impossibles, de nouvelles fleurs naissaient. Monde neuf dont la géométrie se complique de dimensions nouvelles, quel mathématicien en établira les lois ? Logiquement, je suis ravi au domaine du possible, les théories s'enchaînent comme des forçats, l'absurde devient l'essentiel, je jongle avec des additions d'infinis algébriques[1].

Il est certain qu'il y avait là, potentiellement, un *autre* Rimbaud, peut-être conçu en réaction à *Rêve*[2], ce texte rimbaldien au statut problématique paru dans le même numéro de *La Nouvelle Revue française* que l'article de Rivière et qui pouvait être lu comme dadaïste

---

[1] *Le Carnet critique*, n° 5, 15 avril-15 mai 1918.
[2] On sait que ce texte (« On a faim dans la chambrée – / C'est vrai... / Émanations, explosions. / Un génie : "Je suis le Gruère ! –" [...] ») allait être tenu dans le surréalisme pour un poème et même pour le plus important poème de Rimbaud. *La Nouvelle Revue Française* avait publié, *en même temps que l'article de Rivière*, la lettre de Rimbaud à Ernest Delahaye du 14 octobre 1875 où il figure (« Trois lettres inédites d'Arthur Rimbaud », *La Nouvelle Revue Française*, juillet 1914).

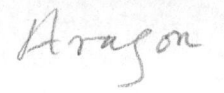

avant la lettre. Toujours est-il que c'est ce Rimbaud-là qu'on retrouve dans le chapitre initial (mettant en scène un nommé Arthur) d'*Anicet ou le panorama* du même Aragon, paru trois ans plus tard en pleine période Dada – ce qui n'est évidemment pas un hasard :

> Paris devint pour moi un beau jeu de constructions. J'inventai une sorte d'Agence Cook bouffonne qui cherchait vainement à se reconnaître, un guide en main, dans ce dédale d'époques et de lieux où je me mouvais avec aisance. L'asphalte se remit à bouillir sous les pieds des promeneurs ; des maisons s'effondrèrent ; il y en eut qui grimpèrent sur leurs voisines. Les citadins portaient plusieurs costumes qu'on voyait à la fois, comme sur les planches des histoires de l'Habillement. L'Obélisque fit pousser le Sahara place de la Concorde, tandis que des galères voguaient sur les toits du Ministère de la Marine : c'étaient celles des écussons aux armes municipales.[1]

À en croire ce qu'écrivit Aragon une dizaine d'années plus tard, le personnage que présente *Anicet* avait précisément été conçu comme une réponse aux thèses de Rivière[2]. On en doute un peu[3], mais il est vrai que, par la suite, il allait dénoncer régulièrement le mythe rimbaldien, que ce soit dans *Les Voyageurs de l'impériale*[4], dans ses *Chroniques du bel canto* ou dans un texte moins connu datant de 1943, intitulé *Pour expliquer ce que j'étais* et où il s'en prend violemment au *rimbaldisme*, décrit comme la

---

1 *Anicet ou le Panorama, roman* (Gallimard, collection «Folio», p. 29).
2 Voir sur ce point L. Victor, «Rimbaud en Aragon», in *Rimbaud 1891-1991* (actes du colloque de Marseille publiés par A. Guyaux), Champion, 1994, p. 233. Le texte auquel il est fait référence est intitulé «Écrit dans les marges d'*Anicet*» et il daterait de 1931.
3 À cette époque, Aragon avait déjà entamé son rapprochement avec les Communistes et il devait lui sembler vital d'arracher Rimbaud à la glose catholique. En 1918-1920, il n'en allait pas du tout ainsi et rien ne prouve qu'il ait alors rejeté le texte de Rivière. On notera que dans «*Rimbaud, puisque son nom fut prononcé…*», il qualifie Rimbaud de «véritable archange», écho évident de Rivière qui en faisait un ange.
4 À travers l'évocation de la gloire subite de Pierre Mercadier, qui démarque à l'évidence le surgissement du mythe rimbaldien. Je ne peux que renvoyer là-dessus à mon article, «Le point aveugle des *Voyageurs de l'impériale*», *Littératures*, n° 45, automne 2001.

pseudo-religion de toute une génération de fils de la bourgeoisie : car « à tout prendre », concluait-il, « nous fûmes essentiellement la première génération rimbaldienne[1] ». Mais dans le contexte de l'époque, ces polémiques ne pouvaient guère atteindre leur cible : promu écrivain officiel du stalinisme français, Aragon défendait une lecture réaliste de Rimbaud qui, souvent, n'était pas sans pertinence, y compris pour les *Illuminations*. Mais il n'était que trop clair qu'un de ses principaux motifs était d'illustrer le dogme communiste du réalisme socialiste, ce qui, face au réflexe déjà invétéré de tenir les proses rimbaldiennes comme autant de *visions*, n'avait aucune chance de convaincre.

Aussi la vulgate critique ne fut-elle pas ébranlée par lui, mais par une découverte philologique. En 1949, Bouillane de Lacoste, dans son livre *Rimbaud et le problème des Illuminations*[2], publiait le résultat d'années de recherche : s'appuyant sur l'évolution de l'écriture de Rimbaud et aussi sur le fait que dans le manuscrit de deux des *Illuminations*, on découvre la main de Nouveau – lequel cohabita avec Rimbaud en 1874 seulement – il en concluait que les *Illuminations* étaient en fait postérieures à *Une saison en enfer*, contrairement à ce qu'on tenait alors unanimement pour vrai (par la grâce d'Isabelle Rimbaud, on l'a vu, mais on ne s'en doutait pas). Bouillane de Lacoste en profitait, il est vrai, pour tenter de transformer contre toute vraisemblance le Rimbaud des poèmes en prose en une sorte d'esthète, converti à l'idée la plus académique de la Beauté ; mais en dépit de l'ineptie de telles conclusions, son argumentation *philologique* méritait le respect, aurait dû au pire susciter le débat et l'objection. Seulement, il ébranlait un consensus, mettait en cause par le biais de la chronologie (et probablement sans l'avoir voulu) la vulgate critique en place depuis trente ans. On le lui fit bien voir ; et rien ne montre mieux quelle était la force du mythe et surtout son impact sur la lecture des textes.

---

1 *Pour expliquer ce que j'étais* (Gallimard, 1989, p. 50).
2 H. de Bouillane de Lacoste, *Rimbaud et le problème des Illuminations*, Mercure de France, 1949.

Passe encore qu'André Rolland de Renéville, membre du *Grand Jeu* et inventeur du Rimbaud mystique hindouiste, se soit acharné à démonter que Bouillane s'était trompé[1]. Mais Étiemble lui-même, cependant pourfendeur patenté des mythes, cria de son côté haro sur le baudet, allant même là-dessus jusqu'à approuver Rolland de Renéville, pourtant un de ses cibles favorites[2]. Et Breton lui-même se mit de la partie avec son pamphlet *Flagrant délit*, où il avançait l'idée que les «manuscrits mis en avant» avaient chance d'être «des *copies*» (ce qui était en effet indiscutable) et, ajoutait-il, «plus ou moins postérieures à l'original[3]», ce qui relevait de la pétition de principe mais avait l'intérêt d'annuler indirectement les conclusions chronologiques de Bouillane de Lacoste. C'est qu'*intérêt*, en effet, était le mot : non seulement *Flagrant délit* avouait sans ambages que la rencontre de Rimbaud avait été, pour Breton, «la grande affaire[4]», mais un caractère *sacré* y était reconnu à l'œuvre rimbaldienne[5] et avant tout, bien sûr, aux *Illuminations* : comment admettre après cela une chronologie qui tendait à rendre ces proses au travail ordinaire de l'écrivain ? La démarche et les conclusions de Bouillane avaient certainement,

---

1 «Verlaine, témoin de Rimbaud», *Cahiers de la Pléiade*, printemps 1950, p. 91-115.
2 Étiemble, *Le Mythe de Rimbaud, Genèse du mythe*, p. 337 et aussi p. 343 («D'autres arguments, que [...] produira M. de Renéville, ne me semblent pas moins bons»).
3 Breton, *Œuvres complètes*, III, Bibliothèque de la Pléiade, p. 823.
4 *Ibid.*, p. 797. C'était là un véritable aveu, face à la position officielle du surréalisme, qui avait toujours eu du mal à exonérer Rimbaud de toute responsabilité dans la glose claudélienne et affichait du coup ostensiblement d'autres préférences, par exemple pour Lautréamont.
5 Breton invoquait d'abord (*ibid.*, p. 796) «la croyance à un "au-delà" de la littérature et de l'art dont, au témoignage de Félix Fénéon, la porte a été forcée par Rimbaud» – Fénéon, on s'en souvient, n'avait rien écrit de tel – et c'était de là qu'il passait à l'idée de *sacré* : «Il y a beau temps que l'accent est mis sur le caractère *sacré* du message rimbaldien». Sans s'en rendre compte, il *rejouait* là l'histoire de la lecture de Rimbaud, depuis ses origines symbolistes. Qui plus est, il donnait à la figure de Rimbaud une véritable dimension christique, notamment dans son évocation du rôle de Nouveau : «Le Nouveau qui – sous l'œil du Rimbaud que nous ne pouvons voir et qu'à cet instant il *voit* – copie *Villes* et *Métropolitain*» (*ibid.*, p. 824).

pour le chef du surréalisme, quelque chose de sacrilège – d'où des apostrophes d'une virulence extrême[1], révélatrices sans nul doute de l'importance de l'enjeu.

Il faudrait encore parler de Char, surréaliste orthodoxe en l'occurrence et dont les textes sur Rimbaud adoptent d'autant mieux la *vulgate* critique qu'ils sont, à bien des égards, une réécriture de la fameuse préface de Claudel[2] : en 1954 encore, répondant à un questionnaire sur Rimbaud, il écrira : « La parole de Rimbaud qui m'enserre peut-être le plus étroitement est celle de l'année 1873. Son expérience – sa vraie vie plutôt s'achevait[3] ». Seulement, sur le long terme et si virulents qu'ils aient pu être, de tels refus n'étaient autre chose qu'un combat d'arrière-garde et, petit à petit, les découvertes philologiques de Bouillane de Lacoste finirent par produite leurs effets, au moins sur le plan de la chronologie. Et il suffit de parcourir les nombreuses éditions de Rimbaud qui s'échelonnent tout au long de la deuxième moitié du XXe siècle pour réaliser qu'effectivement, au moins du point de vue factuel, l'édifice laborieusement construit par Isabelle et qui avait donné naissance à la vulgate critique de l'entre-deux-guerres s'était à peu près entièrement écroulé. Presque aucune de ces éditions, en effet, ne donne les *Illuminations* pour antérieures à *Une saison en enfer* ; et les thèmes légendaires auxquels cette chronologie fictive

---

1 « M. de Bouillane veut rire ? M. de Bouillane veut qu'on le coiffe du seau à champagne ? [...] Du haut de son superbe nom à deux arches, M. de Bouillane de Lacoste espère-t-il nous faire prendre un colifichet pour *Le Bateau ivre* ? » (*ibid.*, p. 822).
2 Deux indices. Dans « *Tu as bien fait de partir, Arthur Rimbaud !* », texte paru en 1947 (*cf.* René Char, *Œuvres complètes*, Bibliothèque de la Pléiade, 1983, p. 275), la dernière phrase (« Nous sommes quelques-uns à croire sans preuve [...] ») est une réplique textuelle à la dernière phrase de Claudel (« Je suis un de ceux qui l'ont cru sur parole [...] »). Même chose pour la phrase initiale de *En 1871* : « Arthur Rimbaud surgit en 1871 d'un monde à l'agonie [...] » (*Recherche de la base et du sommet III, op. cit.*, p. 726) : on y reconnaît le début du texte claudélien. En fait, Char inverse simplement les signes : l'expérience rimbaldienne du surnaturel selon Claudel devient chez lui celle de la révélation poétique.
3 René Char, *op. cit.*, p. 1392.

avait si longtemps servi de support – l'expérience mystique, la *rétractation*, le silence volontaire du *voyant* – se trouvent, du coup, largement hors jeu.

Peut-on dire pour autant que la lecture de Rimbaud, à partir de là, s'est trouvée entièrement libérée d'un si lourd passé ? Il serait tout à fait naïf de le croire et il suffit de feuilleter la première édition à avoir véritablement voulu tenir compte de la nouvelle configuration critique – celle procurée en 1960 par Suzanne Bernard[1] – pour prendre conscience de la relative impasse dans laquelle se trouvait l'exégèse et qui tenait à ce que les conséquences de la vulgate antérieure étaient loin d'être entièrement effacées. D'abord la carrière de Rimbaud, telle que l'éditrice la retrace, continue au fond de parcourir les mêmes étapes et surtout de connaître les mêmes césures. Celle, d'abord, de l'été 1871 dont la vulgate avait posé en principe qu'il séparait une sorte de Rimbaud avant Rimbaud, celui par exemple des poèmes politiques, du *voyant* qui seul comptait[2] ; et Suzanne Bernard d'écrire à son tour : « Le jeune Ardennais un peu rustre qui arrive chez Verlaine au mois de septembre 1871 est un poète déjà en possession d'un dogme et d'une méthode. Le dogme a nom la *Voyance*[3] » – mot, comme on sait, que Rimbaud n'a *jamais* utilisé. La césure d'*Une saison en enfer*, ensuite, l'éditrice ne craignant pas d'écrire : « *Une saison en enfer* (terminé à la fin de l'été 1873) avait mis un point final, non seulement à sa tentative de Voyance, mais à sa crise spirituelle[4] » : Isabelle n'aurait pas mieux fait mais il n'est pas surprenant après cela, dans la mesure où Suzanne Bernard accepte en même temps la chronologie de Bouillane de Lacoste, qu'elle ne sache quoi faire des *Illuminations*. On le mesure à l'embarras de son commentaire :

---

1 Rimbaud, *Œuvres*, Classiques Garnier, 1960.
2 C'est si vrai qu'on a longtemps considéré, sans raison décisive, comme une évidence que *Le Bateau ivre* avait été écrit dans l'été de 1871 : c'est que, tenu pour allégorie de la vie de son auteur, il *devait* marquer cette césure de l'été, censée acheminer à la prétendue *voyance*.
3 *Op. cit.*, p. XXXIII.
4 *Ibid.*, p. LII.

> La porte reste assez largement ouverte aux hypothèses. Mais on doit penser en tout cas que l'expérience essentielle, centrale, de l'«*illumination*» est au point de départ des poèmes en prose de Rimbaud, et que même s'il a repris sa tentative littéraire après avoir abandonné les essais et les espoirs du temps de la Voyance, il n'en a pas moins été marqué par cet effort déracinant pour voir *autre chose*[1] [...].

Texte combien éclairant! Tout reste en place de l'ancienne vulgate critique : le jeu de mots sur *illumination* – on se rappelle l'assertion de *L'Écho de Paris* en 1891 : «Ce fut en effet un illuminé» –, le concept de *voyance* avec ses connotations mystiques, l'affirmation que Rimbaud avait eu affaire à un *autre chose* mystérieux (où se retrouve l'*autre monde* de Rivière). Une seule chose avait changé, la date attribuée aux *Illuminations*, mais avec pour seul résultat que le sens en devenait entièrement problématique. D'où, sous la plume de l'éditrice, cet embarras visible et même ce paralogisme assez piteux : Rimbaud abandonnant «les essais [...] du temps de la Voyance» mais entreprenant d'écrire des poèmes en prose dont cette même Voyance (sous le nom, il est vrai, d'*illumination*) se révèle être le «point de départ».

Or ces hésitations et ces contradictions, on les retrouve un peu partout. Elles n'épargnent même pas le très beau livre d'Yves Bonnefoy[2], marqué à sa façon par l'esprit surréaliste et qui conserve notamment l'idée d'une césure décisive à l'été 1871 et aussi, au fond, le concept même de Voyance (*Absolu et Parole* : ainsi intitule-t-il le chapitre qui est consacré à ce thème, avant d'ajouter[3] qu'*Une saison en enfer* est «l'examen [...] de toutes les expériences *métaphysiques*[4]» de Rimbaud). On ne sera pas surpris dans ces conditions que ce soit du bout des lèvres qu'il accepte que ces textes «controversés» que sont désormais les *Illuminations* aient

---

1 *Ibid.*, p. LV.
2 Yves Bonnefoy, *Rimbaud par lui-même*, Le Seuil, 1961.
3 *Op. cit.*, p. 107.
4 C'est moi qui souligne.

pu être écrits « après la *Saison*[1] ». En réalité, il ne sait plus qu'en faire, en traite dans un chapitre qui apparaît comme une sorte d'appendice[2] et tente même le pari, visiblement désespéré, de leur trouver un sens en invoquant d'hypothétiques spéculations ésotériques de la part d'un Rimbaud « fort capable, après tout, d'avoir ranimé les catégories du pythagorisme ou de l'orphisme dans quelque naïve ébauche d'une *nouvelle harmonie*[3] ». On est encore là, il est vrai, au début des *sixties*, mais on ne voit pas que la situation, indépendamment d'une question chronologique qui ne suscite plus guère de débats[4], ait fondamentalement changé depuis. Des exemples ? Il faudrait ici être exhaustif et, naturellement, cela est impossible. Mais ouvrons donc un livre récent, le volume de la collection *Foliothèque* consacré à Rimbaud par Dominique Combe[5] et d'autant plus intéressant que ce genre d'ouvrage, à demi pédagogique, reflète ordinairement le consensus contemporain – ce qu'il fait d'autant mieux que son auteur, comme il le précise lui-même avec une grande honnêteté, n'est pas vraiment spécialiste de Rimbaud. Or il suffit de parcourir ce livre pour être frappé du contraste entre l'analyse des vers ou de la *Saison*, dense, le plus souvent sûre de soi, et les pages consacrées aux *Illuminations*, pleines d'incertitude et de questions dont l'auteur avoue lui-même ne pas avoir la réponse.

Cette incertitude repose pour une grande part sur une des conséquences les plus lourdes du mythe : le maintien d'une

---

1 L'idée enthousiasme visiblement si peu Yves Bonnefoy qu'il écrit que cette hypothèse chronologique touche « deux ou trois pour le moins des poèmes controversés » (*op. cit.*, p. 137). On rappellera qu'il y a quarante-deux *Illuminations*.
2 Ce qu'il reconnaît lui-même : « Jusqu'à présent je n'ai pas voulu – on l'a remarqué peut-être – trop interroger ou citer les *Illuminations* » (*ibid.*, p. 137).
3 *Ibid.*, p. 138.
4 Surtout depuis qu'on s'est avisé de ce que Verlaine, en écrivant que les *Illuminations* avaient été écrites « de 1873 à 1875 », ne voulait pas forcément dire qu'elles étaient toutes postérieures à l'été 1873, où fut achevée la *Saison*. Charme discret du compromis !
5 Dominique Combe, *Poésies, Une saison en enfer, Illuminations d'Arthur Rimbaud*, Gallimard, collection « Foliothèque », 2004.

périodisation dans laquelle les *Illuminations* ont en somme cessé de trouver leur place. Rimbaud a commencé d'écrire des poèmes autour de quinze ans, c'est-à-dire en 1869 et sa production en vers pourrait s'être poursuivie fort avant dans sa période littéraire ; il a d'autre part écrit une série de proses qui sont les *Illuminations*, dont nous savons aujourd'hui que les manuscrits datent pour la plupart, sinon en totalité, de 1874 mais dont il est difficile de dire quand ils ont réellement vu le jour ; il a composé *Une saison en enfer*, à en croire l'édition originale, d'avril à août 1873, sans que nous soyons autrement certains que ces dates soient à prendre au pied de la lettre. Mais sans même parler de cette œuvre de ses débuts qu'est *Un cœur sous une soutane*, il a aussi laissé à l'état fragmentaire les étranges et violents récits de rêves des *Déserts de l'amour*, participé dans ses premiers mois de Paris à la confection des pièces parodiques ou satiriques de *l'Album zutique*, écrit plusieurs poèmes obscènes, entrepris en marge de l'Évangile de Jean des textes dont la signification pose un vrai problème. Il y a donc une réelle complexité de l'œuvre rimbaldien, dont les frontières sont mouvantes, malaisées à définir. Or jusqu'à ces toutes dernières années, non seulement la pratique éditoriale négligeait ouvertement les textes tenus pour mineurs, mais elle regroupait la production rimbaldienne en quatre massifs principaux et postulait en outre entre certains d'entre eux, sans toujours le dire, des frontières quasiment étanches : les *Poésies*, des débuts littéraires de Rimbaud au milieu de l'année 1871 ; une série de poèmes qu'elle nommait tantôt *Derniers vers*, tantôt *Vers nouveaux*, censés former un ensemble radicalement différent et pas seulement pour des raisons de métrique ou de prosodie ; et les deux grands textes en prose – *Une saison en enfer* et *Illluminations* (presque toujours présentés dans cet ordre désormais). Or qui ne voit que cette façon d'éditer renvoie en fait au mythe puisqu'elle repose implicitement sur cette coupure du milieu de 1871 où se retrouve l'écho lointain de la révélation mystique chère à Isabelle et qui marquerait la naissance du *voyant*, autrement dit du vrai

Rimbaud ? Ce que cette pratique éditoriale tendait en fait à imposer au lecteur, c'était tout simplement l'idée de l'entrée du poète, à partir du milieu de 1871, dans cette fameuse écriture *autre* qui aurait été sa seule véritable entreprise – celle du *voyant* à la recherche désormais, pour reprendre les mots d'Yves Bonnefoy, d'une parole absolue[1]. On comprend que dans ce contexte, des *Illuminations* postérieures à *Une saison en enfer* – c'est-à-dire à *Alchimie du verbe* – aient perdu jusqu'à leur sens.

Cette situation est d'autant plus frappante que dans le même temps, la connaissance et la compréhension de la *Saison en enfer* elle-même et surtout des vers de la période 1870-1871 ont infiniment progressé, que d'autre part on a ramené l'attention sur des aspects de l'œuvre rimbaldienne tenus à tort pour négligeables, comme *Un cœur sous une soutane*[2] ou les proses écrites en marge de l'Évangile de Jean. D'où une conclusion paradoxale, mais imparable : la lecture de Rimbaud reste largement marquée de la même dichotomie qu'aux temps de sa découverte, à cela près que la situation se trouve en quelque sorte inversée. Autour de 1886 les poèmes en vers, notamment ceux de l'année 1871, avaient été dans un premier temps ignorés, ensuite tenus pour négligeables. C'étaient les *Illuminations* (à l'époque proses et vers de 1872 mêlés) qui comptaient seules et avaient donné naissance, avec l'aide de nombreuses légendes biographiques, à la figure mythique de Rimbaud et à la lecture de son œuvre qui lui était liée. Aujourd'hui, force est de reconnaître que cette division subsiste, mais avec un sens bien différent : les vers de Rimbaud,

---

1 Un exemple typique de cette conviction, d'autant plus révélateur qu'il figure dans un des meilleurs livres sur Rimbaud : parlant du dossier Verlaine (rappelons qu'il s'agit d'un ensemble de poèmes de Rimbaud colligé par Verlaine, sans doute dans l'hiver 1871-1872), Pierre Bunel écrit qu'il n'y trouve pas «le sceau d'une certaine authenticité», du fait qu'il n'y a pas «accord [...] entre cette entreprise nouvelle et le projet du voyant» (Pierre Brunel, *Rimbaud. Projets et réalisations*, Champion, 1983, p. 95-96). On peut croire que Pierre Brunel n'écrirait plus cela aujourd'hui.
2 *Un cœur sous une soutane*, éd. par Steve Murphy, Charleville-Mézières, Musée-Bibliothèque Arthur Rimbaud, coll. «Bibliothèque sauvage», 1991.

d'autres textes aussi, sont d'autant mieux compris qu'ils ont pleinement réintégré l'Histoire, celle des hommes comme celle des formes et des styles. Pour les *Illuminations*, en revanche (et dans une moindre mesure pour les vers de 1872), continue de régner le réflexe d'y chercher une écriture *autre*, qu'on a même parfois prétendu dénuée de sens, ou réduite à un pur jeu formel, étrangère en tout cas au dialogue, si prégnant pourtant dans le XIXe siècle tel que l'a connu Rimbaud, entre le jeu poétique et la vie de la Cité : résurgence paradoxale de la césure qu'avait posée, pour de tout autres motifs, l'ancienne vulgate critique.

Étrange retournement, mais non imprévisible au fond. La génération symboliste, ou plus exactement celle de ses tendances qui joua le rôle majeur dans l'apparition du mythe rimbaldien, méprisait le jeu social, tournait le dos à Hugo comme à Zola et avait façonné la lecture de Rimbaud à son image, au prix de l'occultation et du contresens. Elle nous a, sous une forme renouvelée, léguée cette occultation, avec l'impasse critique qui en résulte. Nous ne sommes pas, à vrai dire, obligés de la suivre.

ÉCOLE(S)

Écarté le mythe, pour autant que cela soit possible, reste la réalité d'une vie en poésie qui fut, comme on sait, brève et fulgurante. Car il faut en prendre son parti : le Rimbaud qui a compté dans la littérature disparaît au plus tard en 1875 et c'est donner une fois de plus dans le mythe que de postuler une continuité quelconque enntre lui et l'aventurier ou le commerçant du Harar : c'était, on s'en souvient, ce que faisait déjà Isabelle. Non que ce Rimbaud-là soit sans intérêt, mais cet intérêt est historique et il est double : Rimbaud est alors une figure parmi d'autres de l'expansion coloniale de l'Europe, de la conquête du monde par l'Occident, son système économique et moral, sa rationalité scientifique ; mais il est aussi celui (et c'est ce qui le rend à peu près unique) qui, pour se lancer dans cette carrière, s'est détourné de la voie royale que semblait lui ouvrir dans la société une maîtrise précoce et exceptionnelle des codes tenus par elle pour la clé de formes supérieures de pensée et d'expression. Sans doute l'a-t-il fait pour avoir pris conscience de ce que, par une série de scandales, il s'était socialement fermé cette voie ; mais certainement aussi parce qu'il avait perdu ses illusions sur ce qu'elle était, sur le rôle *réel* du poète dans le monde où il vivait. C'est pourquoi il importe d'abord, pour comprendre Rimbaud en son temps, de prendre la mesure des institutions successives à l'école desquelles il s'était mis et qui lui transmirent, chacune à leur tour, une idée de la poésie, de sa nature et surtout de son rôle – celle-là même dont il devait au bout du compte se désillusionner.

À cet égard, il importe peu que Rimbaud soit né en Ardenne. Il importe beaucoup, au contraire, qu'il soit né sous le Second

Empire et dans une famille qui prétendait depuis peu à la bourgeoisie. On a beaucoup daubé sur sa terrible mère, la *daromphe* et on a certainement eu raison si c'est de psychologie qu'on voulait parler : il fut, après tout, un poète adolescent et c'est dans ce conflit intime que s'est enracinée à coup sûr sa pulsion poétique. Mais lui-même a toujours pensé en termes de famille et à côté de textes où se devine la malédiction de l'enfant solitaire, c'est à la situation historique et sociale du groupe familial qu'il a voulu rapporter l'essentiel : « [...] des familles comme la mienne, qui tiennent tout de la déclaration des Droits de l'Homme », écrira-t-il dans *Mauvais Sang*. Il entendait certainement par là qu'il n'aurait rien été au temps des seigneurs, et c'est bien ce qu'il ajoute un peu plus loin : « Je ne me vois jamais dans les conseils du Christ ; ni dans les conseils des Seigneurs, – représentants du Christ ». Mais ces phrases ont aussi, très probablement, un autre sens, visent la possibilité qui fut donnée au temps des Droits de l'Homme à une frange de la paysannerie de s'évader de sa condition, sous l'égide de l'égalitarisme révolutionnaire, pour faire souche de nouveaux bourgeois. Il le dit, d'ailleurs, toujours dans *Mauvais Sang* : « Qu'étais-je au siècle dernier : je ne me retrouve qu'aujourd'hui. [...] La race inférieure a tout couvert ». Ce n'était certainement pas son père qu'en l'occurrence il avait en vue, mais sa famille maternelle, les Cuif, coqs de village enrichis par la Révolution et en plein transfert de classe au cours du XIXe siècle. Situation qui ne sera pas sans conséquence pour l'univers mental de leur descendant : à travers eux, il touche à une culture populaire à laquelle il portera toujours attention, à ce qu'on a pu nommer la *culture Cuif* – ces « enseignes, enluminures populaires [...] romans de nos aïeules, contes de fées » dont il dira dans *Alchimie du verbe* qu'ils l'avaient fasciné « depuis longtemps » ; et du fait des racines rurales de cette famille (la légendaire ferme de Roche !), son imaginaire d'enfant a été structuré, non tant par les paysages que par ces lieux de mémoire où s'inscrit dans le long terme l'histoire du peuple paysan : ce sont eux – calvaires, château, moulins, écluse – que l'on voit défiler dans *Enfance II.* Mais il n'aura pas, en revanche, de culture familiale savante : *des familles comme la sienne*, de ce point de vue-là, devront tout à l'institution scolaire et lui plus que personne.

De là, dans un premier temps, une dépendance absolue de sa part envers ce que transmet l'institution en question (c'est-à-dire, comme on sait, le collège de Charleville). Son camarade de classe Ernest Delahaye, qui fera par la suite une véritable carrière d'ami de Rimbaud, nous a régalés au long de plusieurs livres de toute une série d'anecdotes plus ou moins authentiques mais qui, pour la plupart, ne touchent en rien à la formation littéraire. Il est donc plus important de se demander ce qu'il a reçu dans ce cadre et ce qu'il a pu en conserver une fois devenu poète. Or, en dépit des réformes récentes du ministre Duruy, le collège du Second Empire restait massivement dominé par les humanités classiques et nous savons même que certains des professeurs de Rimbaud étaient médiocrement notés parce qu'ils s'attachaient trop exclusivement à cette tradition. Sans doute est-ce à travers ce filtre qu'il a entendu parler pour la première fois de la poésie savante et de ce que signifiait la vocation de poète : abeilles se posant sur les lèvres ou oiseaux apportant dans leur bec le laurier d'Apollon, les récits édifiants ne manquaient pas en la matière, que se transmettaient pieusement les auteurs de morceaux choisis. *Tu vates eris*, « Tu seras poète », c'est sur ces mots que s'achève, ou à peu près, un exercice scolaire latin qui lui valut de figurer au *Moniteur de l'enseignement secondaire* de janvier 1869 et où on est tenté de voir un signe prémonitoire ; mais peut-être est-ce là fantasme de lecteur et des centaines d'élèves ont à l'époque brillé dans ce genre d'exercice qui ne sont pas devenus Rimbaud. Ce qui est sans nul doute capital en revanche, c'est l'idée qu'il pu se faire de l'acte d'écrire à partir de sa pratique scolaire et qui (cette affirmation dut-elle surprendre) ne l'a sans doute jamais vraiment quitté. Cette idée se résumait au fond dans ce qu'avait toujours enseigné la rhétorique, pour qui la poésie n'était qu'un discours aux ornements spécifiques, avec un sujet dont on traite, l'*invention* qui est choix des idées et arguments, la *disposition* qui est déjà confection du texte, l'*élocution* enfin, qui relève de l'art d'écrire dans le détail. Or considérons sous cet angle, par exemple, Les Pauvres à l'église, un des grands[1] poèmes écrits par Rimbaud, sans doute au printemps 1871, c'est-à-dire au moment même où il va développer, aux antipodes de toute rhétorique, la théorie du *Voyant*. On y discerne nettement un travail de l'élocution qui se caractérise par une constante recherche de l'expressivité, puisée aux sources complexes du burlesque, de la poésie satirique et aussi de ce réalisme que Verlaine appréciait tant dans Les *Effarés* :

> Cependant, alentour, geint, nasille, chuchote
> Une collection de vieilles à fanons.

Mais la charpente du poème, elle, est une pure disposition rhétorique. D'abord une longue phrase quasi oratoire, reposant en tout cas sur une série de membres[2] avec sommet[3] discursif tombant très logiquement sur l'énoncé « Les Pauvres au bon Dieu » :

> Les Pauvres au bon Dieu, le patron et le sire,
> Tendent leurs oremus risibles et têtus.

Ensuite, toujours du point de vue de l'invention, une division[4] du concept de *pauvres* (en femmes, effarés, épileptiques, aveugles), moment du poème où la dimension rhétorique est d'ailleurs quelque peu dissimulée par l'évidence du détail, lequel s'impose en une série d'instantanés d'un raffinement stylistique extrême :

---

1 Il s'agit d'un *grand* poème par opposition aux formes brèves (surtout le sonnet) que Rimbaud a pratiquées auparavant, notamment dans les poèmes du recueil Demeny.
2 Ces membres (les fameux *kôla* du style oratoire) sont ici décalés systématiquement par rapport au vers, ce qui est en 1871 un trait de modernité.
3 En rhétorique, comme on sait, *akmè*. De part et d'autre de ce sommet on a, classiquement, une montée et une descente de la voix, de longueurs inégales.
4 Procédure qui consiste à diviser un thème en un certain nombre de ses aspects, ce qui permet de nourrir le discours.

Elles bercent, tordus dans d'étranges pelisses,
Des espèces d'enfants qui pleurent à mourir.

Après quoi deux *Et* successifs viennent relancer la construction oratoire, un instant suspendue par deux appositions quasi expressionnistes («plis de soie / Banals, sourires verts»), mais qui s'achève en une chute des plus classiques, avec ultime vers en fonction de clausule expressive :

Font baiser leurs longs doigts jaunes aux bénitiers.

Tous les poèmes de Rimbaud n'ont pas, naturellement, une telle évidence rhétorique. Et d'ailleurs l'enseignement des humanités savait fort bien qu'une armature aussi forte était l'affaire, précisément, du grand poème, qu'à côté de celui-ci, il y avait d'autres genres et d'autres niveaux de style. Envoyant *Le Cœur supplicié* à son professeur et ami Georges Izambard le 13 mai 1871, Rimbaud lui demandera : «Est-ce de la satire, comme vous diriez? Est-ce de la poésie? C'est de la fantaisie, toujours». Or le mot *fantaisie* désignait une esthétique contemporaine, qu'il connaissait sans doute par la récente *Revue fantaisiste* : d'origine romantique, le concept désignait l'abandon à une imagination sans frontières et à un désordre assumé dans la construction de l'œuvre. Mais la satire, dans l'emploi latin du terme, désignait quelque chose de très semblable et la question de Rimbaud à Izambard prouve que celui-ci avait fait le rapprochement. De sorte que certains de ses poèmes, comme *Le Cœur supplicié*, justement, ou *Oraison du soir* peuvent légitimement être considérés comme tirant leur origine, au plan esthétique, de cette tradition latine, et par conséquent de l'enseignement contemporain des humanités.

Dans cette perspective, il est une autre démarche poétique que Rimbaud pourrait bien avoir apprise de la latinité et c'est celle de la duplicité d'un texte. Il ne s'agit pas ici d'obscurité mais bel et bien de double sens[1], celui-là même que Rimbaud

---

1 Voir par exemple, ici même, l'étude sur *Being Beauteous*.

pratiquera par la suite dans tant de ses textes et pas seulement dans *Un cœur sous une soutane* ou l'*Album zutique*. On a pu écrire, avec un peu d'excès peut-être, mais non sans raison que «le double sens» était au fond «son langage[1]»; mais s'il en est ainsi, c'est peut-être bien dans la fréquentation de certains poètes latins tels que Catulle qu'il en a appris l'usage[2]. On le croirait volontiers à lire un de ses textes latins, «*Tempus erat...*», composé dans le contexte scolaire au début de 1870, à partir de vers français d'auteur inconnu qui narraient un épisode édifiant de la vie de Jésus enfant. On a pu montrer en effet qu'au lieu de traduire ou de paraphraser, Rimbaud avait transformé le sujet en poème obscène et blasphématoire, peignant un Jésus se livrant à l'onanisme, et cela grâce à toute une série de jeux de mots et d'équivoques de langage inspirées notamment d'Horace et de Catulle[3].

On n'en finirait décidément pas de renvoyer Rimbaud à cette source fondamentale. Virgile compare quelque part le poète à un vannier tressant son ouvrage : à travers l'institution scolaire du Second Empire, quelque chose de cette conception lui a été transmis, ce qui ne l'a pas empêché ensuite de parler de la poésie selon les critères hérités du romantisme et en termes d'un modernisme furibond. Surtout, le modèle latin a été pour lui une extraordinaire instrument d'apprentissage prosodique. Delahaye a témoigné dans ce sens, affirmant même que Rimbaud avait été «possédé par les

---

1 C'est André Guyaux qui écrit ces mots dans sa préface aux *Œuvres complètes* de Rimbaud (Gallimard, Bibliothèque de la Pléiade, 2009, p. xxxv).
2 À en croire Delahaye, ce fut son jeune maître Izambard qui initia Rimbaud à cet aspect des lettres anciennes où la satire politique et l'érotisme prédominaient et dans lequel la pratique du double sens jouait son rôle : «Plus seulement Homère, Pindare, Sophocle, Euripide et Xénophon, mais Aristophane en entier; plus seulement Ovide, Horace et Virgile, mais Lucain, Juvénal et Catulle» (*Rimbaud. L'artiste et l'être moral*, 1923 – réédition Cerf Littérature, 2007, p. 58). Les renseignements de Delahaye sont *toujours* sujets à caution : celui-ci paraît, néanmoins, avoir quelque vraisemblance.
3 Voir là-dessus l'article décisif de G.H. Tucker, «Jésus à Nazareth (et Rimbaud à Charleville)», *Parade sauvage* n° 5, juillet 1988, p. 28-37.

Latins[1] » et, pour une fois, on ne voit pas de raison pour ne pas le croire. L'exercice des vers latins, en particulier, dans lequel il était un véritable virtuose, a largement contribué à le pourvoir des instruments d'expression dont il allait user dans son œuvre en français[2] : expressivité dans le choix des mots, travail sur les figures, jeu sur le double sens possible d'un énoncé, mais par dessus tout adaptation au sujet (et à l'effet recherché) des rythmes et de la quantité des syllabes[3]. Il faut en prendre son parti : plusieurs de ces poèmes dépassent infiniment le cadre scolaire et Rimbaud, avant même ses premiers véritables essais en français, a été un poète en latin. Et on ne saurait porter trop d'attention aux conséquences, à l'une en particulier. Baudelaire – et à sa suite les brillants représentants de l'école moderne, à commencer par Verlaine – tendait à un art de la *sorcellerie évocatoire* c'est-à-dire, concrètement, au maillage du poème par un jeu serré d'échos sonores et par leur dialogue avec le sens : Rimbaud quant à lui se fondera toujours sur les structures lourdes du discours – syntaxe, discursivité et, plus longtemps qu'on ne croit, rhétorique – à l'intérieur desquelles il privilégiera l'expressivité sémantique et le travail sur les articulations et les durées du vers. Et jusque dans les *Illuminations*, où il ne cesse de chercher des équivalents aux formes fixes délaissées, il restera beaucoup de cette démarche fondamentale.

---

1 Ernest Delahaye, *Rimbaud. L'artiste et l'être moral*, réédition Cerf Littérature, 2007, p. 57.
2 Il faut rendre ici hommage à George Hugo Tucker, dont les travaux ont permis de rendre justice à Rimbaud poète latin. Voir en particulier « Rimbaud latiniste : la formation d'un poète et d'un orateur », *Rimbaud : textes et contextes d'une révolution poétique, Parade Sauvage Colloque n° 4*, 2004, p. 5-28. On consultera aussi Michel Murat, « Sur l'arête des cultures », *Littératures*, n° 54, 2006, p. 201-213.
3 Rappelons que le mot *quantité* désigne ici la *durée* des syllabes. Tucker cite plusieurs exemples tout à fait éclairants, par exemple ce vers montrant Jésus enfant maniant une lourde scie de charpentier : « Ingentem impellens serram, serramque retractans » (« Poussant et tirant une immense scie, en avant, en arrière »). Chiasme qui évoque le « double mouvement de la scie », lourdeur d'un vers presque entièrement spondaïque, c'est-à-dire en syllabes longues (*op. cit.*, p. 23).

Ce qui devait néanmoins changer bien des choses pour Rimbaud, ce fut évidemment sa rencontre avec les formes contemporaines de la poésie. Cette rencontre, on l'impute en général à Georges Izambard, jeune professeur de rhétorique qui devint son maître à partir de janvier 1870, mais il n'importe au fond. Ce qui est certain, c'est qu'à partir de cette date au plus tard (et peut-être avant), il est en mesure de satisfaire une véritable boulimie de lectures. Que lit-il ? Pas seulement de la poésie, à ce qu'il semble et il se peut qu'il ait pris connaissance à ce moment-là de certains textes de philosophes du XVIIIe siècle ou de théoriciens du socialisme naissant – mais rien n'est sûr à cet égard. Il est certain en revanche qu'il a abordé alors Hugo, bien qu'on en soit réduit assez largement aux probabilités pour savoir quoi : les *Châtiments*, très probablement, à coup sûr *Les Misérables* ; au-delà, peut-être les *Petites Épopées* de 1859, quelques recueils lyriques aussi, mais lesquels ? Il est difficile d'être plus précis parce que certaines indications dans ce sens sont relativement tardives et qu'elles ne permettent pas de savoir quand il a connu tel ou tel texte hugolien[1]. Quant à Baudelaire, on doute un peu, à en juger par les poèmes qu'il écrivit cette année-là, qu'il l'ait vraiment connu à cette époque. Dans l'immédiat, en tout cas, sa découverte la plus importante a sans doute été tout simplement la modernité, c'est-à-dire le mot d'ordre contemporain en poésie, à travers notamment Banville et le Parnasse : non qu'il ait forcément adhéré à cette esthétique mais parce que point assurément chez lui, dans le courant de cette année 1870, la certitude qu'il est poète et le désir d'être publié, ce qui le pousse évidemment à adopter les formules à la mode. De cette diversité de lectures découle la diversité formelle et esthétique qui frappe dans ses poèmes de cette année-là. Il s'affirme décidément poète français, sans véritable solution de continuité avec sa production scolaire

---

1 C'est le cas par exemple de *L'Homme qui rit*, dont l'allusion aux *comprachicos* de la lettre du 15 mai 1871 donne à penser qu'il l'a lu, mais quand ?

et de là viennent les grands poèmes qui conservent évidemment quelque chose de l'exercice de style, comme *Soleil et Chair*, où les influences latines (celle de Lucrèce notamment) se mêlent aux imitations de divers poètes contemporains ; ou encore *Le Forgeron*, sur lequel l'influence de Hugo est visiblement écrasante. Mais à côté de tels poèmes, ce qu'on nomme ordinairement le recueil Demeny, ensemble manuscrit où Rimbaud a recopié à l'automne de 1870 sa production récente, marque un ralliement spectaculaire de sa part à la forme brève et en particulier au sonnet. Quelle qu'ait été en l'occurrence sa part de sincérité (qu'il est évidemment impossible de mesurer), le fait est qu'il faisait là un véritable geste de poète parnassien en puissance. Dans la première série du Parnasse en effet, vieille alors de quatre ans seulement, non seulement la forme brève prédominait[1] (moins d'un cinquième des poèmes a plus de cinquante vers), mais le dernier fascicule, seul de toutes les livraisons à être une véritable anthologie de la poésie nouvelle, était entièrement fait de sonnets.

Dans le recueil Demeny, cette forme brève accueille notamment une inspiration politique dont on a l'impression qu'elle s'est imposée de plus en plus à Rimbaud au fil de l'année, sans nul doute du fait de la guerre et de la chute de Napoléon III. Rien là qui doive étonner : l'influence de Hugo jouait certainement, mais le Parnasse lui-même, pour autant qu'il ait représenté la jeune génération, était peuplé d'opposants à l'Empire et sa deuxième série, d'octobre 1869 à juillet 1870, comptait nombre de poèmes susceptibles d'une lecture républicaine ou qui marquaient nettement leur athéisme, alors même que le catholicisme demeurait, en dépit des dissensions nées de la question romaine[2], une pièce

---

1   Les sonnets formaient à eux seuls 40 % de l'ensemble.
2   Depuis 1859, le mouvement en faveur de l'unité italienne menaçait le pouvoir temporel du pape, à qui ne restait plus que Rome et ses environs. Pie IX considérait Napoléon III, qui avait puissamment aidé à l'unité italienne, comme le premier responsable de cette situation. Du coup, le parti catholique n'apportait plus au régime impérial le soutien sans faille qu'il lui avait apporté jusque-là.

maîtresse du régime impérial. ; et d'ailleurs, l'ensemble s'ouvrait sur le *Kaïn* de Leconte de Lisle, poème violemment antichrétien. Il n'y a donc rien de surprenant à ce que le recueil Demeny nous offre *Rages de Césars* ou *Le Mal* mais en termes esthétiques, le résultat de cette conversion au politique fut chez Rimbaud, dans les mois qui suivirent, une régression spectaculaire de la forme brève, peut-être due dans ce contexte de crise à un prestige renouvelé du modèle hugolien. Si la seconde moitié de 1870, en effet, l'avait vu se plier aux canons parnassiens, l'année 1871 allait être pour lui à la fois celle de la grande forme et celle d'une dévotion presque entière au politique. Il ne faut pas s'y tromper en effet : sur la vingtaine de poèmes qui datent certainement ou très probablement de cette année-là, sept sont des poèmes clairement politiques[1], mais cela ne signifie aucunement que les autres soient étrangers à cette inspiration. Quatre thèmes en effet épuisent la quasi-totalité d'entre eux : la religion, l'amour impossible, la situation de la poésie et celle du poète lui-même (dont on reparlera). Or la religion catholique avait été, on l'a dit, intimement liée à l'Empire et au temps de la Commune, le prêtre allait être considéré comme l'ennemi par excellence : *Accroupissements* ou *Les Pauvres à l'église* ne font pas défaut à cette haine-là. Mais tout aussi politique était l'idée d'impossibilité de l'amour qui fait toute la matière, par exemple, des *Sœurs de charité*. Car il ne s'agissait pas d'abaisser la femme et la violence d'un poème comme *Mes petites amoureuses* ne tient aucunement à un quelconque mépris, du moins pas à cette sorte de mépris si fort répandue dans la société du XIXe siècle et qui considérait la femme comme inférieure par nature. Il faut là-dessus donner la parole à Rimbaud lui-même, tel qu'il se mettra en scène dans *Vierge folle* :

---

1 Dans le désordre et sans préjuger aucunement de leurs dates de composition respectives : *Les Douaniers, Chant de guerre parisien,* « *L'étoile a pleuré...* », *L'Orgie parisienne, Les Corbeaux, Les Mains de Jeanne-Marie, L'Homme juste.*

Il dit : « Je n'aime pas les femmes. L'amour est à réinventer, on le sait. Elles ne peuvent plus que vouloir une position assurée. La position gagnée, cœur et beauté sont mis de côté ; il ne reste que froid dédain, l'aliment du mariage, aujourd'hui. Ou bien je vois des femmes, avec les signes du bonheur, dont j'aurais pu faire de bonnes camarades, dévorées tout d'abord par des brutes sensibles comme des bûchers… »

En réalité si l'amour lui paraît impossible, c'est pour des raisons historiques et sociales : la société telle qu'elle est aliène littéralement la femme, surtout à travers l'Église qui l'empêche d'être l'amoureuse et la compagne qu'elle pourrait être : comme il l'écrit dans *Les Premières Communions*, le corps de la femme « fourmille[…] du baiser putride de Jésus ». Rimbaud héritait là d'un discours clairement politique, né dans le saint-simonisme notamment, et qui faisait de la femme la victime par excellence de l'organisation sociale. Ce serait donc faire preuve d'une singulière myopie que de croire de tels poèmes étrangers à l'inspiration politique ; ils ne le sont pas plus que cette sorte de *misère de la poésie* qu'est *Ce qu'on dit au poète à propos de fleurs* où un bourgeois triomphant (après la chute de la Commune, bien entendu) entreprend de convaincre un poète du bien fondé de l'utilitarisme en matière poétique.

On observera que, liée à la Commune, cette inspiration est loin de s'épuiser avec sa chute et que l'œuvre de Rimbaud connaît en fait une véritable continuité au long de l'année 1871 et sans doute au-delà. C'est pourquoi il ne faut certainement pas donner l'importance qu'on a souvent été tenté de leur attribuer aux deux lettres de mai 1871 qu'on a décorées longtemps (et qu'on décore peut-être encore) du titre postiche de *Lettres du Voyant*. En réalité, écrites de toute évidence sous le coup de l'événement – « Je serai un travailleur : c'est l'idée qui me retient, quand les colères folles me poussent vers la bataille de Paris […] » écrit Rimbaud dans celle du 13 mai à Izambard – elles sont un véritable pot pourri des thèmes progressistes du siècle (y compris celui de la libération de la femme auquel est consacré un couplet d'ailleurs magnifique) et elles n'auraient certainement pas attiré à ce point l'attention si elles ne contenaient le slogan fameux *Je est un autre* et surtout le mot même de *Voyant*, qu'on s'est empressé de tirer dans un sens mystique en y joignant le concept fumeux de *voyance* que Rimbaud n'a jamais utilisé. En réalité, il n'est pas au XIXe siècle de mot plus galvaudé que celui-là : Lamartine, Hugo, Michelet, tout le monde l'utilise et cela dans deux emplois principaux : pour désigner les dons de visionnaire du poète et surtout peut-être, dans un siècle où les esprits sont envahis par l'Histoire, pour traduire la prétention romantique des bergers de peuples à *voir* plus loin et plus haut que leurs contemporains, à discerner où le mouvement du monde entraîne les sociétés. Hugo a utilisé le mot dans les deux sens, Rimbaud le fait aussi : mais s'il parle, conformément au mythe romantique du poète, de *visions*, c'est l'idée du devenir historique qui vient sous sa plume dès lors qu'il s'agit de définir la mission qu'il attribue véritablement au poète : « Le poète définirait la quantité d'inconnu s'éveillant en son temps dans l'âme universelle ». *L'âme universelle* : c'est un fait qu'on n'échappe pas à son temps, ni aux mots qu'il vous impose, mais trois poèmes se trouvent intercalés dans la lettre à Demeny du 15 mai et ce sont *Chant de guerre parisien*, *Mes petites amoureuses* et *Accroupissements* : un poème communeux, pour ne pas dire militant, un autre qui se relie au grand thème de l'amour impossible dans le monde tel qu'il est, un dernier enfin qui renvoie le grand ennemi, le prêtre, à son ignominie scatologique. Même s'il est vraisemblable que Rimbaud ait attendu de tout autres accomplissements pour l'avenir de l'expérience de *dérèglement des sens*, il n'y avait donc pas de solution de continuité entre ces lettres au ton prophétique et la réalité d'une production poétique qui ne connaîtrait pas de rupture significative au long de cette année 1871. Et c'est pourquoi il y a sans nul doute une illusion d'optique chez un Yves Bonnefoy, persuadé pour sa part que les lettres de mai 1871 marquaient une rupture absolue et qu'« au début sans doute de mai», Rimbaud avait conçu, en un bouleversement total de son esprit, «l'idée extraordinaire qui décida, pour deux ans, pour toujours peut-être, de son destin[1] ».

C'est d'ailleurs dans cette continuité qu'il faut situer, au-delà de l'anecdote et du pittoresque, son arrivée à Paris en septembre 1871, puisque presque aussitôt, comme en témoigne une lettre bien connue du poète Léon Valade[2], il fut *exhibé* dans un cénacle qui n'était autre qu'une fraction du groupe parnassien. Il faut rappeler en effet que le Parnasse n'avait au fond jamais eu d'existence réelle, ou plus exactement qu'il avait toujours été un rassemblement hétérogène, fédérant générations et clans autour d'une publication commune qui devait lui donner son nom ; et de fait, le véritable inventeur de l'école était peut-être bien l'éditeur Lemerre (on a eu d'autres exemples de ce cas de figure au XXᵉ siècle). Dans les dernières années de l'Empire, toutefois, s'était affirmée au sein du groupe une véritable *école Baudelaire*[3] dont Verlaine était une des figures de proue et dont Baudelaire avait d'ailleurs eu connaissance, non sans quelque effarement[4]. Cette allégeance n'était certainement pas sans ambiguïté, mais elle fédérait un courant et ce n'est certainement pas un hasard si Fantin-Latour, quand il voulut peindre au début de 1872 ce qui devait devenir *Le Coin de table* (où figurent comme on sait, Verlaine et Rimbaud), pensa un temps regrouper ses personnages autour d'un portrait de Baudelaire. C'est donc par *un certain* Parnasse que Rimbaud fut accueilli à Paris, sans doute la tendance la plus

---

1 Yves Bonnefoy, *Rimbaud par lui-même*, Le Seuil (collection «Écrivains de toujours», 1960, p. 49).
2 Lettre de Léon Valade à Émile Blémont du 5 octobre 1871. Rimbaud y est décrit comme un «effrayant poète de moins de 18 ans [...] dont l'imagination, pleine de puissances et de corruptions inouïes, a fasciné ou terrifié tous nos amis». Et Valade d'ajouter : «C'est un génie qui se lève».
3 Sur ce point, on consultera Steve Murphy, *Marges du premier Verlaine*, Honoré Champion, 2003 (en particulier p. 110-114).
4 Voir sa lettre à sa mère du 5 mars 1856 : «[...] je n'aime rien tant que d'être seul. Mais ce n'est pas possible ; et il paraît que l'*école Baudelaire* existe».

moderne du groupe, car se revendiquer de Baudelaire renvoyait, entre autres choses, à une exigence de modernité – ne serait-ce que parce qu'elle permettait de rompre avec la pesante révérence à Leconte de Lisle et, derrière lui, au Hugo de la *Légende des siècles*[1].

Cette modernité tenait d'ailleurs aussi à autre chose : à ce que plusieurs des membres du groupe et Verlaine lui-même ne rechignaient pas, à côté d'une poésie savante aux critères esthétiques rigoureux, à s'engager dans des expériences poétiques aux frontières de la paralittérature, comme Rimbaud allait le faire lui-même avec l'*Album zutique*. À l'origine, ç'avait été pour répondre aux attaques dont la première série du *Parnasse contemporain* avait été l'objet, notamment de la part de Barbey : Lemerre avait lancé[2] dans ce but *La Gazette rimée*, entièrement faite de vers et consacrée à la défense du Parnasse, mais aussi à la satire politique et littéraire ou aux œuvres libres. Plusieurs Parnassiens y collaborèrent, mais Verlaine s'y montra particulièrement actif et allait inaugurer ainsi une brève et virulente double carrière, poète savant et raffiné d'une part, journaliste et poète satirique de l'autre[3]. Cet épisode est important parce qu'il situe clairement sur le plan politique le groupe qui devait accueillir Rimbaud quelques mois plus tard, mais il a aussi un sens sur le plan esthétique ; il montrait qu'à l'heure où le programme officiel du Parnasse consistait à tourner le dos à la vie réelle pour poursuivre une impossible Beauté, une

---

1 Dans son compte rendu d'octobre 1866 de la première série du *Parnasse contemporain*, Banville dira que le Romantisme n'avait pas rempli son propre programme en matière de réforme du vers et que c'étaient Hugo dans la *Légende des siècles* et à présent le groupe parnassien qui y étaient parvenus. D'autre part, aussi bien ce Hugo-là que Leconte de Lisle offraient au poème historique, distancié de toute modernité, d'assez pesants modèles.
2 En février 1867, *La Gazette rimée* était dirigée par Robert Luzarche, Parnassien mineur que Rimbaud qualifiera de «journaliste» dans la lettre à Demeny du 15 mai 1871. Elle eut cinq numéros.
3 Il devait collaborer notamment, avec d'autres membres du Parnasse comme Coppée, Mérat ou Valade, à l'hebdomadaire satirique *Le Hanneton*, dirigé par Vermersch qui devait être une figure importante de la Commune.

partie au moins de la jeune génération parnassienne n'y adhérait sans doute qu'en principe et que ce culte d'une Beauté idéaliste cédait volontiers à des pratiques où fantaisie et réalisme faisaient bon ménage. Rimbaud, sur ce point, les suivrait volontiers : dès le début de l'année, alors même (on s'en souvient) qu'il usait du concept de *fantaisie* pour qualifier sa propre poésie, c'est du même mot qu'il se servait pour désigner les articles de presse d'un Vallès ou d'un Vermersch[1].

Cela dit, si telle était bien la situation dans les dernières années de l'Empire, c'était un groupe certes parnassien à l'origine mais, pour certains de ses membres au moins, en voie de marginalisation que Rimbaud allait quelque temps fréquenter : la guerre et surtout la Commune en étaient responsables. Une fraction, très minoritaire, des Parnassiens et notamment Verlaine avait en effet pris le parti de l'insurrection, mais la majorité du groupe avait été de l'autre bord, ce qui allait aboutir à un raidissement conservateur, au plan politique mais aussi au plan esthétique, très perceptible dans la troisième série du *Parnasse contemporain*, lequel allait voir le jour au temps de la République conservatrice et dont Verlaine serait exclu[2]. Déjà dans l'été 1871, ce dernier, naïvement persuadé de pouvoir faire éditer chez Lemerre un recueil clairement politique intitulé *Les Vaincus* – et cela « sans faire aucune concession[3] » – s'était attiré de son éditeur une fin de non recevoir lui conseillant brutalement de supprimer « la Politique » de sa vie[4]. Il ne faut donc pas s'illusionner : accueilli certes à Paris dans un milieu littéraire, invité avec Verlaine au dîner mensuel des *Vilains Bonshommes*, institution relativement œcuménique où il allait faire scandale, Rimbaud n'avait, en

---

1   « Les fantaisies, admirables, de Vallès et Vermersch au *Cri du peuple* » (lettre à Paul Demeny, 17 avril 1871). Rimbaud ajoute : « Telle était la littérature – du 25 février au 10 mars ».
2   Voir Steve Murphy, *op. cit.*, p. 389-395.
3   Lettre à Lemerre de juillet 1871 (Paul Verlaine, *Correspondance générale I. 1857-1885*, édition de Michael Pakenham, Fayard, 2005, p. 211-212).
4   *Ibid.*, p. 212.

dépit de l'admiration qu'il suscita d'entrée, guère de chances d'imposer sur la scène littéraire le genre de poésie qu'il écrivait. Et la fondation du groupe zutiste n'allait faire en définitive que matérialiser cette marginalité, bohème et politique, commune à tous ceux qui y participaient – et Rimbaud le premier.

On peut même aller plus loin, sans vouloir faire de sociologie de bazar. En réalité l'effervescence des dernières années de l'Empire avait été trompeuse et une poésie en rupture avec l'ordre social et l'idéalisme esthétique n'avait alors guère de chances de s'imposer. On pourrait même soutenir sans paradoxe excessif que, de ce point de vue, peu importait qu'on ait ou non été du côté de la Commune, dans le mesure où la structuration du champ intellectuel et littéraire n'a pas fondamentalement varié après 1870. En réalité, dès les temps de l'Empire, la haute intelligentsia se rassemblait autour d'un progressisme modéré, littérairement assez conservateur, souvent d'un spiritualisme vague (d'ailleurs très peu favorable à l'Église), toujours de la conviction que le politique était par excellence le domaine du relatif[1]. Ceux-là toisaient de haut le milieu de la petite intelligentsia, vivant souvent dans le culte de la geste révolutionnaire et attaché du coup à une vision manichéenne du monde. Socialement, ils y voyaient un pur produit de la fameuse *brasserie* et de sa sociabilité, objets de tant de railleries vers la fin de l'Empire – et un Verlaine, par exemple, était assurément justiciable de ce dédain. En réalité, cette querelle n'était pas nouvelle et elle prolongeait les débats auxquels,

---

1 La carrière d'un Jules Simon donne sans doute la mesure de ce milieu : issu de la bourgeoisie moyenne, lié à des structures institutionnelles (l'École Normale Supérieure, le doctorat de philosophie), suppléant de Cousin à la Sorbonne, député en 1848, opposant de toujours à l'Empire et ministre du gouvernement républicain en 1870, mais aussi auteur de nombreux livres dont un sur *La Religion naturelle*. Il n'est peut-être pas de meilleur moyen de comprendre cette haute intelligentsia que de parcourir dans le *Journal* des Goncourt les pages consacrées aux *dîners Magny*, que fréquentaient par exemple un Sainte-Beuve ou un Flaubert, mais aussi une George Sand bien revenue de ses illusions de 1848. La rupture au sein du parti républicain, à la veille de 1870, entre les modérés et ceux qui allaient faire la Commune recoupe en partie ce clivage au sein de l'intelligentsia.

depuis des années, avait donné lieu le concept de *bohème*. Il suffit en particulier de parcourir le *Journal* des Goncourt (ou encore leur roman *Charles Demailly*, dont c'est le véritable sujet) pour voir se dessiner les grands traits du milieu dans lequel Rimbaud allait être accueilli à Paris : les deux frères soulignent à l'envi le lien entre bohème et brasserie, la pénétration par ce milieu de la petite presse, surtout satirique, la haine sociale et les enjeux de pouvoir réels qui se dissimulent derrière un genre de vie à l'apparence insouciante. Et ce n'est évidemment pas un hasard si, quand Fantin-Latour peignit son fameux *Coin de table*, le *Journal* le traita de « distributeur de gloire aux génies de brasserie[1] » : au nombre de ces génies figuraient Verlaine et, peut-être, Rimbaud. La haute intelligentsia partageait évidemment ce dédain, qui valait exclusion : l'art poétique en lui-même n'était certes pas l'objet de son mépris mais, façonnée par les humanités classiques, rompue à une discipline rhétorique garante de la tenue du style, la poésie selon son cœur, après avoir été dans Lamartine ou dans Hugo, était évidemment dans les grands poèmes éloquents de Leconte de Lisle, en attendant ceux de Sully-Prudhomme.

Dans ce contexte, les chances de Rimbaud étaient minces en dépit de la profonde impression que fit de toute évidence sa poésie sur ses premiers lecteurs parisiens ; et on ne voit pas comment il aurait pu seulement faire éditer les poèmes, fort politiques dans l'ensemble et plus d'une fois scandaleux esthétiquement, que Verlaine collationna pour lui, sans doute dans l'hiver 1871-1872. Il aurait certes pu faire des concessions, prendre sa part notamment de la patiente entreprise de conquête de l'opinion et du lectorat qui se tissait alors autour de la figure d'identification qu'était Hugo, soigneusement façonnée par son entourage pour faire de lui l'icône de la République à venir. Et peut-être a-t-il effectivement

---

1 « Aujourd'hui, à l'exposition de Regnault [...] De là, je suis entraîné chez Fantin, le distributeur de gloire aux génies de brasserie [...] Et il y a, sur le chevalet, une immense toile représentant une apothéose parnassienne de Verlaine, de d'Hervilly etc. » (*Journal* des Goncourt, 18 mars 1872).

été tenté de s'engager dans cette voie s'il est vrai, comme on peut le croire[1], que c'est lui-même qui remit le manuscrit des *Corbeaux* à la rédaction de *La Renaissance littéraire et artistique*, où le poème allait paraître en septembre. Cette revue, qui venait d'être fondée par l'ami de Verlaine, Émile Blémont, était en effet apparue d'emblée comme liée à Hugo, lequel adressa aux rédacteurs dès son second numéro une véritable lettre-manifeste[2]. Collaboraient à ces premières livraisons, outre Blémont, Banville, Sully-Prudhomme ou Valade et ce sommaire tout parnassien donnait à la revue l'allure d'une entreprise visant à mettre un Parnasse rajeuni au service de la politique hugolienne. Est-ce cet aspect des choses qui révulsa un Rimbaud qui n'aurait toujours pas pardonné à Hugo son refus de choisir au temps de la Commune ? Toujours est-il qu'en juin, quelques jours avant de fuir Paris en compagnie de Verlaine, il écrivait à Ernest Delahaye : « N'oublie pas de chier sur *La Renaissance*, journal littéraire et aristique, si tu le rencontres[3] ».

Mais vit-on jamais Rimbaud tenter un compromis ? On a daubé à l'infini sur ses comportements provocateurs dans le milieu littéraire parisien, sur les chances qu'il a gâchées comme à plaisir et il faut aussi, bien sûr, faire la part du scandale né de sa liaison avec Verlaine. Mais au-delà de ces épisodes somme toute anecdotiques, le milieu parnassien, ou ce qu'il en restait, dut en fait lui apparaître comme une structure sclérosée et oppressive, liée malgré ses prétentions à l'oppression globale que faisait peser la société telle qu'elle était. Cette situation qui était la sienne, il l'a dite d'ailleurs dans deux poèmes qu'on voudrait brièvement

---

[1] Chr. Bataillé, « Rimbaud et *La Renaissance* », *Parade sauvage*, n° 20, décembre 2004, p. 83-92.
[2] « Aux rédacteurs de *La Renaissance* », *La Renaissance littéraire et artistique*, n° 2, 4 mai 1872 (Hugo, *Œuvres complètes*, volume *Politique*, Robert Laffont, collection *Bouquins*, 1985, p. 845-846).
[3] Lettre à Delahaye de *jumphe 72* (juin 1872). Comme l'a noté Christophe Bataillé (*op. cit.*), le mot *aristique* pourrait ne pas être une coquille, mais un jeu de mots insinuant que l'esprit de la revue était *aristo*.

commenter pour finir. Dans *Oraison du soir*, d'abord, ce sonnet où les Décadents devaient voir la preuve de son *fumisme*. À l'attaque de ce poème, il écrit qu'il vit «assis, tel qu'un ange aux mains d'un barbier», vers qui a suscité des interprétations parfois saugrenues[1]. Mais qu'on se reporte aux lignes bien connues d'*Adieu* : «Moi! Moi qui me suis dit mage ou ange [...]»; ou à *Crimen amoris*, ce poème où Verlaine, à quelque temps de là, évoquera la figure de Rimbaud – sous les traits d'un ange, justement; ou même aux *Poètes maudits* où passe sans doute, précisément, comme un souvenir de *Crimen amoris* : «L'homme était grand, bien bâti, presque athlétique, au visage parfaitement ovale d'ange en exil [...]» Il est clair que le mot *ange* renvoie dans ces trois cas à l'essence supérieure du Voyant, «dispensé de toute morale», comme l'écrit encore *Adieu*. Le paradoxe d'*Oraison du soir*, c'est que cet ange y «vit assis», posture oxymorique qui n'est pas sans rappeler celle de l'Albatros baudelairien. Lieu commun postromantique, alors? Certainement pas, dans la mesure où Rimbaud ajoute cette précision décisive : cet ange est *aux mains* d'un barbier. Or le syntagme *aux mains de* signifie ordinairement «au pouvoir de», implique souvent une idée sous-jacente de violence; qui plus est, c'est aux mains d'un barbier que se trouve ici l'ange, c'est-à-dire de quelqu'un qui a en main, sous les espèces du rasoir, tous les moyens justement d'exercer la violence – et même une violence mortelle. «Ça ne veut pas rien dire» écrivait Rimbaud à Izambard en lui envoyant *Le Cœur supplicié*, pour lequel on se rappelle qu'il admettait la qualification de *fantaisie*. Loin d'être le poème purement fumiste qu'on a pu croire, *Oraison du soir* apparaît lui aussi comme une fantaisie – et dont le sens est lourd : ce que Rimbaud y inscrit, c'est au fond la situation d'otage qu'il ressent comme la sienne, aux mains d'une société oppressive, et qui suspend constamment sur ceux qui veulent la défier la sourde menace

---

[1] Celle notamment de Marc Ascione et Ida Zajdel («La chope immense avec sa mousse», *Rimbaud vivant*, n° 23, p. 37-39).

de la violence. Évoquait-il ainsi sa situation à Paris ? C'est très possible[1] et dans ce cas, on en déduira sans surprise excessive que le milieu parnassien n'était pas étranger pour lui à ce sentiment d'oppression. Qu'en tout cas il se soit très vite senti en rupture avec lui au point d'en faire un objet de dérision, il suffit de lire *Tête de faune* pour en prendre la mesure.

On a diversement commenté ce poème, qu'on a d'ailleurs longtemps tenu pour ancien dans la production rimbaldienne parce qu'on lui attribuait un caractère de pastiche parnassien qui semblait incompatible avec l'inspiration des grands textes de l'année 1871. Depuis lors l'analyse métrique[2] a conclu avec une quasi certitude qu'il s'agissait en fait d'un poème datant de la période parisienne[3], reposant ainsi – non son paradoxe du fait de l'hétérodoxie métrique du poème – la question de son éventuelle esthétique parnassienne : dans l'école en effet, le thème du faune était presque un lieu commun. Et de fait, tout semble *a priori* relever de l'exercice de style dans ce poème, le faune lui-même, sa lèvre *brunie* par les baies, le cadre sylvestre évoqué avec un raffinement stylistique extrême[4] – on est aux confins du Parnasse et de l'écriture artiste. Mais justement, tout

---

1 On connaît de ce poème deux manuscrits : l'un fait partie du dossier Verlaine, sans doute copié dans l'hiver 1871-1872 ; l'autre fut donné à Léon Valade. Or Rimbaud n'a donné à ses relations parisiennes *aucun* manuscrit de poème dont on soit sûr qu'il est antérieur à son arrivée à Paris. Il n'est donc pas impossible qu'*Oraison du soir* date de l'automne 1871, voire au début de 1872.
2 Marc Dominicy, « *Tête de faune* ou les règles d'une exception », *Parade sauvage* n° 15, 1998, p. 109-188. L'auteur note en particulier qu'on trouve mêlés dans *Tête de faune*, pour la première fois dans la poésie française, deux et même trois types de décasyllabe – le 6 / 4, le 4 / 6 et le 5 / 5 – alors que dans la pratique poétique contemporaine, le premier type était rare, les deux autres parfaitement incompatibles.
3 Michel Murat (*L'Art de Rimbaud,* José Corti, 2002, p. 71) écrit que *Tête de faune* anticipe « sur le "brouillage" des structures d'ensemble qui caractériser[a] la période 1872-1873 », ce qui n'est guère vraisemblable avant l'automne 1871. Toutefois le poème ne peut être postérieur au début de 1872 puisqu'il figure dans le dossier Verlaine.
4 Et ce dès le premier vers, avec un énoncé comme *écrin vert taché d'or* : d'entrée, la densité métaphorique est considérable.

est *trop* parnassien dans ce texte et surtout dans l'évocation de ce bois *où le baiser dort*. On se rappelle d'ailleurs que dans *Ce qu'on dit au poète à propos de fleurs* le bourgeois positiviste, s'adressant au poète sous le signe de Banville, usait lui aussi du style du Parnasse pour évoquer les « abords du Bois qui dort[1] ». Or dans *Tête de faune*, à côté de ce Bois par trop parnassien qui *se recueille*, il y a un faune manifestement trop violent – tous les mots qui l'évoquent (*crevant, mord, dents, sanglante, éclate*) sont là pour le dire ; et on comprend dès lors qu'après qu'il *a fui*, le Bois reste *épeuré*, même par un *bouvreuil*. On remarque aussi que, dans ce poème qui joue avec la tradition d'un genre, il manque la nymphe[2], personnage obligé dans ce type de poésie ; et on se rappelle que le verbe *épeurer*, rare et nouveau à l'époque, est utilisé par Verlaine dans deux des *Ariettes oubliées*[3], pièces à la date de rédaction incertaine mais, pour l'une au moins, peu éloignée de celle de *Tête de faune*[4]. Et surtout que le même mot se trouve dans un sonnet intitulé *Invocation*, intégré par Verlaine

---

1 *Ce qu'on dit au poète à propos de fleurs*, IV, v. 113. Rimbaud use, là aussi de la rime (banale) *dort / d'or*. On peut aussi penser que les pommades qui *bavent* parodient le thème du baiser du bois.
2 Steve Murphy a entrepris de démontrer le contraire en faisant de la *feuillée* la représentation allégorique du corps d'une nymphe, que le faune aurait violée (*Le Premier Rimbaud ou l'apprentissage de la subversion*, CNRS / Presses Universitaires de Lyon, 1990, p. 163-187). Il est vrai que la violence est le propre du faune rimbaldien. Mais l'hypothèse de Steve Murphy implique une série d'analogies au mieux indémontrables pour justifier sa lecture allégorique : par exemple la *feuillée* ou la *broderie* renverront au sexe de la nymphe, les *fleurs rouges* aux seins et le *bouvreuil* sera quant à lui le sexe du faune, à cause de « la couleur rouge de sa poitrine » (p. 177). Ce genre d'analogisme assez laborieux peut en effet être à l'œuvre dans des textes zutiques ou d'inspiration semblable ; pour *Tête de faune*, on en doutera quelque peu.
3 Déjà signalé par Marc Dominicy (*op. cit.*, p. 136).
4 Il s'agit de la cinquième *Ariette*, publiée dans *La Renaissance littéraire et artistique* du 29 juin 1872, donc très probablement rédigée au printemps, si ce n'est plus tôt. Voir les vers 4-6 : « Un air bien vieux, bien faible et bien charmant / Rôde discret, épeuré quasiment, / Par le boudoir longtemps parfumé d'Elle. » Cet air *épeuré* est lié à *Elle*, c'est-à-dire évidemment à Mathilde, la *Child Wife* dont Verlaine ne parvient pas à se déprendre vraiment.

à une lettre[1] de mai 1873 et dont les tercets où il figure sont un appel sans fard à l'amour rimbaldien :

> Chair ! Amour ! ô *tous les appétits*[2] vers l'Absence[3],
> Toute la délirance et toute l'innocence,
> Toi qui nous est si bonne et toi qui m'est si cher,
>
> Je vous supplie, et je vous défie, et je pleure
> Et je ris de connaître, en ignorant qu'épeure
> Le doute, votre énigme effroyable, Amour, Chair.

De sorte qu'un nouveau visage du poème se fait jour, bien loin du pastiche parnassien auquel on s'est trop souvent arrêté : un Faune d'un violence extrême – y compris, bien sûr, une violence sexuelle indéniable dans le poème – face à un décor sylvestre peint en termes d'esthète et dont il crève la trame – décor où l'adjectif *épeuré* inscrit la peur tout en marquant discrètement la présence d'un Ami qui n'est manifestement exempt, ni de cet esthétisme, ni de cette crainte. Comment être plus clair ? C'est Rimbaud lui-même qui est le Faune et ce qu'il dit dans ce poème, c'est sa *situation* : face à Verlaine, bien sûr, dominé par sa perpétuelle hésitation, cette *escarpolette* qu'évoquent les *Ariettes* ; mais tout autant face aux Parnassiens, cette *nouvelle école* dont il avait pensé qu'elle comptait au moins « deux voyants » et qui n'était, expérience faite, qu'une structure sans vie, complaisante à l'oppression sociale et qu'il épouvantait par sa violence – bref un Bois qui *dort*.

---

[1] Lettre à Lepelletier, 16 mai 1873. Ce sonnet sera publié dans *Jadis et Naguère* sous le titre *Luxures*, mais les tercets en seront remaniés pour en éliminer toute présence de Rimbaud.

[2] Dans son édition de la *Correspondance* de Verlaine Michael Pakenham, se faisant l'écho d'une suggestion de Steve Murphy, rapproche cette expression d'un passage du prologue d'*Une saison en enfer* : « Gagne la mort avec tous tes appétits [...] » (*op. cit.*, p. 316).

[3] À la date où il écrit cette lettre, Verlaine est à Jéhonville, dans les Ardennes belges. Rimbaud, lui, est dans sa famille : pour Verlaine, à ce moment-là, il est donc *l'Absence* par exellence.

Verlaine appréciait particulièrement ce poème et dans sa préface de 1895 à l'édition des *Poésies complètes* de Rimbaud, il écrivait : « L'ardent *faune*, c'est parfait de fauves, – en liberté ! ». On comprend pourquoi (lui-même étant un de ces *fauves*) et on comprend aussi qu'il ait choisi *Tête de faune* pour illustrer sa propre destinée dans l'article autobiographique des *Poètes maudits* intitulé *Pauvre Lelian* : ce que symbolisait ce poème, c'était évidemment la logique qui avait mené à leur commune fuite de Paris. Du point de vue de Rimbaud, en tout cas, le poème montre qu'il avait découvert que l'*école* qu'il avait connue adolescent, sous la férule de la Mère, ou l'*école* parnassienne, c'était tout un : dans les deux cas, c'était à l'Ordre de la Société, avec ses contraintes et sa violence cachée, qu'on avait affaire. Ne restait plus alors, on le comprend bien, qu'à choisir la rupture : *départ dans l'affection et le bruit neufs*[1] !

---

1 On aura reconnu la fin de *Départ*, dans les *Illuminations*, du moins telle que les éditions l'impriment. En réalité, il y a toutes les chances pour qu'il faille lire à la fin de l'énoncé, non un point d'exclamation, mais bel et bien un point d'interrogation, ce qui change radicalement le sens du texte. Mais peu importe ici.

COMMUNE

Rimbaud, pour reprendre une expression de Char, aura donc *tourné un dos maçonné* à toutes ces *écoles* qu'il a traversées. Des expériences qu'il a vécues durant sa période littéraire, il en est cependant une avec laquelle les choses sont beaucoup moins claires et c'est, bien sûr, celle de la Commune. On ne parle pas ici de sa participation réelle à l'insurrection, ou de sa présence dans le Paris insurgé – probable, voire certaine pour les uns, douteuse pour les autres et qui restera sans doute à jamais indémontrable – mais du rôle de la Commune dans son œuvre. Or cette question aussi est signe de contradiction et cela tient d'abord au texte rimbaldien lui-même qui, en dehors d'un nombre somme toute fort limité de poèmes (comme *Chant de guerre parisien* ou *Les Mains de Jeanne-Marie*), a choisi rapidement d'emprunter sur le sujet des voies plus obscures comme celles de l'allégorie[1]. Mais tout aussi importante aura été la défaillance des témoins et avant tout celle de Verlaine pour qui, lorsque vint le temps du témoignage public, ce visage communeux[2] de Rimbaud était devenu un tabou. Qu'on relise donc *Les Poètes maudits* :

> *Paris se repeuple*, écrit au lendemain de la «Semaine sanglante», fourmille de beautés.
>
> *Quand tes pieds ont dansé si fort dans les colères,*
> *Paris! quand tu reçus tant de coups de couteau,*
> *Quand tu gis, retenant dans tes prunelles claires*
> *Un peu de la bonté du fauve renouveau...*

---

1 Cela dès l'année 1871 : on pense notamment à «*L'étoile a pleuré rose...*». Voir dans la suite de cet ouvrage le chapitre consacré à ce poème.
2 On emploiera ici cet adjectif, dont les hommes de la Commune faisaient en général usage. L'adjectif *communard* est à l'origine péjoratif et était employé par leurs adversaires.

> Dans cet ordre d'idées, *Les Veilleurs*, poème qui n'est plus, hélas! en notre possession, et que notre mémoire ne saurait reconstituer, nous ont laissé l'impression la plus forte que jamais vers nous ait causée. C'est d'une vibration, d'une largeur, d'une tristesse sacrée!

Le moins que l'on puisse dire, c'est qu'il faut serrer le texte de près pour en comprendre le vrai sens. Verlaine se contente de signaler, comme en passant, que *Paris se repeuple* a été écrit «au lendemain» de l'écrasement de la Commune, indication subrepticement fournie au lecteur qui voudra bien en saisir la portée. Les vers de Rimbaud sont pourtant clairs : ces *coups de couteau* meurtriers sont évidemment versaillais et on comprend que le poème perdu *Les Veilleurs* était lui aussi un tombeau de la Commune, car que pourrait signifier d'autre une expression comme *dans cet ordre d'idées*? Seulement, une fois de plus, Verlaine pratique l'aveu à demi mot et le lecteur peu diligent ne verra pas si loin : il en restera aux *beautés* de *Paris se repeuple*, à la *vibration* du vers dans *Les Veilleurs* et il faut reconnaître que le flou délibéré du texte verlainien y aura bien aidé.

Cette tartuferie de Verlaine aura permis au déni de s'installer. Un Claudel, une génération plus tard, pourra ainsi mentionner le même *Paris se repeuple* et même en citer quelques vers[1] dans sa préface de 1912 aux œuvres de Rimbaud, mais sans souffler mot de la Commune[2]. Cette forme radicale du déni, qui consistait à ignorer à peu près totalement la présence d'une

---

[1] Mais pas les mêmes vers que Verlaine. Claudel cite le passage suivant, beaucoup moins compromettant : « Corps remagnétisé par les énormes peines, / Tu rebois donc la vie effroyable, tu sens / Sourdre le flux des vers livides en tes veines ». Prudence est mère de sûreté!

[2] Pour Claudel, *Paris se repeuple* illustre une des trois périodes qu'il distingue dans l'œuvre de Rimbaud : « La première est celle de la violence, du mâle tout pur, du génie aveugle qui se fait jour comme un jet de sang, comme un cri qu'on ne peut retenir en vers d'une force et d'une roideur inouïes ». Le lecteur ignorera sur quoi portait ce « cri qu'on ne peut retenir »; mais Claudel, lui, le savait bien, ne serait-ce que parce qu'il se réfère quelques lignes plus loin à la lettre à Demeny du 15 mai 1871, laquelle s'ouvre sur *Chant de guerre parisien*.

inspiration communeuse chez Rimbaud, tenait évidemment au réflexe déjà bien ancré de privilégier le *Voyant* – dans le sens mystique qu'on donnait à ce mot – et au désintérêt relatif qui en résultait pour les vers du printemps 1871 (on a vu ce qui en était chez Rivière). Elle tenait aussi à ce que certains des textes en la matière les plus importants ne parurent que tardivement : *Les Mains de Jeanne-Marie*, par exemple, ou la lettre à Izambard du 13 mai 1871, celle-là même où Rimbaud écrit que des « colères folles [l]e poussent vers la bataille de Paris[1] ». Mais cette attitude de cécité volontaire a longuement survécu : lorsqu'il ne fut plus possible de nier totalement, on vit certains critiques traiter des sympathies de Rimbaud pour la Commune comme d'un feu de paille adolescent ne concernant nullement son œuvre et, pour ce faire, entreprendre de trouver aux textes qui semblaient prouver le contraire un sens qui les éloignait de toute référence à l'insurrection parisienne. *Paris se repeuple*, précisément, a été l'objet de tentatives de ce genre, notamment à cause de son troisième vers – « Les Boulevards qu'un soir comblèrent les Barbares » : à en croire certains[2], il s'appliquerait à l'entrée des Prussiens dans Paris, au début de mars 1871, le poème dans son ensemble visant le retour des bourgeois dans la capitale après le siège, non pas du tout après la Commune et la Semaine sanglante. Or si les Prussiens entrèrent effectivement dans Paris, ils se contentèrent d'une occupation brève et à peu près symbolique des quartiers de l'Ouest, ce que Rimbaud ne pouvait ignorer puisqu'il se trouvait alors à Paris. Il est donc impensable que ce soit eux que désigne un vers où les *Barbares* sont montrés *combl[ant]* les Boulevards, cœur de la ville et lieu par excellence de la fameuse fête impériale. En revanche, ce même vers s'applique admirablement à ce qui se passa le 18 mars, date qui marqua le début des soixante-douze jours de la Commune : ce fut bien le *soir*, comme le dit le texte

---

1 Cette lettre ne fut publiée qu'en 1926.
2 Notamment M.-A. Ruff, *Rimbaud*, Hatier, 1968, p. 58-59.

de Rimbaud, que les insurgés venus des quartiers populaires, ces nouveaux *Barbares* dénoncés comme tels depuis les années trente du siècle[1], occupèrent les quartiers du centre[2] et, par conséquent, les boulevards[3]. Comment démentir Verlaine, après cela, et prétendre que *Paris se repeuple* ne vise pas les lendemains de la Commune ?

Il est vrai que ce genre de déni absolu appartient sans doute au passé. Mais non pas une autre forme de refus, plus insidieuse parce qu'elle se donne aisément un air de vraisemblance, notamment parce qu'elle bénéficie de la conviction ancienne qu'il y a dans le développement de l'œuvre rimbaldienne une césure qu'on situe ordinairement vers le milieu de 1871. Selon cette perspective, très largement partagée, l'adolescent aurait été requis par l'inspiration politique du fait de la guerre et plus encore des événements de la Commune ; mais la chute de celle-ci, en mai 1871, n'aurait pas tardé à le dégriser et le jeune poète qui débarquait dans la capitale en septembre n'aurait plus été préoccupé que de son entreprise d'*alchimie*, désabusé qu'il était sur le compte de l'Histoire et de la Révolution. Or cette position n'est pas défendable, d'abord parce que cette prétendue césure relève tout simplement du mythe, ensuite parce qu'il suffit de lire les textes pour s'apercevoir que le souvenir de la Commune a continué longtemps de hanter la poésie rimbaldienne. Un exemple, fameux entre tous : *Le Bateau ivre*, considéré sur la foi d'un témoignage de Delahaye comme écrit à Charleville, était tenu en même temps pour une allégorie de la trop fameuse *voyance* et par conséquent comme tournant le dos à toute inspiration politique. Or on sait aujourd'hui que Delahaye n'est trop souvent qu'un faux témoin, rien ne permettant d'affirmer que le poème a été écrit dans les Ardennes ; et s'il serait sans nul doute excessif d'en faire un tombeau de la Commune,

---

1 Voir ci-après le chapitre consacré à *Michel et Christine*.
2 Lissagaray, *Histoire de la Commune de 1871* (Maspero, 1969), p. 113.
3 Pour une analyse plus détaillée de *Paris se repeuple*, je renvoie à mon article : « Boulevards, Barbares, Bandits » (*Rimbaud cent ans après*, éd. Steve Murphy, Charleville-Mézières, Musée-Bibliothèque Arthur Rimbaud, 1992, p. 75-82).

il reste qu'il s'achève sur ces *pontons* où il est difficile de ne pas voir une allusion à la répression versaillaise. Autre exemple : *Les Mains de Jeanne-Marie* est connu par un unique manuscrit – celui du dossier Verlaine – qui porte la mention «fév. 72» : or il s'agit d'un poème d'inspiration entièrement communeuse. On pourra objecter, il est vrai, que cette date est celle de la copie et que le dossier Verlaine comprend des pièces remontant à l'époque de Charleville. Admettons ; mais ce n'est certainement pas le cas de poèmes comme «*Qu'est-ce pour nous mon cœur...*» ou *Michel et Christine*, qui ne donnent pourtant guère l'impression que leur auteur s'est entièrement détourné du politique. Dira-t-on alors qu'on en ignore la date ? L'argument serait spécieux parce que ces deux textes ont toutes les chances d'être tardifs dans la production en vers de Rimbaud. Et d'ailleurs d'autres poèmes dont on est sûr qu'ils sont largement postérieurs à l'arrivée de Rimbaud à Paris restent marqués, à travers une rhétorique certes entièrement nouvelle, par une inspiration clairement politique. Voici par exemple *Bonne pensée du matin*, poème de 1872 où l'on se plaisait à voir une tentative pour dire l'indicible : il s'agit en fait d'une évocation sarcastique de la situation des travailleurs dans le Paris de l'Ordre restauré[1]. Et voici *La Rivière de Cassis* dont l'un des deux manuscrits connus porte la date de mai 1872[2] : encore un de ces poèmes que le mythe tenait pour purs textes de voyance. On a dit qu'il devait quelque chose à une remémoration du paysage ardennais, surtout à cause des *sapinaies*, lesquelles renverraient en somme à cette structuration de la mémoire par les paysages d'enfance qu'on connaît bien chez Rimbaud. Mais le vers 16 – «Chers corbeaux délicieux» – est une reprise textuelle

---

1 Voir ci-après le chapitre consacré à ce poème.
2 Cette date est celle de la copie et il serait imprudent d'en tirer des conclusions trop précises pour la composition du poème. Mais, en tout état de cause, on a ici affaire à une métrique de chanson qui n'apparaît pas chez Rimbaud avant le printemps de 1872.

d'un vers des *Corbeaux* (à moins que ce ne soit l'inverse[1]), ce qui ne peut être un hasard : or *Les Corbeaux* évoquent les morts de la guerre, mais aussi ceux de la Commune. De sorte qu'on en vient à s'interroger sur le titre du poème, sur cet étrange *cassis* surtout dont Delahaye affirmait sans rire que c'était la couleur d'une rivière ardennaise, mais dont a pu se demander au vu de cette reprise des *Corbeaux* s'il ne s'agissait pas plutôt de celle d'une « rivière tachée du sang des morts[2] ». Or *tachée*, c'est sans doute trop peu dire : selon toute vraisemblance, cette *rivière de cassis* est bel et bien une rivière de sang[3]. Sang des morts de la guerre, alors, en une sorte de reprise du *Dormeur du val* ? Peut-être, mais plus vraisemblablement sang des morts de la Commune, parce qu'à adopter cette perspective, on voit aussitôt que le poème déploie les éléments d'une symbolique qui ne peut guère renvoyer qu'à l'épisode communeux. Que sont en effet ces *mystères révoltants* ? Visiblement des représentations fantasmatiques d'une France traditionnelle, qui ne sont pas sans rappeler les médiocres *effet[s] de légende* naissant dans *Soir historique* de l'imagination du *touriste naïf*[4] : *chevaliers errants* légendaires, *parcs importants* qui sont ceux de châteaux d'autrefois, ou encore *donjons*[5]. Ce sont là les emblèmes imaginaires d'une société réactionnaire, celle de ces *Ruraux* en qui se résumait pour Rimbaud le parti versaillais. Et on n'est pas surpris à côté d'eux de voir surgir ce *paysan matois* qui formait les gros bataillons du Parti de l'Ordre et que l'ultime

---

1 Il n'est pas impossible que *Les Corbeaux*, longtemps considéré comme un poème relativement ancien, soit en fait postérieur à *La Rivière de Cassis*.
2 J.-L. Steinmetz, dans les notes de son édition de Rimbaud (*Vers nouveaux / Une saison en enfer*, GF / Flammarion, 1989, p. 178).
3 Le *cassis* est évidemment ici la liqueur : dans un des deux manuscrits connus, le mot est d'ailleurs écrit sans majuscule. Cette métaphore du sang n'est pas sans rappeler celle dont use Balzac dans *Le Père Goriot*, lequel fait dire à Vautrin au moment de son arrestation : « Si j'avais seulement levé la main [...] ces trois mouchards-là répandaient tout mon *raisiné* ».
4 On notera ici les donjons *visités*.
5 Dans ces *chevaliers errants* et ces *donjons*, il n'est pas absurde de deviner une allusion sarcastique à Hugo : ce sont là personnages et sites courants dans *La Légende des siècles*.

strophe invite les corbeaux à faire fuir[1]. Sous les apparences d'un paysage qui a quelque chose du rêve, Rimbaud esquisse donc une véritable allégorie, mais cette allégorie est politique et elle renvoie assez clairement au temps de la Commune. Les *claires-voies*, par exemple, désignent évidemment la *sapinaie* avec ses fûts ; mais elles participent aussi de l'allégorie puisqu'à travers elles le *piéton* est invité à comprendre le sens de ce paysage, qui est aussi celui du poème.

Il est donc proprement inouï qu'on ait pu prétendre que l'inspiration politique avait disparu chez Rimbaud une fois la Commune tombée. L'habitude, encore une fois, de traiter de lui en termes de mystique ou de *voyance* y a été pour beaucoup, mais il faut ici parler net : il s'agit de la Commune et sur un tel sujet l'exégète peuvent difficilement s'abstraire de ses options personnelles. C'est évidemment le cas de ces attitudes de déni, qui ont souvent quelque chose de surprenant ; mais c'est tout aussi vrai de l'attitude inverse : l'œuvre de Rimbaud a une dimension politique, il a écrit plus d'un poème dont la Commune est, ouvertement ou plus secrètement, le sujet, mais cela n'épuise ni son inspiration, ni même son rapport à l'Histoire et surtout, il faut s'entendre sur ce que cela signifiait. Or quand on lit dans tel article rimbaldien que les hommes de la Commune avaient entrepris de créer une « république ouvrière d'inspiration socialiste[2] », on se dit que sur cette question pourtant cruciale, l'exégèse se trouve souvent viciée à la base par la méconnaissance des réalités historiques les plus élémentaires. Lénine, paraît-il, dansa dans la neige le jour où la durée du gouvernement bolchevik dépassa

---

1 Ces corbeaux, les mêmes apparemment que ceux qui sont « crieur[s] du devoir » dans *Les Corbeaux*, on les doit peut-être à Vallès. Dans son article « Paris vendu » (*Le Cri du peuple*, 22 février 1871), ce dernier écrivait en effet : « Dans tout ce tas de députés, il y en aura bien quelques-uns, je pense, qui sauront nous venger. [...] Mais étoufferait-on leurs voix, le corbeau bat des ailes au-dessus de la France ruinée, au-dessus des fermes sans semailles ! ». Rimbaud, arrivé à Paris le 25 et qu'enthousiasmaient les « fantaisies admirables » de Vallès, a fort bien pu connaître ce texte.
2 L'expression est d'Alain Bardel.

d'un jour celle de la Commune de Paris : dans le déni comme dans l'exaltation, la critique rimbaldienne a plus d'une fois l'air de s'en tenir à cette image d'Épinal qui, à bien des égards, est une usurpation d'héritage.

On n'écrit pas ici un livre d'Histoire, mais si l'on veut comprendre ce que fut l'adhésion de Rimbaud à la cause de la Commune et, plus encore, le rôle qu'elle a joué dans son œuvre, force est de rappeler ce que fut *en son temps* cette flambée révolutionnaire[1]. Fille de la guerre, la Commune est née après l'interminable siège de Paris des frustrations de tout une population, persuadée qu'elle aurait pu vaincre comme en 1793 sans la trahison de dirigeants conservateurs ; et mouvement parisien[2], elle plonge ses racines dans la culture politique des milieux populaires de la capitale, laquelle s'était structurée pour longtemps dans les affrontements de la Révolution de 1789. Il n'est que de voir les ennemis que se reconnaît le Communeux du rang : le prêtre, le hobereau, le riche oisif[3], on a là comme une liste des objets de haine du sans-culotte[4]. La Commune pouvait-elle, dans ces conditions, avoir quelque chose de socialiste ? Oui, si on prend le terme dans le sens mal défini qu'il avait eu autour de 1848, où il renvoyait à une exigence humanitaire, à la volonté de corriger les iniquités les plus criantes, à l'utopie d'une société régénérée ; mais non, bien entendu, si on le prend dans son sens moderne, qui ne devait vraiment s'imposer que dans les dernières années du siècle. Qui plus est, même à envisager le mot dans son acception *quarante-huitarde*, c'est un fait

---

1   Les meilleurs travaux sur la question demeurent ceux de Jacques Rougerie : *Procès des Communards* (Julliard, coll. «Archives», 1964) ; ou *Paris libre 1871* (Le Seuil, 1971).
2   Il y eut, à l'imitation de Paris, quelques mouvements en province (Lyon, Marseille, Saint-Étienne, Toulouse), mais ce ne fut que feu de paille.
3   On ne sera donc pas surpris que la Commune ait été avant tout républicaine : «Que demande Paris ? La reconnaissance et la consolidation de la République» disait son premier manifeste (Lissagaray, *op. cit.*, p. 211). Cela d'autant plus que les circonstances y poussaient : l'Assemblée qui venait d'être élue était majoritairement monarchiste et le peuple de Paris était persuadé (avec raison sans doute) qu'elle voulait rappeler le roi.
4   *Procès des Communards*, p. 199-208.

que la Commune n'a pris dans sa brève existence *aucune* mesure qui puisse être qualifiée de socialiste[1]. Il n'y a d'ailleurs là rien de surprenant : conformément à la culture politique de leurs électeurs, la plus grande partie de ses membres n'étaient pas socialistes[2], mais jacobins, certains se donnant pour robespierristes, d'autres pour hébertistes, mais tous communiant exclusivement dans le culte de la Grande Révolution. Un détail, d'ailleurs, en dira long : parlant de Delescluze, principal animateur de ce groupe jacobin et figure majeure de la Commune, qui devait être son délégué à la Guerre et trouver sur les barricades de mai une mort volontaire, Lissagaray écrit dans son *Histoire de la Commune de 1871* : « Rien n'était noble comme ce vieillard altéré de justice, étudiant à la fin de sa vie les questions sociales ». *À la fin de sa vie* ! Où est dans tout cela la république « d'inspiration socialiste[3] » ?

---

1   Le 16 avril la Commune, constatant « qu'une quantité d'ateliers ont été abandonnés par ceux qui les dirigeaient [...] sans tenir compte des intérêts des travailleurs », institue une commission qui aurait à préparer la remise en route de ces ateliers « non plus par les déserteurs qui les ont abandonnés », mais par les « travailleurs qui y étaient employés ». Elle prévoit en outre un « jury arbitral » qui aurait à statuer sur « l'indemnité » due à ces patrons à leur retour (*Procès des Communards*, p. 210). Mesure évidemment circonstancielle (les patrons non « déserteurs » ne sont pas touchés) : or c'est la *seule* de toute l'histoire de la Commune à laquelle on puisse trouver quelque chose de socialiste.

2   L'Internationale existe, mais son influence n'est pas énorme et il faut en outre rappeler que, fondée en 1864 à l'initiative des *Trade Unions* britanniques, elle n'est pas vraiment révolutionnaire à l'époque. Il s'était certes créé à la chute de l'Empire un « Comité des vingt arrondissements », composé de militants révolutionnaires : il dut vite s'effacer devant le Comité central de la Garde nationale, émanation de l'ensemble du peuple parisien.

3   La vulgate marxienne, en faisant délibérément des événements de 1871 une anticipation de la révolution socialiste à venir, a largement contribué à en gauchir le sens, autant peut-être que les publicistes versaillais qui, eux, avaient intérêt à faire peur. On connaît le célèbre texte de *La Guerre civile en France* : « Le Paris ouvrier, avec sa Commune, sera célébré à jamais comme le glorieux fourrier d'une société nouvelle. Le souvenir de ses martyrs est pieusement conservé dans le grand cœur de la classe ouvrière ». Mais on sait moins qu'en écrivant ces lignes, Marx obéissait en fait à une nécessité *tactique* : assumer la mémoire de la Commune était pour lui une obligation s'il voulait s'imposer définitivement comme chef de l'Internationale. En fait, il avait éprouvé devant l'insurrection parisienne des sentiments mitigés, ce qui se conçoit aisément.

En réalité, au-delà des circonstances particulières (la guerre ou le siège de Paris) c'est le moment historique qui éclaire le mieux la nature de la Commune. Les derniers temps du Second Empire furent en effet, en France du moins, ceux de la renaissance et de la consolidation d'une sorte de *doxa* révolutionnaire, à travers laquelle resurgissait l'esprit du *printemps des peuples* avec son messianisme laïc, sa divinisation de l'Histoire, ses grands mythes quasi religieux. Rarement l'appel récurrent du *Noël sur la terre*[1] parut même retentir avec une telle évidence et aussi – certains, du moins, en eurent l'illusion – avec de telles chances de s'accomplir. Beaucoup en effet considéraient comme imminente la chute du pouvoir bonapartiste et il y en avait plus d'un pour rêver, au-delà de la *Sainte République*, à l'accomplissement des rêves de l'Utopie. L'Empire, en dépit de son évolution libérale et du fait surtout de son alliance indéfectible avec une Église entièrement réactionnaire, paraissait d'ailleurs prendre à charge de justifier ce discours, qui faisait de sa catastrophe prochaine l'aurore d'un monde délivré. Il suffit, pour prendre la mesure de ce bref moment, de lire ce qu'écrivait alors Hugo : en la même année 1867, par exemple, où il allait dénoncer dans *La Voix de Guernesey* l'obscurantisme pontifical et l'aide sanglante que lui avait apportée la France impériale, il n'en écrivait pas moins dans *Paris* : « Un peu d'ombre flottante ne compte pas dans un immense lever d'aurore[2] ». Cette attente d'une *palingénésie* avait été une des grandes tentations romantiques et par là, le mouvement communeux se dénonce comme une des dernières incarnations de ce romantisme révolutionnaire qui est un des courants majeurs du XIXe siècle. Or cela, le texte de Rimbaud le

---

1 On se réfère ici au texte de *Matin* (dans *Une saison en enfer*) : « Quand irons-nous [...] saluer la naissance du travail nouveau, la sagesse nouvelle, la fuite des tyrans et des démons, la fin de la superstition, adorer – les premiers ! – Noël sur la terre ! ».
2 *Paris*, IV, 5 (Victor Hugo, *Œuvres complètes*, *Politique*, Robert Laffont, collection « Bouquins », 1985, p. 32). Hugo ajoutait qu'il ne niait pas l'existence et le poids de la réaction mais affirmait aussitôt qu'elle n'était « que momentanée ». On sait que *Paris* fut publié en mai 1867.

montre peut-être mieux qu'aucun autre. Non qu'il soit pénétré d'un philosophie romantique de l'Histoire, encore qu'écrire que le poète « définirait la quantité d'inconnu s'éveillant en son temps dans l'âme universelle » résonne comme un lointain écho à l'historicisme romantique ; mais qu'on considère dans ses vers les mots qui désignent l'espace du politique. Quelques-uns, comme *Ruraux*[1], offrent un sens purement polémique, dans un contexte précis et restreint qui est celui du temps de la Commune. Mais bien souvent aussi, ils relèvent de ce vocabulaire messianique que tout un pan du romantisme avait fini par adopter autour de 1848 : *Homme* par exemple, avec sa majuscule qui est le signe de l'utopie et aussi *Ouvrier*[2], quasiment synonyme d'*Homme* dans un poème comme *Le Forgeron*, en écho évident au rôle attribué alors par ces messianismes nouveaux, hors de toute réalité sociale, à la figure de l'Ouvrier[3] ; ou encore ces mots qui renvoient à des représentations religieuses (ou plus exactement chrétiennes), lesquelles désormais sont métaphores d'un Salut temporel : *Noël*, par exemple[4], ou *Pâques*[5] ou même la figure du Sauveur lui-même[6]. On a pu parler d'un Christ romantique, en désignant tout à la fois l'utilisation par le romantisme de la figure christique et la conviction, si largement partagée en 1848, que

---

1 Dans *Chant de guerre parisien*, où le mot désigne les Versaillais. L'emploi était courant à l'époque. Il n'est que de lire, par exemple, Lissagaray, qui qualifie les élections de 1871 de « plébiscite rural » (*op. cit.*, p. 102). Un incident immédiatement célèbre avait d'ailleurs mis en jeu ce sens du mot : à la première réunion de la nouvelle Assemblée, majoritairement monarchiste, Crémieux avait jeté des tribunes : « Majorité rurale ! honte de la France ! » (*ibid.*, p. 94).
2 « Chapeau bas, mes bourgeois ! Oh ! ceux-là, sont les Hommes ! / Nous sommes Ouvriers, Sire ! Ouvriers ! »
3 En témoigne également *Les Poètes de sept ans* où, significativement, la vision des « hommes [...] en blouse » s'offre comme substitut à l'expérience religieuse : « Il n'aimait pas Dieu ; mais les hommes, qu'au soir fauve, / Noirs, en blouse, il voyait rentrer dans le faubourg ».
4 « Quand irons-nous [...] adorer – les premiers ! – Noël sur la terre ! » (*Matin*).
5 « Le blanc agneau Pascal » (*Michel et Christine*) : voir ci-après le chapitre consacré à ce poème.
6 Dans les *Proses Évangéliques*.

l'avènement d'un monde nouveau accomplirait dans l'Histoire la Promesse de Jésus. Mais on peut, et à bon droit, prendre cette figure en un sens plus général, plus profond sans doute et surtout plus durable : comme symbole de l'attente quasiment religieuse d'un salut proche et universel pour la Cité des hommes. À cette forme de la Promesse, le romantisme a cru un temps et, vingt ans après, plus d'un parmi ceux qui avaient suivi la Commune l'avait fait aussi : à lire les mots qu'il employait alors, il est clair que Rimbaud a été l'un d'eux.

On n'est pas surpris dès lors par la forme que prend la révolte dès ses premiers poèmes. Dans ce massif initial de l'œuvre rimbaldienne ce sont, et de loin, les textes de combat qui prédominent – la veine politique de poèmes tels que « *Morts de Quatre-vingt-douze* », *Rages de Césars* ou *Le Dormeur du val* se révélant autrement abondante que celle illustrée par *Ma Bohème* ou *Au Cabaret-Vert*. Mais ce qui importe vraiment, ce sont les constituants de cette révolte. L'instance positive, c'est avant tout pour lui la Nature, à la fois Mère et figure métonymique du désir ; en face de quoi la société telle qu'elle est, une religion aliénante, les pouvoirs contemporains avec leur violence oppressive, composent une seule et même figure de la négativité. Dans un poème comme *Le Mal*, par exemple, les puissances mauvaises se trouvent affirmées tout autant que dans le christianisme, mais la Chute est désormais hors du Paradis perdu de la Nature, d'ailleurs évoqué par des termes empruntés, déjà, au vocabulaire chrétien, tels que *joie* et surtout *saintement*. En vérité, Rimbaud inverse les signes : là où le christianisme proclamait que l'état de Nature était irrémédiablement marqué du signe de la déchéance, il affirme au contraire qu'en lui réside tout ce qui devrait être saint pour l'Homme. Mais à ce christianisme honni il emprunte l'idée même de la chute et celle d'un Paradis perdu : or dans la dogmatique chrétienne, ces représentations étaient liées intimement à l'affirmation d'un mystère de salut, d'une fin à venir de l'Histoire qui serait délivrance pour le peuple de Dieu. Et au-delà du dogme, la conscience de quiconque vivait en Occident ne pouvait qu'avoir reçu l'empreinte d'une telle espérance et d'une semblable économie du salut. De là ces messianismes politiques qui, fondamentalement, avaient repris à la sphère du religieux l'idée même de *siècle à venir*[1], celle aussi d'un brusque passage de l'extrême abaissement à la libération totale[2]. Violent contempteur d'un christianisme alors perçu, non sans raisons, comme le rempart de l'Ordre, Rimbaud n'était peut-être pas sorti autant qu'il le croyait des structures mentales qu'il en avait héritées[3].

Cette perspective utopique, il est légitime de se demander comment Rimbaud y est arrivé. On peut bien entendu évoquer l'adolescence, cette *puberté* dont, à en croire Breton, il est par excellence le poète, l'étouffement du microcosme familial, le moment historique dressant inévitablement contre la société de l'Empire une fraction au moins de la nouvelle génération. Delahaye a évoqué ce contexte de l'Empire finissant et, pour une fois, on ne voit guère de raisons de ne pas le croire :

> Il faut, d'ailleurs, se rappeler les audaces, les curiosités d'esprit qui se manifestèrent soudain pendant les dernières années de l'empire. Au collège de Charleville, les professeurs permettaient, encourageaient les objections, les réflexions des élèves sur tous les sujets : histoire, philosophie, littérature. Il y avait entre eux et nous des conférences contradictoires, où, de chaque côté, on apportait des piles de livres, où l'on se combattait, fort poliment, à coup d'auteurs ultra-modernes, où l'on allait parfois très loin dans l'examen de certaines questions, où l'on passait rapidement de la liberté de conscience à la liberté politique, où l'on commençait par l'Inquisition et finissait par le Deux décembre, arrêtés alors, faiblement, par un professeur qui souriait[4].

---

1 Rappelons que dans le christianisme, cette expression s'applique à la fin des temps. Chez Hugo, pour ne citer que lui, elle s'applique au contraire aux temps où l'Humanité sera libérée de ses chaînes.
2 On peut comprendre ainsi le fameux cri de Vallès après la proclamation de la Commune : «Fils des désespérés, tu seras un homme libre» («Le 26 mars», *Le Cri du peuple*, 28 mars 1871).
3 D'autres poèmes de sa première manière mèneraient aux mêmes conclusions : *Credo in unam*, par exemple, au demeurant laborieuse imitation de poncifs parnassiens, postule lui aussi la chute de l'Homme, «pâle du mal souffert», hors du paradis perdu de la Nature.
4 Ernest Delahaye, *Rimbaud* (*Revue littéraire de Paris et de Champagne*, 1905), p. 157.

Mais ce rejet si partagé d'un Empire finissant n'a pas conduit toute une génération à l'eschatologie révolutionnaire et on n'en connaît guère qui ait voulu se faire *voyant* dans la perspective clairement affirmée d'un bouleversement historique. Le même Delahaye a tenté un tableau de l'évolution intellectuelle qui devait mener Rimbaud à des positions si radicales. À l'entendre, tout est parti de sa découverte de Lucrèce, qui fut à la fois celle du matérialisme et de la grande poésie philosophique : on sait que son empreinte, effectivement, est profonde sur un poème comme *Credo in unam*. Cette découverte l'aurait amené à se passionner pour la philosophie de l'histoire, aidé en cela par ses professeurs qui, outre la bibliothèque du collège de Charleville, lui auraient généreusement ouvert les leurs ; et Rimbaud de dévorer « Thiers, Mignet, Tocqueville, Michelet, Lamartine, Quinet, Louis Blanc[1] ». Ce dernier l'amène à Rousseau, et surtout au *Contrat social*, dont la lecture d'Helvétius finit cependant par le « délivre[r] ». Vaste programme ! Il est vrai que « pendant des années, il a lu, regardé, écouté, accumulé notes sur notes[2] ». Quand on se rappelle que Rimbaud commence vraiment à écrire dans sa quinzième année et qu'il en a seize au moment où il écrit *Le Mal*, on se demande où trouver toutes ces « années » de méditation, sans compter qu'on a quelque mal à croire qu'il ait pu méditer sur les travaux historiques de Thiers ou de Tocqueville, esprits fort inégaux mais l'un et l'autre franchement réactionnaires. Il faut donc, une fois de plus, accueillir ces affirmations de Delahaye avec le plus grand scepticisme, même quand il lui arrive d'être vraisemblable, comme lorsqu'il affirme l'influence sur Rimbaud d'un groupe de jeunes professeurs[3], sans nul doute républicains et peut-être plus radicaux encore. Il y a là une conjonction tout à fait plausible, car l'influence d'Izambard semble avoir été surtout littéraire (il

---

[1] Ernest Delahaye, *Rimbaud. L'artiste et l'être moral*. Le livre parut en 1923, mais on peut se reporter à la réédition récente (Cerf Littérature, 2007), p. 65-78.
[2] *Ibid.*, p. 77.
[3] *Ibid.*, p. 67.

devait traiter son ancien élève de fou quand celui-ci lui exposa sa théorie du *voyant*) et il faut bien qu'il y ait eu quelque médiation entre Rimbaud et une littérature progressiste dont on ne peut mesurer ce qu'il connaissait, mais qu'il ne peut non plus avoir entièrement ignorée. Seulement, comment savoir ?

Le fait est en tout cas que l'inspiration politique n'a cessé de requérir Rimbaud durant la fatidique année 1871 et pas seulement durant le printemps où, de toute évidence, il a cru à la victoire de la Commune. Il faut cependant s'entendre : sur un ensemble de quinze à vingt poèmes susceptibles, avec plus ou moins de probabilité, d'appartenir à cette année, quatre seulement traitent ouvertement de l'événement[1] ; mais les autres n'en sont pas moins presque tous, d'une façon ou d'une autre, des poèmes politiques – qu'il s'agisse de ceux qui évoquent l'aliénation de la femme dans la société telle qu'elle est[2], de ceux qui disent la haine de l'Église[3], ce pilier de l'Ordre, ou de ceux dans lesquels Rimbaud se dit lui-même, comme *Les Poètes de sept ans* où l'amour refusé à Dieu est donné aux Ouvriers rentrant le soir dans leurs faubourgs[4]. Rien de surprenant dès lors à ce que cette inspiration se soit effectivement maintenue après son arrivée à Paris, au mois de septembre. Au sein même de l'*Album zutique*, auquel il collabore durant l'automne et l'hiver 1871-1872, il donne par exemple l'étrange sonnet intitulé *Paris* qui va jusqu'à envisager, de façon cryptée, un prochain rétablissement de l'Empire[5]. Or il faut saisir toute la portée de ce geste textuel : le discours progressiste sur

---

1 *Chant de guerre parisien, Paris se repeuple,* « *L'étoile a pleuré…* », *Les Mains de Jeanne-Marie* (à supposer que ce dernier poème ne soit pas plus tardif).
2 *Les Premières Communions, Les Sœurs de charité* ou même, d'une certaine façon, *Mes petites amoureuses.*
3 *Accroupissements* ou *Les Pauvres à l'église.*
4 On peut poursuivre : les *Assis,* au-delà d'une anecdote douteuse, sont le symbole d'une société immobile ; *L'Homme juste* s'en prend à Hugo, avant tout à cause de son attitude pendant la Commune ; dans *Ce qu'on dit au poète à propos de fleurs,* c'est un bourgeois positiviste, certainement versaillais, qui fait la leçon au poète ; et *Le Bateau ivre* se termine sur l'image des *pontons,* bateaux-prisons de la répression de Versailles.
5 Voir ci-après le chapitre intitulé « Faites vos *Paris ?* ».

Paris en avait toujours fait la ville par excellence des révolutions, le cratère où se forgeait le destin futur de l'Humanité ; un Hugo, en publiant en 1867 un texte intitulé précisément *Paris*, n'avait pas dérogé à ce principe. Or Rimbaud, à travers un défilé apparemment ludique de noms propres, évoquait dans son sonnet ce qu'était en fait la capitale, quelques mois après la chute de la Commune : illusions perdues, flagorneries, peur et pour finir ce conseil hypocrite : *Soyons chrétiens* !

Le milieu dans lequel il était accueilli, bien sûr, ne pouvait que le conforter dans cette attitude. On en a déjà dit la marginalité, due à des raisons sociologiques, mais aussi aux sympathies communeuses indéniables[1] du groupe auquel il allait s'agréger avec des fortunes diverses. Mais il faut ajouter qu'au sein de ce groupe, Verlaine était sans doute le plus marqué politiquement. On l'a oublié parce que lui-même a tout fait pour cela et qu'a fini par prévaloir, à sa grande satisfaction d'ailleurs, l'image d'un naïf et d'un rêveur, incapable d'appréhender les réalités du monde, à plus forte raison celles de la politique. Mais en allant visiter Verlaine dans les années quatre-vingt, un René Ghil avait été surtout frappé par la violence rentrée du personnage ; et l'image de Verlaine dans les dernières années de l'Empire avait été précisément celle d'un violent, aux convictions politiques radicales[2]. Sans vouloir entrer ici dans les détails[3], on rappellera notamment sa collaboration durant cette période à une petite presse qui, au-delà d'un positionnement sociologique qui la liait à la bohème, était aussi, le plus souvent,

---

1 Plusieurs des proches de Verlaine avaient eu maille à partir avec la justice versaillaise. Son ami Lepelletier, par exemple, fit un mois de prison pour avoir, sous la Commune, gardé à titre de délégué le Conseil d'État et la Cour des comptes ; et son beau-frère Sivry fut, lui aussi, *pontonné*, comme on disait à l'époque.
2 Sur ce point on consultera, *passim*, le livre de Steve Murphy, *Marges du premier Verlaine* (Honoré Champion, 2003), en particulier sa troisième partie (« Parnasse et République »).
3 Je ne peux que renvoyer là-dessus à mon article « Verlaine communeux ? » (*Dix-neuf / Vingt*, n° 4, p. 9-28).

une presse de contestation politique radicale : tel avait été le cas de *La Gazette rimée*, mais surtout du *Hanneton*, dirigé par Vermersch, futur journaliste vedette de la presse communeuse et proche ami de Verlaine. Quant aux poèmes, ceux qu'il publie en décembre 1869 dans la seconde série du *Parnasse contemporain*[1] sont tous des textes dont la coloration politique n'est jamais absente ; et il avait fait paraître en revue l'année précédente[2] *Un Grognard*, poème d'une grande violence qui mettait en pièces le mythe bonapartiste par excellence. Verlaine était donc, indéniablement, républicain radical, mais ce n'était sans doute pas assez dire : comme il l'avouera encore des années plus tard, il avait alors l'esprit « tout imbu d'hébertisme[3] ». Or au-delà d'une référence rituelle aux ultras du jacobinisme sous la Révolution, le mot avait pris dans les dernières années de l'Empire un sens assez précis puisqu'il s'identifiait le plus souvent à la tendance blanquiste du parti révolutionnaire, la plus radicale, celle en tout cas qui préconisait le coup de force et la dictature : Raoul Rigault, ami de jeunesse de Verlaine, par ailleurs figure de proue de la bohème[4] et futur procureur général de la Commune, était très proche de cette mouvance blanquiste. Rien de surprenant dans ces conditions à ce que Verlaine ait sympathisé d'entrée avec l'insurrection au point d'accepter les fonctions de chef du bureau de la presse. On a parfois affirmé que ces fonctions étaient sans contenu réel et que Verlaine ne risquait rien à la défaite de l'insurrection, mais ce n'est pas exact : l'usurpation de fonction était généralement punie de prison par la justice de Versailles[5] et d'ailleurs, le 31 août 1872, le conseil de guerre

---

1 *La Pucelle, L'Angélus du matin, La Soupe du soir* et *Les Poètes* (deux premières parties des *Vaincus*), tous poèmes qui seront repris des années après dans *Jadis et Naguère*.
2 *La Revue des Lettres et des Arts*, 23 février 1868. Le poème sera lui aussi repris dans *Jadis et Naguère*, sous le titre *Le Soldat laboureur*.
3 Verlaine, *Confessions*, II, 16.
4 Jerrold Seigel, *Paris bohème*, Gallimard, 1991, p. 185.
5 Ceux qui affirment que Verlaine n'avait aucun souci à se faire n'ont sans doute pas lu le *Journal* des Goncourt. S'ils l'avaient fait, ils y auraient trouvé l'épisode suivant

jugeait un nommé *Merlaine*, chef sous la Commune du Bureau de la presse à l'Hôtel de ville, dont le domicile et l'état civil exact étaient rigoureusement inconnus et qui fut condamné par contumace à la déportation[1]. Tout porte à croire, évidemment, que ce fantomatique *Merlaine* ne faisait qu'un avec le bien réel Paul Verlaine.

Le Verlaine que rencontre Rimbaud à l'automne de 1871 dut donc lui apparaître, jusqu'à un certain point, comme un homme de la Commune, d'autant plus qu'il n'avait pas abdiqué ses convictions après la défaite de l'insurrection. On a vu qu'écrivant à son éditeur Lemerre durant l'été, il lui déclarait ne « faire aucune concession »; et ajoutait qu'il lui serrait « bien cordialement la main, ainsi qu'à ceux de ces messieurs qui ne m'en voudraient pas trop d'être un *Vaincu*[2] » – faisant allusion par là à son recueil projeté *Les Vaincus*, livre d'inspiration politique qu'il avait la naïveté de vouloir faire publier en dépit du contexte, quelques mois après la Semaine sanglante. C'est pourquoi on ne peut échapper à l'impression que l'itinéraire de la fuite de Rimbaud et Verlaine hors de Paris, en juillet 1872, est au fond un itinéraire communeux. La Belgique et Londres, qui en marquèrent

---

qui se situe à la fin de la Semaine sanglante : « Je rencontre Burty sur la place de la Madeleine. Nous nous promenons dans ces rues, sur ces boulevards [...] Burty, accosté tout à coup par Madame Verlaine, cause avec elle des moyens de faire cacher son mari » (*Journal* des Goncourt, 28 mai 1871). Quelques jours auparavant, Edmond de Goncourt avait consigné un épisode qui montre que Verlaine n'était pas sans quelque influence dans les milieux dirigeants de la Commune (probablement par l'intermédiaire de Rigault) : « Burty m'emmène à l'Hôtel de Ville, où il va essayer d'attraper un *laissez-passer* en blanc, pour un pauvre diable qui veut s'enfuir. Il s'agit de découvrir le poète Verlaine, bombardé chef du Bureau de la presse » (4 mai 1871).

1 Archives nationales, BB 24 / 858 (note de la Préfecture de Police de mars 1879). Le jugement, lui, en date du 31 août 1872 (4e Conseil de guerre permanent de la 1ère division militaire) condamnait *Merlaine* « ex chef au bureau de la Presse à L'Hôtel de Paris [*sic*], contumax, coupable d'avoir en 1871, à Paris, participer [*sic*] à un attentat ayant pour but d'exciter à la guerre civile » à la déportation dans un enceinte fortifiée. Ce jugement figure aux Archives de la Guerre.
2 Dans son édition de la *Correspondance générale* de Verlaine (p. 211-212), Michael Pakenham date cette lettre de la mi-juillet.

successivement les étapes, avaient été en effet (avec, dans une moindre mesure, la Suisse) les principales destinations de ceux qui avaient réussi à fuir la répression et à peine la correspondance verlainienne nous permet-elle de deviner les faits et gestes du « drôle de ménage » que nous le voyons en rapports à peu près exclusifs avec ces exilés. Bien des années après, dans sa notice sur Rimbaud des *Hommes d'aujourd'hui*, Verlaine devait écrire en évoquant le séjour belge : « Juillet 1872, voyage et station en Belgique, Bruxelles plutôt. Rencontre avec quelques Français, dont Georges Cavalier dit Pipe-en-bois, étonnés ». Or Cavalier était une figure bien connue de la Commune et le milieu qu'il fréquentait à Bruxelles se composait essentiellement d'autres proscrits, groupés autour d'un *Club socialiste français* dont il était occasionnellement le président[1] : il y a donc gros à parier que ces « quelques Français » étaient, eux aussi des Communeux. Mais dès l'arrivée en Angleterre, les choses sont encore plus claires ; à peine arrivé à Londres Verlaine, tout en annonçant qu'il logerait sans doute dans « l'ancienne room » de Vermersch, ne manquait pas d'ajouter qu'il espérait « voir bientôt tous ces bons bougres[2] ». Ce qui, effectivement, ne devait pas tarder et il ne fallut que quelques semaines pour qu'on soit certain que les deux compagnons ont rencontré plusieurs Communeux de premier plan comme Andrieu, ancien membre du conseil de la Commune et vieille relation de Verlaine, Lissagaray, futur auteur d'une célèbre *Histoire de la Commune* et Vermersch lui-même, alors sur le point d'être condamné à mort par le Conseil de guerre à titre d'ancien rédacteur du *Père Duchêne*.

Ce ne sont pas là détails anecdotiques : ils donnent à penser que Rimbaud, à la suite de Verlaine, s'était mis à fréquenter les Communeux en exil *comme son milieu naturel*, un peu de la même façon qu'il avait fréquenté à Paris le groupe zutiste. C'est si vrai

---
1 Voir sur ce point Daisy E. Devreese, « La proscription en Belgique », *International Review of social history* (vol. XVII-1972), p. 263.
2 Lettre à Lepelletier (vers le 20 septembre 1872).

que tous deux se retrouvèrent alors sous l'œil de la police française, non pas pour des questions de mœurs (encore que certains rapports de mouchards aient abordé le sujet) mais parce que leurs fréquentations les firent soupçonner de menées subversives. Pour les autorités policières en effet, point de doute : Rimbaud était un ancien membre des «francs-tireurs de Paris», comme Verlaine était avant tout un fonctionnaire de la capitale «resté pendant la Commune[1]» et, circonstance aggravante, «ami de Vermersch, d'Andrieux et Cie[2]». Et il suffit d'explorer le dossier de police des réfugiés en Angleterre pour s'apercevoir qu'on les confondait parmi eux. Un exemple ? En février 1872, le milieu de l'Exil est agité par les articles sur les Communards à Londres écrits dans *Le Figaro* par le journaliste René de Pont-Jest ; et plus d'un accuse l'entourage de Vermersch d'avoir alimenté ce dernier en faux bruits. Sur quoi le mouchard d'ajouter, parlant d'un de ces colporteurs de ragots : «C'est ainsi que Verlaine, le poète, ami de Vermesch [*sic*] et d'Andrieux, l'ex-commis de la Préfecture de la Seine lui a soufflé dans l'oreille je ne sais quelles stupidités[3]». L'anecdote est mince, mais elle en dit long sur l'intégration des deux compagnons à un milieu.

Intégration qui pourrait avoir été plus loin qu'on ne croit. Que Verlaine, en novembre 1872, ait publié son poème déjà ancien *Des Morts* dans un journal communeux de Londres, *L'Avenir*[4], ne prouve rien en la matière : le poème figurait dans le cadre d'une conférence de Vermersch et celui-ci, quelle qu'ait pu être la situation de Verlaine dans le milieu de l'Exil, avait certes les moyens de l'y faire paraître. Plus intéressant est sans doute le fait, attesté par la correspondance verlainienne, que les deux

---

1 Ce sont là les mots mêmes d'un rapport de police du 26 juin 1873 qui figure (pièce n° 9) au dossier Verlaine (BA-874) des archives de la Préfecture de Police (désormais : P. Po.).
2 Note de police d'avril 1873 (P. Po., BA-874).
3 Note du 8 février 1872 (P. Po., Exilés en Angleterre, BA-428, pièce 862).
4 *L'Avenir*, numéro 29 (13 novembre 1872).

compagnons aient régulièrement assisté à des conférences du même Vermersch sur Gautier, Vigny et Blanqui : c'est même dans le cadre de cette dernière que *Des Morts* a trouvé sa place et il n'est pas impossible que Verlaine y ait lu publiquement son poème[1]. Mais voici plus sérieux, ou plus décisif. Quand Verlaine, après avoir quitté Rimbaud en juillet 1873, eut la velléité de revenir à Londres, celui-ci lui répondit : « Tu ne sais pas comme tout le monde t'y recevrait ! Et la mine que me feraient Andrieu et les autres s'ils me revoyaient avec toi[2] ». *Tout le monde ?* L'expression ne peut renvoyer qu'à une socialisation déjà réelle, à l'existence d'un groupe relativement stable dont les membres se reconnaissent comme tels. On a écrit que par *les autres* Rimbaud désignait, à côté d'Andrieu, les « amis partageant le même exil londonien, notamment Vermersch, Lissagaray et Régamey[3] ». C'est plausible, en effet, quoique l'expression *tout le monde* ait bien l'air d'impliquer un groupe un peu plus étendu. Ces incertitudes nous font mesurer les lacunes de notre information mais quoi qu'il en soit, une chose paraît assurée : Rimbaud, comme Verlaine, s'était intégré à Londres dans un groupe relativement restreint de Communeux, dont à coup sûr Andrieu, certainement Vermersch (dont l'amitié avec Verlaine ne se démentira jamais), peut-être Lissagaray et d'autres.

Or cela a du sens, car ce groupe se trouvait alors au cœur d'un débat virulent sur les leçons à tirer de l'échec de la Commune. Le milieu de l'Exil était en effet rien moins qu'homogène, comme ç'avait d'ailleurs été le cas de la Commune elle-même. Il faut rappeler ici le signe le plus éclatant de cette division contre elle-même de l'insurrection parisienne : quand l'illusion des premiers jours se fut dissipée et qu'il devint évident que la situation était grave, l'assemblée de la Commune se vit proposer la création d'un

---

1 Hypothèse envisagée avec une certaine faveur par Steve Murphy (*Marges du premier Verlaine*, p. 379).
2 Rimbaud à Verlaine, 7 juillet 1873.
3 André Guyaux dans les notes de la récente édition de la Pléiade (p. 1002).

Comité de salut public, sur le modèle de celui de 1793 ; et elle se divisa là-dessus en *majorité* (qui vota la mesure) et *minorité* (qui la refusa). Ce clivage reflétait des différences idéologiques profondes[1] : ce qui était en cause, c'était l'acceptation ou non d'une dictature révolutionnaire, mais aussi la tendance à une imitation ritualisée, non pas tant des actes de la Révolution de 1789 que du récit légendaire de cette même Révolution – sans compter les discours messianistes qui s'appuyaient précisément sur ce Grand Récit. Or cette déchirure survécut à la chute de la Commune et il est clair que le groupe que fréquentait Rimbaud à Londres se trouvait sur des positions franchement hostiles à l'ancienne *majorité*. On le voit bien à parcourir *L'Avenir*, dont Vermersch était un des rédacteurs[2], même s'il n'était certainement pas le seul[3]. On pouvait y lire sous sa plume en novembre 1872 cette mise au point évidemment polémique :

> Nous ne faisons pas suite aux hommes de 89 et de 93, mais aux hommes de 1830 d'abord, à ceux de 1848 et de 1851 surtout. Si l'on avait mieux su tout ce que contenaient les cinquante dernières années, peut-être bien des maladresses indicibles n'eussent-elles pas été faites[4].

Ces lignes sonnaient évidemment comme un défi, non seulement aux tenants de l'ancienne *majorité*, mais à tous ceux qu'un

---

1 La *minorité* était composée, pour l'essentiel, de socialistes de toutes nuances (dans l'acception, au demeurant fort vague, que ce mot pouvait avoir en 1871). Le clivage n'était cependant pas si net : certains membres de l'Internationale votèrent avec la majorité, espérant sans doute que des mesures dictatoriales pourraient rétablir la situation.
2 Une note de police l'affirme expressément (P. Po., BA-428, pièce 699, 14 octobre 1872). *L'Avenir* parut à partir du 5 octobre 1872 et dura (avec une interruption) jusqu'au 16 novembre suivant.
3 Les articles du journal sont anonymes en quasi totalité. Verlaine, à peine arrivé à Londres, avait été mis au courant de ce qui était alors un projet. Le 22 septembre 1872, il écrivait en effet à Lepelletier : « Des journaux français *sérieux* se fondent ici, j'intrigue et crois que j'en serai ». Rien ne permet de croire qu'il ait finalement collaboré (en dehors de la publication du poème *Des Morts*) et Rimbaud encore moins ; mais qui sait ?
4 *L'Avenir*, n° 27, 11 novembre 1872.

discours eschatologique cherchant ses répondants du côté d'une histoire mythique de la Révolution dispensait heureusement d'affronter la réalité contemporaine. Or il ne s'agissait pas là de simples règlements de comptes sur fond d'amertume de l'exil. C'est qu'en cet automne de 1872, le conflit qui avait déchiré la Commune avait rebondi du fait du débat qui, au sein même de l'Internationale, opposait alors Marx et les partisans d'un principe autoritaire à des groupes d'ailleurs divers, mais au nombre desquels se comptaient assurément ceux qui éditaient *L'Avenir*. La controverse venait d'aboutir avec le Congrès de La Haye[1] au triomphe de Marx, largement dû à l'appui des Blanquistes français, membres sous la Commune de la *majorité* et qui, à l'égal des Jacobins, ne cessaient de se référer à 1793. Faisant sans cesse l'apologie de la Terreur, ils sacrifiaient en même temps à l'utopie d'un monde régénéré où seraient abolies toutes les contraintes : dans *Les Hébertistes* de Gustave Tridon, ouvrage le plus important qu'ait produit le blanquisme à la fin de l'Empire, on pouvait lire ainsi que l'entreprise révolutionnaire était « le murmure de l'idéal entrevu, le chant de l'avenir, l'hymne du chaos fécond d'où va sortir un monde[2] ». Rien d'étonnant dès lors si quelques semaines après, *L'Avenir* assimilait ironiquement l'idée communiste à « la fraternité pratiquée par les Esséniens et les premiers chrétiens[3] », avant d'affirmer quelques semaines plus tard que l'Internationale était désormais dominée, en dépit des apparences, par un « thème religieux » auquel elle subordonnait sa politique[4].

Il serait évidemment ridicule d'imaginer Rimbaud tout entier plongé dans de tels débats ; mais il serait sans doute naïf de l'y croire absolument étranger. Outre ses rapports évidemment

---

1 Le Congrès de La Haye se déroula du 2 au 7 septembre 1872.
2 Gustave Tridon, *Les Hébertistes*, 1864, p. 25.
3 *L'Avenir*, n° 3, 8 octobre 1872. Pour l'auteur de cet article, le communisme est d'ailleurs une idée archaïque, qu'il place sous le patronage de Platon, de Thomas More et de Campanella.
4 « Lettres d'un dissident », *L'Avenir*, n° 27, 11 novembre 1872.

privilégiés avec Vermersch et Andrieu que, par ailleurs, les rapports de police associent constamment à Verlaine, il est très probable qu'à Londres il a fréquenté avec ce dernier un club politique fondé par des Communeux en exil et appelé *Cercle des études sociales*. Dans une lettre de 1873 à son ami Lepelletier, Verlaine devait s'efforcer de minimiser l'importance de sa participation à ce Cercle[1], mais il est clair qu'il s'y est rendu de façon régulière[2] et on voit mal pourquoi Rimbaud ne l'y aurait jamais accompagné. Or, fondé en janvier 1872 à l'initiative essentiellement de Lissagaray et d'Andrieu[3], le *Cercle des Études Sociales* s'était immédiatement trouvé dans le camp opposé à celui de la ligne marxienne et blanquiste[4]. Il était au demeurant lié de toute évidence à *L'Avenir*, au point qu'il n'est pas impossible que le journal ait été conçu à l'origine comme une sorte d'organe du

---

1 Lettre à Lepelletier, 23 mai 1873. Faisant état de son projet de retourner à Paris et de sa crainte d'y être «emmerdé» par les «serpents» (c'est-à-dire par la police), Verlaine ajoute : «Tout ce qu'on peut m'en vouloir, c'est, après mon séjour à l'Hôtel de Ville, dans mon emploi, d'avoir fait, à Londres, partie d'un cercle appelé des *Études Sociales*, fondé par Lissagaray et composé de gens à redingottes [*sic*] de la Commune [...] il est vrai que pour en faire partie, j'ai eu la recommandation d'Andrieu – que je connaissais bien avant la politique [...] tout ça constitue-t-il un dossier selon toi?».
2 D'ailleurs, un rapport de police en date du 4 mars 1873 (P. Po., Exilés en Angleterre, BA-428, pièce 908) signale la présence à une réunion du Cercle de «Varlin et autres». Or Varlin, figure importante de la Commune, a été fusillé à la fin de la Semaine sanglante, ce que le mouchard ignorait probablement. Comme la déformation des noms est courante dans les rapports d'indicateurs, il est assez probable qu'il s'agit de Verlaine.
3 Un rapport du 21 janvier 1872 (P. Po. BA-428, pièce 260) signale que la société a été fondée la veille «sous le nom des Études Sociales» et cite comme «promoteurs de la dite société [...] les citoyens Lissagaray, Adrieu [*sic*]».
4 Le même indicateur (BA-428, pièce 260) relie la fondation du Cercle au fait que, selon lui, «Karl Marx perd tous les jours de son influence» et ajoute que «le rapport qui suit relatif à la fondation d'une nouvelle société le prouve d'une manière formelle». Il semble cependant que Marx se soit fait admettre au Cercle, mais aucun rapport ne laisse croire qu'il y soit réellement venu. La situation ayant évolué, un autre rapport (1er juillet 1872) affirmera que «l'homme qui a fait le plus de mal» au Cercle des études sociales, «c'est Karl Marx aidé du Comité de l'Internationale».

Cercle, lequel devait d'ailleurs prendre en mars 1873 le nom de *Cercle de l'Avenir*[1]. Quelque difficulté qu'on ait à saisir autre chose que des bribes de l'existence réelle de Rimbaud à Londres, il est donc clair qu'il a longuement fréquenté un groupe d'exilés de la Commune dont le moins que l'on puisse dire est qu'il portait un regard critique sur ce passé récent. Vermersch était dans ce cas, d'autres peut-être que nous ne discernons pas; mais de tous le plus critique, en même temps que le plus proche de Rimbaud, a été à coup sûr Andrieu.

Cet ami de longue date de Verlaine, autodidacte à la culture encyclopédique, délégué de la Commune aux services publics et membre de l'Internationale, avait en effet fini par briser radicalement avec l'ensemble des divers discours révolutionnaires alors dominants. Et les motifs d'un divorce aussi brutal, cet ancien membre de la *minorité* les avait consignés dans un manuscrit intitulé *Notes pour servir à l'histoire de la Commune de Paris*[2] dont l'existence est attestée dès avant l'arrivée de Rimbaud à Londres[3]. Or non seulement ce texte instruisait le procès des hommes de la Commune, sans épargner aucune tendance[4], non seulement il leur reprochait (comme le faisait *L'Avenir*) d'avoir cru «à la réédition du passé[5]», mais il affirmait froidement que le succès dans la

---

1 P. Po. BA-428, pièce 908.
2 Ce manuscrit a fini par être édité, un siècle plus tard : *Notes pour servir à l'histoire de la Commune de Paris en 1871*, par Jules Andrieu (édition établie par Maximilien Rubel et Louis Janover), Payot, 1971. Dans la suite de ce travail, je le désignerai par l'abréviation *Notes*.
3 Le manuscrit était assez avancé en janvier 1872 pour qu'Andrieu ait alors songé à trouver un éditeur (*Notes*, p. xiii).
4 Andrieu s'en prend au «parti dit révolutionnaire» (p. 41), aux Blanquistes, «fort inférieurs à Blanqui» (p. 49), même aux membres de l'Internationale dont il était (p. 54-56). Il attaque la *majorité*, comme on pouvait s'y attendre (p. 150), mais n'épargne pas non plus la *minorité* (p. 151-152).
5 «La Commune de Paris [...] avait tort de revêtir la défroque de 1789 et de 1793, d'employer hors de saison les grands mots du jacobinisme, qui bien vite dégénèrent en gros mots, de donner une préférence aux ouvriers sur les patrons [...] Mais c'est un sort commun et aux comédiens vulgaires et aux époques bâtardes qui croient à la vertu du plagiat et à la réédition du passé» (*Notes*, p. 100-101).

guerre civile n'aurait pu en tout état de cause être du côté de la Commune parce que l'insurrection s'était faite « en dehors de la réalité[1] ». Réfutation radicale, pour le coup, et rupture irréversible : à l'heure où Marx allait (par tactique il est vrai) exalter le modèle communeux comme celui de la société future, cela revenait à dire que ce *point d'appui* hors de toute réalité avait été dans la seule idéologie. En ce sens, la critique d'Andrieu allait infiniment plus loin qu'une simple dénonciation des erreurs de la Commune, plus loin même, et de beaucoup, que les polémiques venues de l'ancienne *minorité* : ce qu'elle mettait en cause, c'était au fond les racines mêmes de l'utopie révolutionnaire, ces discours qui, s'autorisant d'une image mythifiée de la Grande Révolution, obéissaient en fait à de vieux réflexes religieux, annonçaient pour demain la Bonne Nouvelle d'une totale libération de l'Homme et d'un univers délivré de tout Mal. En face de quoi Andrieu rappelait brutalement que l'aventure humaine n'est que le produit parfaitement aléatoire de conditions purement physiques[2], que l'empire de la Nécessité n'y laisse à l'action qu'un rôle infime et par conséquent que « la relativité est la seule règle absolue de l'univers », ce qui implique que « le devenir n'est pas forcément progressif[3] ». Qu'après cela il ironise sans les nommer sur les Allemands « distingués » alors à la tête de l'Internationale, qu'il les décrive comme « mystiquement rationalistes, religieusement matérialistes, dogmatiquement panthéistes[4] » n'a rien pour

---

1 *Notes*, p. 78. Pour Andrieu, la « réalité » de mars 1871 (époque où se produisit l'insurrection), c'était le « patriotisme » : entendons un patriotisme républicain, susceptible de rassembler largement la nation.
2 « Personne que nous sachions n'a encore tracé le pessimiste, mais trop véridique tableau des places toujours étroites et faciles à détruire qu'occupent dans l'univers la vie, l'humanité, la justice ». Et plus loin : « C'est après une série d'aménagements de la planète Terre que la vie a pu y naître et l'humanité y apparaître, sans plus de sorcellerie l'une que l'autre. Ce sont des circonstances *astrales* qui ont déterminé les circonstances *physiques* nécessaires à la vie » (*Notes*, p. 164).
3 *Notes*, p. 165. Andrieu ajoute que « l'humanité peut disparaître, tandis que la vie [...] survivra à ce désastre dans son ignorance et son impassibilité ».
4 *Notes*, p. 174. Andrieu vise évidemment Marx et Engels.

surprendre. Adeptes de l'hégélianisme[1], ils devaient lui paraître prolonger l'eschatologie romantique et avec elle le vieil illuminisme révolutionnaire, avec son réflexe de retournement de l'ordre, lequel ne fait que préserver les structures anciennes[2] à travers un messianisme d'essence au fond théologique[3]. Ce que répudiait l'ami londonien le plus proche de Rimbaud dans « l'audace[4] » qui était la sienne « d'analyser des dieux », c'était donc le discours révolutionnaire du XIXᵉ siècle dans son ensemble, considéré par lui comme le produit d'un univers archaïque qu'il prétendait combattre et dont il subissait en fait l'emprise. Condamnation portée au nom d'une modernité véritable ? Sans doute, et ce qu'Andrieu appelle de ses vœux, c'est à coup sûr une conception moderne de toute perspective de bouleversement des sociétés, libérée en tout cas des oripeaux romantiques. Et ce n'est certainement pas un hasard s'il invitait les proscrits de la Commune à considérer l'exil comme « une occasion unique » de s'instruire sur l'Europe[5].

Il est donc difficile de douter que Rimbaud à Londres ait vécu au contact d'un milieu[6] dont le moins que l'on puisse dire est

---

1 Andrieu leur reproche effectivement d'être « encore enfoncés dans Hegel [...] toujours au-dessous, par conséquent, de l'incomparable Spinoza » (*Notes*, p. 174).
2 Andrieu voit ce réflexe à l'œuvre dans la Commune où, s'adressant aux bourgeois, il relève « l'exploitation à rebours, [...] le renversement de votre ordre de choses qui n'a pas plus de sens étant pris par la fin que par le commencement » (*Notes*, p. 184).
3 « Arrière donc, les médecins thaumaturges, arrière ceux qui portent en socialisme les folies théologiques, arrière les antithéistes qui ont brisé l'idole [...] mais qui conservent et l'église et la sacristie et le sectarisme et le *magister dixit* » (*Notes*, p. 173).
4 Andrieu prévoyait que cette « audace » allait lui valoir les attaques des « amis du centre *officiel* de l'Internationale à Londres » (c'est-à-dire de Marx et des siens), mais aussi des « dissidents du groupe orthodoxe », autrement dit des adversaires de Marx – de tous ceux en somme qui se réclamaient à des titres divers du socialisme (*Notes*, p. 177).
5 *Notes*, p. 161. Parmi ces conseils qu'Andrieu donne aux exilés, il y a aussi celui de « se constituer en cercles d'études ». Quand on sait que ces lignes sont certainement antérieures à 1872, le rapport avec la création du *Cercle des Études Sociales* saute aux yeux.
6 Dans « Histoire sommaire de Rimbaud » qui constitue le premier chapitre de son livre *Rimbaud. L'artiste et l'être moral*, Delahaye écrit : « [...] il fréquenta les réfugiés de la Commune, Lissagaray, Vermersch, Matuszewicks [*sic*], Andrieu. Il me parla surtout de ces deux derniers, considérés par lui comme étant ses frères d'esprit.

qu'il ne vivait pas dans l'admiration nostalgique des jours de la Commune, de l'eschatologie révolutionnaire ou du culte fanatique de la Grande Révolution. Ce milieu restait-il pour autant révolutionnaire ? Sans doute, quoique on doive remarquer que ni Vermersch, ni Lissagaray, ni Andrieu – trop individualistes peut-être – ne s'inscrivirent vraiment par la suite dans l'histoire du socialisme en France. Quoi qu'il en soit, on aura du mal à croire que ces débats, dont l'objet n'était rien moins que le sens et la crédibilité de l'idée révolutionnaire, pouvaient n'avoir touché en rien l'auteur récent de « *Qu'est-ce pour nous mon cœur…* ». Et de fait, on soupçonne que plusieurs passages de la *Saison* en portent la trace : ce début de *Mauvais Sang*, par exemple, où Rimbaud dit toute l'inhabileté d'une révolte et l'explique par ce sang *gaulois* qu'il porte en lui – « Ma race ne se souleva jamais que pour piller : tels les loups à la bête qu'ils n'ont pas tuée ». Mais pour les *Illuminations* ? Mythiquement, ces proses sont une pure aventure de l'esprit, ou de l'écriture, comme on dit : qu'auraient-elles à faire avec la Commune ou un questionnement de l'idée de révolution ? La critique commence cependant à se douter qu'il n'en va pas tout à fait ainsi et il semble bien, par exemple, que le consensus commence à se faire autour d'*Après le Déluge*, dont le rapport en effet évident avec le *déluge* révolutionnaire, donc avec la Commune, trouve apparemment de moins en moins de sceptiques. Or le cas d'*Après le Déluge* est loin d'être isolé. Relisons par exemple l'ultime paragraphe de *Jeunesse I* : « Reprenons l'étude au bruit de l'œuvre dévorante qui se rassemble et remonte dans les masses ». On voit mal, surtout en présence d'un mot comme *masses*, très marqué dès cette époque dans l'usage linguistique, quel sens autre que politique donner à cette phrase : Rimbaud

---

Mais Andrieu, littérateur parisien, d'intelligence hardie et fine, était son préféré, il éprouvait à son égard des sentiments de véritable affection » (réédition Cerf Littérature, 2007, p. 39). On ne voit pas pourquoi Delahaye, qui s'efforce alors (on est en 1923) de donner de Rimbaud une image édifiante, aurait inventé ce détail, qu'on peut donc croire vraisemblable.

y prêche une attitude de retrait studieux, en attendant que les *masses* remettent l'Histoire en mouvement (c'est tout à fait ce que préconisait Andrieu). Dans ce poème toutefois, à la différence de ce qui se passe avec *Après le Déluge*, l'expérience de la Commune n'est évoquée qu'indirectement et elle l'est dans la mesure où c'est certainement elle qui détermine chez Rimbaud ce désir, ou ce choix, d'une sorte de recueillement. Seulement, ce retrait s'accompagne de la conviction que l'Histoire ne restera pas immobile, comme les derniers mots du poème (à la fin de *Jeunesse IV*) en témoignent suffisamment : « Quant au monde, quand tu sortiras, que sera-t-il devenu ? En tout cas, rien des apparences actuelles ». Or l'exemple n'est pas unique et à plusieurs reprises dans le recueil, on tombe sur des moments où la même certitude se fait jour. Soit par exemple la fin de *Vies I* :

> Exilé ici j'ai eu une scène où jouer les chefs-d'œuvre dramatiques de toutes les littératures. Je vous indiquerais les richesses inouïes. J'observe l'histoire des trésors que vous trouvâtes. Je vois la suite ! Ma sagesse est aussi dédaignée que le chaos. Qu'est mon néant, auprès de la stupeur qui vous attend ?

Je vois la suite ! On retrouve la posture de retrait lucide de *Jeunesse* qui, cette fois, est d'abord celle de l'artiste (la scène dont il est question étant évidemment une scène intérieure). Mais comme il l'a fait bien souvent – dans *Soir historique*, par exemple – Rimbaud lie la production esthétique au devenir du monde, à son avenir prévisible qui est cette *suite* dont, s'adressant à la société contemporaine qu'il interpelle[1], il déclare en termes hugoliens qu'il la *voit*. D'où la conclusion, grosse de bouleversements pour le monde : « Qu'est mon néant auprès de la stupeur qui vous attend ? ».

Or on fera des remarques semblables à propos de *Guerre*, où se retrouve une autre forme de retrait, puisque Rimbaud s'y représente chassé loin de sa scène d'enfance. Mais c'est pour se

---

1 C'est le monde qu'il observe depuis son « exil », c'est-à-dire la société, qu'il désigne ici par *vous*.

tourner aussitôt, en une phrase qui résonne comme un écho à *Je vois la suite*, vers ce qu'il pronostique, un fois de plus, pour le monde qui l'entoure : «Je songe à une Guerre, de droit ou de force, de logique bien imprévue». Dans cette formulation, tout contemporain devait reconnaître un aphorisme célèbre de Bismarck – «La force prime le droit» – et si l'on n'a pas su voir que Rimbaud annonçait ainsi à l'Occident une nouvelle explosion de violence c'est, une fois encore, parce que le mythe postulait pour les *Illuminations* une écriture dégagée de toute réalité. S'il est donc vrai que la Commune en tant que telle n'apparaît que fort peu dans ce recueil de proses[1], cela n'implique pas, bien au contraire, que Rimbaud ait détourné son regard du monde qui l'entourait : en dehors même de la féroce satire de l'expansion coloniale qu'est *Démocratie*, les poèmes dont les sociétés industrielles modernes et la conquête occidentale du monde se trouvent être visiblement le sujet ne sont pas rares dans les *Illuminations* et Rimbaud pose sur elles un regard dénué d'aménité qui n'est pas sans rappeler sa virulence du temps de la Commune. Deux nouveautés essentielles, toutefois, par rapport à cette époque : d'abord, le poète adopte dans presque tous ces textes une posture d'observateur, souvent distancié, ce qui se traduit quant à l'*invention* textuelle par une logique de chose vue – d'où la fréquence, notamment à l'*incipit*, de la phrase nominale qui embraie sur un spectacle, d'ailleurs vite signifiant (ce pourrait être là le véritable sens du titre *Illuminations* que, très probablement, Rimbaud oppose à la *contemplation* hugolienne). Mais en même temps, une lecture sans préjugé du recueil ne peut aboutir qu'à la conclusion que l'objet auquel se confronte la création rimbaldienne dès lors qu'elle entreprend de traiter du monde qui l'entoure a changé radicalement : plus question désormais de *ruraux*, d'*Ouvrier* en charge du salut de

---

1 En dehors d'*Après le Déluge*, on ne voit guère que le «pavillon en viande saignante» et les «vieilles fanfares d'héroïsme» de *Barbare* qui renvoient de façon certaine au souvenir de la Commune. Voir ci-après le chapitre intitulé «*Barbare* ou l'œuvre finale».

l'*Homme* ou de Ville à dimension eschatologique. Ce qu'évoque toute une partie des *Illuminations*, c'est désormais la *métropole* impériale, sa puissance industrielle, ses entreprises au-delà des mers – c'est-à-dire Londres et l'Angleterre, bien sûr, qui offrent à Rimbaud le visage alors le plus avancé de la société marchande. Sur elle il pose un regard où la fascination le dispute au sarcasme, mais qui n'abdique jamais sa posture critique, au point de prédire à plusieurs reprises à cette société où règne un optimisme positiviste une *suite* catastrophique, une *stupeur* qu'elle n'attend évidemment pas. Voici donc *Ville*, la cité industrielle moderne où règne l'utilitarisme (et c'est évidemment un tenant de cette philosophie-là que Rimbaud parodie en écrivant « La morale et la langue sont réduites à leur plus simple expression, enfin ! ») ; la logique économique y a pour résultat que le « cours de vie » se trouve être « plusieurs fois moins long » que dans les pays continentaux qui n'ont pas atteint le même stade de développement (au nombre desquels il faut sans doute compter la France) ; et c'est pourquoi la Mort y est appelée « notre active fille[1] », cependant que la seule *nuit d'été*[2] qui lui soit accordée est celle, sardoniquement, que lui procure « l'épaisse et éternelle fumée de charbon ». Voici encore *Villes*[3], évocation de la Babylone moderne, qui est Londres et qui ne l'est pas. Voici, surtout, *Métropolitain* où une critique naïve a pu chercher dans le passé une transcription poétique du métro londonien (sans y parvenir, et pour cause) mais qui, en fait, met littéralement en scène, *du détroit d'indigo*[4] *aux mers d'Ossian*, une construction impériale implicitement centrée sur une métropole (d'où le titre) et à propos de laquelle Rimbaud évoque successivement des villes nouvelles (sans doute nées de la

---

1   Elle est aussi la *servante* de cette société, sans doute par allusion au rôle qu'y joue la guerre.
2   L'allusion au *Songe d'une nuit d'été* semble à peu près certaine.
3   Celle qui commence par « L'acropole officielle... ».
4   Il n'est pas indispensable d'être ici trop précis, mais cet indigo, supposant un bleu intense, indique à l'évidence une région tropicale ou équatoriale – par exemple le détroit de Malacca.

colonisation) où il n'y a *rien de riche*, la guerre et enfin l'outillage mental archaïque qui sous-tend l'ensemble (les *fantasmagories* prolongeant en pleine modernité l'influence de la *campagne*) : en face de quoi, une fois congédiés le vieux monde et l'idéalisme amoureux (le *ciel*), il affirme une *force* qui est sans doute celle de sa propre puissance virile.

Il faudrait encore parler d'*Ouvriers*, bien sûr, ou de *Mouvement* dont, une fois de plus, la conquête du monde par la société occidentale et la science qu'elle véhicule fait tout le sujet. Dira-t-on après cela que le Rimbaud d'après la période parisienne, celui de Londres, d'*Une saison en enfer* et des *Illuminations*, s'est détourné du politique[1] ? La réponse est évidemment négative, sans compter que, comme c'était le cas pour les textes de l'année 1871, les poèmes traitant, par exemple, de l'aliénation sexuelle[2] sont *aussi* des poèmes politiques – et on pourrait étendre le raisonnement à d'autres sujets. Ce qui est vrai, en revanche, c'est que le manichéisme et la tendance à l'eschatologie encore bien vivante au temps de la Commune (qu'on relise dans cette perspective la fameuse lettre à Demeny du 15 mai 1871) ne sont désormais plus de saison : *Soir historique* n'a rien à voir avec l'idée du « grand soir » (slogan qui, d'ailleurs, n'existait pas au temps où écrivait Rimbaud), mais parodie l'exaltation esthétique du bourgeois, ou de l'écrivain parnassien, devant les dérisoires fêtes de l'imagination que lui offre le crépuscule.

Rimbaud était poète et non militant politique, mais ses compagnons londoniens auraient sans doute compris et partagé cette attitude et peut-être, d'ailleurs, ont-ils pu lire certains de ces poèmes. Reste que la Commune est demeurée pour la création rimbaldienne un moment fondateur : apogée d'abord d'un engagement de l'auteur dans ce qui se voulait, sur le modèle

---

1 Ce qu'affirme Éric Marty, « Rimbaud et l'adieu au politique », *Cahiers de littérature française*, n° 2, p. 63-79.
2 *H*, ou *Bottom*, ou certains fragments de *Phrases*, ou encore les lignes sans titre qui font suite à *Being Beauteous*.

hugolien, une véritable intervention dans le champ politique, apogée aussi d'un abandon à l'interprétation du monde en termes d'eschatologie séculière. Et même quand l'illusion se dissipa – et aussi sans doute la foi révolutionnaire dans sa radicalité – on peut croire que ce fut cette expérience d'un an (de l'été 1870, où éclata la guerre impériale, à celui de 1871) qui fit que Rimbaud demeura cet observateur sans complaisance de la société industrielle moderne dont, avant son expérience anglaise, il n'avait sans doute mesuré ni la force ni les accomplissements, mais à laquelle il lui arrive encore de prédire de futures *stupeurs*. Et c'est sans doute aussi cette même expérience qui, à jamais, lui barra la route d'une carrière d'esthète, celle qu'il aurait pu parcourir dans la logique, par exemple, d'un poème comme *Ophélie* et qui lui aurait alors à coup sûr ouvert le chemin du succès. En ce sens, Rimbaud est un des derniers représentants du romantisme en même temps que, dans sa confrontation avec la *Carthage*[1] anglaise, il en signe l'impasse temporelle, dont il eut sans doute conscience. Poète alors, et plus que jamais. Mais moins que jamais hors de son temps.

---

1 Pour le romantisme, Carthage est l'image même de la cité commerçante et bourgeoise (de là, par exemple, son utilisation par Flaubert dans *Salammbô*, où elle se trouve aux prises avec des Barbares, représentation classique au XIXe siècle des fameuses « classes dangereuses »). C'est donc logiquement qu'on en vint à lui faire représenter l'Angleterre, et cela dès les années trente du siècle au moins, comme on le voit par exemple au sixième chapitre du roman de Charles Didier, *Rome souterraine*, où des *carbonari* comparent « l'égoïste Angleterre » à Carthage. Rimbaud prolonge cette tradition dans *Promontoire* (« [...] de grands canaux de Carthage »). En face de la puissance industrielle et impériale de l'Angleterre, il avait sans doute éprouvé des sentiments ambivalents : la correspondance de Verlaine, en tout cas, laisse deviner ce genre de sentiments, dont on peut croire qu'il les partagea.

ASSASSINS ?

Rimbaud aura donc traversé, en un parcours fulgurant, à peu près toutes les expériences que la vocation de poète pouvait lui offrir à son époque. Sauf une, cependant : il n'aura pas *débuté par un volume de vers*, comme on disait alors, ce qui désignait une sorte de rite de passage, de premier pas dans une carrière qui ne serait d'ailleurs pas obligatoirement poétique, à la manière d'un Anatole France qui commença dans la défroque d'un Parnassien. Cela impliquait de ne pas prendre la poésie elle-même trop au sérieux, la soumission en tout cas aux modes du moment, à une inspiration qui puisse faire consensus. Rimbaud en trouvait des modèles autour de lui, comme *Avril, mai, juin* de Valade et Mérat, poésie sans conséquence qui se voulait printanière, véritable exercice de style sur les thèmes du jour. Ce n'était, à l'évidence, pas son projet, ni la logique du milieu, marginal en définitive, qui l'accueillit à Paris. Les poèmes du recueil Demeny auraient sans doute pu faire l'affaire dans cette perspective, mais il les avait reniés ; quant au volume conçu dans l'esprit des *Châtiments* qui aurait pu se constituer à partir de ses vers de 1871, il ne fallait, dans le contexte de l'époque, même pas y songer.

Ses étapes furent donc celles que laissait prévoir son adhésion au seuil de l'adolescence à une forme radicale de l'esprit romantique – à commencer par l'idée qu'il se fit d'emblée de la vocation de poète : expression du Moi passant par la révolte, non sans liens avec l'esprit bohème, comme ç'avait déjà été le cas de certains groupes sous la Monarchie de Juillet. L'idée de Voyant elle-même lui venait également de là, véritable lieu commun d'époque (pour ne pas dire slogan), qui renvoyait en outre à une affirmation centrale de la philosophie romantique, celle qui voulait qu'en explorant les profondeurs du Moi[1], on parvienne à une vérité sur le monde. Quant au lien rêvé entre création poétique et Histoire, ou au rôle du Voyant dans une perspective d'eschatologie révolutionnaire, quoi de plus conforme à toute une pente du romantisme ?

Il est toutefois un aspect de l'aventure rimbaldienne qui demeure d'une originalité saisissante, bien qu'il ne soit pas sans évoquer certaines postures idéologiques du siècle[2], et c'est l'ambition d'apparaître en rival du Christ ou en prophète d'un nouvel Évangile. *Une saison en Enfer* laisse deviner cette démarche quand l'auteur y confesse son ambition de se faire *ange*, et les *Proses Évangéliques* plus encore, dans la mesure où on a souvent l'impression en les lisant que c'est lui-même qu'il faut deviner sous les traits de Jésus (d'où l'idée défendue par Pierre Brunel d'un Contre-Évangile rimbaldien[3]). Mais c'est indéniablement à Verlaine qu'on doit les lumières les plus vives sur cet autre visage de Rimbaud : qu'on lise *Crimen amoris*, ce long poème dont la figure centrale est un Mauvais Ange dans lequel il n'est guère difficile de le reconnaître. Celui-ci détruit de sa main la demeure infernale au nom de l'« l'Amour universel », et donne à ce geste une motivation qui le pose immédiatement en figure antithétique du Christ :

> Vous le saviez, qu'il n'est point de différence
> Entre ce que vous dénommiez Bien et Mal.
> Qu'au fond des deux vous n'avez que la souffrance.
> Je veux briser ce Pacte trop anormal.[4]

---

1 « […] la Symphonie fait son remuement dans les profondeurs » (lettre à Demeny du 15 mai 1871).
2 On pense à la dérive mystique de certains courants comme le saint-simonisme ou le positivisme.
3 Pierre Brunel, *Rimbaud. Projets et réalisations*, Paris, Champion, 1983, p. 185-199. Pierre Brunel est revenu à plusieurs reprises sur ce concept, qui demeure un de ses apports majeurs à la critique rimbaldienne.
4 On cite ici d'après la plus ancienne version du poème, dont le manuscrit est d'ailleurs en partie de la main de Rimbaud et qui date sans aucun doute de 1873 (voir sur ce point l'édition de *Cellulairement* procurée par Olivier Bivort, Le Livre de poche classique, 2002, p. 58 et 315).

C'est bien à une véritable foi qu'on a affaire, et qui se propose comme substitut au christianisme, comme une réponse à ce Jésus qui avait précisément fondé son message sur la distinction du Bien et du Mal. On comprend dès lors pourquoi un recueil comme *Romances sans paroles*, véritable *canzoniere* à la gloire de Rimbaud[1], s'achève sur un poème comme *Beams* dont la figure centrale, cette *Elle* énigmatique, renvoie de toute évidence à Rimbaud et où se produit un véritable miracle, précisément renouvelé d'un de ceux opérés par le Christ :

> Elle voulut aller sur les flots de la mer
> Et comme un vent bénin soufflait une embellie
> Nous nous prêtâmes tous à sa belle folie
> Et nous voilà marchant par le chemin amer.
>
> Le soleil luisait haut dans le ciel calme et lisse
> Et dans ses cheveux blonds c'étaient des rayons d'or
> Si bien que nous suivions son pas plus calme encor
> Que le déroulement des vagues, ô délice !
>
> Des oiseaux blancs volaient alentour mollement
> Et des voiles au loin s'inclinaient toutes blanches.
> Parfois de grands varechs filaient en longues branches
> Nos pieds glissaient d'un pur et large mouvement.
>
> Elle se retourna, doucement inquiète
> De ne nous croire pas pleinement rassurés,
> Mais nous voyant joyeux d'être ses préférés,
> Elle reprit sa route et portait haut la tête.

Comme le Christ l'avait fait, *Elle* marche donc sur les eaux et *tous* ceux qui la suivent y marchent après elle. On pense inévitablement à ces passages d'*Une saison en Enfer* où Rimbaud dit sa

---

1 Il s'ouvre comme on sait sur les *Ariettes oubliées*, dominées par l'*escarpolette*, représentation métaphorique de l'hésitation d'un Verlaine partagé entre l'amour nostalgique de sa jeune femme et l'appel de l'autre amour, incarné par Rimbaud. La section *Birds in the night* marque la rupture définitive avec la jeune Mathilde et la dernière partie, jusqu'au poème final *Beams*, est entièrement dominée par la figure de Rimbaud (je résume là à grands traits mon article : «L'enjeu de *Beams*», *Les premiers recueils de Verlaine*, éd. André Guyaux, PUPS, 2007, p. 99-121).

tentation d'assumer un destin messianique, d'incarner en termes modernes l'idée de miracle[1]. Et on se rappelle aussi que dans *Nuit de l'Enfer*, pour dire cette tentation, c'est précisément le miracle de Jésus marchant sur les eaux qu'il choisit d'évoquer (on connaît le texte : « Jésus marchait sur les eaux irritées. La lanterne nous le montra debout, blanc et des tresses brunes, au flanc d'une vague d'émeraude »). On peut même aller plus loin, le poème pouvant être tenu pour une véritable réécriture du texte de l'Évangile, ce dont on peut juger en confrontant le texte verlainien à l'épisode évangélique[2] :

> 22. Aussitôt Jésus obligea ses disciples de monter dans la barque, et de passer à l'autre bord avec lui, pendant qu'il renverrait le peuple.
> 23. Après l'avoir renvoyé, il monta seul sur une montagne pour prier ; et le soir étant venu, il se trouva seul en ce lieu-là.
> 24. Cependant la barque était fort battue des flots au milieu de la mer, parce que le vent était contraire.
> 25. Mais à la quatrième veille de la nuit, Jésus vint à eux en marchant sur la mer.
> 26. Lorsqu'ils le virent marchant ainsi sur la mer, ils furent troublés et ils disaient : C'est un fantôme, et ils s'écrièrent de frayeur.
> 27. Aussitôt Jésus leur parla, et leur dit : Rassurez-vous ; c'est moi, ne craignez point.
> 28. Pierre lui répondit : Seigneur, si c'est vous, commandez que j'aille à vous en marchant sur les eaux.
> 29. Jésus lui dit : Venez. Et Pierre, descendant de la barque, marchait sur l'eau pour aller trouver Jésus.
> 30. Mais, voyant un grand vent, il eut peur et il commençait à s'enfoncer lorsqu'il s'écria : Seigneur, sauvez-moi.
> 31. Aussitôt Jésus, lui tendant la main, le prit, et lui dit : Homme de peu de foi, pourquoi avez-vous douté ?
> 32. Et étant monté dans la barque, le vent cessa.
> 33. Alors ceux qui étaient dans la barque, s'approchant de lui, l'adorèrent en lui disant : Vous êtes vraiment le Fils de Dieu.

---

1 On connaît le passage de *Vierge folle* : « Ou je me réveillerai, et les lois et les mœurs auront changé, – grâce à son pouvoir magique [...] ».
2 Matthieu, 14, 22-33 (je cite dans la traduction de Lemaistre de Sacy, la célèbre « Bible de Port-Royal »). Cette analyse doit beaucoup à l'article de Jean-Louis Cabanès, « Note sur *Beams* » (*Littératures*, n° 57).

Par rapport au texte évangélique, *Beams* inverse les signes : on n'y trouve pas de tempête, mais une bonace, l'embellie précède la navigation au lieu de la clore, le miracle a lieu en plein jour et non la nuit, les disciples ne craignent pas, marchent au contraire sur les eaux avec confiance. Mais la figure féminine, cette *Elle* énigmatique, ne rompt pas avec le comportement du Christ auquel elle se substitue : elle a, comme lui, le geste tutélaire qui rassure. Une seule différence, mais elle est de taille : cette *belle folie* qui, sans nul doute, désigne précisément Rimbaud[1].

Ce que *Beams* met en scène, ce n'est donc pas tant, fût-ce sous une forme voilée, le visage réel de Rimbaud, qu'un véritable mystère de salut centré sur la figure messianique que celui-ci avait prétendu incarner. Ce nouvel Évangile, comme l'indique *Crimen amoris*, avait comme dogme majeur l'abolition de la distinction chrétienne entre le Bien et le Mal, mais il avait aussi un sacrement et c'est encore Verlaine qui lève là-dessus le voile. Dans leur première forme en effet, les *Romances sans paroles* ne s'achevaient pas sur *Beams* (qui, sans doute, n'existait pas encore) mais sur *La Mauvaise Chanson*, c'est-à-dire sur la suite de douzains qui s'est appelée ensuite *Birds in the night*. À cette époque, on trouvait donc en clausule du recueil le quatrain suivant, qui y jouait le rôle ultérieurement dévolu à *Beams* :

> Ô mais ! par instants, j'ai l'extase rouge
> Du premier chrétien sous la dent rapace,
> Qui rit à Jésus témoin, sans que bouge
> Un poil de sa chair, un nerf de sa face !

---

[1] L'expression *belle folie* se retrouve à l'identique dans *Résignation*, poème qui ouvre la section *Melancholia* des *Poèmes saturniens*. Or les vers qui, à la rime, contiennent ces mots décisifs, y sonnent comme une déclaration de guerre à la femme, mais aussi comme un rejet de l'*ami* par trop timoré : « J'ai dû réfréner ma belle folie, / Sans me résigner par trop cependant. [...] / Et je hais toujours la femme jolie, / La rime assonante et l'ami prudent ». Rimbaud ne fut pas, bien entendu, cet ami trop prudent.

Ces quatre vers peuvent passer pour l'expression d'une sorte de Passion de Verlaine, qui adopterait (ce qui serait, certes, bien dans sa manière) la posture du martyr supplicié par sa « petite épouse ». Mais ce serait trop de naïveté : car les quatrains qui précèdent placent ouvertement ces vers sous le signe de Rimbaud[1], ce qui laisse songeur quant au sens de l'ultime quatrain et à la façon dont Verlaine s'y représente en martyr : on pense inévitablement au *Bon Disciple*, ce sonnet inverti où Verlaine qui se donne, là aussi, pour un *martyr*, s'avoue en réalité par ce biais adepte d'un culte sodomique dont Rimbaud est le prophète et l'officiant :

> Bon délire, benoît effroi,
> Je suis martyr et je suis roi [...]

Dans *Le Bon Disciple*, la reformulation du sexuel en termes religieux est globale et tout à fait saisissante[2] (on en dira d'ailleurs autant de *Crimen amoris*). Et le rapprochement avec le dernier quatrain de *Birds in the night* s'impose d'autant mieux que d'autres textes de Verlaine vont dans le même sens, notamment cette lettre[3] où il écrit à Rimbaud : « Mais quand diable commencerons-nous ce *chemin de croix* – hein ? ». Le supplice blasphématoire, image et symbole de la sodomie, la posture de martyr, la damnation qui est aussi une royauté – tout cela formait en somme un système symbolique dont le sens à la fois érotique et antichrétien n'était pas douteux. Des années plus tard, écrivant à la mémoire de Rimbaud[4] le poème intitulé *Laeti et errabundi*, Verlaine parlera de son « cœur qui fut divin », mais aussi de « toute-philosophie ». Le

---

1 Surtout les deux premiers vers du douzain, où l'allusion au *Bateau ivre* crève les yeux : « Par instants je suis le Pauvre Navire / Qui court démâté parmi la tempête [...] ».
2 Verlaine s'y donne pour « élu » en même temps que pour « damné » ; il s'écrie « *Parce Domine !* ». Rimbaud, dans son rôle d'amant, y est un « Ange » et Verlaine l'interpelle en lui disant : « Toi le Jaloux qui m'a fait signe », référence blasphématoire au Dieu jaloux et à l'appel du Sauveur.
3 Lettre à Rimbaud, 2 avril 1872.
4 Dont on avait faussement annoncé qu'il était mort.

cœur *divin* (celui-là même que le Messie rimbaldien, parodiant le Sacré Cœur, promet aux hommes dans *Nuit de l'Enfer*), la *toute-philosophie* qui embrasse le monde, le *miraculeux* : nous sommes bien dans le contexte de *Beams*, celui d'une révélation nouvelle dont Rimbaud était le porteur. La sodomie en était à coup sûr le sacrement blasphématoire, instrument et gage d'un bouleversement radical des valeurs, d'un renouvellement du rapport au monde et aussi (peut-être surtout) d'un défi à la société telle qu'elle était. Verlaine, assurément, était devenu le premier disciple (et sans doute le seul) de ce nouvel Évangile.

Or cette Bonne Nouvelle qui instituait Rimbaud en nouveau Christ, on en retrouve des traces dans les *Illuminations*, notamment dans un poème comme *Matinée d'ivresse*, dont on sait aujourd'hui[1] qu'il n'a rien à voir avec la drogue, mais qu'il évoque une *méthode* qui n'est autre que le refus de la distinction du Bien et du Mal (la secte clandestine des *Assassins*[2] n'y étant autre chose que ce même groupe des disciples que *Beams* met en scène). Rimbaud a donc, à côté de son adhésion à la subversion sociale sous sa forme révolutionnaire, développé une véritable foi nouvelle dont il se voulait le Messie et surtout une morale destinée à battre en brèche celle du christianisme. En cela, il était bien un fils de ce XIXe siècle qui voulut inventer tant de formes nouvelles de religion et il n'est pas impossible que ce soit le sentiment de l'impasse révolutionnaire et, peut-être, le déclin de sa propre croyance qui l'aient poussé à privilégier cet Évangile-là. Mais même un tel découplage n'avait

---

1 Voir Antoine Fongaro, *De la lettre à l'esprit. Pour lire* Illuminations, Honoré Champion, 2004, p. 161-171 ; et Bruno Claisse, « *Matinée d'ivresse* sans "paradis artificiels" », *Parade sauvage*, n° spécial «Hommage à Steve Murphy», 2008, p. 617-627.
2 Il faut rappeler ce qu'était historiquement cette secte, née au Proche Orient au temps des Croisades : suite à la chute du califat chiite d'Égypte, elle fut fondée par celui qu'on devait surnommer le *Vieux de la Montagne* comme une phalange clandestine de disciples, vouée à l'assassinat des princes et ministres sunnites, le tout dans une perspective de subversion politique et sociale. Rimbaud ne savait sans doute pas tout cela, mais il avait certainement lu *Le Poème du Hachisch* de Baudelaire et ce qu'il y lisait suffisait pour qu'il conçoive sous le nom d'*Assassins* l'idée d'une sorte de fraternité secrète, moralement subversive.

guère d'avenir et la société telle qu'elle était le lui fit bien voir : il l'a dit, d'ailleurs, et c'est un des sens possibles des *Proses Évangéliques*. Qu'il ait ébauché ces textes, en même temps à peu près qu'il écrivait *Une saison en enfer*, pour mettre en évidence l'impossibilité des faits miraculeux que prête le texte évangélique à un Christ dont la promesse l'obsédait sans nul doute[1], c'est l'évidence[2]. Mais il n'est pas sûr que ce soit là l'essentiel et il suffit de parcourir «*À Samarie.*» pour en avoir aussitôt le soupçon. La dernière phrase de cette prose – «Jésus n'a rien pu dire à Samarie» – note en effet, tout autant que l'invraisemblance du récit johannique, l'impuissance du prophète face à la ville : s'il est vrai que les choses n'ont pu se passer comme le prétend l'Évangile, c'est aussi parce que Jésus n'avait pas en réalité, dans un tel contexte, les moyens de transmettre son message et qu'il n'est donc pas possible qu'il ait vu ceux, d'ailleurs en petit nombre, qui auraient «manifesté leur foi en lui». Mais aux causes qu'attribue le texte évangélique à une telle situation[3], Rimbaud ajoute une distinction qui lui est absolument étrangère entre la «protestante» Samarie et Juda, observatrice rigoureuse des «tables antiques». Cette opposition radicale entre Nord et Sud de la Palestine ne vient pas du texte de l'Évangile mais de la *Vie de Jésus* de Renan, à laquelle les *Proses Évangéliques* empruntent beaucoup : seulement, Rimbaud lui donne un sens tout à fait nouveau. Pour Renan en effet, cette opposition recoupait celle du rigorisme orthodoxe, apanage du Sud judéen, et du libéralisme du Nord[4]. Il n'était pas difficile d'en comprendre le sens : l'orthodoxie bornée

---

1 C'est ce qu'a écrit à juste titre Yves Bonnefoy, évoquant Rimbaud comme une «âme incapable d'oublier la promesse de Jésus», mais ajoutant qu'il s'est toujours heurté au «silence» divin (*Rimbaud par lui-même*, p. 184).
2 On se reportera sur ce point à la démonstration décisive de Pierre Brunel : «Rimbaud récrit l'Évangile», *Le Mythe d'Étiemble*, Didier Érudition, 1979, p. 37-45.
3 L'hostilité entre purs Juifs et Samaritains (*Jn.*, 4, 9).
4 «De tout temps, cette division en deux parties opposées d'intérêt et d'esprit avait été pour la nation hébraïque un principe [...] Avec ses docteurs solennels, ses insipides canonistes, ses dévots hypocrites et atrabilaires, Jérusalem n'eût pas conquis l'humanité [...] Le Nord seul a fait le christianisme» (*Vie de Jésus*, ch. IV, Gallimard / Folio, 1974, p. 152).

de Juda symbolisait celle de l'Église catholique, tandis que dans la religion du Nord, large d'esprit et ouverte aux nouveautés, il fallait naturellement voir ce protestantisme libéral qui avait toutes les faveurs de Renan. Cette opposition, Rimbaud s'en fait bien l'écho dans «*À Samarie…*» mais le sens en est désormais tout différent : loin d'être le lieu d'un débat ouvert sur l'avenir, la cité du protestantisme se révèle au contraire le royaume du sophisme. Or il n'est pas déraisonnable de reconnaître Londres dans cette Samarie visiblement allégorique et, plus généralement, il faut y voir une figure de la société marchande du XIXe siècle, avec ses métropoles désormais gouvernées non, comme l'avait espéré Renan, par le libre débat des idées, mais bien par la puissance de l'argent. Dans un tel contexte, pour réduire à l'impuissance le prophète des temps nouveaux, la ville n'a même pas besoin d'user d'une violence dont elle n'ignore pourtant pas l'usage : la «richesse universelle» y suffit. Et ce prophète, ce pouvait certes être Hugo, ou Lamennais, ou quiconque dans le siècle avait entrepris de prêcher l'avenir ; mais ce pouvait être tout aussi bien (et c'était sans doute) Rimbaud lui-même. De sorte qu'il se pourrait qu'en réalité, les *Proses Évangéliques* sonnent surtout le glas du nouvel Évangile.

Il serait donc à peine excessif de dire que Rimbaud clôt là ce qui aura été au fond un cycle romantique – si l'on prend du moins ce mot à son sens idéologique, lequel assignait au poète une fonction à la fois d'écho de son temps et de berger des peuples. Ce passé encore brûlant, il l'a ordonné à sa façon dans *Une saison en enfer* ce qui ne veut pas dire que celle-ci constitue une césure, sinon artificielle[1]. Il faut plutôt l'imaginer durant toute cette

---

1 Il faut faire singulièrement confiance à Rimbaud pour croire incontestable la date (avril-août 1873) inscrite au bas de l'édition princeps de la *Saison*. On connaît pourtant les pratiques éditoriales au XIXe siècle et l'exemple des fausses dates inscrites si souvent par Hugo à la fin de ses poèmes devrait à tout le moins rendre prudent : Rimbaud a fort bien pu, à l'aide de cette datation, vouloir donner l'*impression* d'une césure dans le développement de son œuvre comme dans sa vie – sans compter que ces dates peuvent être celles, par exemple, de la mise au point définitive d'un texte dont des fragments pouvaient déjà exister. Un dessin perdu de Verlaine montrait

période passant progressivement, et non sans retours, du vers à la prose, produisant tels fragments dont certains ont pu rester à l'état d'ébauches, d'autres migrer vers la *Saison* (ce qui n'exclut évidemment pas une considérable refonte finale), d'autres enfin constituer au bout du compte ces *Illuminations* dont, quoi qu'on puisse en dire, l'extension précise n'est pas absolument certaine[1]. Mais ces facteurs de dispersion n'impliquent nullement que l'œuvre n'ait plus, à cette étape de sa création, de perspective d'ensemble, encore moins que le jeu scriptural soit désormais le seul horizon de Rimbaud. Plus que jamais le monde qui l'entoure est au contraire son objet, notamment l'univers industriel et impérial dont l'Angleterre, de toute évidence, lui a apporté la révélation[2]; et plus que jamais il ne se dit lui-même qu'en rapport avec ce mouvement du monde, y compris dans le domaine érotique qui avait toujours été un de ses thèmes majeurs[3]. Il est clair par ailleurs que la société ne lui semble pas considérablement meilleure qu'il ne le pensait au temps de la Commune et il suffit de lire des poèmes comme *Ville* ou *Démocratie* pour que cette conclusion s'impose d'elle-même. On peut seulement douter qu'il attende désormais l'issue qu'annonçait l'eschatologie révolutionnaire[4], bien qu'une certaine représentation bourgeoise du monde lui semble toujours dérisoire[5] et qu'il lui arrive plusieurs fois de prédire à ses contemporains une *suite* qui les stupéfiera[6]. La posture

---

Rimbaud à une table de café avec la légende suivante : « Comment se fit la Saison en enfer. Londres 72-73 » (Charles Houin, « Iconographie d'Arthur Rimbaud », *Revue d'Ardenne et d'Argonne*, septembre 1901) : est-on obligé de croire que c'était là une erreur ?

1   La majorité de ces proses est paginée de la main de Rimbaud qui les considérait donc comme un ensemble homogène, qu'il pensa probablement publier comme tel. Y aurait-il joint les autres ? La question restera certainement à jamais insoluble.
2   On citera, bien sûr, la série des *Villes*.
3   Voir notamment *Being Beauteous* ou *Métropolitain*, deux poèmes où la glorification de la *force* virile ne se sépare pas de l'entourage du monde, voire de sa menace.
4   Voir ci-après le chapitre intitulé « *Barbare* ou l'œuvre finale ».
5   Qu'on relise, entre autres, *Soir historique*.
6   Par exemple dans *Vies I* (« Je vois la suite ! »).

qu'il adopte, du coup, est souvent une posture d'observateur distancié, ce qui implique, du moins dans les *Illuminations*, une rhétorique entièrement différente de ce qu'elle avait été au temps de ses grands poèmes en vers de style hugolien : c'est le *tableau*[1] et la phrase nominale qui, désormais, s'imposent fréquemment et ce *tableau* porte alors le sens, souvent grâce à des réseaux lexicaux qui se répondent d'un poème à l'autre et assurent une réelle homogénéité à l'ensemble : par quoi, très probablement, l'*illumination* rimbaldienne répond, mais avec une conception du monde bien différente, à la *contemplation* hugolienne.

À ce stade de son aventure Rimbaud n'était plus, de toute évidence, le romantique révolutionnaire et sensible aux eschatologies temporelles qu'il était du temps de la Commune ; mais il restait, indéniablement, aux marges du monde comme il va, observateur sarcastique, mais non pas désabusé. Il le dit, d'ailleurs, dans ce *Génie* qu'on a tendance, peut-être par facilité, à tenir pour une manière de testament : « Ô monde ! – et le chant clair des malheurs nouveaux ! ». Mais pour lui qui avait toujours tenu l'exercice de la poésie pour une façon d'intervenir dans ce monde, une telle position ne pouvait être bien longtemps tenable – sans même parler d'une marginalité désormais à peu près totale et qui rendait vain, notamment, tout espoir d'être édité. Restait alors le silence dont on a fait, bien à tort, un mystère. Et une vie dans le monde qui n'appartient plus, à aucun degré, à la critique.

---

1 Le mot figure dans *Mystique*.

DEUXIÈME PARTIE

RIMBAUD DANS LE TEXTE

Les treize tentatives d'exégèse qui suivent ne sont évidemment pas sans rapports avec les pages précédentes. Certaines traitent de poèmes comme Les Mains de Jeanne-Marie, L'Homme juste *ou* Michel et Christine *qui sont nés, directement ou indirectement, des événements de la Commune. D'autres, comme les lignes consacrées aux* Douaniers, *tentent de montrer que ce poème reflète à sa façon l'état de l'Europe en cette cruciale année 1871. Le chapitre sur* Les Chercheuses de poux *évoque pour sa part la vocation bohème de Rimbaud, si profondément liée à un état de société, cependant que* Voyelles *est ici envisagé comme un témoignage sur la réaction de Rimbaud, nettement mêlée de sarcasme, à certains des thèmes obligés des écoles poétiques contemporaines. On verra enfin que la dimension érotique de son œuvre n'est pas oubliée – mais on sait que pour lui elle ne se séparait pas d'un discours sur l'état de la société.*

De ces treize exégèses, quatre concernent les Illuminations : *c'est beaucoup et c'est peu. C'est peu par rapport à un massif poétique de plus de quarante proses ; mais c'est beaucoup parce qu'elles montrent, on l'espère du moins, qu'avec ce recueil, Rimbaud ne s'est nullement détourné du mouvement du monde, comme on n'a cessé de le prétendre. Et que ces textes souvent énigmatiques, au moins à première lecture, méritent eux aussi d'être envisagés* dans leur temps.

JEANNE-MARIE LA SORCIÈRE

Les Mains de Jeanne-Marie, paradoxalement, passent à la fois pour ne pas offrir au lecteur d'obstacles excessifs et pour lui opposer néanmoins d'incontournables plages d'illisibilité. Cette tradition de lecture trouve son origine dans les circonstances de la publication : longtemps considéré comme perdu, le poème fut publié en 1919, à la fois en plaquette et dans la revue *Littérature,* alors sur le point de devenir l'organe de Dada. Sa révélation, comme plus tard celle d'*Un cœur sous une soutane,* tendait donc à s'inscrire dans le cadre de la campagne orchestrée par les Dadaïstes pour arracher Rimbaud à la glose claudélienne et à la légende du mystique à l'état sauvage. Seulement cette campagne avait ses limites, ou plus exactement elle allait rapidement les trouver quand, Dada une fois enterré, la majorité de ses promoteurs allait se rassembler dans un Surréalisme qui plongeait ses racines dans la tradition symboliste, terreau elle-même du mythe claudélien. Du coup, l'effet de rupture qu'on aurait pu attendre de l'apparition d'un tel poème se trouvait en quelque sorte annulé d'avance car, dès cette époque, les textes communeux de Rimbaud jouissaient d'un statut parfaitement constitué à l'intérieur même de la fable de son inspiration mystique. Il n'est pour s'en rendre compte que de relire Claudel, dans sa préface de 1912, pour qui ce moment de l'aventure rimbaldienne avait été celui « du mâle tout pur, du génie aveugle qui se fait jour » : violence fourvoyée certes, mais de nature au fond spirituelle et destinée à trouver son véritable sens dans l'entreprise démiurgique dont l'énigme textuelle des *Illuminations* resterait à jamais la trace. Or les Surréalistes se contenteront là-dessus d'inverser les signes : l'engagement communeux prendra bien pour eux valeur positive, mais le vrai Rimbaud demeurera toujours, à leurs yeux, comme à ceux de Claudel, le démiurge dont la parole énigmatique s'imposait comme un jalon sur les routes de l'avenir.

Dans une telle perspective, la lisibilité d'ensemble des *Mains de Jeanne-Marie* ne faisait certes pas difficulté : poésie de combat, voire de circonstance, admettait-on, répugnant par nature à rompre avec la logique du discours. Mais leur opacité relative n'en était pas moins, elle aussi, la bienvenue : elle était le vrai gage du caractère authentiquement rimbaldien du texte, le trait qui le rattachait à cette entreprise du voyant dont on se persuadait alors, comme l'écrira Étiemble du temps qu'il suivait Breton, qu'elle ne s'insérait pas « dans le cadre de nos concepts ». Il n'est donc pas surprenant que l'apparition d'un tel poème n'ait en rien ébranlé le mythe. Et il n'y a pas davantage à s'étonner que la tradition ait longtemps perduré d'y repérer, à l'intérieur même de structures entièrement discursives, une dérive vers l'opacité textuelle révélatrice d'un Rimbaud qui serait déjà en route vers une écriture de l'énigme.

Comme c'est si souvent le cas en matière rimbaldienne, la lecture du texte demeure donc ici gouvernée par les conséquences lointaines d'une situation historique pourtant largement dépassée ; et comme c'est aussi, presque toujours, la règle en pareil cas, une chronologie fonde implicitement cette lecture, dont tout se passe comme si elle la garantissait. Sur la date de composition des *Mains de Jeanne-Marie* en effet, a longtemps régné le plus large consensus : le poème renvoyant à la vie et à la mort de la Commune, c'est le milieu de 1871 qui s'est imposé à la grande majorité des commentateurs. On en voit bien le pourquoi : une telle datation confortait l'idée que l'intérêt de Rimbaud pour la révolution du 18 mars avait été en fait fugace. Et la boucle, dès lors, se trouvait heureusement bouclée : *Les Mains de Jeanne-Marie* étaient reçues comme le témoignage du bref engouement de leur auteur pour les choses de la Commune ; et en même temps l'illisibilité du texte, quoique relative et partielle, passait pour marquer l'acheminement du poète vers un type d'écriture encore à venir, dégagé de toute référence et qui resterait sa véritable entreprise.

Or, pour bien installée qu'elle ait été dans la tradition critique, cette lecture du poème ne repose en fait sur rien et surtout pas sur des argument externes. *Les Mains de Jeanne-Marie*, en effet, ont appartenu à ce qu'on nomme aujourd'hui *dossier Verlaine* ou *recueil Verlaine*, c'est-à-dire à l'ensemble de textes rimbaldiens constitué par Verlaine à l'automne de 1871 ou dans l'hiver qui a suivi et qui est formé pour l'essentiel de copies de sa main. Il est vrai que le manuscrit présente l'originalité d'être à la fois autographe – privilège que dans le dossier il partage avec le seul *Homme juste* – et pourvu par la main de Verlaine de trois strophes supplémentaires, écrites dans les marges, ce qui témoigne à coup sûr de remaniements dont on ne peut fixer de façon irréfutable ni l'étendue ni la date. Quoi qu'il en soit, comme la conception du dossier Verlaine ne saurait être antérieure à l'automne de 1871 et qu'il est bien probable que quelques-uns au moins des poèmes qui le composent ont été écrits à Paris, rien n'empêche que ce soit le cas le cas des *Mains de Jeanne-Marie* et ce n'est pas tout : à la fin du manuscrit, et d'une main dans laquelle on a reconnu avec assez de vraisemblance les caractéristiques du graphisme verlainien, on peut lire les mots « fév. 72 ». Que devient dès lors le long consensus autour d'une datation renvoyant la composition du poème à l'été de 1871 au plus tard ? Il est vrai qu'on pourrait soutenir que cette date tardive n'est que celle d'une copie et tirer argument du fait patent que le dossier Verlaine, pour partie, reprend des textes antérieurs. On pourrait imaginer aussi, sans la moindre invraisemblance, un remaniement à Paris d'un texte déjà écrit, ce dont pourrait témoigner les trois strophes ajoutées par Verlaine, mais cela impliquerait au minimum que Rimbaud ait retravaillé son texte au cours de l'hiver passé à Paris. Ce qui nous éloignerait en tout état de cause de l'été de 1871 au cours duquel on a si longtemps voulu que le poème ait été écrit, sous le choc immédiat de l'événement.

Tout ce qu'on peut donc dire avec certitude, c'est que *Les Mains de Jeanne-Marie* ont été composées, peut-être en plusieurs étapes, entre juin 1871 et février 1872. Mais du coup, la situation du poème dans l'œuvre en vers de Rimbaud devient absolument problématique. Elle l'est par rapport aux poèmes du printemps 1871, non seulement à cause de l'incertitude chronologique, mais aussi parce que l'illisibilité, même si elle n'est que relative, semble bien s'y imposer avec une intensité qu'aucun de ces textes (sauf peut-être *Chant de guerre parisien*) ne paraît connaître. Mais elle l'est aussi par rapport aux vers de 1872 où, de l'aveu même d'*Alchimie du verbe* (qui force peut-être un peu la note), il s'agissait plus d'une fois de *fixer des vertiges*, alors que le statut de discours des *Mains de Jeanne-Marie* ne peut être sérieusement contesté. Paradoxe qui explique sans doute l'impossibilité où se trouvaient les Surréalistes de lire réellement ce texte mais qui, à mon sens, détermine en même temps les conditions d'une véritable lecture : s'agissant d'un tel poème, toute démarche herméneutique resterait manifestement inférieure à son objet qui échouerait à rendre compte *à la fois* de son caractère discursif et des zones d'obscurité qu'à l'évidence il contient.

On le voit bien à relire certaines exégèses et surtout celle de Steve Murphy dont les échecs sont, me semble-t-il, aussi instructifs que les avancées[1]. Car ces échecs, l'auteur ne les rencontre pas dans son analyse d'ensemble : *Les Mains de Jeanne-Marie*, il en convient après beaucoup d'autres, rendent un hommage passionné aux femmes de la Commune et pour ce faire, récrivent un poème de Gautier, *Étude de mains*, qui évoquait le moulage d'une main de la courtisane Imperia ainsi que la main naturalisée de l'assassin Lacenaire. Mais demeure alors la question des plages d'illisibilité : Steve Murphy tente à la fois d'en respecter la nature et de les éclairer, en cherchant à dégager les jeux verbaux

---

1 Cette analyse des *Mains de Jeanne-Marie* figure dans un travail important resté malheureusement inédit : *Le Goût de la révolte : caricature et polémique dans les vers de Rimbaud*, thèse de Ph. D., University of Kent, 1986.

sur lesquels il pense qu'elles reposent. Démarche féconde jusque dans ses échecs : car ce sont précisément ces derniers qui, je crois, désignent les moments cruciaux du discours rimbaldien.

Steve Murphy porte son effort sur deux points : l'élucidation de l'onomastique[1] dans laquelle ses hypothèses, qu'on les accepte ou non, ne bouleversent pas la lecture globale du poème ; et celle des strophes 4-6, avec laquelle il en va tout autrement. Son interprétation de ces strophes, en effet, aussi pertinente qu'elle puisse être pour certains détails, n'en compromet pas moins l'ensemble de sa lecture, mettant par là en lumière ce qui est à l'évidence le nœud de la question. Il tente d'abord d'y retrouver la logique de ce qu'il pense être un « ballet sémantique », lequel serait une des clés du texte, les *belladones* du vers 15 devenant notamment une sorte d'inversion carnavalesque de la *Madone* catholique, tandis qu'il faudrait reconnaître la présence de *bombes* versaillaises dans le *bombinent* du vers 18. Mais il n'oublie pas non plus les vieilles ressources de l'allégorie : par exemple, Jeanne-Marie incarnant la Communeuse, les *diptères* seront versaillais. Or c'est là que le bât blesse, car une lecture allégorique se doit d'être cohérente et c'est loin ici d'être le cas. À en croire l'exégète, par exemple, ces *diptères* versaillais vont périr d'avoir sucé le poison d'une belladone qui symboliserait la Commune elle-même ; or cette interprétation rendrait absurde le geste de Jeanne-Marie, figure emblématique de la Commune qui chasserait les diptères de la réaction de *nectaires* susceptibles pourtant de les empoisonner. Récent rhétoricien, rompu par son dressage scolaire aux techniques de l'art d'écrire, Rimbaud sait ce que cohérence veut dire et qu'elle est indispensable à toute dérive d'un texte vers un fonctionnement allégorique. Il faut craindre qu'en l'occurrence, le goût des jeux verbaux n'ait quelque peu égaré l'exégète.

---

1 Par exemple celle du nom même de Jeanne-Marie, pour lequel Murphy croit à un rapport avec la *Marianne* républicaine.

Mais il est un point sur lequel cette impasse est à la fois plus nette encore et plus éclairante : c'est l'interprétation par Steve Murphy des *pandiculations* du vers 22. *Pandiculations*, dit Littré : «mouvement automatique des bras en haut avec renversement de la tête et du tronc en arrière». Et on n'ignore pas qu'il s'agit là, selon le discours médical de l'époque, d'une manifestation classique de l'hystérie féminine dont l'origine, ainsi qu'en témoignent *Les Premières Communions*, était souvent cherchée du côté du poids de l'imprégnation religieuse. Or, compte tenu de la personnalité symbolique de Jeanne-Marie et surtout du texte lui-même, qui ne cesse précisément de l'opposer aux représentations chrétiennes (les *Madones* ou les *Eleisons*), une telle étiologie est dans son cas inconcevable et Murphy le sent bien qui, tout en affirmant que «les pandiculations de ses mains peuvent être rapprochées des symptômes de l'hystérie», ajoute avec un embarras visible que «le contexte du poème annule une interprétation psychopathologique». En réalité, l'exégète ne parvient tout simplement pas ici à justifier la présence de ces *pandiculations*, ou plus exactement à définir leur place dans la séquence ouverte par le «sang noir des belladones» : ce poison, désigné par lui comme communeux, ne saurait en effet avoir engendré de pandiculations chez une Jeanne-Marie qui symbolise elle-même la Commune. Échec de l'exégète qui désigne clairement les vers 15-16 :

> C'est le sang noir des belladones
> Qui dans leur paume éclate et dort

comme le nœud du problème – ce qu'on aurait d'ailleurs pu deviner en considérant simplement dans le texte les articulations du discours. Car quand tel éditeur écrit que Rimbaud «s'interroge d'abord, par pur effet rhétorique, sur la femme qui pourrait posséder de telles mains», et ce jusqu'à la «septième strophe[1]», il n'est pas tout à fait dans le vrai : avec ces vers 15-16, Rimbaud rompt la série de ses questions et s'il la reprend ensuite, ce ne

---

1   Jean-Luc Steinmetz dans son édition de Rimbaud.

sont pas véritablement les mêmes. Ce qui suffirait à désigner ces deux vers comme une articulation capitale dans l'économie du texte : les questions qui suivent sont dans la dépendance de ce qui s'y affirme et ce fait est essentiel.

Or non seulement le rôle de ces deux vers dans la construction rhétorique du poème a été mal perçu, mais leur sens même continue de faire problème. Et cela, je crois faute d'avoir repéré l'intertexte dont ils dépendent. Que celui-ci, pourtant, ait existé, une relative incohérence aurait pu le faire soupçonner : ce «sang noir» qui éclate dans les paumes de Jeanne-Marie, dont on nous dit par ailleurs qu'elles sont pâles d'avoir serré le bronze des mitrailleuses. En fait c'est l'intertexte qui, dans une large mesure, impose là sa logique et avec une force qui ne devrait surprendre aucun connaisseur de Rimbaud : car cet intertexte, c'est tout simplement *La Sorcière* de Michelet.

Que ce livre ait été une des lectures de Rimbaud, je ne crois pas qu'on puisse sérieusement en douter et moins encore depuis qu'il a été prouvé que *Vierge folle* ne s'inspirait que très indirectement de l'Évangile, mais en revanche tout à fait clairement des cinquième et sixième chapitres de *La Sorcière*[1]. On comprend ce qui a dû le fasciner dans ce livre, alors vieux de moins de dix ans : à travers cette figure de la sorcière, Michelet faisait le procès du christianisme, traitait à sa manière de «l'infini servage de la femme[2]», se faisait le héraut d'une philosophie naturaliste proche de celle qu'exalte par exemple *Soleil et Chair*. *La Sorcière* devait donc être à ses yeux un livre de défi et de libération – sans compter que l'auteur avait été persécuté par l'Empire. Or la belladone y joue un grand rôle et surtout (ce qui est décisif) un rôle qui se prête aisément à la transposition allégorique. On l'y rencontre en effet dès les premières pages et le mot y prend immédiatement sous la plume de Michelet un sens qui pourrait être la clé de sa présence dans *Les Mains de Jeanne-Marie* :

---

1 On en doit la démonstration à A. Fongaro (*Matériaux pour lire Rimbaud*, «Les Cahiers de *Littératures*», Presses Universitaires de Toulouse, 1990, p. 35-38).
2 On aura reconnu une expression de la lettre à Demeny du 15 mai 1871.

> L'unique médecin du peuple, pendant mille ans, fut la Sorcière. (...) La masse de tout état, et l'on peut dire le monde, ne consultait que la Saga ou Sage femme. Si elle ne guérissait, on l'injuriait, on l'appelait Sorcière. Mais généralement, par un respect mêlé de crainte, on la nommait bonne dame ou belle dame (*bella donna*), du nom même qu'on donnait aux Fées. Il lui advint ce qui arrive encore à sa plante favorite, la Belladone, à d'autres poisons salutaires qu'elle employait et qui furent l'antidote des fléaux du Moyen Age. L'enfant, le passant ignorant, maudit ces sombres fleurs avant de les connaître. Elles l'effraient par leurs couleurs douteuses. Il recule, il s'éloigne. Ce sont là, pourtant, les Consolantes[1].

Sous la plume de Michelet, la belladone devient donc cette plante qui permet à la sorcière de se faire la guérisseuse des «fléaux» du monde; elle est donc une des *consolantes*, un poison salutaire au fond, mais devant lequel reculent l'ignorance et la superstition. Or tout dans ces représentations pouvait s'appliquer à la Commune – et donc à Marie-Jeanne qui en est la figure emblématique: aux yeux de Rimbaud, cette révolution manquée avait été une tentative pour guérir les *fléaux* du monde grâce au poison d'une violence bienfaisante et précisément, le monde avait reculé devant elle comme devant un poison. On voit bien comment tout cela a pu informer la figure de Jeanne-Marie: dans la logique du portrait que fait Michelet de la sorcière, c'est bien la Communeuse, figure métonymique de *Paris insurgé*, qui est la Sorcière moderne puisque, comme son modèle, elle incarne la subversion de l'esprit chrétien[2] et aussi la lutte contre l'infinie oppression de la Femme, à laquelle la Commune avait prétendu apporter la libération. On comprend donc le *sang noir* des belladones dans les paumes de Jeanne-Marie: ce sang de la plante *consolante*, c'est métaphoriquement le poison guérisseur de l'esprit de subversion, l'idée[3] d'un renversement total du vieux monde,

---

1 Michelet, *La Sorcière*, Flammarion, coll. GF, 1966, p. 32-33.
2 Subversion qui, pour la sorcière médiévale telle que la peint Michelet, passait par le pacte avec Satan. Il est bien possible que ce soit de ce pacte-là qu'on trouve l'écho dans *Une saison en Enfer* avec le *cher Satan*.
3 On pense à *Après le Déluge*: «Aussitôt que l'idée du Déluge se fût rassise [...]». Ce Déluge, bien sûr, c'est la Commune.

qu'avait laissé entrevoir l'insurrection parisienne. Mais ce sang, bien sûr, est aussi le *sang noir* versé pendant la Semaine sanglante – d'où le caractère presque sacré de ce sang, son *éclat* quasi religieux que le poème inscrit tout entier dans le mot *éclate*. Mais peut-être est-il autre chose encore, car s'il *dort* aussi, tout sommeil implique un réveil et pour Michelet, l'esprit païen de la sorcière avait d'ailleurs fini (grâce à la Renaissance) par triompher du christianisme et de son oppression. Il n'est donc pas absurde de penser que, dans *Les Mains de Jeanne-Marie*, ce sommeil d'un *sang* si marqué par l'Histoire n'est pas définitif et qu'il *dort* dans l'espoir de revanches à venir.

Le rapport à Michelet éclaire donc d'une vive lumière ces vers à première vue énigmatiques ; et c'est lui aussi qui permet de comprendre la strophe suivante. Évoquant le moment où la sorcière va cueillir ses plantes médicinales et singulièrement la belladone, l'historien remarque en effet qu'elle ne pouvait le faire qu'aux moments où elle risquait le moins d'être remarquée, c'est-à-dire à l'aube et au crépuscule :

> La sorcière risquait beaucoup (...) Les plantes que l'on confondait sous le nom d'herbes aux sorcières semblaient des ministres de mort. Telles qu'on eût trouvées dans ses mains l'auraient fait croire empoisonneuse ou fabricatrice de charmes maudits. (...) Elle se hasarde, pourtant, va chercher la terrible plante : elle y va au soir, au matin, quand elle a moins peur d'être rencontrées[1].

Rimbaud, quant à lui, a choisi l'aube (le texte dit *Aurorales*). La cinquième strophe des *Mains de Jeanne-Marie* dessinera donc, dans les marges de Michelet, une sorcière qui, avant de *décanter* les poisons (parmi lesquels, bien entendu, la belladone) va recueillir leur suc à l'aube et dont les mains chassent pour ce faire les insectes bourdonnants (les *diptères*) qui, bleus dans la lumière indécise de l'aube (les *bleuisons*), se rassemblent autour des plantes[2].

---

1 *La Sorcière, op. cit.*, p. 110.
2 Ils se rassemblent, bien entendu, pour butiner. On sait que le mot *nectaire* désigne dans la fleur un tissu sécrétant du suc.

Seulement, ce n'est pas Jeanne-Marie qui est là en scène, mais bien la sorcière elle-même ; ou plus exactement, la question posée par la tournure interrogative de la strophe est celle de l'assimilation des mains de Jeanne-Marie aux mains de la sorcière ; ou mieux encore, de l'activité réelle de mains que les vers précédents nous ont données comme marquées du fameux *sang noir des belladones*. Et c'est ici que la rupture de la série des questions initiales par les vers 15-16 prend toute sa signification. Car les questions posées par les premiers vers et celles posées dans les vers 17-24 ne sont pas de même nature et avec ce constat, on entre véritablement dans l'économie du poème.

Inaugurée par un tiret qui, comme souvent chez Rimbaud, est loin d'avoir un rôle purement décoratif, la première série de questions, fondamentalement rhétorique, dresse une espèce de nomenclature des figures possibles de la femme dans la société et la littérature du XIXe siècle – pour sous-entendre, bien entendu, qu'avec elles Jeanne-Marie n'a rien de commun. Elle n'est pas *Juana*, l'héroïne du *Don Paez* de Musset, qui célèbre ses « blanches mains », ni une mondaine, ou une courtisane[1]. Elle n'est pas non plus une héroïne d'idylle romantique qui plongerait les mains dans le reflet de l'astre, lors d'une promenade en barque au clair de lune, sur un lac serein. Et elle n'est pas davantage un personnage de roman d'aventures ou de récit exotique : ses mains n'ont pas bu l'eau de « cieux barbares[2] », ni roulé des cigares (on pense évidemment à Carmen), ni trafiqué de diamants. Et surtout

---

1 L'expression *mares des voluptés* pourrait désigner sardoniquement les meubles de toilette des courtisanes de luxe ou des mondaines, avec leurs cuvettes peu profondes et les *crèmes* qu'on y rangeait.

2 On a pu penser que les « cieux barbares » désignaient des liqueurs exotiques, la femme étant alors assise sur les « genoux » de l'amant : la synecdoque me semble à vrai dire un peu violente. On croira plus volontiers que la femme de ces vers 9-10 est accroupie, par exemple au bord d'un torrent ou d'un lac, dans un pays sauvage où se reflètent donc des « cieux barbares » et qu'elle y boit dans ses mains, lesquelles reposent donc au cours de ce geste sur ses genoux. À moins que, par une métonymie hardie, les mains ne désignent la femme qui, dans ce cas, serait agenouillée : après tout, aux vers 21-24, ce sont, formellement, les mains qui sont saisies par les rêves et la métonymie n'est pas moins hardie.

– en clausule de cette série de questions, ce qui n'est pas pour surprendre – ses mains n'ont jamais fleuri d'autel de la Vierge, détail significatif en un temps où l'Église catholique mettait en avant plus que jamais la dévotion mariale, surtout en direction des femmes.

La deuxième suite de questions, aux vers 17-24, est entièrement différente. On a vu ce qu'il en était des mains *chasseresses de diptères* ou *décanteuses de poisons* et que leur apparition dans le poème dépendait entièrement de celle de la belladone. Mais il n'en va pas différemment des *pandiculations* du vers 21 et peut-être en trouve-t-on à nouveau la raison dans La Sorcière :

> La belladone, ainsi nommée sans doute par la reconnaissance, était puissante pour calmer les convulsions (...) La belladone guérit de la danse en faisant danser. Audacieuse homoeopathie, qui d'abord dut effrayer[1].

Quoi qu'il en soit, il est clair que dans le poème, les *pandiculations* sont la conséquence de l'absorption d'une substance toxique qui ne peut être que la belladone mentionnée quelques vers plus haut. Et il n'en va pas différemment des rêves sur lesquels s'achève cette série de questions et qui sont d'ailleurs liés aux pandiculations, comme le dit très clairement[2] le vers 22. Quant à ces rêves eux-mêmes, qui sont naturellement «inouïs» du fait de l'ingestion d'un hallucinogène et qui pourraient d'ailleurs renvoyer à la mode des substances toxiques dans les milieux artistiques du XIXe siècle, leur contenu n'a rien de surprenant, du moins à première vue. On a cherché à expliquer le nom de *Khengavar*, c'est bien inutile : le mot a une consonance indienne ou persane et au XIXe siècle, la rêverie liée à la drogue s'oriente presque automatiquement vers l'Orient, patrie du haschich. Le nom de *Sion* de son côté, renvoie lui aussi à l'Orient (les *Asies*), mais peut-être faut-il se méfier, le mot connotant des valeurs

---
1 *La Sorcière, op. cit.*, p. 110-111.
2 «Oh! quel Rêve les a saisies / Dans les pandiculations [...]?»

religieuses dont l'assimilation à la drogue ou à des rêveries d'esthète serait bien dans la manière de Rimbaud[1]. Quoi qu'il en soit, l'ensemble des manifestations, corporelles ou psychiques, évoquées dans cette sixième strophe, sont tout autant reliées à la belladone que les *mains décanteuses de poisons* de la strophe précédente – ce que marque d'ailleurs la quasi-homophonie des rimes *bleuisons / poisons* d'une part, *pandiculations / Sions* de l'autre, qui fait de ces deux strophes, au plan rimique, une sorte de micro-système significativement clos. Or cette homogénéité a un sens : ces deux strophes rassemblent une série de questions qui sont en fait de fausses questions et qui, toutes, feignent de prendre au sens matériel la belladone mentionnée à la fin de la strophe précédente en évoquant d'abord la silhouette de celle qui la cueille, ensuite les conséquences possibles de son absorption. La réponse est évidente : rien de tout cela ne concerne Jeanne-Marie et le *sang noir des belladones* du vers 15 n'est rien d'autre que symbolique.

C'est encore un tiret qui marque ce nouveau moment du poème. Rimbaud y répond d'abord à certaines des questions du début : non, Jeanne-Marie n'est pas née de l'Espagne fantasmatique du romantisme – pas plus qu'elle n'a roulé de cigares, elle n'a vendu d'oranges – et elle n'a évidemment pas fleuri les statues des églises. Elle n'a pas non plus – précision nouvelle – été mère ou nourrice, comme le dit la fin de la strophe 7. À quoi la première des strophes de la main de Verlaine ajoute encore qu'elle n'a été ni *cousine* ni ouvrière, données qui peuvent sembler aussi énigmatiques l'une que l'autre, la première parce que le sens même du mot échappe au premier abord, la seconde parce qu'il peut paraître surprenant qu'une figure emblématique de la Commune n'ait rien d'une ouvrière. Mais en réalité, ce n'est pas exactement cela que dit le texte. Ce qu'il dit, c'est que Jeanne-Marie n'est

---

[1] « Tes pardons sont glacés, ô Reine de Sion ! » Ce vers figure, comme on sait, dans *Les Premières Communions*, poème dont l'héroïne est, elle aussi, victime de pandiculations.

pas ouvrière *aux bois puant l'usine* c'est-à-dire, à ce qu'il semble, dans la production (alors tout à fait archaïque) du charbon de bois et en tout cas loin de Paris : or ce point est fondamental dans la mesure où elle symbolise la Commune *de Paris* et où dans l'esprit de Rimbaud l'opposition entre Paris et les détestés *Ruraux* de province était radicale, en quoi il partageait d'ailleurs l'opinion du peuple parisien lui-même qui, orgueilleux de sa tradition révolutionnaire, tenait la Ville pour la citadelle de l'Avenir et le phare de l'Humanité. Quant au fait que Jeanne-Marie ne soit pas une *cousine*, sans doute est-il effectivement plus obscur et on a voulu donner à ce mot diverses significations obscènes, à vrai dire sans emporter vraiment la conviction ; de sorte qu'il vaut peut-être mieux penser au rôle de la *cousine* à la fois dans la société bourgeoise réelle et surtout dans les romans sentimentaux de l'époque, où une chaste idylle unit si souvent des cousins.

Quoi qu'il en soit, avec la fin de cette strophe 8, Rimbaud rompt brusquement avec la logique de négation qui avait brièvement succédé à la structure interrogative du début du poème et c'est cette fois pour nous dire nettement ce qu'est Jeanne-Marie : sa chair *chante des Marseillaises*, ce qui signifie clairement qu'elle est entièrement vouée a la Révolution[1] et que la réponse est négative, non seulement aux questions du début (ce qu'on savait déjà), mais aussi à celles posées par les strophes 5-6 : en Jeanne-Marie le sang noir des belladones ne se distingue pas du mauvais sang de la révolte, il ne l'entraîne pas vers le misérable miracle des substances hallucinogènes, ni ne la pousse au départ vers un Orient de rêve, à travers lequel l'imprégnation religieuse dont la Reine de Sion est la figure emblématique trouverait en fait sa revanche.

---

1 Il ne faut pas se tromper sur le sens du vers 34 : «Des mains qui ne font jamais mal». Il ne signifie pas que les mains de Jeanne-Marie ne font jamais souffrir (c'est même le contraire, comme le montrent le strophes 11-12, ajoutées de la main de Verlaine). En fait, pour comprendre ce vers, il faut partir du syntagme *faire mal* qui appartient au vocabulaire de la morale (et même, dans une large mesure, de la morale religieuse) et qui signifie «faire ce qui est mal». Jeanne-Marie ne fait donc jamais ce qui est mal – du point de vue de la cause révolutionnaire s'entend.

On voit dès lors toute la cohérence du discours de Rimbaud. Retrouvant dans une certaine mesure la logique du poème de Gautier, il fait des mains l'indice métonymique de la personne. *Étude de mains* opposait la blancheur des mains de la courtisane Imperia, signe d'aristocratie, à la main jaune de l'assassin Lacenaire, avec son «duvet roux» : les mains de Jeanne-Marie seront donc brunes du soleil allégorique de la Commune, à cela près que leur paume, elle, a pâli d'avoir serré le bronze des mitrailleuses, ce qui n'empêche pas, on l'a vu, qu'elle soit aussi marquée du sang des belladones. Et sur l'ensemble du poème, l'opposition entre le hâle, signe de vie et de révolte, et la pâleur, signe de déliquescence d'une société, est d'ailleurs fondamentale[1]. C'est même elle qui permet de comprendre dans ses détails la strophe 13, généralement tenue pour énigmatique : dans cette strophe, le sein d'hier, c'est l'érotisme de la vieille société, où le débauché achète le droit de baiser le sein d'une courtisane dont le lecteur peut imaginer le teint d'albâtre – l'Imperia de Gautier, par exemple. Mais le nouvel amour a banni ce type de rapports amoureux : à la femme libre qu'incarne Jeanne-Marie, le «révolté fier» était uni, selon l'expression du *Forgeron*, par un «noble amour» qui lui faisait baiser passionnément la glorieuse tache de populace brunissant la main de sa compagne, alors qu'hier le client de la prostituée baisait à prix d'argent le mamelon qui lui brunissait le sein.

La Commune désormais vaincue, cette exaltation du «hâle» sur les mains de la femme révolutionnaire avait certes quelque chose de tragiquement dérisoire et le vers 2 le note bien, dans la mesure où l'été qu'il évoque est sans doute celui de 1871, qui vit fusillades et déportations. Mais une autre opposition garde toute sa force, qui structure elle aussi l'ensemble du poème et reste pour Rimbaud porteuse d'avenir : celle qui sépare aussi

---

1 Comme le montre, à l'avant-dernier vers, l'usage du néologisme *déhâler* dont on comprend qu'il signifie «enlever le hâle».

bien le « sang noir », poison de la révolte, que le « hâle » qui lui est lié, de l'ensemble des représentations religieuses, des *Madones* aux *Sions* en passant par les *Eleisons*. C'est cette opposition qui permet de lever une dernière énigme, celle des vers 45-46, dans lesquels Rimbaud parodie un usage du mot *brebis* bien connu dans le contexte du christianisme : ces brebis désignent le troupeau des bien-pensants, celui qu'on retrouve sans doute dans les agneaux de *Michel et Christine* et qu'affole le hâle révolutionnaire des mains de Jeanne-Marie. Ici encore, l'intertextualité manifeste sa présence : mais cette fois l'intertexte n'est plus Michelet, c'est l'ensemble de la vulgate chrétienne que nul contemporain, fut-il adversaire acharné du christianisme, ne pouvait ignorer et Rimbaud moins que personne.

Je voudrais pour terminer revenir sur les questions du début pour leur apporter au moins des éléments de réponse. D'abord la question chronologique. À la lumière de ce qui a été dit plus haut, on concédera sans doute qu'il est douteux que le poème, dans sa forme actuelle du moins, puisse être antérieur à l'automne de 1871, ne serait-ce que du fait de sa tragique allusion du deuxième vers à *l'été*. Steve Murphy croit même qu'il a été inspiré par le procès de Louise Michel, en décembre : ce n'est pas impossible, mais rien ne le prouve et on pourrait aussi bien penser au procès dit des pétroleuses, au mois d'octobre ou croire tout simplement que Rimbaud a été inspiré par l'ensemble de la répression versaillaise, qui n'avait pas épargné les femmes, tant s'en faut. La question de l'illisibilité, ensuite. Si on a bien voulu me suivre jusqu'ici, on conviendra que la part en est en fait singulièrement plus réduite qu'on ne l'a prétendu et que le mot illisibilité lui-même ne convient guère. Demeurent cependant quelques zones d'obscurité, autour des mots clés que sont par exemple, ici, *Khengavars* ou *belladones*. Une telle obscurité s'imposait-elle aux contemporains de Rimbaud ? Sans doute, quoique évidemment à un moindre degré qu'à nous : il ne faut pas négliger son côté rhéteur, sa pente vers une allégorisation du texte dont l'obscurité est une conséquence naturelle en même temps qu'une limite. Et puis il y a cette recherche du terme qui, pour reprendre l'expression de Hugo dans *Suite*, finira par trouver le sens « comme l'eau le niveau ». Quelques mots dans le discours irradient ainsi leur puissance à première lecture énigmatique, suscitant l'inconnu, appelant l'investigation sans toujours lui donner les moyens d'aboutir. Mais n'est-ce pas aussi la faute du lecteur ? Et le sens général de *belladone*, par exemple, n'était-il pas perceptible, y compris à qui ignorait Michelet – celui d'une substance hallucinogène dont Jeanne-Marie restait marquée, avec toutes les valeurs symboliques que pouvait prendre ce détail dans le contexte de l'*année terrible* ? Quoi qu'il en soit, c'est la coexistence entre ces zones qu'on dit d'énigme et un discours clairement organisé qui, à bien des égards, donnera la formule des *Illuminations*. Il est clair que *Les Mains de Jeanne-Marie*, de ce point de vue, nous y acheminent. Et ce n'est pas, à coup sûr, un des moindres atouts de ce poème fascinant.

À PROPOS DE *L'HOMME JUSTE*

On ne s'occupe guère de *L'Homme juste*. Sans doute le cas n'est-il pas unique : l'œuvre de Rimbaud compte ainsi un certain nombre de textes méconnus que l'on se contente ordinairement de saluer au passage, comme s'il allait de soi que les enjeux sont ailleurs. Ainsi en fut-il pendant longtemps des *Proses Évangéliques* ; ainsi en va-t-il encore d'un poème tel que *Michel et Christine* et même, si paradoxal que cela puisse paraître, d'un nombre non négligeable d'*Illuminations*. En matière de critique rimbaldienne, on le sait bien, le débat est trop souvent circonscrit autour des mêmes textes.

S'agissant de *L'Homme juste*, toutefois, il n'est pas impossible de trouver des motifs à ce désintérêt. Ceux-ci sont d'abord d'ordre historique : *L'Homme juste* ne fut publié qu'en 1911, alors que le corpus rimbaldien se trouvait pour l'essentiel déjà constitué[1]. Qui plus est, il faisait son apparition au moment où la fable d'un Rimbaud mystique, propagée par un Claudel ou un Rivière, commençait à s'emparer des esprits : dans un tel contexte, un tel poème ne pouvait évidemment attirer l'attention que très médiocrement. Or ces raisons se trouvaient redoublées par les incertitudes du texte lui-même : sans vouloir entrer dans le détail, je rappellerai ici que la fin du poème varie[2], que nous n'avons en tout état de cause

---

1 Berrichon le publia dans le *Mercure de France* du 16 septembre 1911, avec d'autres poèmes et sous le titre «Arthur Rimbaud. Vers inédits». Il amputa d'ailleurs le texte des deux dernières strophes pour des raisons, prétendait-il, «de belle chute» (lettre à Claudel du 20 novembre 1912), en fait parce qu'elles étaient «vraiment trop *Petites Amoureuses*», autrement dit inavouables.

2 D'une copie de la main de Verlaine il subsiste une strophe (l'antépénultième du texte que nous connaissons), laquelle était la dernière de ce manuscrit. Le poème se terminait donc, au moment où Verlaine en prit copie, sur le vers : «Et de sa drague en feu laisse filer les astres».

qu'un peu plus des deux tiers de ce qu'avait écrit Rimbaud et que, pour comble de malheur, c'est le début du texte qui nous manque[1]. Si j'ajoute qu'il a fallu attendre 1957 pour que l'intégralité de ce qui nous reste soit révélée, on admettra qu'il n'y avait rien là qui permette à une idée quelconque du poème de se cristalliser dans l'esprit des lecteurs.

Que ces causes aient largement contribué à maintenir *L'Homme juste* dans l'ombre, cela, je crois, n'est pas douteux. Fournissent-elles pour autant une explication suffisante ? C'est une autre affaire. En réalité on sait bien que tout s'est passé pendant des décennies avec Rimbaud comme si un texte de lui ne pouvait venir en pleine lumière qu'à condition de prendre figure d'énigme ou d'être signe de contradiction : or avec *L'Homme juste*, ce n'est ni l'un ni l'autre. Sur le sens général du poème en effet, il semble bien que personne, durant des années, n'ait divergé : « révolte antichrétienne », « blasphème » ou « refus du Dieu judéo-chrétien[2] », c'était tout un. Voilà qui devait, dès sa parution, vouer le texte à l'obscurité car si le blasphème avait bien sa place dans l'interprétation de Rimbaud alors couramment admise – « le blasphème implique nécessairement la foi » écrivait déjà Isabelle à Berrichon[3] – le poème nouvellement paru n'ajoutait rien sur ce plan à ce qu'on savait depuis vingt ans par *Les Premières Communions* ou *Les Pauvres à l'église*. Mais les conséquences de cette situation étaient claires et elles étaient appelées à durer : le texte intéressant peu et son état fragmentaire justifiant tout, on n'allait guère faire d'efforts pour le lire réellement et on allait se contenter de tout ramener, sans le moindre souci de cohérence, au lieu commun de l'insulte à Jésus. Je n'en donnerai pour l'instant qu'un exemple, celui des vers 31-32[4] où on peut lire ceci :

---

1 Exactement vingt vers. On le sait par le dossier Verlaine, dont *L'Homme juste* faisait partie.
2 Commentaires de divers éditeurs ou commentateurs du poème : en l'occurrence D. Leuwers, S. Bernard et J.-P. Giusto.
3 Lettre du 2 août 1896.
4 J'adopte ici la numérotation des vers proposée par Steve Murphy dans son édition des *Poésies* : sachant qu'il manque les vingt premiers vers du poème, il considère comme vers 21 le premier de ceux que nous connaissons (« Le Juste restait droit sur ses hanches solides ») et ainsi de suite.

> Et le Juste restait debout, dans l'épouvante
> Bleuâtre des gazons après le soleil mort.

Dans son édition (dont je rappelle qu'elle parut en 1960), Suzanne Bernard commentait ainsi ces vers : «Le soleil mort est une allusion à l'Évangile où il est dit que le soleil s'obscurcit à la mort du Christ». Or il suffit de lire le poème pour comprendre qu'une telle glose est au mieux gratuite et au pire absurde : puisque le «Juste» est, comme nous l'apprend le texte lui-même, un «fantôme» nocturne apparu à Rimbaud, il n'y a pas à s'étonner qu'il surgisse «après le soleil mort[1]» et il n'est nul besoin pour en justifier de faire appel à une prétendue source évangélique. Mais le lieu commun l'emporte en la circonstance, au point de prévaloir visiblement sur toute lecture véritable.

Désintérêt, conviction au fond que *L'Homme juste* n'est pas un texte majeur ni n'éclaire un moment important de la trajectoire de Rimbaud, mais aussi incohérences et contradictions dans le commentaire, tout cela pourrait donc bien reposer en dernière analyse sur cette certitude que, pendant des années, nul n'a songé à remettre en cause : celle qui voulait que le «Juste» invectivé tout au long du poème ne puisse être que Jésus. Or il se trouve précisément que pareille interprétation est radicalement insoutenable ; et il suffit, je crois, de serrer de près le texte pour en acquérir rapidement l'assurance.

Il est vrai cependant qu'à première vue cette interprétation consacrée semble valide et même qu'elle paraît s'imposer : Jésus est explicitement nommé au vers 54 et surtout, une expression telle que «pleureur des Oliviers» a tout l'air de ne pouvoir s'appliquer qu'à lui. De même les «calices» du vers 37 évoquent-ils irrésistiblement celui que Jésus, à Gethsémani, supplie son Père céleste de bien vouloir lui épargner. Il n'est d'ailleurs pas jusqu'à

---

[1] Dans *Les Misérables* (IV, 5, 3), on lit : «Cosette, après le soleil couché, s'était assise […]». L'expression pourrait être à l'origine de l'énoncé rimbaldien «après le soleil mort».

l'appellation de «Juste» elle-même qui ne puisse porter aux mêmes conclusions : le mot peut parfaitement renvoyer à l'épisode de la Passion où Pilate, avant de livrer le Christ au supplice, se lave les mains en se déclarant «innocent du sang de ce juste». Quant au «pardon» auquel le vers 42 fait référence, le rapport avec la morale chrétienne paraît s'imposer de lui-même.

Qu'on ait donc été tenté d'identifier le «Juste» à Jésus, cela se conçoit : le texte est visiblement semé d'allusions dont plusieurs tendent effectivement à rabattre sa figure centrale sur celle du Sauveur chrétien. Mais c'est là une impression superficielle ou plutôt la stratégie du texte, ainsi qu'on le verra, est autrement subtile. Car si ces rapprochements avec le Christ ne peuvent être esquivés, autre chose est d'en faire une grille de lecture pour l'ensemble du texte : en réalité, il suffit d'entrer dans les détails pour que dans une telle voie, les impossibilités s'accumulent aussitôt.

Considérons par exemple le vers 54 où se trouve mentionné le nom de Jésus et qui paraît de prime abord devoir emporter la conviction en faveur de l'identification traditionnelle du «Juste» au Messie chrétien :

> Socrates et Jésus, Saints et Justes, dégoût !

On veut bien admettre *a priori* que par un «élargissement de l'anathème» – l'expression est de Suzanne Bernard –, Rimbaud ait voulu envelopper dans sa condamnation haineuse du Nazaréen ce Socrate dont la tradition de l'humanisme chrétien, relayée au XIXe siècle par l'Université kantienne, soulignait à l'envi que son message sur bien des points rejoignait celui du Christ[1]. À ne considérer ce vers qu'isolément on pourrait donc conclure que les éléments qui dans *L'Homme juste* sont étrangers au christianisme s'y ramènent en une assimilation voulue de Rimbaud et que leur

---
1 Le parallèle entre Socrate et Jésus est d'ailleurs aussi un lieu commun romantique qui tire ses origines, pour l'essentiel, de la *Profession de foi du Vicaire savoyard*. On le trouve notamment dans *Lélia* de Sand, *Héléna* de Vigny, *La Mort de Socrate* de Lamartine et, chez Hugo, dans le poème *Sagesse* des *Rayons et les ombres*.

présence n'interdit en rien de croire que le «Juste» soit effectivement Jésus. Mais reportons-nous au vers 71 («Qu'il dise charités crasseuses et progrès») : la situation est toute différente. Car si une identification satirique de Socrate à Jésus est en soi plausible dans le contexte rimbaldien, on voit mal en revanche, s'il fallait réellement deviner la figure du Messie chrétien derrière celle du «Juste», comment le même personnage pourrait se voir accuser par Rimbaud de sacrifier à l'idéologie du *progrès*. S'il est en effet sur la scène des idées une opposition irréductible en cette deuxième moitié du XIXe siècle, c'est bien celle qui sépare le catholicisme et l'Église du discours sur le progrès tenu par les héritiers de toute espèce de la Révolution et des Lumières. Qu'on se rappelle la proposition 80 du Syllabus, qui résume si parfaitement l'esprit de ce document, vieux de moins de dix ans au moment où s'écrivait *L'Homme juste* : elle condamnait sans équivoque, comme contraire à l'enseignement de l'Église, l'idée que «le pontife romain peut et doit se réconcilier avec le progrès, le libéralisme et la société moderne». Incompatibilité radicale par conséquent, et dont le poids est tel qu'il me semble qu'à elle seule, elle suffirait à condamner toute tentative d'assimiler le «Juste» à Jésus.

Or cette difficulté n'est pas la seule, tant s'en faut. Par exemple : si Rimbaud visait effectivement le Christ, il serait pour le moins curieux qu'il le qualifie de «croyant», puisque c'est évidemment le disciple qui mérite ce titre et non le Messie lui-même. Ceci encore : on a beau rappeler que dans l'Europe traditionnelle, Dieu est en somme le garant de la cellule familiale, l'expression «Barbe de la famille» paraît tout à fait étrange si on veut l'appliquer à Jésus. Et même si on peut à la rigueur donner au mot «thrènes» le sens (d'ailleurs tout à fait improbable) de chant pieux, à qui fera-t-on croire que le Christ puisse être assimilé à Ossian, qui serait le «Barde d'Armor[1]» ? Où et quand Jésus a-t-il pu chercher à voir «rutiler les bolides» ? Au nom de quelle singulière démarche

---

1 Cette interprétation est celle de S. Bernard.

symbolique pourrait-il être qualifié de « vieillard » ? Et s'il est vrai, comme chacun le sait, qu'il a été jugé et condamné, où voit-on qu'il lui soit arrivé de se faire « proscrire » ?

Concluons donc nettement : le « Juste » ne saurait en aucun cas être le Christ, mais bien plutôt quelqu'un que Rimbaud satiriquement, haineusement même, assimile à Jésus. Car les références évangéliques, je l'ai dit plus haut, sont trop claires pour que la figure centrale du poème ne soit pas *aussi* rabattue, en un geste de dérision, sur celle du « voleur des énergies » ; et le texte est d'autre part trop semé d'allusions évidemment précises – pensons notamment à « Armor » – pour qu'on puisse croire à une figure purement symbolique. Cela une fois posé, l'énigme ne peut guère admettre, je crois, qu'une seule solution : si le « Juste » n'est pas le Christ, s'il est ce « vieillard » et ce « barde » qui se fait « proscrire » et n'a cependant que « pardon » à la bouche, c'est qu'il faut reconnaître en lui une figure capitale du monde où vivait Rimbaud. Et qu'il ne peut s'agir que de celui qui, avec Baudelaire peut-être, avait le plus compté pour lui : Victor Hugo.

Il suffit d'envisager l'hypothèse pour la voir, me semble-t-il, s'imposer d'elle-même ; les allusions biographiques et textuelles, en tout cas, ne font pas de doute. Je n'insisterai pas sur la référence à la proscription de Hugo parce qu'elle est la plus apparente, ni sur la façon dont Rimbaud l'évoque parce que j'aurai l'occasion d'y revenir. Mais comment ne pas reconnaître l'auteur des *Misérables* dans ce « vieillard » aux « yeux de Chinois[1] » ? Comment dans le « Barde d'Armor » ne pas voir le poète exilé à Guernesey[2], qui en

---

1 Dans *À un dîner d'athées* de Barbey (*Les Diaboliques*, Livre de Poche p. 264) il est fait mention de « quelques mandarins chinois de la littérature ». Cette expression, si elle était usitée à l'époque, pourrait expliquer les « yeux de Chinois » de Hugo dans *L'Homme juste*.

2 On a contesté ce point parce que, au sens strict, l'Armorique c'est la Bretagne dont Guernesey ne fait pas partie. Mais les faits de licence poétique de cet ordre sont-ils si rares ? En outre, le mot *Armoricains* pouvait désigner à l'origine les peuples de l'Ouest dans leur ensemble – et notamment dans l'usage latin. Qu'on se reporte à la *Guerre des Gaules* (VII, 75), où sont qualifiés d'*Armoricains* « l'ensemble des

était rentré depuis moins d'un an quand s'écrivait *L'Homme juste* ? Et pour ce qui est du vers 36 – « Barbe, de la famille et poing de la cité » – à qui pourrait-il mieux s'appliquer qu'à celui qui, au même moment, se baptisait lui-même « représentant du Peuple et bonne d'enfants » ? Ce sont là, il est vrai, simples allusions satiriques, mais qui ne permettent guère d'hésiter quant à la cible qu'elles visent, pas plus qu'elles ne l'auraient permis au lecteur de 1871 si *L'Homme juste* avait été publié à cette époque.

Cela d'autant plus que Rimbaud ne s'en tient pas là. S'il ne se prive pas de viser bien clairement la vie publique de Hugo, son attaque touche en réalité beaucoup plus profond : ce qu'il met en cause, c'est à la fois la validité de la démarche du poète et le rôle qu'il prétendait tenir dans la cité des hommes. Il le fait en parodiant très visiblement cette poésie cosmique qui avait fini par envahir la production hugolienne et à travers laquelle s'exprimait justement les prétentions du mage :

> [...] Tu veux voir rutiler les bolides ?
> Et, debout, écouter bourdonner les flueurs
> D'astres lactés et les essaims d'astéroïdes ?

Impossible, on en conviendra, de ne pas penser à Hugo en lisant ces vers : bolides ou astres monstrueux soudainement apparus, c'est bien la vision de l'univers que développe la poésie du temps de l'exil. Qu'on se reporte, entre vingt autres textes, à *Magnitudo parvi* :

> Quel est ce projectile inouï de l'abîme ?
> O boulets monstrueux qui sont des univers !

On comprend dès lors que si le Juste souhaite voir « rutiler » les bolides, c'est sans doute par allusion au « flamboiement »

---

nations qui habitent près de l'Océan ». D'ailleurs, qu'on relise *Mauvais Sang* : « Me voici sur la plage armoricaine » ; tracera-t-on des frontières à cette *plage* ? Rimbaud ajoute : « Ma journée est faite ; je quitte l'Europe » ; le condamnera-t-on à ne partir que d'un port breton ?

stellaire, «de l'infini formidable incendie[1]» dont la présence était devenue quasiment obsessionnelle dans la poésie de Hugo. Et si c'est «debout» que le dérisoire héros de Rimbaud voudrait se livrer à sa contemplation cosmique, sans doute est-ce en un rappel sarcastique de la figure si hugolienne du contemplateur d'infini, qui presque toujours nous est montré debout sur un faîte[2] : symbolisant Hugo lui-même, cette figure mythique fondait aussi bien ses prétentions de voyant que celle d'être un des mages montrant la route à l'humanité ; désormais, elle ne suscitait plus apparemment chez Rimbaud que raillerie.

Est-il bien utile de poursuivre ? Que la tendresse du Juste et sa raison «reniflent dans la nuit» n'a rien pour nous étonner : il y a là une allusion assez claire, me semble-t-il, à *Pleurs dans la nuit*. Sur les «comètes», je n'insisterai pas[3], mais je ferai observer que les «nœuds d'univers» évoquent *Ce que dit la bouche d'ombre* :

> De la création compte les sombres nœuds. Viens, vois, sonde.

Quant aux «pilastres d'azur», cette métaphore peuple notamment les *Contemplations*[4] : il est vrai qu'elle y relève de l'esthétique néoclassique et sans doute faut-il voir en elle une de ces «vieilles énormités crevées» dont la lettre à Demeny du 15 mai 1871 reproche vivement l'usage à Hugo.

---

1 *Magnitudo parvi*, II, v. 56.
2 «Le pâtre songe solitaire [...] / Dès qu'il est debout sur ce faîte / Le ciel reprend cet étranger» (*Magnitudo parvi*, III). J'ajoute que la figure du mage hugolien, comme celle du *Juste* chez Rimbaud, est souvent éclairée de rayons. Voir par exemple *Les Mages*, XI : «O géants vous avez encore / De ses rayons dans les cheveux».
3 Je rappellerai tout de même la comète de *Magnitudo parvi* : «Une comète aux cris de flamme, aux yeux de foudre [...]».
4 «Le ciel est un dôme aux merveilleux pilastres» (*À la mère de l'enfant mort*) ; «Sous le grand dôme aux clairs pilastres» (*Charles Vacquerie*) ; «Vous savez bien / Que j'irai jusqu'aux bleus pilastres» (*Ibo*) ; «Qu'importe la lumière, et l'aurore et les astres / Fleurs des chapiteaux bleus, diamants des pilastres / Du profond firmament» (*Pleurs dans la nuit*) ; «Ne verrons-nous jamais briller de nouveaux astres / Et des cintres nouveaux et de nouveaux pilastres / Luire à notre œil mortel» (*À la fenêtre, pendant la nuit*).

Ce dernier point est beaucoup plus important qu'il n'y paraît, car la mention des «pilastres d'azur» oriente l'attaque dans un sens précis. Certes, au moment où elle surgit dans le poème, Rimbaud a bien pris soin de nous dire que «le fantôme a fui» : la vision s'est effacée, «l'ordre» a repris ses droits. Mais précisément, «comètes» et «nœuds d'univers» demeurent qui, chez Hugo, relèvent de la poésie de l'effraction, traduisent cette vision panique du cosmos qui est à la fois instrument et justification du prophétisme : or c'est nier cette prétention au rôle de voyant que de les mettre sur le même plan que les «pilastres d'azur» ou, pire encore, de faire d'eux des figures de «l'ordre». Et c'est bien là que Rimbaud, à travers le jeu du vocabulaire, veut en venir : ce qu'il entreprend de suggérer, c'est qu'entre «pilastres d'azur» et «comètes» il n'y a pas en réalité de différence ou, pour parler net, que celui qui a si constamment prétendu à la maîtrise de visions cosmiques n'est en fait qu'un rhéteur. Rien d'étonnant dans cette démarche de la part de celui qui, vers le même temps, écrivait *Ce qu'on dit au poète à propos de fleurs* où le sens profond de diverses rhétoriques poétiques et de leurs mots clés fait toute la matière du poème.

Prétention hugolienne au prophétisme, poésie de l'effraction, ambition d'être un visionnaire, c'est donc tout cela que *L'Homme juste* tourne en dérision[1]. Reste alors un autre aspect de la figure du Juste, non moins fondamental, mais dont il est facile de montrer qu'il vise tout autant Hugo et c'est cet agenouillement qui inspire à Rimbaud des sarcasmes qui sont parmi les plus violents du poème :

> Alors, mettrais-tu tes genouillères en vente,
> O Vieillard? Pèlerin sacré !

---

1 J'ajouterai que le «front qui fourmille de lentes» du *Juste* renvoie sans doute parodiquement au «front pastoral» (*Magnitudo parvi*) qui est si souvent chez Hugo le trait distinctif du songeur. Voir par exemple *Les Mages* : «Ayant mêlé sur la montagne [...] / Votre front au front de l'aurore».

Chacun sait que Hugo priait fréquemment et qu'il n'a pas cessé dans ses vers d'exalter la prière. Pensons à *La prière pour tous* dans le recueil déjà ancien des *Feuilles d'automne* – « À genoux, à genoux, à genoux sur la terre » – ou, dans les *Contemplations*, à *Croire, mais pas en nous* qui dans l'architecture du recueil précède immédiatement *Pleurs dans la nuit* :

> Pensons et vivons à genoux ;
> Tâchons d'être sagesse, humilité, lumière ;
> Ne faisons pas un pas qui n'aille à la prière.

Inutile d'insister : l'agenouillement du Juste renvoie lui aussi à Hugo et donne une clé supplémentaire de cette imprégnation chrétienne qui a tant contribué à égarer la critique en lui faisant identifier le héros du poème au Christ : si Rimbaud sarcastiquement assimile Hugo à un Jésus détesté, c'est d'abord parce que se vouant à la prière et espérant une rédemption spirituelle de l'humanité, le poète des *Contemplations* participait dès lors à ses yeux de l'aliénation chrétienne, devenait du coup cet « estropié » que dénonce le poème. Et cet aspect de son attaque contre Hugo est d'autant plus intéressant qu'il suffit de se reporter aux *Misérables* pour prendre conscience de ce que l'agenouillement et la prière s'y lient précisément à la figure du *juste*, au point qu'apparaît dans ce contexte le titre même du poème de Rimbaud. Qu'on ouvre en effet le roman au début du long développement consacré aux couvents : « Il ne nous paraît pas qu'en un pareil sujet la moquerie soit de mise » y écrit Hugo. « L'homme juste fronce le sourcil, mais ne sourit jamais du mauvais sourire[1] ». Quelques lignes encore, et on tombe sur ceci : « Nous honorons partout l'homme pensif. Nous saluons qui s'agenouille[2] ».

Et sans doute faudrait-il encore parler ici des *charités crasseuses* et de l'allusion très probable qu'elles font à la figure de Mgr Myriel,

---

1   *Les Misérables*, II, 7, 7.
2   *Les Misérables*, II, 7, 8.

incarnation même de la charité dans *Les Misérables*. Sans préjudice du *pardon* que Rimbaud tourne aussi en dérision et qui est un point sur lequel Hugo, une fois de plus, se rencontrait avec le christianisme. Mais en réalité, avec ce *pardon*, on change de registre et il suffit de lire le texte pour en prendre conscience. On peut en effet comprendre, à la rigueur, «l'espoir fameux de ton pardon» comme une allusion à l'espérance hugolienne en un rachat de l'ensemble des âmes dans le cadre de la gnose religieuse que développe notamment le dernier livre des *Contemplations*. La syntaxe, néanmoins, n'y trouverait guère son compte[1] et il faut plutôt penser, non à un pardon que *recevrait* le Juste, mais bel et bien à un pardon qu'il *accorderait*. Or il y avait déjà eu un pardon hugolien fameux et c'était celui qu'exprimaient les *Châtiments* qui s'abstenaient de réclamer la mort pour les responsables du 2 décembre et Napoléon III lui-même (qu'on se reporte par exemple à la pièce IX du livre VII : «Du vieux charnier humain nous avons clos la porte. / Tous ces hommes vivront. / Peuple, pas même lui!»). L'hypothèse est donc plausible qu'avec ce *pardon*, nous quittions le domaine des agenouillements et du religieux pour celui de la société des hommes et donc du politique. Ce qui peut le faire croire, c'est notamment que le problème se pose dans les mêmes termes à propos du mot *ordre* : s'il est clair que, renvoyant à la vieille idée de l'harmonie céleste, il rabat le discours hugolien sur le cosmos à un spiritualisme qui paraissait certainement à Rimbaud tout à fait éculé, on ne peut oublier qu'un autre sens s'imposait à tous en cet été de 1871 où le parti de l'Ordre venait de triompher de la Commune. Ambivalence du terme qui n'est pas sans rappeler celle des pontons à la fin du *Bateau ivre*, à la fois partie prenante de l'allégorie d'ensemble du poème et allusion fort claire aux navires-prisons de la répression versaillaise. Y aurait-il donc dans *L'Homme juste* quelque chose d'analogue ?

---

[1] En toute logique, il faudrait écrire quelque chose comme «ton espoir fameux dans le pardon». Or Rimbaud ne viole *jamais* la syntaxe.

Ce qu'on aborde là, c'est au fond la question de l'insertion historique immédiate du poème : rien là qui doive surprendre et moins encore s'il s'agit de Hugo dont les textes, y compris les poèmes, trouvent si souvent leur origine dans l'actualité la plus brûlante. Or précisément, il suffit de parcourir ce que l'auteur des *Misérables* venait d'écrire sous l'inspiration de l'événement – et aussi de se demander ce que Rimbaud a pu connaître de son activité *d'homme public* au cours de la même période – pour comprendre l'extrême actualité de l'attaque à laquelle se livre *L'Homme juste* et aussi la pertinence à cet égard des mots dont il est fait usage dans le poème.

Entre le 19 avril et le 7 mai 1871 en effet, *Le Rappel*, quotidien qui était en somme le moyen d'expression du clan Hugo, publia trois poèmes qui devaient prendre place par la suite dans *L'Année terrible*. Et alors que les événements de la Commune battaient leur plein, tous trois avaient en commun le refus de prendre parti et l'appel à la réconciliation : c'est vrai d'*Un cri* (publié le 19 avril) comme du poème intitulé *Les deux trophées* (7 mai) ; ce l'est plus encore de *Pas de représailles*, paru le 21 avril :

> Je ne fais point fléchir les mots auxquels je crois ;
> Raison, progrès, honneur, loyauté, devoirs, droits. [...]
> Sois juste ; c'est ainsi qu'on sert la république ; [...]
> Pas de colère ; et nul n'est juste s'il n'est doux [...]
> À demander pardon j'userais mes genoux...

Inutile d'épiloguer : posant Hugo en *juste* qui conserve malgré tout sa foi au progrès, en doux héraut de la République agenouillé pour prêcher le pardon réciproque, ces vers semblent avoir été faits exprès pour servir de point de départ à la féroce satire de *L'Homme juste*. Et que Rimbaud ait pu les lire, cela semble infiniment probable : lui qui se passionnait pour *Le Cri du Peuple* au début de l'année devait, au cours des événements, attendre avec gourmandise toute nouvelle venue de la capitale. Or la presse proprement communeuse ne parvenait pas en province et *Le Rappel* (qui devait d'ailleurs être suspendu le 24 mai par les autorités de Versailles) prenait sans doute figure à Charleville d'organe relativement proche de la révolution parisienne[1]. Et puis les rapprochements textuels sont, on en conviendra, vraiment impressionnants.

Que Rimbaud ait pu être ulcéré à la lecture de tels vers se comprend de reste : en ardent partisan de la Commune, il ne pouvait voir que trahison et tartuferie dans cette façon de tenir la balance égale entre les deux partis. Mais supposons même qu'il n'ait pu lire *Pas de représailles* : le comportement de Hugo comme homme public aurait suffi à l'exaspérer, dont la totalité des journaux se faisait alors largement l'écho. Car à ses yeux, il avait toutes les chances de se résumer en une série d'abandons.

Le 8 mars en effet, à la suite d'insultes proférées par certains membres de la droite contre Garibaldi, le poète avait démissionné de son siège à l'Assemblée. Le 18 mars, jour de l'insurrection, il assistait comme on sait aux obsèques de son fils Charles ; or le 21, alors que la rupture n'était pas totalement consommée entre Paris et Versailles, *Le Rappel* publiait l'entrefilet suivant :

> Victor Hugo n'a guère fait que traverser Paris. Il est parti dès mercredi pour Bruxelles où sa présence était exigée par les formalités à remplir dans l'intérêt de deux petits enfants que laisse notre collaborateur.
> On sait que c'est à Bruxelles que Charles Hugo a passé les dernières années de l'exil. C'est à Bruxelles qu'il s'est marié et que son petit garçon et sa petite fille sont nés.

---

1 L'attitude du journal fut d'ailleurs assez ambivalente pour entretenir Rimbaud dans cette idée, s'il l'a lu. Le 6 avril, François-Victor Hugo y écrivait, face à la guerre civile qui commençait : «S'il nous fallait choisir, nous ne nous séparerions pas du peuple». Le 10, on y republiait *Châtiments* III 4, à partir du vers 37 (« Ils ont voté ! »), mais sous le titre nouveau *Les Ruraux* qui s'appliquait évidemment aux élections récentes, celles de l'Assemblée versaillaise. Et surtout, le 23 mai (alors que la Semaine sanglante avait déjà commencé), le journal réimprimait un chapitre de *Paris* (III, 3), tout à fait provocateur étant donné ce qui se passait dans la capitale («Mettez-la aux prises avec la France [...] De quel côté est la voie de fait impie ?»). Seulement, c'était là la politique *du journal*, non forcément celle du Maître lui-même (à moins qu'il n'y ait eu partage des rôles ?). Reste que le lecteur pouvait croire à une duplicité de la part de Hugo.

> Aussitôt que les prescriptions légales vont être remplies et que l'avenir des mineurs va être réglé, Victor Hugo reviendra immédiatement à Paris.

Ce retour ne devait jamais se produire, du moins tant que la Commune régna dans la capitale : ce fut depuis Bruxelles que Hugo fit paraître dans *Le Rappel* les trois poèmes dont j'ai parlé. Et quand la Commune en vint à instituer un Comité de Salut Public, le même journal, dans un article intitulé «L'imitation», critiqua violemment la mesure. On conviendra que dans l'optique qui était certainement alors celle de Rimbaud, il y avait de quoi taxer Hugo de trahison ; et ce qui allait se passer par la suite à Bruxelles n'était pas fait pour modifier son point de vue. On sait que, le poète ayant publiquement offert l'asile dans sa maison aux Communeux fuyant la France, sa maison fut la cible d'une attaque nocturne de la jeunesse dorée bruxelloise, attaque à propos de laquelle lui et son clan menèrent immédiatement grand tapage[1] et qui allait même faire la matière d'un poème de *L'Année terrible* intitulé *Une nuit à Bruxelles*. De là les *thrènes* que Rimbaud l'accuse de *dégoise[r]*

> Sur d'effroyables becs-de-canne fracassés

autrement dit sur les verrous de sa porte auxquels s'en étaient pris les assaillants[2]. On sait aussi qu'expulsé le 30 mai de Belgique à la suite de ces incidents, il alla s'installer au Luxembourg et qu'il y était encore quand sa candidature fut portée à l'élection complémentaire parisienne du 2 juillet par un comité électoral radical qui se faisait aussi petit et aussi modéré que possible. C'était là, en un sens, une manière de nouvelle proscription, mais dans le

---

1 Voir notamment *Actes et Paroles*, III, 1, 5.
2 Pourquoi *becs de canne*, d'ailleurs ? Peut-être parce que le mot apparaît deux fois dans *Les Misérables* (V, 3, 12 et V, 7, 1). Dans la première version de ce travail, je donnais une autre interprétation, de toute évidence erronée, de ces becs de canne. C'est Steve Murphy qui s'est montré plus perspicace que je ne l'avais été en y reconnaissant une allusion sarcastique à l'épisode bruxellois.

contexte tragique de l'été 1871 et après l'attitude prise par Hugo durant la guerre civile, il y avait peu de chances pour qu'elle soit ressentie comme telle par les sympathisants de la Commune : bien plutôt risquaient-ils d'y voir une façon pour le poète de se dédouaner, voire de sculpter sa propre statue.

Ce fut apparemment le cas de Rimbaud et sans doute est-ce ce mouvement de rejet qui le poussa à écrire *L'Homme juste*, car les allusions à l'actualité y sont éclatantes. *Égaré*, par exemple, était un mot dont usait volontiers la gauche républicaine pour qualifier les Communeux[1] et c'est sans aucun doute par allusion à l'offre d'asile faite à Bruxelles que Rimbaud imagine l'un d'eux frappant à la porte (à l'*ostiaire*) de Hugo. D'autre part, si la proscription dont il est question dans le poème est évidemment ressentie comme étant celle de 1851, il se pourrait bien que Rimbaud sarcastiquement ait eu en vue l'exil luxembourgeois du Maître, exil paisible et sans risques. Des très probables allusions à *Pas de représailles*, je ne reparlerai pas ; mais j'ajouterai que vers la fin de ce poème, on trouve ces vers, dont on appréciera à quel point ils semblaient faits tout exprès pour donner à Rimbaud la première idée d'une assimilation sarcastique de Hugo au Christ :

> Si je vois les cachots sinistres, les verrous,
> Les chaînes menacer mon ennemi, je l'aime [...]
> Je sauverais Judas si j'étais Jésus-Christ.

Que *L'Homme juste* soit aussi un texte de circonstance, cela me paraît donc indiscutable : si Hugo en est bien la cible, c'est d'abord à cause de son attitude durant ce printemps de 1871, où éclata la Commune. La copie de Verlaine donne le poème pour écrit au mois de juillet, ce qui voudrait dire qu'il a été écrit au plus près de l'événement. La chose est tout à fait possible matériellement ; mais la proximité psychologique, elle, ne fait pas de doute.

---

1   Hugo utilise le terme en ce sens dans *Paris incendié* qui fait partie de la section « Mai 1871 » de *L'Année terrible* : « Non, vous, les égarés, vous n'êtes pas coupables ».

À en croire Verlaine, Rimbaud arrivant à Paris en septembre 1871 aurait déclaré d'entrée : «Les chiens, ce sont des libéraux». Il faut penser qu'au nombre de ces *chiens* figurait désormais Victor Hugo. *L'Homme juste*, en tout cas, en montre bien les raisons. Et cela éclaire un moment passionnant dans sa trajectoire : car Hugo, quoi qu'on en ait dit et malgré le coup de chapeau que donne à Baudelaire la lettre à Demeny du 15 mai précédent n'avait pas cessé jusque-là d'être le grand modèle. Et si Rimbaud s'en prend à lui avec une telle violence, c'est qu'il avait toujours été pour lui au centre d'un complexe d'idées et de sentiments qu'il avait fait siens et dans la cohérence duquel il puisait probablement sa foi en lui-même : progressisme, usage bouleversant de l'analogie poétique, appropriation des thèmes du Romantisme, tout cela était passé d'abord par Hugo. D'où sa déception, d'où la violence de *L'Homme juste* et sa mise en cause des fondements mêmes de la poésie hugolienne.

Vers le même temps, Rimbaud va écrire *Ce qu'on dit au poète à propos de fleurs* où c'est l'exercice de la poésie qui se trouve sur la sellette. Après quoi, sans doute, viendra *Le Bateau ivre*, si nourri d'images hugoliennes, mais qui s'achève sur le regret de la flache et la vision tragique des pontons ; et son séjour à Paris va déboucher sur un tournant radical dans sa pratique de la poésie. À ce tournant Verlaine, certes, ne sera pas étranger, sans préjudice d'autres facteurs que nous ne pouvons que deviner ; mais qui peut mesurer la part là-dedans de la crise du système hérité en majeure partie de Hugo ? Cette crise, *L'Homme juste* permet de la cerner au moment où elle éclate : il faudrait ensuite avoir les moyens de savoir comment elle a évolué, et au milieu de quelles confrontations, pour vraiment comprendre. Mais cela, bien entendu, est une autre histoire.

LES POUX ET LES REINES

À propos des *Chercheuses de poux*

Poème apparemment un peu mièvre, dont le manuscrit s'est perdu et qui ne se rattache de façon évidente à aucun des grands thèmes que l'on répertorie volontiers dans l'œuvre rimbaldienne, *Les Chercheuses de poux* a été livré comme aucun autre aux pièges de l'anecdote. Tout s'est passé en effet comme si le dernier mot n'en pouvait être trouvé que dans un renvoi au biographique, dans le dévoilement surtout de l'identité des *deux grandes sœurs charmantes* qui en sont les figures centrales. Sans surprise, on a donc cherché cette identité en se fondant sur des données plus ou moins hasardeuses, jusqu'à tenir pendant longtemps pour à peu près acquis que les *sœurs* en question n'étaient autres que les tantes de l'ancien professeur de Rimbaud, Georges Izambard, lesquelles avaient hébergé par deux fois le poète adolescent lors de ses fugues de l'automne 1870[1]. Comme si là était l'important! Et comme s'il allait de soi que le poème n'avait eu d'autre ambition que d'évoquer un souvenir infime et d'ailleurs hypothétique : car que ces sœurs Gindre aient effectivement épouillé le jeune fugueur, qui peut le dire ? Ajoutons que la démarche conduisant à ce genre d'exégèse (si on peut la nommer ainsi) était d'une circularité absolue :

---

1 À Douai, comme on sait, où Rimbaud mit au net les poèmes du recueil Demeny. Cette identification fut proposée par P. Petitfils dès 1945 et presque tout le monde la tint pour quasi certaine dès lors qu'il fut révélé (dans la revue *Le Bateau ivre*, septembre 1950) que, sur la chemise où il avait rangé les lettres des tantes en question (dont l'une s'appelait Caroline), Izambard avait écrit : «Caroline. La chercheuse de poux». Mais Izambard écrit cela bien des années après et ce n'est visiblement de sa part qu'une conjecture tirée du poème.

l'explication par le biographique se trouvait en fait postulée au départ – même si cela ne s'avouait pas –, ce qui naturellement menait à la mise au jour d'une anecdote qui, à son tour, venait confirmer le choix d'une interprétation par la biographie. On peut rêver meilleure méthode critique.

Tout cela, il faut le dire, a un sens : une telle obstination à renvoyer au vécu signifie simplement qu'à défaut de cette voie d'accès au texte, on ne sait littéralement que faire d'un tel poème. C'est si vrai que dès sa première apparition, partielle, en 1880, dans le cadre d'une chronique de Félicien Champsaur reprise ensuite[1] dans son roman à clé *Dinah Samuel*, c'était à l'hypothèse d'un souvenir personnel qu'on s'en remettait déjà :

> Saturnin Tavanal dont la taille atteint presque deux mètres, cita parmi les génies qui ont été tués dans la lutte (et qui, par conséquent, ajouta Montclar, ne sont pas des génies), le poète Arthur Cimber. [...] Au nom d'Arthur Cimber, Paul Albreux, le peintre impressionniste, déclare que Cimber est en effet le plus grand poète de la terre. Catulle Tendrès, parnassien toujours jeune, depuis très longtemps, aux cheveux toujours blonds comme les eaux du Tibre dans les strophes d'Horatius Flaccus, ricane dans sa barbe d'or. Paul Albreux, pour le faire juge lui débite une pièce où Cimber montre des chercheuses de poux, deux sœurs nubiles, et nuance les langueurs du bébé[2] [...] Albreux, s'abandonnant aux souvenirs provoqués par ces rimes raciniennes, de sa voix qui traîne marmotte une élégie : – Qui de nous n'a éprouvé une indicible volupté à sentir des mains féminines caresser sa chevelure en promenant sur le crâne, en pattes d'araignées, les papilles délicates des bouts de doigts ? Je me rappelle encore l'engourdissement de ma tête qui s'affaissait dans le giron tiède de ma mère et mes envies exquises de m'endormir.

---

1 *L'Étoile française*, 21 décembre 1880. *Dinah Samuel* a paru en 1882. Champsaur ne cite que les strophes 3-4, avec d'ailleurs d'importantes variantes par rapport au texte publié pour la première fois dans son intégralité par Verlaine, en 1883, dans *Les Poètes maudits*.
2 Suit la citation des strophes 3-4. Albreux est sans doute Renoir, Tendrès est évidemment Catulle Mendès.

« Qui de nous n'a éprouvé [...] ». C'était là, littéralement, se substituer à Rimbaud, imaginer sans la moindre preuve qu'effectivement, il avait été épouillé un jour par de jeunes femmes et que ç'avait avait été pour lui une expérience affective et sensuelle qu'on détaillait complaisamment et dont se serait nourri le poème. À l'horizon, du coup, et tout à fait logiquement, se profilaient les fameuses demoiselles Gindre, sans préjudice d'autres candidates[1]. De sorte qu'aujourd'hui encore l'exégèse, pour peu qu'elle veuille se passer de ce genre de référent, n'a plus qu'à se réfugier dans le silence.

Or on n'a pas d'excuses pour s'être arrêté à pareille interprétation. Pour s'en tenir aux sœurs Gindre et sans vouloir tomber dans des arguments par trop triviaux, on aurait tout de même dû se dire que, tantes d'un Izambard qui avait alors un peu plus de vingt ans, elles n'étaient évidemment pas des jeunes femmes ce qui, on en conviendra, les qualifiait peu pour le rôle de *grandes sœurs charmantes*. Qui plus est, l'énoncé *grandes sœurs* était en lui-même assez problématique, ce dont on ne s'est guère avisé. Car que signifie-t-il au juste ? Que les deux jeunes femmes du poème sont les grandes sœurs de l'enfant ? On retrouve certes le même énoncé dans la première partie d'*Enfance*, où défilent sous les yeux du lecteur toute une série d'incarnations de la femme, tantôt fantasmées, tantôt réalistes ; et parmi celles-ci, aussitôt après les « jeunes mères », surgissent effectivement de « grandes sœurs aux regards pleins de pèlerinages ». On en comprend bien la signification : ces *grandes sœurs*-là, d'une dévotion certainement outrée, tiennent leur partie dans cette évocation récurrente de la cellule familiale dans l'Europe chrétienne et conservatrice qui est comme une obsession chez Rimbaud. On pourrait donc penser que *Les Chercheuses de poux* nous offrent quelque chose d'analogue, dans la mesure où les *sœurs*, de toute évidence, ne sont pas étrangères à l'enfant, où elles se retrouvent même toutes deux à

---

1 On est allé jusqu'à imaginer que les *grandes sœurs* seraient les femmes de Banville et de Hugo.

son chevet. Fantasme familial, alors, compensateur pour le jeune poète d'une réalité qui fut décevante ? Certainement pas. Car si les « grandes sœurs » d'*Enfance* ont le regard « plein de pèlerinages », ce qui inscrit dans le texte une réalité forte de la société d'alors – le conformisme religieux imposé presque exclusivement aux filles, le rôle dans ce dressage des pèlerinages, notamment mariaux –, celles des *Chercheuses de poux*, en revanche, sont *charmantes*, ce qui nous emmène fort loin de l'univers religieux. Si chez Rimbaud, en effet, il arrive souvent que l'adjectif *charmant* prenne une valeur ironique[1], il n'en va pas de même lorsqu'il désigne une figure féminine : qu'on pense aux *Déserts de l'amour* et à la jeune servante « d'une noblesse maternelle inexprimable [...] : pure, connue, toute charmante[2] ! ». Dans cette prose où rêve et jeux du désir se mêlent inextricablement, l'emploi de *charmante* rendait compte, de toute évidence, de l'attrait érotique ressenti par le « tout jeune *homme* », avec son mélange indistinct de pulsion, de soumission à la figure maternelle et d'élan vers une pureté fantasmatique. Or il y a quelque chose de semblable dans *Les Chercheuses de poux*, comme le montre assez le quatrième vers, qui est à cet égard comme une sorte d'expansion du mot *charmantes* : les « frêles doigts » et les « ongles argentins » anticipent certes l'épouillage dont ils vont être les instruments ; mais comment ne pas y voir aussi les traits d'une véritable érotique – cette érotique de la fragilité, tellement typique de l'époque et qu'on retrouve si souvent dans l'imaginaire parnassien ?

L'ambiguïté marque donc ces *sœurs charmantes*, mais leur apparition dans le poème n'en penche pas moins nettement du côté d'Éros. Dès lors et à moins qu'on ne veuille poursuivre à tout prix – et contre toute vraisemblance – dans la voie du biographique, impossible de ne pas se poser la question même de cette

---

[1] « Merci à l'Esprit Saint qui m'a inspiré ces vers charmants » écrit par exemple le séminariste Léonard dans *Un cœur sous une soutane* après avoir composé des vers qui, bien entendu, sont grotesques.
[2] On se référera encore à la Femme des *Sœurs de charité*, « charmante et grave passion ».

apparition. Or il suffit de parcourir avec quelque attention la strophe initiale pour s'apercevoir que la syntaxe offre à cet égard une réponse d'une évidence absolue : le surgissement des *sœurs* y dépend étroitement des rêves de l'enfant, ou plus exactement de son désir oppressant de voir naître ces rêves[1], au point que s'impose là un véritable rapport de cause à conséquence. Il suffit de lire : quand l'enfant « implore » les « rêves indistincts, [i]l vient près de son lit deux grandes sœurs charmantes [...] ». À moins de croire à une sorte de roman familial et d'imaginer les deux sœurs dans un rôle de garde-malade – *topos* romanesque qu'au demeurant, Rimbaud a peut-être envisagé comme un leurre – on aura du mal à échapper à la conclusion que ces figures féminines naissent tout simplement au sein même des rêves de l'enfant[2] et qu'elles y surgissent au moment précis où ceux-ci cessent d'être *indistincts*. Et d'ailleurs, le *Quand* initial ne peut guère avoir d'autre valeur qu'itérative, ce qui entraîne que les *sœurs* reparaissent régulièrement : comment, après cela, croire à autre chose qu'à la logique répétitive d'un état de rêve ?

Nous voilà donc bien loin des tantes d'Izambard. Ce que Rimbaud évoque, ce n'est pas un infime et problématique souvenir, mais l'éveil douloureux de l'enfant (ou, peut-être, du tout jeune adolescent) à l'Éros[3]. On pense au *Crépuscule du matin* de Baudelaire[4] et d'autant plus volontiers qu'on est aussi à l'aube dans *Les Chercheuses de poux*, comme l'indique la mention de la

---

1 On a nettement l'impression que la succession des vers 2-3 traduit un certain écoulement du temps : l'enfant « implore » l'arrivée de rêves qui, d'abord « indistincts », se précisent enfin sous les traits des deux sœurs.
2 Il faut rendre ici hommage à Pierre Brunel qui, dans son édition des *Œuvres complètes* de Rimbaud (La Pochothèque, 1999), a été quasiment le seul exégète à dire nettement (p. 813) que la scène était « rêvée ».
3 Il ne me semble pas pour autant nécessaire d'envisager ici, comme le fait Steve Murphy (*Le Premier Rimbaud ou l'apprentissage de la subversion*, p. 155) un rapport parodique avec le poème de Mendès, *Le Jugement de Chérubin* (paru dans son recueil *Philoméla*).
4 « C'était l'heure où l'essaim des rêves malfaisants / Tord sur les oreillers les bruns adolescents [...] ».

rosée. Mais on pense surtout à Rimbaud lui-même et à *Phrases* : « […] je me jette sur le lit, et, tourné du côté de l'ombre, je vous vois, mes filles ! mes reines ! ». *Reines* parce que l'usage du discours amoureux le veut ainsi, mais aussi parce qu'au sein même du rêve[1], leur royaume est celui du désir, où la part de la soumission n'est jamais absente. Ce n'est donc certainement pas un hasard si dans *Les Chercheuses de poux*, les ongles des deux jeunes femmes sont qualifiés de *royaux* : mots de l'amour, où la convention sociale et littéraire croise une fantasmatique et qu'investit le désir lui-même.

Mais si un mot comme *royaux* peut être ainsi soupçonné de renvoyer à un langage amoureux socialement et poétiquement codé – mais dont l'impact affectif n'en est pas moins évident – alors il y a toutes les chances pour qu'il en aille de même avec un mot comme *sœurs*, d'autant plus que son emploi dans le sens amoureux restait bien vivant dans la poésie du milieu du siècle. Faut-il rappeler Baudelaire :

> Mon enfant, ma sœur,
> Songe à la douceur […]

ou citer Verlaine dans *Birds in the night,* long poème où il s'adresse à sa jeune femme Mathilde et qui est l'ultime partie mémorielle des *Romances sans paroles* :

> Vous êtes si jeune, ô ma froide sœur,
> Que votre cœur doit être indifférent !

Mais surtout, comment ne pas penser encore une fois à Rimbaud lui-même et à *Métropolitain* où, quand le sarcasme s'en prend précisément au discours amoureux et aux mots dont il use, on voit aussitôt surgir « les atroces fleurs qu'on appellerait cœurs et sœurs » ? Cet usage du mot remontait à la lyrique courtoise,

---

1 Ou tout autant dans la pratique de l'onanisme, comme c'est assez vraisemblable dans *Phrases*. On y croit moins pour *Les Chercheuses de poux*, sans pouvoir l'exclure.

puis au pétrarquisme, et il ouvre ici la voie à une véritable érotisation des deux figures féminines, perceptible dans la plus grande partie du poème et qui est d'ailleurs d'une grande subtilité. *Charmantes*, par exemple, trouve évidemment un écho dans les doigts *charmeurs*, mais ces doigts sont également *fins* – épithète quasiment de nature, convention sociale et littéraire pour dire la beauté de la femme – et surtout ils sont désignés comme *terribles*, qualificatif avec lequel Rimbaud joue sur un double registre (les doigts étant évidemment terribles pour les poux, mais le mot traduisant aussi l'angoisse de l'enfant devant la présence féminine et son propre désir). En face de quoi la troisième strophe après avoir, en une indication rapide (*leurs haleines craintives*[1]) suscité l'image fantasmatique d'une fragilité féminine qui prolonge un des sens possibles de *charmantes*, nous entraîne en deux vers (sous les apparences d'un réalisme un peu mièvre) dans le royaume d'un Éros autrement âpre, s'accrochant à des fragments de corps fortement érotisés, mis en valeur métriquement (par le contre-rejet) mais surtout grâce à un admirable travail prosodique où s'entend la leçon de Baudelaire : « Et qu'interrompt parfois un sifflement, salives / Reprises sur la lèvre[2] [...] ». Tissage phonique presque ostentatoire, façon de mettre en avant l'érotisme du texte tout en contrebalançant ce que le sujet même du poème avait potentiellement de burlesque – ce que Rimbaud s'emploie précisément à éviter.

Tout porte donc à croire qu'avec ces *Chercheuses de poux*, on se trouve en présence d'un de ces poèmes, assez nombreux au total – et qui forment en tout cas un des versants les plus significatifs de l'œuvre de Rimbaud – où sont dits l'éveil et la

---

[1] L'ensemble du vers 10 (« Qui fleurent de longs miels végétaux et rosés ») développe un *topos* du discours amoureux, celui de l'*haleine de miel*.

[2] Ces deux vers évoquent celui que Rimbaud, selon le témoignage d'Izambard, aurait d'abord écrit en clausule de *Roman* : « Et mes désirs brutaux s'accrochent à leur lèvres ». Ici, avec les *désirs de baisers*, la fin de la strophe nous ramène dans des eaux plus modérées. Rimbaud sait jouer avec les limites.

violence du désir, le douloureux attrait de la femme et souvent l'impossibilité de l'amour dans le monde tel qu'il est : car que l'enfant – figure ici de ce tout jeune homme qu'évoqueront *Les Déserts de l'amour* – *implore* de tels rêves dit en fait la dépossession amoureuse dont il est victime et que Rimbaud, tout au long de son œuvre, ne cessera de renvoyer à un état social. Poème de la femme, donc, ou plutôt du désir de la femme et c'est pourquoi il est difficile de croire à l'interprétation[1] qui voudrait, sur la foi d'indices des plus ténus, que *Les Chercheuses de poux* fassent clandestinement allusion à l'homosexualité. Ces poèmes-là ont *toujours* une portée générale – et c'est une raison de plus de ne pas croire à la clé biographique : Rimbaud ne dit pas *je* dans ce poème, ainsi qu'il lui est arrivé plus d'une fois de le faire, mais il dit *l'enfant*, comme il dit *le jeune homme* dans *Les Sœurs de charité*. Ce qui, conformément à la règle qu'il n'a cessé de se donner, revient à parler au nom de tous.

Il y a quelque paradoxe à devoir ainsi s'appesantir sur la figure féminine à propos d'un poème qu'on pourrait croire *a priori* centré sur ces *poux* que désigne avec ostentation un titre que Baudelaire

---

1 Interprétation défendue par Steve Murphy (*Marges du premier Verlaine*, p. 187-189). Son argumentation repose tout entière sur la parallélisme qu'il établit entre le vers 8 des *Chercheuses de poux* (« Promènent leurs doigts fins, terribles et charmeurs ») et le dernier vers (« Promène ses doigts fins et blancs comme du stuc ») d'un *César Borgia* de Verlaine demeuré inédit. Comme le poème verlainien a en effet bien l'air de développer de façon cryptée un sens homosexuel et que Steve Murphy le croit antérieur à 1871, il en conclut à un jeu d'écho de la part de Rimbaud et que *Les Chercheuses de poux*, elles aussi, font clandestinement allusion à l'homosexualité (ce qui implique, si on comprend bien, que les *sœurs* ne sont pas des femmes). L'argumentation, reposant sur un seul vers et sur un jeu intertextuel hypothétique, paraît au minimum bien fragile. Steve Murphy déclare d'entrée de jeu (p. 188) que l'idée d'une simple coïncidence entre les deux vers est « peu séduisante », mais qu'est-ce à dire ? Et que répondrait-il à qui la trouverait « séduisante » ? On ajoutera que l'énoncé rimbaldien relève en partie du *topos*, et précisément ici pour l'adjectif *fins*, commun aux deux vers : dans *Les Misérables* (I, 7, 1) la sœur Simplice « touchait aux malheureux avec de charmants doigts fins et purs ». Quant au début de l'hémistiche, un énoncé comme *promènent leurs doigts* coule presque de source, s'agissant d'un épouillage. Que reste-t-il alors du parallélisme invoqué ?

aurait assurément qualifié de *pétard*. Or ce titre – qui mime d'ailleurs la réalité du texte dans la mesure où la brutalité de l'occlusive /p/ s'y oppose évidemment à la douceur (plus exactement au relâchement) des phonèmes initiaux – est en réalité déceptif dans la mesure où il semble augurer d'un réalisme, voire d'un burlesque dont le poème ne joue pas le jeu. Il n'en a pas moins contribué à égarer la lecture dans la mesure où il a tout l'air appeler une réponse qu'on dira « réaliste » à la question que nous posent ces *poux*. D'où la tentation d'interpréter le poème (indépendamment même de la référence aux sœurs Gindre) en rappelant sur la foi de divers témoignages que Rimbaud avait des poux à une certaine époque de sa vie. Que le fait semble avéré est une chose ; mais faire d'un détail aussi mineur le principe explicatif *du texte* et y réduire le sens a quelque chose d'aberrant ou, pour mieux dire, a tous les caractères d'une véritable démission critique : qui voudra s'attacher en priorité aux poux de Rimbaud devra, qu'il le veuille ou pas, en revenir aux demoiselles Gindre, ou à un succédané. On a vu ce qu'il en était.

Un poème en effet n'est jamais une page de journal et le sujet poétique, même et surtout s'il dit *je*, se projette dans un espace structuré certes par le rythme et la prosodie mais où, en même temps, le sens ne cesse d'avoir affaire à l'édifice plus d'une fois mouvant du symbolique. C'est pourquoi, plutôt que de tenter le recensement des poux qu'aurait pu avoir Rimbaud, il convient sans doute de s'interroger sur ce qu'ils représentent dans la logique du poème. À quoi une réponse immédiatement vient à l'esprit, peut-être trop aisément d'ailleurs : les poux sont l'emblème du chemineau et ils pourraient jouer ici le rôle que jouent les *poches crevées* ou les *souliers blessés* dans les poèmes de la route que contient le recueil Demeny. Seulement, ce n'est pas de chemins ou d'auberges qu'il est ici question : alors que la figure du jeune errant, « assis au bord des routes[1] », permettait d'inscrire dans les quatorze vers de *Ma Bohème* un espace rêvé sans limites, c'est

---

1 *Ma Bohème*, v. 9.

du fond de son lit que naissent les *rêves indistincts* pour l'enfant des *Chercheuses de poux* et sans doute est-ce précisément cette différence qui a du sens. Que voulait dire en effet, dans l'esprit de Rimbaud, un titre comme *Ma Bohème* ? Notant que ce poème était sous-titré *Fantaisie*, telle éditrice en faisait jadis ce commentaire d'une simplicité de Huron : « Rimbaud a voulu souligner, semble-t-il, qu'il y a dans ce sonnet plus de fantaisie que de réalité [*sic*][1] ». Ce n'était pas de cela qu'il s'agissait, bien sûr, mais d'une référence à la *fantaisie* que des publications alors récentes comme la *Revue fantaisiste* devaient faire apparaître au jeune poète comme une esthétique moderne par excellence – qu'on relise sa lettre à Izambard du 13 mai 1871 où, lui annonçant l'envoi du *Cœur supplicié*, il écrivait : « C'est de la fantaisie, toujours ». En choisissant ce mot en tant que sous-titre de *Ma Bohème*, Rimbaud s'assimilait donc en imagination à ce qu'il tenait pour une manière d'avant-garde, elle-même liée au concept de bohème, comme le montre précisément le titrage double du sonnet. Et c'était sans doute là le sens du possessif dans le titre : il devait signifier pour le très jeune Rimbaud *la bohème telle qu'il pouvait la mettre en œuvre*, à sa façon, loin de ce Paris qui en demeurait à ses yeux la terre d'élection et lui restait, au moment où il écrivait ce poème, inaccessible. Mais ce qu'il faut ajouter et qui est capital, c'est qu'avec cette idée qui était au fond celle, bien connue, de la *Sainte Bohème*, il ne s'agissait pas de jeter pour quelque temps sa gourme, à la façon de tant de jeunes bourgeois, mais du choix délibéré d'une marginalité sociale afin de mériter son élection en tant qu'artiste : de quelque façon que Rimbaud ait eu connaissance de ce mot d'ordre qui, génération après génération, toucherait une fraction de la jeune intelligentsia, c'est lui qui allait le mener au concept de *voyant*. Or d'un tel choix, il fallait bien des signes, à la façon de ceux qui toujours marquent l'adhésion à un groupe religieux

---

[1] Suzanne Bernard (Rimbaud, *Œuvres*, Classiques Garnier, 1960, p. 383). Elle ajoutait sans rire : « Les détails sur le délabrement du costume et sur les nuits passées à la belle étoile contiennent sans doute une bonne part d'exagération ».

ou sectaire : dans l'ordre du symbolique, les poux avaient tout pour remplir cette fonction, d'autant plus qu'ils renvoyaient évidemment à l'idée de chevelure longue et broussailleuse (les *lourds cheveux* du poème), dont il suffit de regarder le célèbre *Coin de table* pour saisir l'importance en tant que manifestation publique des choix de Rimbaud[1].

Ce qui distingue l'enfant des *Chercheuses de poux*, ce n'est donc pas le pittoresque ou le sordide anecdotique de poux ramassés on ne sait comment, mais bien le choix silencieux[2] d'une vocation dont les poux sont le signe provocateur et qui le met à part, définitivement (du moins Rimbaud le croyait-il). Mais il se pourrait que ces poux signifient encore autre chose et peut-être inscrivent-ils cette vocation dans une perspective historique bien plus précise qu'on ne serait tenté de le croire. Qu'on relise en effet *L'Homme juste*, ce poème dans lequel Rimbaud règle ses comptes avec un Hugo coupable de modérantisme au temps de la Commune. On y trouve ceci :

> Et c'est toi l'œil de Dieu ! le lâche ! Quand les plantes
> Froides des pieds divins passeraient sur mon cou,
> Tu es lâche ! O ton front qui fourmille de lentes !

Tournant en dérision la prétention prophétique de Hugo (le soi-disant «œil de Dieu»), ces vers s'en prennent particulièrement, comme beaucoup de caricatures de l'époque, au légendaire front hugolien, trait physique aisément discernable, siège prétendu d'une pensée supérieure, mais aussi lieu d'où, mythiquement, divergent les rayons qui (à la façon de Moïse) désignent précisément le Prophète : « Ô géants vous avez encore / De ses rayons dans les cheveux[3] » écrit Hugo dans *Les Mages* – peut-être le poème où il a

---

1 On se rappelle que dans cette toile fameuse, peinte par Fantin-Latour dans les premiers mois de 1872, Rimbaud se distingue des autres poètes par un chevelure luxuriante qui, littéralement, *fait signe*.
2 «Situation du prévenu : j'ai quitté depuis plus d'un an la vie ordinaire [...] ne répondant que par le silence aux questions» (lettre à Demeny, [28] août 1871).
3 *Les Mages*, XI.

fait le mieux éclater cette prétention prophétique. *L'Homme juste* imagine donc certainement ce front légendaire « fourmill[ant] de lentes » en dérision des prétentions hugoliennes, sans doute aussi une allusion sarcastique au Mendiant – pouilleux par définition – qui est encore une figure cardinale de la mythologie hugolienne. Or il se pourrait bien que le front de l'enfant des *Chercheuses de poux* soit lui aussi une allusion sarcastique à ce front de Hugo[1]. On le croirait d'autant plus volontiers qu'il est *plein de rouges tourmentes*[2] et que la tentation est grande de voir dans cet énoncé une allusion perfide à la célèbre « tempête sous un crâne » des *Misérables*. Rien dans tout cela qui ne renvoie à une situation historique datée : l'enfant poète, le bohème qui ne tardera pas (si ce n'est déjà fait) à se dire à son tour *voyant*, est bien l'héritier de Hugo. Mais il le tient pour irrémédiablement dépassé par bien des aspects de son œuvre et le personnage public l'exaspère : de là les *lentes* de *L'Homme juste* et de là, dans *Les Chercheuses de poux*, ces parasites qui leur font sardoniquement écho.

On se retrouve donc avec ce poème devant une situation qui est loin d'être unique chez Rimbaud. Son cas est très proche, par exemple, de celui des *Douaniers* : là aussi, faute de mieux et par paresse intellectuelle, on postulait une interprétation par le biographique ; et là aussi, bien sûr, on avait découvert l'anecdote censée épuiser le sens du texte, avec une bonne conscience d'autant plus sûre de soi que l'ami de jeunesse de Rimbaud, Ernest Delahaye, avait fourni un témoignage et qu'on avait pris l'habitude de faire confiance (bien à tort) à son honnêteté. De tout cela il ne reste rien[3] ; or le cas des *Chercheuses de poux* a toutes chances d'être identique.

---

1 Comme l'a bien vu Steve Murphy (*op. cit.*, p. 188), il pourrait même y avoir là une allusion à un mendiant hugolien particulièrement remarquable, celui qui figure à la fin du *Jour des rois* (dans les *Petites Épopées*, première version de *La Légende des siècles*).
2 On ne résiste pas au plaisir de signaler que la même éditrice qui glosait avec une si belle naïveté le sous-titre de *Ma Bohème* écrit à propos de ces *rouges tourmentes* : « Le *front* de l'enfant est *rouge* parce qu'il s'est gratté » (*op. cit.*, p. 375).
3 Je renvoie au chapitre qui, dans cet ouvrage, porte précisément sur *Les Douaniers*.

En réalité, loin d'être réductible à une anecdote et en dépit d'un ton un peu précieux qui est peut-être un leurre, *Les Chercheuses de poux* fait partie des poèmes où Rimbaud dit sa situation du moment dans ce qu'elle a de plus profond. Le voici donc, enfant retiré du monde pour le travail mystérieux[1] qui doit lui mériter la poésie, pour le destin marginal qu'il s'est choisi et dont les poux sont ici le signe ; mais en même temps, le voici habité par le désir lancinant de ces rêves où les *sœurs* s'emparent de lui. Et l'ultime strophe tout entière de dire cette tentation, qui le crucifie : celle de s'abandonner à l'univers féminin, de se livrer à l'ivresse (le *vin*) du contact physique et des *caresses* ; mais aussi (peut-être du fait d'une rime, d'ailleurs irrégulière), cette *Paresse* qui envahit du coup l'enfant et qu'il ne faut pas comprendre ici dans un sens banal, mais dans une acception autrement lourde : la *paresse*, c'est ici tentation de se confier tout entier au monde féminin[2] et par là de trahir la marginalité bohème qu'il avait choisie et le destin auquel il s'était voué. D'où ce *désir de pleurer* sur lequel s'achève le texte – et qui est tout à la fois sensuel, nostalgique et désespéré.

Ce que se dissimule derrière l'apparente préciosité de ce poème, c'est donc en dernier ressort cette figure de l'enfant tragique à travers laquelle il est arrivé plus d'une fois à Rimbaud de se dire : dans *Les Poètes de sept ans*, par exemple où la déchirure, tout aussi violente, n'est cependant pas du même ordre, ni non plus la rhétorique du texte ; ou dans certaines des *Illuminations*, d'une façon encore différente parce que le temps a passé – qu'on relise donc *Enfance* : « Je serais bien l'enfant abandonné […] le petit valet suivant l'allée dont le front touche le ciel ». Mais dans *Les Chercheuses de poux*, cette amertume et cette nostalgie ne sont pas encore à l'ordre du jour. Car ce qu'évoque le poème, c'est en

---
1 « Enfermé sans cesse dans cette inqualifiable contrée Ardennaise, […] recueilli dans un travail infâme, inepte, obstiné, mystérieux […] » (lettre à Paul Demeny, [28] août 1871).
2 Qui est aussi monde maternel (d'où les *grandes* sœurs).

somme un aspect des «souffrances[1]» de celui qui s'est voué au travail de poète, et pense le prendre autrement au sérieux qu'un Hugo désormais assez méprisé pour devenir objet de parodie. De sorte que, paradoxalement, on en vient à une sorte de lecture biographique, quoique pas à la façon dont l'entendaient ceux qui, rituellement, invoquaient ces trop fameuses sœurs Gindre. C'est que la vie de Rimbaud à laquelle on en vient à se référer est moins celle que scandèrent tels ou tels événements que celle de son esprit : les personnages du poème – la figure féminine, le bohème, Hugo – sont ceux autour desquels s'est cristallisée au cours de l'année 1871 sa décision d'être un *voyant*. De sorte que malgré sa stylistique un peu étrange (où se décèle sans doute, on le répète, une secrète ironie), *Les Chercheuses de poux* a toute sa place[2] parmi les poèmes de cette année-là où, à côté des grands textes politiques qui en forment le massif le plus abondant, le débat avec la figure féminine – Reine et *sœur* congédiée, mais toujours présente – tient une si grande place[3] et où continue de s'affirmer, malgré les incertitudes et les déceptions du moment, une vocation dont les *poux* étaient assurément le signe ironique.

---

[1] Lettre à Georges Izambard, 13 mai 1871.
[2] *Les Chercheuses de poux* a figuré dans le dossier Verlaine, formé comme on sait de poèmes rimbaldiens que Verlaine espérait faire publier. Or ce dossier, constitué certainement durant l'hiver 1871-1872, ne contient qu'*un seul* poème de 1870, *Les Effarés*, que Verlaine semble avoir particulièrement apprécié. Tous les autres poèmes qu'on peut dater appartiennent à l'année 1871 (ou peut-être même au début de 1872).
[3] On ne peut esquiver ici la question du rapport entre *Les Chercheuses de poux* et *Les Sœurs de charité*, où on trouve également *deux sœurs*. Mais dans ce dernier poème, c'est l'impossibilité de l'amour avec l'«aveugle irréveillée» qui amène le *jeune homme* à se tourner vers les deux sœurs, qui sont clairement des figures allégoriques (de la *Muse verte* et de la Justice) et se révèlent d'ailleurs déceptives. Dans *Les Chercheuses de poux*, c'est différent : l'enfant est déjà marqué des *rouges tourmentes*. Reste que les deux poèmes traitent de la difficulté du rapport à la femme et qu'on croira difficilement que la présence dans l'un et l'autre de deux *sœurs* soit le fait du hasard.

EUROPE 71 OU *LES DOUANIERS*[1]

Les Douaniers sont un recoin presque négligé de l'œuvre de Rimbaud. À cela plusieurs raisons dont une seule, d'ailleurs, suffirait. D'abord une publication tardive et sans éclat : le poème parut pour la première fois en 1906, ne fut édité en volume qu'en 1912. Ensuite, dans une œuvre rimbaldienne qui, à l'époque déjà, tendait à se structurer dans l'esprit du lecteur en ensembles (certes fictifs), une espèce d'incertitude de situation et, par là même, de sens : absents du recueil Demeny quoique adoptant la forme du sonnet, *Les Douaniers* apparaissaient comme tout aussi étrangers au grand massif rimbaldien du printemps 1871, avec sa violence toute politique et son adhésion à la logique hugolienne du grand discours en vers. Enfin, et très vite, l'épuisement du sens par l'épisode biographique auquel on n'allait pas tarder à le ramener : épisode en soi si mince que le lecteur s'en trouvait comme légitimement invité à négliger ce qui apparaissait comme un sonnet parnassien tardif, mâtiné d'exercice de style dans le genre fantaisiste. Or tout cela, bien entendu, est faux : comme c'est si souvent le cas avec Rimbaud, une *doxa* paresseuse occulte en fait les enjeux véritables du texte, comme elle tend à y faire méconnaître la densité de l'écriture rimbaldienne et une originalité pourtant extrême.

---

1 C'est, bien entendu, à Roberto Rossellini que je me suis permis d'emprunter partiellement ce titre : à son admirable film *Europe 51*. Au terme de la lecture on aura, je l'espère, compris mes raisons.

DOXA

Cette convention est d'abord éditoriale (ce qui, d'ailleurs, est presque de règle). Il faut rappeler ici que le manuscrit du poème n'est pas daté, qu'il appartient à l'ensemble qu'on tend aujourd'hui à nommer le *dossier Verlaine* (de façon peut-être un peu abusive, mais par une espèce d'hommage au projet de ce dernier d'éditer Rimbaud) et qu'il est enfin, comme la quasi totalité des dix feuillets actuellement subsistants, une copie de la main de ce même Verlaine. Or c'est à Paris que celui-ci avait entrepris ce travail et dans une perspective clairement éditoriale : ce dossier verlainien ne saurait donc être antérieur à l'automne de 1871 et il y a même de bonnes raisons de croire que certains au moins des poèmes qui y ont été transcrits ont pu l'être au début de l'année suivante[1]. Certes il s'agit là exclusivement de copies et pour plusieurs d'entre elles, il est certain que Rimbaud a composé les textes qui s'y trouvent collationnés bien avant son arrivée dans la capitale ; mais c'est loin d'être le cas général et pour *Les Douaniers* en particulier, aucun argument philologique ou simplement factuel n'impose une datation quelconque. Le moins que l'on puisse dire, c'est donc que la prudence s'imposerait en la matière : or pendant longtemps, la pratique éditoriale a, de façon implicite mais d'autant plus efficace, pris sur ce poème un parti chronologique dont, apparemment, les éditeurs pensaient qu'il allait de soi et dont leurs éditions garantissaient en retour la véracité. Jusqu'à une date récente en effet, elles s'accordaient quasiment toutes pour classer *Les Douaniers* au sein d'un même groupe (très limité) de poèmes[2], dont le point commun était de

---

1 On pense surtout à la mention «fév. 72» qui se lit sur le manuscrit des *Mains de Jeanne-Marie*.
2 Ce groupe est formé de *Tête de faune* et des *Assis*, qui précèdent systématiquement *Les Douaniers* et d'*Oraison du soir* qui leur succède non moins systématiquement, l'ensemble de ces quatre poèmes étant *toujours* édités aussitôt après ceux du recueil

succéder immédiatement dans l'ordre des volumes aux textes du recueil Demeny et de précéder non moins immédiatement *Chant de guerre parisien*. Traduisons : sans le dire explicitement et peut-être sans réellement vouloir l'affirmer, les éditeurs assignaient ainsi au poème une date qui ne pouvait guère varier que de la fin de 1870 aux tout premiers mois de 1871. Cette situation qui remontait en fait à Berrichon[1] a certes évolué avec les éditions récentes, mais moins peut-être qu'on ne pourrait le croire. Quand par exemple en 1989 Jean-Luc Steinmetz[2] classait *Les Douaniers* dans un ensemble auquel il donnait le titre prudent de *Poésies (fin 1870-année 1871)*, on notait sans surprise qu'il les faisait figurer au tout début de cette section[3], précédant directement les lettres de mai 1871 ; comme d'autre part il avait fait le choix novateur de publier celles-ci à leur date avec les poèmes qui y figurent, la

---

Demeny : on sait que la tradition critique a toujours tenu *Tête de faune* pour un poème ancien et Verlaine avait, dans *Les Poètes maudits*, expliqué *Les Assis* par une anecdote qu'il situait au temps où Rimbaud « faisait (...) sa seconde », c'est-à-dire sans doute en 1869. Quant à *Chant de guerre parisien*, il suit ce groupe de poèmes dans la totalité des éditions. Il y a peu de variantes : certaines éditions ajoutent simplement *Les Corbeaux* à *Tête de faune* et aux *Assis*, cependant qu'après *Oraison du soir* deux d'entre elles (celles de P. Pia et D. Leuwers) intercalent *Le Cœur volé*, que son manuscrit date d'ailleurs de mai 1871, ce qui le rapproche évidemment du *Chant de guerre parisien*. Tout cela tend à placer la composition des *Douaniers* avant le temps de la Commune c'est-à-dire, puisque le poème est absent d'un recueil Demeny qui date de l'automne 1870, durant l'hiver 1870-1871. Les éditions en question sont celles de : J. Mouquet (Pléiade, 1954), S. Bernard (Garnier, 1960), P. Pia (Livre de Poche, 1963), L. Forestier (Poésie / Gallimard, 1965), A. Adam (Pléiade, 1972), D. Leuwers (Livre de Poche, 1984) et P. Mourier-Casile (Pocket, 1990) – autrement dit *la totalité* des éditions de grande diffusion jusqu'à la fin des années quatre-vingt, mise à part celle de J.-L. Steinmetz dont il va être question (et qui n'apparaît d'ailleurs qu'en 1989).

1. Il s'agit, bien entendu de ses éditions au Mercure de France. Dans celle de 1935 encore (préparée par Berrichon en 1922), *Les Douaniers* succèdent immédiatement aux pièces du recueil Demeny.
2. Rimbaud, *Poésies*, GF / Flammarion, 1989.
3. Dans cette édition, *Tête de faune* et *Oraison du soir* se trouvent toutefois classés dans le voisinage du *Bateau ivre* et de *Voyelles*. L. Forestier reprendra cette innovation dans ses deux éditions les plus récentes (Bouquins, 1992 ; Folio Classique, 1998) mais en conservant, comme J.-L. Steinmetz, la tradition éditoriale pour le classement des *Douaniers*.

conséquence pour *Les Douaniers* était tout simplement qu'ils se trouvaient à nouveau suivis de *Chant de guerre parisien* et d'autant mieux renvoyés, une fois de plus, à l'hiver 1870-1871 que la décision d'éditer les lettres avec leurs «psaume[s] d'actualité[1]» donnait cette fois aux choix éditoriaux une portée ouvertement chronologique. Ce n'est guère qu'avec Pierre Brunel, qui a choisi dans ses deux éditions récentes[2] de reproduire le classement de ce qu'il nomme quant à lui le *dossier Verlaine*, qu'on sort de cette logique ; encore faut-il remarquer que c'est parce que son choix est purement éditorial et qu'il revient à oblitérer purement et simplement toute considération de chronologie.

Qu'on le veuille ou pas, une convention s'était donc installée qui est loin d'avoir disparu et qui tend à repousser la composition des *Douaniers* vers l'époque du très jeune Rimbaud ou, pour mieux dire, à la situer dans une proximité au moins relative avec celle des poèmes du recueil Demeny. Or on sait que, pour certains d'entre eux au moins, ces poèmes sont souvent lus comme une sorte de journal poétique ce qui, non sans paradoxe, justifie pour l'exégète la recherche du référent et même de l'anecdote : ce n'est pas d'aujourd'hui qu'on a entrepris de localiser le Cabaret-Vert. En toute logique, les poèmes qu'on renvoie vers cette époque sont donc justiciables de ce type de lecture laquelle, en retour, garantit en quelque sorte qu'ils lui appartiennent effectivement. Et c'est bien ce qui s'est passé pour *Les Douaniers*, quand une critique au fond peu intéressée par ce poème a accepté sans plus ample examen l'anecdote censée être à l'origine de sa création. Cette anecdote, on sait que nous la devons à Delahaye, chroniqueur en l'occurrence de ses escapades belges en compagnie de Rimbaud[3] :

---

1 On sait que Rimbaud désigne par ces mots *Chant de guerre parisien* dans la lettre à Demeny du 15 mai 1871.
2 Rimbaud, *Poésies complètes*, Le Livre de Poche classique, 1998 ; Rimbaud, *Œuvres complètes*, La Pochothèque, 1999.
3 On trouvera le texte de Delahaye dans l'ouvrage de F. Eigeldinger et A. Gendre, *Delahaye témoin de Rimbaud*, La Baconnière, 1974, p. 125-126.

Que l'on gagnât Pussemange par la Grandville, ou que l'on grimpât aux Baraques par Saint-Laurent et Gernelle, les quelques lieues qui distancent la frontière belge n'étaient qu'un jeu pour nos pattes juvéniles. (...) Au retour, la «rigolade» c'était de chantonner tous les cinquante mètres : «Attention ! Voici les gabelous... »
Ceux-ci ne tardaient guère ; on n'avait pas marché une demi-heure en suivant le sentier sous bois, que dans le fourré craquaient des branches, puis le mur de feuillage brusquement s'ouvrait, un douanier paraissait devant nous, un autre accourait sur nos talons (...) On leur montrait ce que nous avions, c'est-à-dire deux paquets de «Philippe» déjà entamés. Dans ces conditions, rien à dire : nous n'étions pas en fraude. Or le douanier est méfiant (...) En sorte que, malgré nos figures honnêtes, on était tout de même... palpés. Un léger tapotement de la main ouverte sur l'épigastre, un autre, simultanément, dans le dos... ce n'est rien comme «passage à tabac»; mais quand on est un nerveux tel que Rimbaud, cette auscultation manuelle a quelque chose, paraît-il, de fort désagréable, et il n'a pu s'empêcher de dire son agacement dans le petit poème qui se termine ainsi :
Enfer aux Délinquants que sa paume a frôlés !

On a bien lu : *le petit poème*. Et en effet, mesurés à l'aune d'un tel référent, *Les Douaniers* méritent bien ce qualificatif qui ne vise pas seulement la brièveté du sonnet, mais aussi et surtout l'insignifiance d'un texte qui ne renverrait à rien d'autre qu'à l'*agacement* momentané de Rimbaud, à sa réaction épidermique au cours d'un épisode minuscule. Or, si niaise qu'elle soit, l'anecdote a trouvé un crédit dont on demeure songeur : sur une douzaine d'éditions de grande diffusion, *neuf* au long du dernier demi-siècle la prennent en considération à des degrés divers[1] et plusieurs en font l'*unique* support de leur annotation[2]. Il n'est guère que les éditions les plus récentes pour marquer une évolu-

---

1 Celles de J. Mouquet, S. Bernard, L. Forestier (Poésie / Gallimard), A. Adam, D. Leuwers, J.L. Steinmetz, A. Borer (l'*Œuvre-Vie*, édition du centenaire où le commentaire du poème est de J.L. Steinmetz), L. Forestier (Bouquins) et P. Brunel (La Pochothèque). L'édition de P. Pia n'étant pas annotée, il n'y a que P. Mourier-Casile (Pocket, 1990), P. Brunel (Livre de Poche classique, 1998) et L. Forestier (Folio / Classique, 1999) à ne pas se référer à Delahaye.
2 C'est la cas surtout des deux premières éditions de la Pléiade.

tion en la matière et encore cette évolution reste-t-elle limitée : avec des réticences certes visibles, tel volume procuré par Pierre Brunel[1] continue par exemple de faire un sort à ces douaniers selon Delahaye.

Or indépendamment même du caractère à tout le moins discutable d'une démarche critique consistant à rendre compte d'un poème de cette manière, on devrait savoir depuis longtemps que Delahaye ne mérite en fait pas le moindre crédit. Entendons-nous bien : il est vrai que de tout ce qui concerne la période de Charleville il demeure, avec Izambard, le seul témoin. Mais c'est trop souvent un faux témoin parce qu'il était fondé à écrire sur Rimbaud dans la seule mesure où il l'avait connu dans sa première jeunesse et que cela allait le conduire à inventer sans vergogne, pour peu que ses fabulations lui permettent de se poser par exemple en premier lecteur d'un texte rimbaldien et, par là même, en dépositaire de la pensée de Rimbaud. On a pu ainsi le prendre la main dans le sac à propos des *Déserts de l'amour*[2], mais il s'en faut que ce soit là un cas isolé. Or tout porte à croire que son témoignage sur la genèse des *Douaniers* relève précisément de cette activité fabulatrice, non pas forcément parce que cet épisode belge serait dénué de toute réalité (ce qui, d'ailleurs, importe peu) mais parce que son utilisation pour expliquer la genèse du sonnet relève sans aucun doute d'une construction *a posteriori* dont le seul objectif était de poser Delahaye en témoin et en exégète qualifié.

Les Douaniers, on l'a dit, font partie du dossier Verlaine, dont on sait que les feuillets manuscrits sont passés (comme *Les Déserts de l'amour*) par les mains de Forain, qui en fit ensuite cadeau à son ami le chansonnier Millanvoye. On sait aussi que ce fut seulement à l'automne de 1906 que, par l'intermédiaire du journaliste Georges Maurevert et de Delahaye lui-même, ces textes purent

---

[1] Il s'agit de l'édition de la Pochothèque (1999). Pierre Brunel y écrit (p. 810) que le récit de Delahaye permet «d'éclairer en partie le texte» (le *en partie* marquant évidemment quelque réticence de la part de l'éditeur).

[2] Je renvoie sur ce point à mon article «Sur la chronologie des *Déserts de l'amour*», *Parade Sauvage*, 8, 1991, p. 46-52.

paraître dans la *Revue littéraire de Paris et de Champagne*. Or il existe un document datant de cette même année qui permet de mesurer le degré de connaissance que pouvait alors avoir Delahaye de ces œuvres jusque-là inédites et en particulier des *Douaniers* : il s'agit d'une lettre de lui en date du 20 août, adressée précisément à Maurevert qui venait de lui signaler l'existence des documents Millanvoye et dans laquelle il lui écrit sa joie «d'avoir les choses inédites de Rimbaud[1]». Naturellement, il mentionne parmi elles *Les Douaniers* dont lui avait parlé son correspondant; mais c'est sans aucunement prétendre les connaître alors qu'il dit nettement le contraire à propos d'un «sonnet» qui était certainement le *Sonnet du trou du cul*. Attitude déjà quelque peu surprenante de la part du futur témoin si disert de la naissance du poème et devant laquelle on est tenté de se rappeler que le même Delahaye avait écrit sur Rimbaud dès les années quatre-vingt, qu'en 1898 il avait procuré (avec Berrichon) une édition qui se voulait alors complète, qu'il avait enfin publié autour de 1900 divers articles rassemblés pour la plupart en volume quelques années plus tard[2] et que dans *aucun* de ces textes on ne trouve la moindre allusion aux *Douaniers*. Cela, bien entendu, ne vaut pas preuve, mais la suite n'est pas de nature à nous rassurer. À peine parus les poèmes des manuscrits Millanvoye, en effet, Delahaye se mit à publier dans une revue locale, la *Revue d'Ardenne et d'Argonne*, des *Souvenirs familiers* à propos de Rimbaud[3] qui sont ceux-là mêmes dans lesquels se lit le fameux épisode des douaniers. Or l'un de ces articles concerne directement le poème puisque Delahaye s'y met en scène dans le rôle d'un copiste calligraphiant une série de textes au nombre desquels il aurait précisément figuré et que Rimbaud, dans l'été de

---

1 Cité dans F. Eigeldinger et A. Gendre, *op. cit.*, p. 180-181.
2 *Rimbaud*, Paris-Reims, Éd. de la *Revue littéraire de Paris et de Champagne*, 1905.
3 Le titre exact en était : «À propos de Rimbaud. Souvenirs familiers». La publication, commencée dans le numéro de mars-avril 1907, devait durer jusqu'à mai-juin 1909. L'ensemble fut repris avec d'importantes modifications dans un volume intitulé *Souvenirs familiers à propos de Rimbaud, Verlaine, Germain Nouveau*, que Delahaye fit paraître en 1925.

1871, avait décidé d'envoyer à Verlaine[1] : mais si l'épisode n'est pas sans pittoresque, il ne plaide guère en faveur de la véracité du témoin. D'abord parce que, s'agissant de cet envoi dont l'existence est en elle-même hors de doute, Verlaine n'a jamais parlé que d'une seule lettre tandis que Delahaye en évoque deux, l'une et l'autre abondamment garnies de poèmes; ensuite parce qu'à l'en croire il n'aurait pas alors recopié moins de huit de ces poèmes (dont il donne même une liste précise[2], exploit vraiment remarquable près de quarante ans après l'événement) alors que Verlaine n'en a jamais cité nommément[3] que deux (*Les Effarés* et *Les Premières Communions*) et surtout que Delahaye lui-même, évoquant quelques années auparavant cet épisode, n'en mentionnait alors que quatre, dont précisément *Les Effarés* et *Les Premières Communions*, c'est-à-dire comme par hasard ceux qu'avait cités Verlaine[4]. Comment ne pas conclure qu'en réalité il ne se souvenait pas de grand-chose, qu'il avait d'abord fait état des poèmes dont Verlaine lui-même avait donné les titres et que, dix ans après la disparition de ce dernier, la publication des manuscrits Millanvoye lui a permis de gonfler sa liste[5] en se donnant par la même occasion le plus beau rôle qu'il puisse revendiquer, celui de copiste et donc de confident ?

1　On en trouvera le texte dans F. Eigeldinger et A. Gendre, *Delahaye témoin de Rimbaud*, p. 135-136. Il est paru dans le numéro de novembre-décembre 1908 de la *Revue d'Ardenne et d'Argonne*.

2　La première lettre aurait contenu : *Les Effarés, Accroupissements, Les Douaniers, Le Cœur volé, Les Assis*; la seconde : *Mes petites amoureuses, Les Premières Communions, Paris se repeuple*.

3　Dans les « Nouvelles notes sur Rimbaud » parues dans *La Plume*, 15-30 novembre 1895. Verlaine y précise que l'envoi de Rimbaud contenait encore d'autres poèmes, mais il n'en donne pas les titres (il les avait sans doute oubliés) : « Je trouvai, en rentrant à Paris, une lettre signée Arthur Rimbaud et contenant *Les Effarés, Les Premières Communions*, d'autres poèmes encore » (Verlaine, *Œuvres en prose complètes*, Bibliothèque de la Pléiade, 1972, p. 974).

4　« Pauvre Lélian », dans *Le Sagittaire*, 7, décembre 1900, p. 211. Les deux autres poèmes auraient été *Les Assis* et *Les Poètes de sept ans* (on notera que ce dernier poème a disparu dans le prétendu témoignage de 1907, peut-être pour ne pas heurter les Berrichon avec « le bleu regard – qui ment ! »).

5　On observera que *tous* les poèmes que Delahaye est censé avoir copiés ont fait au moins l'objet d'une référence dans des articles ou préfaces de Verlaine. On l'a vu

Tout cela ne donne pas précisément confiance dans sa façon de traiter de la naissance des *Douaniers*, mais il y a peut-être pire. Si on se reporte en effet à la notice sur Rimbaud que Verlaine publia dans la série *Les Hommes d'aujourd'hui*, on y tombe sur les lignes suivantes[1] :

> Son enfance fut gamine fantastiquement. Un peu paysanne, bondée de lectures et d'énormes promenades qui étaient des aventures, promenades et lectures. Externe au collège de sa ville natale passé depuis lycée, la Meuse charmante des alentours et sauvage des environs (...), la frontière belge où ce tabac que Thomas Philippe (Phlippe, comme on prononce à la madame Pernelle : « *Allons, Phlippote, allons !...* » dans toutes ces régions) *répard* pour rien ou presque au nez de Ceux qui disent : Cré nom ! Ceux qui disent : Macache ! et ce *péquet* de ces auberges ! l'eurent trop, sans que ses études merveilleuses en aient souffert pour un zeste, car peu sont instruits comme cet ancien écolier buissonnier.

L'école buissonnière sur les sentiers des Ardennes, la Belgique comme but des ces errances, l'allusion à la frontière ou au tabac *Philippe* et, pour finir, la citation d'un vers des *Douaniers*, tout cela rappelle si évidemment le récit de Delahaye qu'on en vient à être tenté par une conclusion radicale et à se demander si l'épisode pittoresque raconté dans les *Souvenirs familiers* ne serait pas une simple affabulation née de sa lecture de ce texte de Verlaine[2]. On ne peut, il est vrai, être tout à fait affirmatif là-dessus, parce que le contact entre eux ne fut jamais réellement rompu et qu'il n'est donc pas impossible que ce genre de renseignements soit parvenu

---

pour *Les Effarés* et *Les Premières Communions*. Mais dès *Les Poètes maudits* on trouvait sous sa plume mention ou citations d'*Accroupissements*, du *Cœur volé*, des *Assis*, de *Paris se repeuple* et des *Douaniers*. Quant à *Mes petites amoureuses*, Verlaine y fait allusion dans sa préface aux *Poésies complètes* de 1895.

1   Verlaine, *Œuvres en prose complètes*, Bibliothèque de la Pléiade, p. 799-800.
2   Au prix peut-être d'un contresens sur le texte de Verlaine. Il suffirait en effet qu'il ait interprété le premier vers du poème de Rimbaud et l'expression « au nez de » dans le texte verlainien comme renvoyant l'un et l'autre aux douaniers et on a l'épisode tel qu'il le raconte, au moins dans ses grandes lignes : il ne restait plus ensuite qu'à enjoliver. Tout cela serait bien dans sa manière.

à Verlaine par le canal précisément de Delahaye[1], bien qu'on ne trouve aucune trace de ces détails dans les quelques textes qu'il écrivit sur Rimbaud du vivant du poète de *Sagesse*. Mais indéniablement, sa crédibilité et son droit d'être pris au sérieux lorsqu'il prétend narrer les circonstances qui donnèrent naissance aux *Douaniers* ne sortent pas grandis de cette série d'incertitudes et de contradictions. Allons même plus loin : il se pourrait bien qu'à l'exception de l'existence même du poème (auquel, en tout état de cause, Verlaine fait allusion dès *Les Poètes maudits*) et aussi de son vers initial (cité, on l'a vu, dans l'article sur Rimbaud des *Hommes d'aujourd'hui*), il n'ait rien su des *Douaniers* jusqu'au moment où sortirent de l'ombre les manuscrits Millanvoye. Il n'y aurait, après tout, rien d'extraordinaire à cela : il s'est bien posé en témoin de la date de composition des *Déserts de l'amour* dont il ignorait en fait jusqu'à l'existence avant que le manuscrit n'en soit révélé[2].

Concluons donc nettement : quelque réalité qu'ait pu avoir l'épisode des douaniers (et je ne serais pas, pour ma part, étonné qu'il n'en ait eu aucune), son utilisation par Delahaye vise tout simplement à le poser en témoin qualifié de la genèse d'un poème dont il se pourrait bien qu'il ait en réalité tout ignoré. Or la *doxa* critique, on l'a vu, tend à lui faire confiance et c'est même son récit qui a permis, grâce à l'atmosphère d'adolescence pittoresque qui s'en dégageait, de tenir *Les Douaniers* pour une sorte de variante un peu tardive, quoique nettement plus âpre, de *Sensation* ou d'*Au Cabaret-Vert*. Compromise la véracité du témoin, la *doxa* en question l'est avec elle. *Les Douaniers* «libre fantaisie autour d'un souvenir réel[3]»? Un mythe, tout simplement.

---

1 Il écrit par exemple, sans doute en 1881 ou 1882, une notice biographique sur Rimbaud à l'intention de Verlaine qui préparait *Les Poètes maudits*. Cette notice fut publiée des années plus tard par Viélé-Griffin (à l'insu de Delahaye) dans le numéro de décembre 1891 des *Entretiens politiques et littéraires*.
2 Il s'agissait là aussi d'un manuscrit Forain-Millanvoye et il parut dans les mêmes conditions que *Les Douaniers* (voir ci-dessus note 13).
3 L'expression est de L. Forestier et figure dans la notice consacrée par lui aux *Douaniers* dans l'édition Poésie / Gallimard (Rimbaud, *Poésies / Une saison en enfer / Illuminations*, 1973, p. 248). L'auteur a adopté ensuite un point de vue entièrement différent dans son édition de la collection *Folio classique*.

ENCORE ET TOUJOURS HUGO

Reste alors le texte ce qui, après tout, n'est que normal. *Les Douaniers*, on le sait, sont un sonnet et même un sonnet régulier, ou presque (on en reparlera) ; mais ils n'obéissent pas pour autant à la formule peut-être la plus canonique de cette forme brève, celle qui veut que l'économie du texte soit entièrement gouvernée par l'hégémonie du dernier vers (comme chez Hérédia ou, assez souvent, dans les sonnets de Baudelaire). Delahaye, il est vrai, insistait bien sur cet ultime vers mais, outre qu'on ne saurait le prendre pour expert en matière de poésie, il ne le faisait qu'en vue de justifier l'affabulation qu'il proposait à son lecteur ; pour Verlaine en revanche, c'était apparemment le premier vers qui l'avait frappé puisque c'était aussi le seul à lui être resté en mémoire (à moins qu'il n'ait délibérément choisi de ne citer que lui)[1] :

> Ceux qui disent : Cré Nom! ceux qui disent : Macache!

Or l'instinct de Verlaine, ou sa mémoire, ne le trompait assurément pas. Certes, en l'absence d'un effet de chute spectaculaire qui aurait renvoyé à une espèce d'écriture artiste en même temps qu'à la tradition rhétorique, le poème travaille, comme on le verra, de façon sensiblement homogène sur la totalité de l'espace textuel. Mais l'incipit n'en joue pas moins dans l'économie de ce sonnet un rôle fondamental et cela pour des raisons qui sont loin de tenir exclusivement à une pure logique du discours.

Dans le contexte littéraire et culturel où écrivait Rimbaud, une attaque comme celle du premier vers n'était en effet pas neutre. Introduisant au grand rythme de l'alexandrin et aussi à

---

[1] Dans la notice des *Hommes d'aujourd'hui*, comme on l'a vu. Verlaine y ponctue le vers différemment du manuscrit que nous connaissons. Raison de plus pour croire qu'il citait de mémoire : s'il avait eu un autre manuscrit, d'ailleurs, il n'aurait pas fallu attendre 1906 pour voir éditer *Les Douaniers*.

un élan rhétorique[1] clairement perceptible, elle le marquait aussitôt dans le sens d'une poésie du discours, de cette éloquence en vers que le romantisme avait portée à son apogée : il était clair d'emblée qu'on n'était pas chez Mallarmé, ni même chez Banville, ni dans ces « sonnets qui partent tout seuls comme des tabatières à musique » et dont parlera Claudel[2]. Or des attaques strictement identiques se retrouvent dans certains grands poèmes de Hugo, par exemple dans la pièce IV 9 des *Châtiments* (« Ceux qui vivent, ce sont ceux qui luttent... ») mais surtout à l'*incipit* d'un autre poème hugolien, si connu celui-là et même si ressassé que Rimbaud ne pouvait l'ignorer :

Ceux qui pieusement sont morts pour la patrie (...)

Rencontre de hasard, pure coïncidence stylistique renvoyant à une rhétorique datée ? Sans doute pas. Car la pièce des *Chants du crépuscule* intitulée *Hymne* et qui s'ouvre sur ce vers ne prenait son sens que dans la perspective d'une affirmation politique de Hugo ; et c'est précisément, comme on va le voir, en référence à cette affirmation qu'est conçu le discours rimbaldien dans *Les Douaniers*. Troisième dans l'ordre du recueil hugolien, *Hymne* en effet ne se comprenait que dans un étroit rapport avec les deux pièces qui précédaient, c'est-à-dire *Dicté après juillet 1830* et *À la Colonne* ; à eux trois ces poèmes développaient un propos dont *Dicté après juillet 1830*, apostrophant les jeunes insurgés des Trois Glorieuses, indiquait d'entrée le contenu : « Vous êtes les fils des géants ! / C'est pour vous qu'ils traçaient avec des funérailles / Ce cercle triomphal de plaines de batailles / Chemin victorieux, prodigieux travail[3] ». Impossible d'être plus clair : les héros de

---

1 Faut-il pour le premier vers aller jusqu'à parler d'*isocolie* ? Oui en un sens : cet instrument de la période oratoire était évidemment bien connu de Rimbaud. Mais justement, la période n'est ici qu'esquissée ; elle se brise après ce premier vers.
2 *Le faible Verlaine* (in *Feuilles de saints*).
3 Quelques vers auparavant Hugo, s'adressant aux jeunes insurgés, évoque leurs « jeunes étendards, troués à faire envie / À de vieux drapeaux d'Austerlitz ».

Juillet qui, pour la plupart, se tenaient pour les fils de ceux que Rimbaud dira «pâles du baiser fort de la liberté», voici que les vers de Hugo les faisaient naître des «plaines de bataille» de la guerre napoléonienne. Du coup, un sens s'imposait dans *Hymne* : les morts si *pieusement* tombés pour la patrie y étaient aussi, de toute évidence, les hommes de la Grande Armée, fraternellement mêlés aux combattants de 1830. Bien entendu, on retrouvait là chez Hugo la volonté d'assumer une mémoire dont il pensait désormais qu'elle lui avait été en quelque sorte dérobée dans sa jeunesse : dimension essentielle des futurs *Misérables*, préfiguration de Marius sur la tombe du colonel Pontmercy. Mais au moment où s'écrivaient *Les Chants du crépuscule*, il y allait aussi de tout autre chose : dans l'incertitude du moment politique, cette revendication du passé napoléonien valait réappropriation mythique de l'héritage révolutionnaire dans l'exacte mesure où elle valait aussi rejet de toute nouvelle tentation jacobine[1]. De là cette colonne Vendôme, à la fois emblème et lieu de mémoire, mais surtout objet d'un pur rituel que célébrait, immédiatement avant *Hymne*, le deuxième poème du recueil, significativement intitulé *À la Colonne*. Or c'est précisément sur ce thème et à propos de cette colonne que Rimbaud s'en prenait à Hugo, en mai 1871, dans sa lettre à Demeny. On connaît le texte : «Trop de Belmontet et de Lamennais, de Jéhovahs et de colonnes, vieilles énormités crevées». Mais peut-être n'a-t-on pas assez souligné que si les *Jéhovahs* et l'allusion à Lamennais y inscrivent la marque indélébile du christianisme, le prophétisme pseudo-biblique des *Paroles d'un croyant* sur lequel Rimbaud rabat toute une partie de la production hugolienne, la structure en chiasme

---

1 Sur ce point, voir en particulier dans les mêmes *Chants du crépuscule* le poème intitulé *À Alphonse Rabbe*, largement dirigé contre la faction jacobine qui «rudement enfonce, ô démence profonde ! / Le casque étroit de Sparte au front du vieux Paris». Et Hugo de conclure : «Lycurgue qu'elle épouse enfante Robespierre!». C'est tout à fait Enjolras, mais on est loin de la sympathie dont témoignent *Les Misérables*.

de sa phrase lie non moins évidemment ce couple de *Jéhovah* et de *Lamennais* à celui que forment les *colonnes* et *Belmontet*, c'est-à-dire précisément à ce mythe ritualisé de l'Empire dont la colonne Vendôme était l'emblème et Belmontet – collaborateur du jeune Hugo, alors légitimiste, à *La Muse française* et poète bonapartiste de toujours[1] – la figure dérisoire. Ce que dénonce Rimbaud dans sa lettre à Demeny, c'est donc une poétique, bien entendu ; mais c'est aussi, c'est peut-être surtout un discours *politique* qui s'était mis en place au tout début de la Monarchie de Juillet. Et que ce discours hugolien fût encore d'une actualité brûlante, l'attitude de Hugo lui-même pendant la Commune venait de le révéler avec éclat[2].

Or que mettent en scène *Les Douaniers* dès leurs premiers vers ? D'anonymes « soldats » mais aussi des « débris d'Empire » ou des « retraités », autrement dit de ces vétérans[3] autour desquels la poésie hugolienne avait bâti tout un discours épique et dont l'exaltation était devenue un des thèmes favoris d'une propagande bonapartiste qui, sur ce point, avait beaucoup emprunté à Hugo. La stratégie textuelle de Rimbaud dans ce tout début des *Douaniers* justifie donc pleinement l'analogie des *incipit* si du moins, comme on peut le croire, elle est bien délibérée : là où le poème de Hugo, trouvant dans l'attaque de son premier vers un instrument rhétorique idéal, érigeait les soldats napoléoniens, non seulement en héros épiques, mais encore en figures emblématiques d'une sorte de recommencement de l'Histoire, Rimbaud retournait d'emblée ce propos en usant des armes d'une caricature à peine esquissée, mais qui n'en était pas moins efficace. Démarche qui n'est pas sans rappeler (et peut-être n'est-ce pas un hasard) le traitement virulent que fait subir Verlaine au même mythe napoléonien du

---

[1] Il avait publié dès 1821 des *Mânes de Waterloo*. Il fit paraître sous le Second Empire des *Strophes guerrières* et des *Odes sur la campagne d'Italie*. Il fut aussi député bonapartiste jusqu'en 1870.
[2] Voir dans cet ouvrage le chapitre conscaré à *L'Homme juste*.
[3] Le *Cré Nom* du premier vers va évidemment dans le même sens.

grognard dans *Le Soldat laboureur*, poème paru en revue dès 1868 et qui faute d'avoir trouvé sa place dans le recueil politique avorté qui aurait dû s'appeler *Les Vaincus*, devait figurer bien des années plus tard dans *Jadis et Naguère*[1]. Mais quoi qu'il en soit de ce dernier point, la mise en pièces du discours hugolien demeure un trait essentiel de ce commencement des *Douaniers* et cela est si vrai qu'il n'est pas impossible qu'on en retrouve ensuite comme un écho jusque dans le premier tercet : la mention des *Diavolos*, en effet, n'y est peut-être pas innocente et il se pourrait qu'elle dissimule elle aussi une attaque contre Hugo. Le brigand en question, devenu chef de partisans et luttant contre l'occupation française de Naples au temps de Napoléon, avait en effet été vaincu et fait prisonnier, avant d'être pendu, par le général Hugo en personne ; et l'épisode était connu vers 1870 puisqu'il avait été longuement détaillé dans le cinquième chapitre du *Victor Hugo raconté par un témoin de sa vie* dont on sait qu'il parut en 1863 et connut une réelle diffusion[2]. Il est donc tout à fait possible que Rimbaud ait entendu parler de Fra Diavolo grâce ce livre (éventuellement par transmission orale)[3] plutôt que dans l'opéra d'Auber comme on le pense communément. Et dans ce cas, qui ne voit le sens que pouvait prendre l'allusion dans *Les Douaniers* puisque le père

---

1 Il suffira ici de citer les premiers vers : « Or ce vieillard était horrible : un des ses yeux, / Crevé, saignait, tandis que l'autre, chassieux, / Brutalement luisait sous un sourcil en brosse ; / Les cheveux se dressaient d'une façon féroce (...) ».
2 Verlaine connaissait ce livre (*Confessions*, I, 1, Pléiade p. 446). On sait que Mme Hugo en est l'auteur principal et qu'il parut en quelque sorte avec l'*imprimatur* de Hugo lui-même. Mes remerciements vont ici à Guy Rosa, à qui je suis redevable de ces dernières précisions.
3 On le croirait d'autant plus volontiers que, quelques pages plus loin, le chapitre de l'ouvrage consacré au séjour aux Feuillantines du jeune Hugo, parlant de ses « rêves d'enfant poète », conclut après avoir évoqué la Sylphide de Chateaubriand que lui aussi « quand il était petit, a[vait] eu ses diables bleus » – expression dont use Rimbaud, comme on sait, dans « *Plates-bandes d'amarantes...* » (je renvoie ici à l'édition moderne du texte : *Victor Hugo raconté par Adèle Hugo*, Plon, 1985 : le développement sur les *diables bleus* y figure p. 127-128). L'expression était, il est vrai, connue : le Littré la signale (*s. v. diable* : « Les diables bleus, nom que les Anglais donnent à une sorte de mélancolie, de vapeurs »), sans parler du *Stello* de Vigny.

de Hugo, parangon dans son œuvre du soldat de la République et du héros de l'Empire, apparaissait dans cet épisode sous les traits d'une espèce de soudard réprimant des luttes de libération populaires ?

Bien entendu, ce retournement satirique d'un discours à la fois hugolien et bonapartiste ne prenait tout son sens que grâce à des références contemporaines qui, d'entrée, donnaient au poème sa pleine actualité tout en pointant, parfois sournoisement, la dimension mystificatrice de ce discours. De là sans doute, à côté des *marins* du second vers[1], ce *macache* qui éclabousse la première strophe et qu'on pourrait interpréter comme un pur trait d'esthétique fantaisiste, mais qui ne l'est probablement qu'en apparence. Car s'il est vrai, comme on l'assure, que le mot avait été importé en France à l'occasion de la campagne d'Égypte, sa présence pourrait avoir valeur de double allusion : aux *mameluks*, naturellement, ramenés de cette campagne par Bonaparte (autrement dit, une fois de plus, aux vétérans des guerres impériales) ; mais aussi aux tenants vers 1870 de l'Empire autoritaire, qu'on désignait le plus souvent par ce sobriquet. Dans son pittoresque troupier, toutefois, le mot renvoyait sans doute surtout aux contemporains l'image de l'armée d'Afrique, de ces « nouveaux vainqueurs français[2] » que tout un discours auquel Hugo, une fois de plus, ne fut pas étranger peignait en vengeurs de l'humiliation de Waterloo,

---

1 On peut penser au rôle joué par les marins dans la guerre de 1870 et notamment lors du siège de Paris.
2 *Le Comte de Monte-Cristo*, chapitre XXXIX. Pour Hugo, il suffit de se reporter (entre autres exemples) au poème des *Châtiments* intitulé *À l'obéissance passive*. Fondé sur le contraste entre la gloire des soldats de la Révolution et l'ignominie des exécutants du coup d'état de 1851, il évoque en effet dans sa septième partie Napoléon III décorant ces derniers : « Quand sur votre poitrine il jeta sa médaille, / Ses rubans et sa croix, après cette bataille / Et ce coup de lacet, / O soldats dont l'Afrique avait hâlé la joue / N'avez-vous donc pas vu que c'était de la boue / Qui vous éclaboussait ? ». *Dont l'Afrique avait hâlé la joue* : aux yeux de Hugo, c'est visiblement là un titre de gloire. Les campagnes d'Afrique sont vues là comme une sorte de prolongement de l'épopée militaire de la République et de l'Empire et leur commune gloire est opposée à la déchéance des soldats de coup d'État.

en héritiers des soldats de la Révolution et de l'Empire, mais qui avaient été surtout le principal instrument du coup d'état bonapartiste de 1851. Si on ajoute à cela l'évidente dimension burlesque du mot *macache* lui-même et le fait que la prosodie rimbaldienne, après avoir au tout début du poème joué la carte de l'alexandrin, s'emploie aussitôt à déconstruire ce vers dont le mage des *Contemplations* aussi bien que le polémiste des *Châtiments* avait fait l'instrument de son prophétisme politique, il est difficile d'échapper à la conclusion que l'initiale des *Douaniers* reprend et parodie à la fois un discours dont Hugo avait été, au moins dans le champ littéraire, le principal artisan. Or cette reprise et cette parodie n'ont rien ici d'un simple épisode ; elles sont en réalité au cœur même du poème parce qu'elles seules en justifient le brusque dérapage et qu'elles seules par conséquent permettent, dès le troisième vers, le surgissement dans le texte de celui qui va en devenir aussitôt la figure centrale : le douanier.

LE DOUANIER, LE POÈTE, LES PEUPLES

Si en effet la mise en pièces du discours hugolien s'impose à l'initiale du poème, le socle sur lequel celui-ci est bâti n'en est pas moins constitué par le premier quatrain dans son ensemble, au point qu'on pourrait imaginer sans absurdité qu'il s'achève avec lui parce qu'il offrirait alors, un peu à la manière de ce qui se passe pour « *L'étoile a pleuré rose…* » un sens complet (et point si différent de celui qu'offre le sonnet dans sa totalité). On pourrait certes, dans une lecture un peu rapide, douter de cette homogénéité et croire que c'est sur le seul troisième vers qu'est bâti pour l'essentiel le discours rimbaldien : c'est là en effet, quoiqu'on ait parfois voulu en douter, qu'apparaissent sous la désignation burlesque de *Soldats des Traités* ces douaniers qui vont peupler la suite du poème. Et le syntaxier qu'est en l'occurrence Rimbaud a même fait en sorte que toute autre lecture soit aberrante puisque ce sont bien ces mêmes douaniers qui, de l'aveu général, sont mis en scène dans le premier tercet[1], que l'ensemble des trois *Ils* qui rythment cette partie centrale du poème forme une série manifestement homogène et que, du fait de sa valeur anaphorique, celui du second quatrain ne peut désigner que les *Soldats des Traités*[2], ce qui identifie bien ceux-ci aux douaniers. Mais cela n'implique pas pour autant que ce troisième vers soit une sorte de commencement absolu ; bien au contraire, le sens ne peut s'y développer que dans un étroit rapport avec ce qui précède et rien ne le marque mieux que cet *auprès* qui, par nature, ne peut figurer qu'à l'articulation de deux énoncés et qui, en l'occurrence, inscrit dans le texte un déni de ses figures initiales qui est ici à la racine même du discours.

C'est bien en effet la violente opposition développée dans ce vers 3 qui constitue dans *Les Douaniers* le noyau du sens et qui le constitue pour l'ensemble du poème. Bien entendu, cela ne veut pas dire qu'elle épuise absolument la signification du texte et à cet égard, l'espèce de déroute de *ceux qui disent Cré Nom* esquissée dans le premier quatrain n'est évidemment pas sans lien avec la débâcle des armées impériales en 1870 : *Les Douaniers* conservent par là quelque chose de l'inspiration qui fut celle de bon nombre de pièces composées par Rimbaud cette année-là, comme *L'éclatante victoire de Sarrebrück* ou *Rages de Césars*. Reste que l'essentiel dans ce quatrain initial n'est pas dans les références historiques ponctuelles qu'on peut y repérer à tel ou tel endroit, mais bien dans la comparaison (à la formulation à la fois violente

---

1 Ne serait-ce qu'à cause de l'expression « Déposez les ballots ! ».
2 Il est vrai que, syntaxiquement, ce *Ils* du vers 7 pourrait à la rigueur renvoyer à *Ceux qui* ; mais il faudrait alors en conclure, notamment, que les marins sont des douaniers. Sans compter qu'en ce cas, l'ensemble des vers 5-14 ne pourrait que mettre en scène ces mêmes *ceux qui* et qu'on imagine assez mal des « retraités » menant des « dogues » en laisse pour exercer « nuitamment » de « terribles gaîtés ».

et si étrange en régime poétique) qui se développe au troisième vers : c'est sur elle que repose la construction du sonnet, c'est elle qui l'unifie et qui lui donne son mouvement. Or le sens n'en est pas douteux et on peut même dire qu'il se trouve tout entier contenu dans le mot *nuls* : ce que pointe là Rimbaud en effet, ce n'est pas tant la défaite récente des soldats du Second Empire que la *nullité* essentielle d'une série de figures qui avaient été, notamment sous la plume de Hugo, les emblèmes d'un discours qui se voulait épique et dont le poème affirme le néant face à ces douaniers qui vont être ses héros paradoxaux. De là le burlesque ostentatoire d'une expression comme *Soldats des Traités* qui, appliquée à ces mêmes douaniers, vaut parodie de toute une mythologie et révèle clairement la volonté de la démasquer. De là aussi, sans doute, la relative ambiguïté syntaxique des vers 3-4, qui pourrait bien avoir égaré les exégètes : car si l'image de douaniers tailladant *l'azur frontière* peut créer un effet de grotesque propre à prolonger celui que produisaient déjà les *Soldats des Traités*, il s'en faut que ce sens soit le seul possible et, à vrai dire, il semble même infiniment plus logique de penser que ce sont les *Traités* qui taillent avec brutalité dans les frontières, faisant ainsi des douaniers leurs soldats dérisoires. Traités auxquels il est certes légitime de donner un contenu historique et on a pensé avec vraisemblance à celui de Francfort, ou encore aux préliminaires de Versailles, conclus au mois de février 1871. Mais même si cette identification n'est nullement indifférente, il serait certainement abusif et peu conforme à ce qu'est ici la parole rimbaldienne de concevoir le référent en termes aussi restrictifs. Car c'est là encore un des traits fondamentaux du poème : non dépourvus d'allusions à l'actualité, *Les Douaniers* ne sont pas pour autant un texte de circonstance. Le discours y revêt une généralité qui lui donne seule toute sa portée et en dehors de laquelle il serait impossible de saisir son insertion historique elle-même.

C'est si vrai qu'on ne comprendrait pas autrement que dans son dernier tercet, le sonnet aboutisse, en la personne du Douanier, à une véritable personnification, avouant ainsi une pente vers l'allégorie qui livre le secret de sa ligne directrice ; mais on ne comprendrait pas davantage les figures qui peuplent le premier de ces tercets. Qu'il s'agisse des *Fausts* en effet, des *Diavolos* ou des *faunesses*, celles-ci ont en commun d'incarner la transgression et c'est donc bien logiquement que le poème les oppose au Douanier, figure quelque peu ridicule, quoique combien efficace, de l'Ordre. Seulement, dans le contexte où écrivait Rimbaud, ces figures disent aussi tout autre chose. Chacun sait par exemple à quel point Faust avait été pour le poète romantique une figure d'identification, l'emblème de ce mythe du *voyant* dont la littérature nouvelle, dans sa fascination pour l'Allemagne, avait si largement vécu. Quant à Fra Diavolo, sa légende l'inscrivait d'elle-même dans la grande saga du romantisme révolutionnaire[1] dont l'Italie des *carbonari* qui a tant fasciné Stendhal était peut-être l'incarnation la plus pure et que, davantage qu'aucune autre nation, elle avait tenté en tout cas de traduire dans la réalité. Dans les deux cas, il s'agissait donc de mythes romantiques, mais il faut sans doute aller plus loin. Si Faust, en effet, est bien la figure du poète et Fra Diavolo celle de l'insurgé, alors il faut dire qu'à eux deux ils incarnent le mythe révolutionnaire tel qu'une grande partie du XIXe siècle l'a vécu : image du Poète guidant les Peuples, figure du Voyant frère de l'Insurgé et qui seul sait dire quel est l'avenir de l'Homme. Que le Douanier, serviteur zélé des États, empoigne les *Fausts* comme les *Diavolos* n'est après cela que logique, mais le sens de cette esquisse d'allégorie n'apparaît dans sa véritable dimension que si on se rappelle aussi à quel point l'horizon mythique du romantisme révolutionnaire avait été la fraternité universelle, c'est-à-dire en dernière analyse l'abolition des frontières : Hugo lui-même en avait fait son cheval de bataille et c'était une des justifications qu'il avait fini par donner de la

---

1 Que Fra Diavolo ait été en fait tout autre chose (ce fut une sorte de *lazzarone* dont se servit la réaction bourbonienne) n'entre évidemment pas ici en ligne de compte. Ce qui importe, c'est ce qu'incarnait le mythe dont il fut l'objet.

guerre napoléonienne[1]. Ce qui s'inscrit dans *Les Douaniers*, loin de toute anecdote et de tout pittoresque, c'est donc un moment d'Histoire ou plutôt c'est une conjoncture historique : la déroute de toutes les formes d'illusion lyrique dont avait si largement vécu le siècle, le constat désabusé de leur néant face à ces monstres froids que sont les États et à leur incarnation aussi dérisoire que sinistrement réelle que sont les douaniers.

Tout le crie dans le texte, à commencer par ces *grands coups d'hache*[2] que donnent dans *l'azur frontière*[3] des *Traités* qui, négation même de l'idée de République universelle, n'en sont pas moins la vérité du monde contemporain. Car culturellement, la hache en Occident a toujours été l'attribut du bourreau. Autant dire que ces traités (c'est-à-dire, en dernière analyse, les États qui les concluent) sont ici les bourreaux des peuples et peut-être est-ce pour cela que le douanier, serviteur obscur de ces mêmes États, est néanmoins qualifié par Rimbaud de *profond* : l'adjectif croque certes une silhouette de grotesque, mais cette profondeur est aussi celle de son rôle, à raison bien entendu des forces historiques qu'il incarne. Et c'est probablement dans la même perspective que

---

1 Voir par exemple *Dicté après juillet 1830*, VI : « Vos pères hauts de cent coudées, / Ont été forts et généreux. / Les nations intimidées / Se faisaient adopter par eux. / Ils ont fait une telle guerre / Que tous les peuples de la terre / De la France prenaient le nom […] ». Sur ce rêve d'abolition des frontières, voir encore le discours de refus du traité de Francfort prononcé par Hugo à l'Assemblée nationale le 1er mars 1871 et qui s'achève sur cette prosopopée de la France : « Ma vengeance, c'est la fraternité ! […] Plus de frontières ! Le Rhin à tous ! Soyons la même République, soyons les États-Unis d'Europe, soyons la fédération continentale, soyons la liberté européenne, soyons la paix universelle ! »

2 Que le h dit aspiré soit négligé dans l'expression *coups d'hache* peut viser un effet de burlesque. Mais il se peut aussi que Rimbaud joue là d'une particularité articulatoire des pays de la Meuse dont Grévisse signale (*Le bon usage*, 1959, p. 50) que le h s'y aspire « avec intensité et entraîne parfois l'élision de l'e qui le précède » : on aurait affaire dans ce cas à un trait énonciatif, manifestation peut-être de connivence avec quelques lecteurs (dont on peut aisément deviner l'identité) ou même d'autoparodie (on sait que Verlaine qualifiait l'accent de Rimbaud de *parisiano-ardennais*).

3 Doit-on croire que l'expression renvoie au liseré du tracé des frontières sur les cartes ? Peut-être, mais il se pourrait aussi que cet azur ait ici une valeur symbolique qui l'opposerait évidemment à la violence des traités.

s'expliquent ses *terribles gaîtés*, à propos desquelles il est difficile de ne pas penser une fois encore à Hugo évoquant «le soldat gai, féroce[1]» qui fut l'instrument de la répression en décembre 1851. Car cette violence sous-jacente, cette gaieté de qui s'identifie à la force irrépressible du Pouvoir, dépassent évidemment de beaucoup la mission ou le statut réel du douanier et il suffit d'oublier la plate imagerie qui nous vient de Delahaye pour que l'évidence s'en impose aussitôt. Les *faunesses* qu'il dénonce, notamment, font de lui par leur seule présence un instrument de pure répression au service de lois prétendument *modernes*[2], mais aussi une véritable figure emblématique d'un Ordre qu'il a même fini par intérioriser : de là cette *sérénité* que note burlesquement Rimbaud, cette capacité de «se tenir aux appas contrôlés» lorsqu'il est amené par l'exercice de la Loi à s'approcher de *jeunesses* que la rime tend évidemment à assimiler aux *faunesses*[3]. On n'est pas si loin, en définitive, de Javert et peut-être n'est-ce pas un hasard.

On est loin en revanche, naturellement, de la fantaisie sans conséquence que n'a cessé d'imaginer l'exégèse. Car sous cette apparence qui a trompé la critique, *Les Douaniers* sont en fait un texte d'une amertume profonde : c'est le poème des espérances déçues, du congé donné à l'illusion lyrique et à tout un horizon que Rimbaud avait à coup sûr adopté pour sien. Et on comprend dès lors sa présence dans le dossier Verlaine : car celui-ci, s'il avait vu le jour, aurait été un recueil majoritairement politique, à la façon des *Châtiments* ou de ces *Vaincus* verlainiens dont on a parlé

---

1 Ces mots se lisent dans la deuxième partie de *Nox*, poème liminaire des *Châtiments*.
2 Rimbaud n'oubliera pas cette dialectique. Qu'on se rappelle *Une saison en enfer* : «Pourquoi un monde moderne si de pareils poisons s'inventent?»
3 Au nombre de ces *faunesses*, faut-il compter Rimbaud lui-même? Ce n'est pas impossible. Mais ce n'est pas une raison pour voir dans le dernier vers des équivoques homosexuelles, comme le fait S. Murphy dans son édition des *Poésies* de Rimbaud (Champion, 1999, p. 562). Imaginer ici des douaniers sodomites frôlant des adolescents affadit en fait le propos de Rimbaud et en manque la ligne directrice.

plus haut puisque, s'ouvrant pour ainsi dire sur la violente attaque de l'attitude de Hugo devant la guerre civile qu'est *L'Homme juste* et se poursuivant avec *Les Mains de Jeanne-Marie* ou ces *Veilleurs* perdus qui étaient à coup sûr un tombeau de la Commune, il se serait sans doute achevé sur *Paris se repeuple*[1] en une clausule entièrement marquée par le printemps sanglant de 1871. Un recueil de combat donc, dominé à coup sûr par l'événement : que *Les Douaniers* aient dû figurer au cœur d'un tel livre, voilà qui en dit long mais qui ne saurait en définitive surprendre. Delahaye, décidément, avait bien menti et plus encore qu'il ne le croyait lui-même.

L'ALLÉGORIE, LE VOYANT

Reste alors la question de l'inscription du poème dans une évolution poétique où sa place paraît à première vue difficile à marquer parce que le choix de la forme brève l'éloigne sans conteste des grands discours en vers du printemps 1871 mais qu'il n'est plus possible pour autant de le rattacher à cette part de la production rimbaldienne que Verlaine devait qualifier dans *Les Poètes maudits* de «première partie de son œuvre» et définir comme «sa toute jeune adolescence, – gourme sublime, miraculeuse puberté!». Tout porte à croire en effet qu'un texte secrètement si violent et surtout marqué d'une telle désillusion ne peut remonter très haut dans la carrière de Rimbaud; mais si d'autre part l'allusion aux traités, celle surtout au charcutage des frontières, peut tendre à le situer au moment où le gouvernement français traita avec

---

[1] Si on en croit du moins la liste de la main de Verlaine qu'a publiée A. Vial (*Verlaine et les siens*, Nizet, 1975, p. 131-132), liste qui mentionne d'ailleurs des poèmes sans doute perdus mais d'inspiration clairement politique comme *La France* ou *Les Anciens partis*.

l'ennemi (c'est-à-dire au printemps 1871), il n'en reste pas moins qu'il demeure radicalement étranger à l'esthétique oratoire qui marque majoritairement les textes de cette époque – sans compter qu'on pourrait légitimement s'étonner, s'il appartenait bien à cette période, de n'en avoir connaissance que par le seul manuscrit du dossier Verlaine et de ne le voir notamment figurer dans aucune des lettres que Rimbaud adressa alors à Demeny, à Izambard ou à Banville, lettres qu'il truffait systématiquement de poèmes. De sorte qu'on en vient à penser que ces *Douaniers* pourraient bien être en réalité postérieurs à cette époque et que l'espèce de cynisme désespéré qui les caractérise n'est peut-être pas sans rapport avec l'écrasement d'une Commune qui, après tout, se réclamait de la fraternité des peuples et dont l'ordre des États, des frontières ou des douaniers venait décidément de triompher. Et cela d'autant plus qu'il existe en ce sens d'autres arguments.

Dans le dossier Verlaine en effet, *Les Douaniers* sont proches de *Voyelles*[1] et précèdent immédiatement *Oraison du soir*. Or la datation de ce dernier poème demeure incertaine, mais la tradition qui tendait à le renvoyer à la première époque de la production rimbaldienne n'est pas plus solide qu'elle ne l'est pour *Les Douaniers*; et quant à *Voyelles*, il demeure à peu près assuré que ce trop fameux sonnet ne saurait être antérieur à l'arrivée de Rimbaud à Paris. Certes, le classement opéré par Verlaine ne peut être considéré comme chronologique et il est possible qu'en l'occurrence il ait songé tout simplement à regrouper les trois seuls sonnets que comportait apparemment le recueil rimbaldien projeté. Reste qu'il se pourrait bien qu'il y ait eu dans la deuxième moitié de 1871 un retour momentané de Rimbaud vers la pratique de cette forme : les sonnets de l'*Album zutique* et aussi ceux des *Stupra* datent assurément de cette époque et ceux du dossier Verlaine, comme l'a fait remarquer Michel Murat dans son remarquable

---

1   En fait, ils en sont séparés seulement par « *L'étoile a pleuré rose…* » dans le manuscrit tel que nous le connaissons ; mais ils lui succèdent immédiatement dans la liste de la main de Verlaine.

article sur le sonnet chez Rimbaud[1], ont en commun avec eux d'être pour l'essentiel réguliers, alors que ceux qui peuplaient l'année précédente le recueil Demeny se distinguaient au contraire par une irrégularité à peu près systématique. Et *Les Douaniers* ne dérogent pas à cette régularité (les rimes, en particulier, bien qu'elles soient inversées dans les quatrains, y sont à la fois régulières et très travaillées) de sorte que l'hypothèse qui en fait un poème composé au plus tôt dans la deuxième moitié de 1871 a en définitive toutes les apparences de la vraisemblance.

Seulement une chronologie ne signifie rien en soi et tout dépend des conséquences qu'on en tire en matière poétique. On le voit bien avec celles qu'a naguère proposée pour *Les Douaniers* Michel Murat : convaincu que c'est «le contexte référentiel de 1870» qui «sert de base» au poème, il proposait d'y voir la «récriture dans une perspective parisienne» de thèmes qui avaient peuplé à Charleville le monde de Rimbaud. Et cette perspective parisienne (c'est-à-dire gouvernée par la fréquentation de ce qu'il y avait alors de plus novateur en poésie), il en trouvait la trace dans la dimension parodique du texte, mais surtout dans le «remuement d'horreur sacrée» qu'il découvrait dans le second quatrain, «avec ses dogues et son ombre qui bave» – anticipation pour lui de la «prolifération de mythes incontrôlables» qui constituait à ses yeux l'univers des *Illuminations*. Interprétation de grand intérêt parce qu'elle met à jour, à travers l'effort même de Michel Murat pour saisir l'originalité du poème, les présupposés qui le plombent : d'abord, une fois de plus, la tentation de se tourner vers Charleville et le premier Rimbaud comme vers une source qu'on dirait inépuisable[2] ; mais surtout la conviction qu'il n'existe

---

1 «Rimbaud et la poétique du sonnet», *Parade sauvage*, 13, mars 1996, p. 5-23.
2 En fait, pour Michel Murat, *Les Douaniers* reprendraient pour partie l'inspiration d'*À la Musique* (c'est sur cette relation que repose pour l'essentiel son idée de récriture) : or, s'il est bien vrai qu'il est question dans ce dernier poème de tabac de contrebande, cela ne crée un lien entre les deux textes que dans la mesure où on prend au sérieux le récit de Delahaye. L'autre indice de ce rapport étroit serait la reprise dans *Les Douaniers* d'une des rimes d'*À la Musique* (retraités / traités). La

au fond qu'une seule écriture rimbaldienne véritable, celle des *Illuminations*, que celle-ci est le lieu d'une pure dérive hors de laquelle Rimbaud ne serait pas (ou pas encore) lui-même et que la tâche du critique est de repérer les étapes de l'itinéraire qui le mènera vers cette cime. Or il s'agit là d'une véritable pétition de principe et il n'est pas surprenant dans ces conditions que la lecture, proposée par Michel Murat, du second quatrain des *Douaniers* en tant qu'espace textuel où se déploieraient des *mythes incontrôlables* se révèle à l'examen guère convaincante : on voit mal en particulier en quoi ces dogues menés en laisse par des douaniers seraient justiciables d'une telle exégèse. C'est qu'en réalité, celle-ci est gouvernée par une vision de Rimbaud qui remonte à Rivière et au Surréalisme : cette *prolifération*, Breton ne l'eût certainement pas désavouée, pas plus que ces mythes *incontrôlables* à travers lesquels pointe la passion surréaliste de l'inconscient. C'est donc une entreprise artificielle et assurément désespérée que de plaquer sur un tel poème la définition d'une mythique écriture rimbaldienne à venir ; mais on n'est pas soumis pour autant à l'alternative d'accepter ce mythe ou de ramener *Les Douaniers*, de la façon la plus improbable, à la poétique du premier Rimbaud. En réalité, quoique étrangers à la lecture surréaliste de Rimbaud, *Les Douaniers* n'en marquent pas moins réellement une mutation de sa pratique poétique et c'est même dans cette seule perspective qu'ils trouvent véritablement leur place dans l'aventure de l'écriture rimbaldienne.

C'est le second quatrain qui le montre avec éclat et c'est lui qui, au fond, permet de repérer les enjeux véritables. Car s'il n'a rien à voir avec une quelconque *horreur sacrée* (avec une horreur historique, assurément) il constitue en revanche dans le sonnet une

---

remarque est plausible et intéressante mais cette reprise, si c'en est une, ne prouve nullement qu'il y ait une relation particulière entre les deux textes ; et d'ailleurs, y avait-il tant de mots pour rimer avec *traités* dans un poème qui pratique la richesse des rimes ?

microstructure que Verlaine eût sans doute nommée un *cuadro*[1]. Mais pour se limiter aux dimensions d'une seule strophe, cette structure n'en est pas moins infiniment complexe. Le second vers, par exemple, est un alexandrin romantique s'il en fut et il ne l'est pas par hasard : lancé par le *Quand* initial, reposant aussi bien sur le jeu des /b/ et des /v/[2] que sur l'allongement procuré par les muettes et sur la nette différentiation quantitative et accentuelle des syllabes, il inscrit dans le texte, quoique selon un perspective clairement parodique[3], cette vision panique de la nature que le Romantisme (et Hugo en particulier) avait tant pratiquée. Le premier vers, en revanche, pourrait être dit coppéen et, à y bien regarder, l'écriture y fonctionne en régime réaliste, ce qui explique (avec la rime masculine, qui joue évidement son rôle en la matière) que le travail prosodique y demeure peu sensible, l'attention étant visiblement attirée sur les quatre énoncés successifs en tant que tels. En un sens, cette strophe à l'esthétique hétérogène relève donc de la fantaisie ou, plus probablement, du genre mêlé qu'était la *satire* dans la poésie latine. Seulement, pour qu'on puisse véritablement conclure en ce sens, il faudrait que le quatrain forme par lui-même un tout dont la perception en tant que bref et savoureux ensemble soit offerte à la seule jouissance esthétique du lecteur ; il faudrait surtout que le sonnet dans son ensemble obéisse à cette même logique. Or il n'en est rien : le *Ils* du troisième vers lie irrémédiablement la strophe aux tercets et ceux-ci, avec leurs personnages emblématiques, penchent eux-mêmes vers l'allégorie. Et le discours tenu par le poème s'en trouve bouleversé à un degré tel qu'on en vient à penser que c'est cette dérive vers l'allégorie d'un poème qui semblait marqué dans un

---

1 Il use de ce mot dans *Les Poètes maudits* à propos des *Effarés*.
2 Ou de la sourde correspondante /f/ : *comme un mufle de vache*.
3 Importante, naturellement, est à cet égard la comparaison burlesque sur laquelle se clôt le vers : elle renvoie parodiquement à la fois à Hugo et à toute une tradition classique (voir dans les *Contemplations* le poème intitulé *Mugitusque boum* : « Mugissement des bœufs du temps du doux Virgile... »).

premier temps par une perspective tout autre qui pourrait bien en donner la véritable formule.

Or ce point est capital et il faut rappeler ici ce qu'écrivait Rimbaud dans sa lettre à Demeny du 15 mai 1871. Parlant de Hugo qui, selon ses propres termes avait «bien du *vu* dans les derniers volumes», il concluait en effet nettement : «*Stella* donne à peu près la mesure de la *vue* de Hugo». Et on se souvient de ce qu'est ce poème des *Châtiments* : s'ouvrant sur une situation qui aurait pu mener à l'adoption d'une véritable posture lyrique (Hugo assoupi sur la grève), il se développe en fait en une pure allégorie politique dont une expression comme *l'Océan qui ressemble au peuple* donne même, non sans lourdeur, la formule. Or, si on veut bien oublier un instant le couplet sur Baudelaire, de rigueur pour un poète débutant qui ambitionnait de se faire une place parmi les Parnassiens, il est clair à lire la lettre que c'est bien là où s'est arrêté Hugo que Rimbaud ambitionne de reprendre son magistère (et sans doute est-ce cette fascination qui explique la violence de ses attaques contre les aspects les plus rétrogrades du discours hugolien). La question de l'allégorie s'imposait donc à lui comme elle s'était imposée à Hugo : seulement, chez celui-ci, l'allégorie se liait à une pratique oratoire, à travers laquelle passait tout un héritage culturel et pas seulement la pose prophétique tant moquée dans *L'Homme juste*. De là, chez Rimbaud, la double volonté d'assumer l'héritage comme d'en rejeter les *Jéhovahs* et les *Lamennais* ; de là le défi d'assumer, s'il le faut, jusqu'à *l'informe* (défi qui n'est pas sans rappeler celui de la génération de 1830 assumant dans la catégorie du grotesque ce qui ne relevait pas de l'esthétique classique). Mais de là aussi, sans aucun doute, son intérêt dans la deuxième moitié de 1871 pour la forme brève qu'est le sonnet : car une manière d'allégorie pouvait bien d'y déployer, mais la brièveté elle-même et la rigueur des contraintes formelles tendaient à y briser net l'élan de la discursivité hugolienne.

C'est ainsi qu'avec et contre Hugo, Rimbaud pensa assumer le rôle du *voyant* et c'est certainement dans cette perspective que doivent se comprendre ces *Douaniers* qui, pour l'essentiel, sont au fond une allégorie politique comme l'avait été *Stella*. Car on ne le redira jamais assez : marqué par l'usage qui en était fait dans les temps où vivait Rimbaud, le mot *voyant* n'a jamais revêtu pour lui la dimension mystique dont on s'est plu à l'affubler. Citons une dernière fois Hugo : «Je suppose, sur les bancs d'une assemblée, le plus intrépide des penseurs (...) Cet homme, cet orateur, ce voyant veut avertir son pays; ce prophète veut éclairer les hommes d'État[1] ». C'est cette ambition-là qu'a assumée pour l'essentiel la *vision* rimbaldienne et qui, inéluctablement, tendait à écarteler l'écriture de Rimbaud entre jeu intertextuel, inscription de ce qui était *vu* et recherche d'une forme qui fût un garde-fou contre la dérive infinie du sens. De là la formule qui sera largement celle des *Illuminations* qui, texte après texte, s'inventent des contraintes qui puissent se substituer à celles des formes classiques. Travaillant dans le cadre du sonnet et de la forme brève, allégorie qui ne dit pas son nom mais dont l'apparente fantaisie prétend à dire le vrai sur l'Europe de 1871, *Les Douaniers* sont à l'évidence une étape importante dans la naissance d'une écriture dont leur exemple montre en tout cas qu'elle est aussi, qu'elle est peut-être avant tout une écriture de l'Histoire. Ce qui n'est assurément pas le moindre intérêt de cet étonnant poème.

---

1 *Napoléon le Petit*, VIII, 4 (éd. Bouquins, p. 127).

MICHEL ET CHRISTINE
OU LES NOUVEAUX BARBARES

La critique a longtemps renoncé à s'interroger sur *Michel et Christine*. C'est qu'elle pensait qu'un tel poème relevait nécessairement de ce décor dans lequel, à en croire *Alchimie du Verbe*, Rimbaud s'était enfermé en esprit durant un temps : texte « surtout à base d'images hallucinatoires » affirmait par exemple Suzanne Bernard dans les notes de son édition[1], qui reflétait sans doute ce qui se pensait sur Rimbaud autour de 1960. Ce réflexe remontait peut-être au seul véritable travail critique qu'a inspiré le poème, à savoir un article d'Étiemble et Yassu Gauclère, datant de 1936, entièrement gouverné par le mythe surréaliste et dans lequel les auteurs n'hésitaient pas à affirmer que les « représentations » qu'on découvre dans le poème avaient un « caractère automatique et hallucinatoire », ou encore que la vision de Rimbaud « ne s'insér[ait] pas dans le cadre de nos concepts[2] ». Mais peut-être, au fond, n'est-il même pas nécessaire de prêter une telle influence à cette exégèse (si on peut la nommer ainsi) ; le mythe de Rimbaud y suffisait bien, qui avait fait de lui ce voyant et ce mage dont les poèmes, par définition, ne pouvaient être que rebelles à l'analyse.

On n'en est plus là et l'heure de l'exégèse a fini par sonner. S'agissant de *Michel et Christine*, c'est assurément Pierre Brunel qui, le premier, a rompu les mailles du filet en posant nettement qu'on avait affaire à un véritable discours poétique dont il était

---

1 Rimbaud, *Œuvres*, Classiques Garnier, 1960, p. 444.
2 Étiemble et Yassu Gauclère, « À propos de *Michel et Christine* », *Cahiers du Sud*, décembre 1936, p. 927-931.

possible de restituer la cohérence[1]. Et il a pensé en découvrir la clé dans le mot *idylle*, sur lequel s'achève le poème et qui, à ses yeux, le situe très clairement dans l'histoire culturelle contemporaine : il faudrait voir dans le poème de Rimbaud une satire du genre conventionnel de l'idylle, ressenti par beaucoup en cette deuxième moitié du siècle comme archaïque mais aussi comme moralement faux. Et de fait, on se rappelle que le texte rimbaldien met en scène la dispersion par un orage d'un décor dont les éléments, pour la plupart, recomposent l'univers traditionnel de l'églogue : les agneaux, le pasteur, mais aussi les *bords* (qui sont sans doute, comme chez Virgile, ceux d'un cours d'eau familier), l'ombre ou les saules. Dans cette perspective, *Michel et Christine* serait alors à ranger parmi les textes où Rimbaud raille le bric-à-brac d'une poétique néoclassique à laquelle ni le Parnasse en général, ni Banville, ni même Verlaine n'avaient totalement échappé. Pierre Brunel, en l'occurrence, est convaincant et tout porte à croire qu'il a effectivement découvert là une des clés du poème, qu'il faudrait tenir en somme pour une manière d'allégorie. Seulement, si tel est bien le cas, l'allégorie ne se limite pas à ces seuls éléments et là est toute la difficulté.

À partir de la quatrième strophe en effet, la fable rimbaldienne change radicalement de ton et de matière : en une douzaine de vers, elle donne à l'orage initial[2] ce qui pourrait bien être son véritable sens en évoquant la perspective d'une invasion de l'*Europe ancienne* par des *hordes* barbares qui sont associées dans l'esprit de Rimbaud à la tempête et à un ciel de *déluge*. Or c'est là qu'est tout le problème, car si d'une façon ou d'une autre on postule la cohérence du texte, elle implique évidemment un lien d'ordre intellectuel entre ce second mouvement du poème

---

1 Pierre Brunel, « La fin de l'idylle », *Revue d'histoire littéraire de la France*, mars-avril 1987, p. 200-212 (repris dans *Rimbaud sans occultisme*, Schena / Didier Érudition, 2000, p. 179-196).
2 On notera que les *larges gouttes* de cet orage viennent certainement de *La Sauvage* de Vigny (« De larges gouttes d'eau commencent à tomber »).

et la liquidation du monde conventionnel de l'idylle à laquelle procèdent les trois premières strophes. Ce lien, Pierre Brunel, naturellement, le cherche et il pense le trouver du côté de la guerre franco-allemande de 1870, qui avait fait voler en éclats les faux-semblants de l'idylle impériale et dont il ne croit pas impossible que l'invasion évoquée par Rimbaud soit une représentation allégorique. Il serait d'autant plus tenté de le croire que le conflit avait, comme on sait, inspiré à Banville un recueil intitulé *Idylles prussiennes* dont il pense qu'il pourrait être à la source du « nouvel idyllisme » qui se ferait jour dans la deuxième partie de *Michel et Christine* – entendons par là l'évidente tentation qui saisit Rimbaud de mettre son espérance en cette chevauchée barbare qu'évoque le poème : dans ce recueil, publié en 1871, Banville développait en effet l'idée que l'invasion germanique pourrait être pour la France facteur de renouveau et d'espoir en une idylle sociale et morale cette fois authentique. Hypothèses ingénieuses et qu'on ne saurait rejeter *a priori*, mais dont il semble pourtant qu'à la réflexion, elles se révèlent nettement moins convaincantes que l'exégèse qu'on peut croire définitive des premières strophes.

Que les *hordes* évoquées par Rimbaud et qu'il voit chevaucher à travers l'Europe ancienne puissent en effet représenter les Prussiens, à vrai dire on ne le croit guère et il se pourrait d'ailleurs que Pierre Brunel ne le pense lui-même qu'à moitié : contrairement à Étiemble, écrit-il dubitativement, il n'estime pas que cette identification (proposée durant la seconde guerre mondiale par Pierre-Jean Jouve) soit « complètement inacceptable ». On conviendra que ce n'est pas là l'expression d'une conviction bien ferme et on le comprend d'ailleurs aisément. D'abord parce que l'espoir d'une régénération morale dont la France serait redevable à l'invasion prussienne était le plus souvent (quoique pas exclusivement) formulé en ce temps-là par les milieux réactionnaires – légitimistes ou cléricaux en particulier – et qu'on imagine mal un Rimbaud reprenant, même à sa façon, une pièce maîtresse du discours politique et moral de ces milieux. Ensuite parce que l'espérance messianique en un monde nouveau, présente certes dans une grande partie de son œuvre, visait bien autre chose que le démantèlement, d'ailleurs très relatif et momentané, de l'appareil du pouvoir qui avait été la conséquence de la guerre. Enfin et surtout parce que l'hypothèse selon laquelle les hordes seraient celles des Prussiens cadre fort mal avec le texte lui-même : en particulier l'opposition, visiblement fondamentale dans le poème, entre ces hordes et une *Europe ancienne* que la vision de Rimbaud leur fait ruiner dans un avenir quelque peu indistinct n'aurait aucun sens s'il s'agissait effectivement des soldats bismarckiens de 1870, sujets eux-mêmes d'une monarchie dont les liens avec l'Ancien Régime demeuraient profonds et dont, qui plus est, l'invasion appartenait au passé au moment où s'écrivait *Michel et Christine*.

On peut donc, me semble-t-il, conclure sans grand risque d'erreur que l'identification avec les Prussiens des hordes évoquées dans la deuxième partie du poème n'est que très difficilement soutenable. Et cela tout simplement parce qu'une autre hypothèse a les meilleures chances d'être la bonne : celle qui voit dans ces Barbares chevauchant à travers l'Europe ancienne une représentation allégorique, classique au XIXe siècle, de la subversion sociale et d'un futur bouleversement du monde contemporain. On sait que ce thème, dont on trouve déjà trace dès les années qui suivirent immédiatement la Révolution, acquit tout à coup une popularité immense à la suite de l'insurrection des canuts de Lyon et surtout grâce à Saint-Marc Girardin qui, au lendemain de cette révolte, avait publié dans le *Journal des Débats* du 8 décembre 1831 un article retentissant dans lequel il affirmait : « Les Barbares qui menacent la société ne sont point au Caucase, ni dans les steppes de la Tartarie : ils sont dans les faubourgs de nos villes manufacturières ». Il s'agit donc là d'un véritable lieu commun, né dans cette époque de création idéologique intense et de profond renouvellement de la symbolique sociale qui fut celle de la Monarchie de Juillet et destiné à demeurer pendant des années une des clés du discours politique, avec cette particularité qu'il fut toujours parfaitement ambivalent. Instrument de polémique contre les « classes dangereuses » quand il était utilisé par le parti de l'Ordre, il pouvait en effet servir tout aussi bien ceux qui souhaitaient le bouleversement de ce même ordre : quand par exemple, aux abords de 1848, les catholiques libéraux dont Lacordaire, Montalembert ou Ozanam étaient les figures de proue se détachèrent décidément du régime de Juillet pour se rallier ensuite à la République démocratique, ils appelèrent cela « passer aux Barbares[1] ».

Or ce mythe barbare, en dehors même de *Michel et Christine*, on en trouve des traces abondantes dans l'œuvre de Rimbaud. C'est lui dont nous entendons l'écho dans *Vierge folle*, quand l'Époux infernal affirme être « de race lointaine » ou déclare que ses pères « étaient Scandinaves » ; et c'est à lui aussi que renvoient très probablement les « Peaux-Rouges criards » du *Bateau ivre*. Mais surtout, c'est lui qui peut expliquer le vers de *Paris se repeuple* : « Les boulevards qu'un soir comblèrent les Barbares », dans lequel l'allusion à la Commune est parfaitement claire. On a hésité à l'admettre parce que le mythe barbare perd de son évidence après 1848 et surtout parce que la guerre de 1870 a provoqué un déplacement sémantique dont témoigne par exemple le titre du pamphlet de Paul de Saint-Victor, *Barbares et Bandits*, dans lequel les Barbares sont cette fois les Prussiens (les Bandits étant les hommes de la Commune) : d'où l'idée, plusieurs fois soutenue, que le vers de *Paris se repeuple* ferait allusion, non à la Commune, mais à l'entrée des troupes prussiennes dans Paris, au début de mars 1871. C'est oublier que, dès le Second Empire, le mot *boulevards* développe des connotations aussi fortes que précises, destinées à durer jusqu'en plein XXe siècle : il renvoie au Paris des riches, à celui de la fête impériale, de sorte que dans

---

[1] Ce fut Ozanam qui lança le slogan dans un article du *Correspondant* en date du 10 février 1848.

le contexte très marqué du poème, le mot ne peut guère être lu qu'en opposition à *Barbares*. C'est oublier surtout qu'alors que le 18 mars 1871 (jour de l'insurrection communarde), les insurgés envahirent effectivement dans la soirée le centre de Paris, comme le note le vers de Rimbaud, les Prussiens n'avaient quant à eux nullement occupé les Boulevards[1], ce que Rimbaud ne pouvait ignorer puisqu'à ce moment-là il séjournait dans la capitale. Dans *Paris se repeuple*, les Barbares ne peuvent donc être que les Fédérés, preuve s'il en était encore besoin de ce que le mythe fonctionne effectivement dans l'œuvre rimbaldienne et motif supplémentaire de croire que c'est bien lui qui explique les *hordes* de *Michel et Christine*, destructrices de la vieille Europe. Et cela d'autant plus qu'il y a d'autres raisons de le penser.

On ne peut qu'être frappé en effet par l'étrange expression qui, au vers 22, évoque les guerriers : *rougissant leurs fronts aux cieux noirs*. La formule intrigue d'autant plus que l'idée se trouve modulée trois vers plus loin – « Et verrai-je […] l'homme au front rouge » – et que l'identification de cette dernière figure à celle du guerrier paraît bien probable. Or le sens n'en est pas douteux et il nous ramène précisément au thème barbare, lui donnant même sa pleine signification historique et politique et dévoilant par là sans ambiguïté possible la fonction de l'orage dans le poème. Il suffit pour cela de faire un détour par *Les Misérables* et de s'y reporter aux pages qui narrent les prémisses de l'insurrection : après avoir comparé la tension révolutionnaire à un orage près d'éclater, Hugo écrit qu'on voyait en ces moments « un pourpre de cratère au front du peuple[2] ». S'appliquant à l'un des épisodes révolutionnaires à l'occasion desquels les invasions barbares avaient été pour la première fois utilisées comme métaphore du

---

1 Ils se contentèrent, du 1er au 3 mars, d'une occupation symbolique des XVIe et XVIIe arrondissements.
2 *Les Misérables*, IV, 1, 4. Hugo reprendra plusieurs fois cette image. Dans le *Paris-Guide* de 1867, par exemple, il écrira que la ville « est sorti[e] de 93 avec la langue de feu de l'avenir sur le front » (*Paris-Guide*, III, 6).

péril que faisait courir à l'ordre social les *classes dangereuses*, l'image éclaire entièrement la signification dans *Michel et Christine* de ces *hordes* dont les guerriers *rougiss[ent] leurs fronts aux cieux noirs*. Car ces cieux, bien sûr, sont ceux d'un orage révolutionnaire : entre orage, invasions barbares et *front rouge*, le lien est profond, essentiel même, et il est de l'ordre des représentations historiques.

On en dira autant d'un autre mot que Rimbaud fait surgir, de façon à première vue énigmatique, dans la dernière strophe du poème, en même temps d'ailleurs qu'il évoque «l'homme au front rouge» et qui est le mot *Gaule*. On ne peut naturellement se défendre de faire le rapprochement avec le début de *Mauvais Sang* où, s'inventant une biographie mythique (et cela dans un chapitre où il ne cesse de proclamer sa fascination pour l'état sauvage comme sa répulsion envers l'Occident), il l'entame par les mots célèbres : «J'ai de mes ancêtres gaulois l'œil bleu blanc […]». Or il se trouve qu'il exploite là un autre mythe politique, certes moins vivace et moins protéiforme que le mythe barbare mais qui, vers le milieu du XIXe siècle, était devenu un mythe démocratique : le mythe de la Gaule, c'est-à-dire la version fabuleuse de l'histoire française qui postulait l'identité du Peuple et de la descendance des anciens Gaulois. Paradoxalement, cette fable avait été inventée au XVIIIe siècle par les théoriciens de la réaction aristocratique (notamment Boulainvilliers), qui prétendaient fonder la prépondérance nobiliaire sur le droit de conquête, la noblesse descendant selon eux des anciens Francs et le Tiers État des Gaulois vaincus. Mais cette vision fantasmatique de l'Histoire n'avait pas tardé à être retournée contre ses auteurs, comme en témoigne ce que disait Camille Desmoulins du temps qu'il était agitateur populaire, au printemps 1789 : «Ceux qui se prétendent conquérants seront conquis à leur tour. La nation sera purgée». Dès lors, ce mythe gaulois permettait de dénoncer l'aristocratie (et, par assimilation, l'aristocratie de l'argent) comme autant d'éléments étrangers au Peuple authentique : c'est en ce sens qu'il a été notamment utilisé par Sue dans cette légende populiste que sont *Les Mystères du Peuple,* immense roman dont la publication s'acheva au début du Second Empire et où on pouvait lire que la «graine» des «bandits francs» s'était «perpétuée dans notre pays», moyennant quoi nous avions eu «pendant si longtemps l'agrément de posséder une noblesse d'origine franque, qui nous traitait en race conquise[1]». En face de cette noblesse étrangère au vrai peuple, le roman faisait donc, à travers les siècles, l'histoire d'une famille plébéienne, celle des *Brenn,* dont les origines étaient censées remonter à la Gaule ancienne. Mais Michelet, lui aussi, avait repris ce mythe à sa façon, au point d'écrire dans *Le Peuple* que la France véritable était entièrement faite de «l'élément celtique», l'élément germanique étant quant à lui «imperceptible[2]». Que Rimbaud évoque la Gaule dans la dernière strophe de *Michel et Christine* au moment précis où il fait surgir devant nous l'image de «l'homme au front rouge» n'a donc rien que de très logique : le mythe de la subversion par les nouveaux Barbares de la vieille Europe et celui de la restitution d'une Gaule conçue en termes légendaires avaient profondément la même signification vers le milieu du XIXe siècle. Mais en même temps leur présence simultanée nous assure de leur sens : ce ne peut être un hasard si le poème évoque tout à la fois, aussitôt consommée la catastrophe d'une idylle bucolique représentative de la vieille société, cette chevauchée barbare à travers l'Europe ancienne, puis le rêve d'une Gaule visiblement conçue en termes messianiques. Ce qui implique que la lecture du poème ne peut guère être qu'univoque : bâti sur les relations qu'entretiennent entre eux, dans le contexte de l'imaginaire politique contemporain, un certain nombre de mythes fondamentaux – l'Europe ancienne, les Barbares, la Gaule – *Michel et Christine* est avant tout, comme l'est aussi «*Qu'est-ce pour nous mon cœur…*», mais de façon bien différente, une allégorie de la subversion du vieux monde.

---

[1] Eugène Sue, *Les Mystères du peuple* (édition de 1887, t. I, ch. 2, p. 35-36).
[2] Michelet, *Le Peuple,* III, 6 (Flammarion, coll. *Champs,* p. 229).

Cela posé, la structure du texte apparaît alors en pleine lumière[1]. Selon un topos foncièrement romantique, l'orage est l'instrument du dévoilement, marque le moment pour le poète voyant d'exercer son pouvoir ; et en même temps, selon une règle analogique tout aussi fondamentale en imaginaire romantique, il fonctionne comme métaphore du bouleversement, individuel («Levez-vous donc, orages désirés...») aussi bien que collectif : «L'orage te sacra suprême Poésie» dit Rimbaud à la Ville dans *Paris se repeuple*. Qu'en face de cet imaginaire marqué profondément par le romantisme, et par un romantisme révolutionnaire, ce soit le monde de l'idylle qui reçoive la charge de symboliser l'Europe ancienne n'a rien qui doive surprendre : la démonstration de Pierre Brunel, ici, prend toute sa valeur mais il faut y ajouter deux remarques. D'abord que la parodie rimbaldienne ne s'en tient pas aux lieux communs de l'églogue, mais qu'à travers l'usage dérisoire qu'elle fait du mot *blond*, elle vise aussi tout un fonctionnement rhétorique, à la façon si l'on veut du Victor Hugo de *Réponse à un acte d'accusation* : il suffit de consulter un quelconque *Thesaurus* pour savoir que, dans la tradition poétique classique[2], *blond* avait fini par devenir un synonyme noble de *beau*. Ensuite, si les aqueducs peuvent effectivement renvoyer au paysage bucolique traditionnel, la chose est douteuse dans le cas des bruyères et à exclure pour la vieille cour d'honneur : dans ces deux cas, on se trouve plutôt en présence de ces fragments de réalité qui structurent la mémoire de l'enfant poète, en même temps qu'ils dessinent l'espace symbolique d'une société immémoriale dont Rimbaud montrera ailleurs (dans *Enfance* par exemple) quelle attention il pouvait leur accorder.

---

1 L'incipit *Zut alors* est une *scie* de l'époque, évoquée notamment par Baudelaire dans *La Belgique déshabillée* (Baudelaire, *La Belgique déshabillée*, édition A. Guyaux, Gallimard / Folio, 1986, p. 331).
2 Pas seulement dans la tradition classique, d'ailleurs. Cet usage abonde chez Lamartine (ce qui ne surprendra pas) et encore chez Leconte de Lisle (surtout dans les *Poèmes antiques*). On le trouve même chez Hugo (dans les *Contemplations*, voir par exemple *Magnitudo parvi*, v. 16).

En face du monde englouti de l'idylle, Rimbaud recourt donc à la symbolique de l'orage et des hordes barbares. Le poème combine alors une vision de ces hordes qui est pure affaire d'imagination[1] à des traits tels que *rougissant* ou *cieux noirs* qui sont en quelque sorte des traits obligés parce qu'ils renvoient à la symbolique du texte, laquelle dépend elle-même de tout un discours politique contemporain. Reprenant le magistère de Hugo, Rimbaud remplit là le programme du Voyant, annonce les tourmentes futures qui guettent l'Europe contemporaine. Il faut toutefois se garder de simplifier à l'excès cette vision dans un sens eschatologique et les mots dont il use sont d'ailleurs là pour nous le dire. Certes, dans un syntagme comme *graines sauvages*, c'est l'adjectif qui importe, dans la mesure où il conforte ce qui dans le poème relève du thème de la barbarie ; mais les *mille loups*, par exemple, que Rimbaud voit aussi déferler sur le vieux monde, pourraient bien apporter dans le texte une nuance essentielle. Qu'on se reporte en effet à *Mauvais Sang* («Ma race ne se souleva jamais que pour piller : tels les loups à la bête qu'ils n'ont pas tuée») : se dessine aussitôt l'image de toutes les jacqueries du passé, incapables d'autre chose que de brèves flambées de violence, consolidatrices en définitive de l'Ordre. On retrouve là cette «maladresse dans la lutte» que *Mauvais Sang* attribue, comme par hasard, aux Gaulois, mais il y a plus : l'orage de *Michel et Christine* bouleverse la vieille Europe, c'est entendu, mais «non sans aimer les liserons», ces mêmes liserons qu'on retrouve dans la deuxième des *Proses Évangéliques* comme fleurs emblématiques de l'univers de misérables miracles proposé par Jésus. La perspective eschatologique inhérente à la version radicale du mythe barbare, celle de la subversion inévitable d'un monde finissant, se trouve donc bien assumée dans *Michel et Christine* comme structure essentielle du discours, mais elle n'exclut pas un regret nostalgique du monde ancien

---

1 Il se peut que Rimbaud doive là quelque chose au *Khirôn* de Leconte de Lisle (*Poèmes antiques*) où, dans son long récit d'un passé mythique, le Centaure évoque une invasion barbare.

ni, probablement, des doutes sur la venue d'un bouleversement si radical. Rien d'étonnant dès lors dans la question sur laquelle s'ouvre la dernière strophe : « Et verrai-je... ». Car ce dont l'avènement se trouve ainsi mis en doute, c'est tout simplement la Promesse du messianisme laïc, cette venue d'un monde nouveau dont le mythe barbare traduisait l'espérance et dont la dernière strophe fait surgir l'allégorie désormais incertaine : le bois, que l'on retrouve sablé d'or par le Soleil dans *Les Reparties de Nina*, ce val qui est le lieu d'un bonheur rêvé et surtout, sous l'égide de la Gaule mythique, ce couple de songe dont le sens ne peut être douteux.

Pour qui a lu, en effet, les textes rimbaldiens sur l'impossibilité de l'amour dans le monde tel qu'il est[1], pour qui n'ignore pas que la réinvention de cet amour et la fin de *l'infini servage de la femme*[2] étaient au cœur de l'espérance messianique qui fut la sienne, il n'est pas surprenant que celle-ci s'incarne en une représentation mythique de la Femme de ce monde régénéré. Dans un perspective certes différente, Hugo avait déjà évoqué cette Femme *aux yeux bleus* du nouveau monde eschatologique ; dans la société à venir où se serait accomplie la Promesse, on verrait « sortir », écrivait-il dans *Plein Ciel*

> Le vierge de l'opprobre, et Marie aux yeux bleus
> De la Vénus prostituée[3] [...]

Cette Vénus prostituée, Rimbaud l'avait évoquée de son côté dans *Vénus anadyomène* et on sait bien que la rédemption de la femme déchue fut, au XIXe siècle, un des thèmes majeurs de l'utopie messianique (on le retrouve jusque chez Dostoïevski). *L'amour est à réinventer*, on connaît la formule célèbre de *Vierge*

---

1 On pense essentiellement ici, bien sûr, aux *Premières Communions* ou aux *Sœurs de charité*, mais aussi, dans une perspective évidemment différente, aux *Déserts de l'amour*.
2 On aura reconnu une expression figurant dans la lettre à Demeny du 15 mai 1871.
3 *Plein ciel*, v. 658-659 (ce poème fait partie des *Petites Épopées* de 1859).

folle; dans le monde futur de l'eschatologie, cet amour réinventé devait permettre enfin au couple humain de s'accomplir et c'est ce qui est symbolisé, en cette fin de *Michel et Christine*, par le couple mythique surgi dans les derniers vers du poème. Que cette ultime vision unisse une Épouse *aux yeux bleus* (parce que Hugo l'avait imaginée ainsi, mais aussi sans doute en tant que Gauloise[1]) avec l'homme *au front rouge* surgi du monde de l'orage n'a rien qui puisse étonner : c'est la subversion barbare du vieux monde qui, dans la logique du poème, a seule permis à leur union de s'accomplir et de rompre avec la malédiction pesant sur l'amour humain. D'où la présence à leurs pieds de l'agneau Pascal, en une reprise sur de nouveaux frais de la représentation du Salut dans le christianisme. Hugo lui aussi avait évoqué cet Agneau, écrivant dans *Plein Ciel* que dans un monde enfin racheté, on verrait «l'agneau sortir du dragon fabuleux». Ce réemploi de la figure sans doute la plus importante de l'iconographie chrétienne – l'Agneau, après tout, représentait le Christ lui-même, en même temps que la Bonne Nouvelle de Pâques – n'était d'ailleurs pas de son invention, pas plus que de celle de Rimbaud. Tous deux se faisaient là l'écho d'un des traits majeurs du discours politique radical au temps du Printemps des peuples, lequel cédait volontiers à la tentation de reprendre au christianisme ses mots et ses symboles pour traduire sa propre espérance. On se contentera ici d'un exemple : en 1848, le journal *Le Conservateur de la République* écrivait : «Il y a 1848 ans, un Dieu mourait pour racheter le monde du pêché ! (...) Le jour de Pâques s'accomplira [...] Pâques 1848, c'est la résurrection du Peuple[2]». On ne sera donc pas surpris que Rimbaud ait pu recourir ici à cette symbolique pascale ; de la même façon, dans *Matin*, il rêvera «Noël sur terre», en un nouvel emprunt à l'imagerie chrétienne.

---

[1] On se rappelle le début de *Mauvais Sang* : «J'ai de mes ancêtres gaulois l'œil bleu blanc [...]».
[2] Cité par Frank Bowman, *Le Christ romantique*, Droz, 1973, p. 102-103.

Il est donc clair que de telles représentations renvoient dans *Michel et Christine* à l'accomplissement de l'espérance messianique, cette *Idylle* future dont Rimbaud fait mention en usant d'une majuscule qui est précisément la marque de l'utopie. Seulement le christianisme, fondement de la vieille société, n'avait pas pour autant cessé de vivre au moment où. il écrivait et c'est ce que vient rappeler le vers sur lequel se clôt le poème et qui, à lui seul, inscrit dans le texte la contradiction entre le rêve messianique et la réalité qui, dans toute sa brutalité, vient aussitôt le démentir. Ce vers s'ouvre en effet sur les deux prénoms énigmatiques – « Michel et Christine » – qui ont donné son intitulé au poème et dont on soupçonne depuis longtemps qu'ils proviennent du vaudeville de Scribe portant le même titre[1]. Ce vaudeville, a-t-on dit, n'a pas le moindre rapport avec le texte de Rimbaud, mais c'est à la fois vrai et faux : vrai, bien entendu, s'il s'agit de l'intrigue, qui développe selon la convention du genre une rivalité amoureuse autour de la jeune Christine[2] ; faux si l'on envisage le *sens* de cette intrigue qui, tout simplement, met en lumière la base sur laquelle se fonde le couple humain dans la société telle qu'elle est à l'époque : dans la pièce de Scribe en effet, la rivalité autour de Christine est aussi une compétition autour de l'auberge dont elle est la maîtresse – ce qui définit parfaitement le mariage bourgeois,

---

1 On a suggéré depuis longtemps que c'était à *Michel et Christine* que pensait Rimbaud quand il écrivait dans *Alchimie du verbe* : « [...] un titre de vaudeville dressait des épouvantes devant moi ». Ce vaudeville de Scribe avait été représenté pour la première fois au Gymnase en décembre 1821, publié en volume l'année suivante, constamment réimprimé dans le demi-siècle suivant et fréquemment repris sur scène. La pièce était assez connue pour que dans le *Journal* des Goncourt de 1856, on entende Gavarni affirmer son mépris du théâtre, mais ajouter « qu'il ne connaît que deux pièces : les *Précieuses ridicules* et le *Bourgeois gentilhomme* [...] et peut-être encore *Michel et Christine* » (éd. Ricatte, Robert Laffont, coll. *Bouquins*, t. I, p. 177).

2 Cette rivalité oppose Michel au soldat polonais Stanislas, qui en définitive se retirera avec générosité. On observera que ce Stanislas est le parfait modèle du troupier napoléonien, figure exaltée sous l'Empire, mais moquée aussi bien par Rimbaud (dans *Les Douaniers*) que par Verlaine (dans *Un grognard*, publié dans *Jadis et Naguère* sous le titre *Le Soldat laboureur*).

tel que l'évoque notamment *Vierge folle*. En inscrivant ces deux prénoms à l'initiale du dernier vers, c'est-à-dire à la frontière entre la série des représentations utopiques et leur brutale dénégation par la réalité – «fin de l'Idylle» – Rimbaud résume en un raccourci saisissant toute la problématique illustrée par le poème. Michel et Christine, ç'aurait pu être le couple symbolique du monde ancien métamorphosé par l'accomplissement de la Promesse historique d'une société nouvelle ou, si l'on préfère, par la réalisation de l'Idylle. Seulement, dans *Christine*, il y a *Christ* – et c'est sans doute la possibilité d'un jeu de mots à ce point significatif qui a éveillé l'intérêt de Rimbaud, autant que le contenu du vaudeville de Scribe. C'est que le poids dans le monde contemporain de *l'éternel voleur des énergies*[1], matérialisé par sa présence jusque dans le nom même de la Femme, interdit à jamais à celle-ci de devenir *l'Épouse aux yeux bleus*. Ainsi s'anéantit l'Idylle messianique de l'Amour réinventé et, du même coup, le rêve d'une subversion de l'Europe ancienne par la nouvelle barbarie : au moment où Rimbaud écrivait, le christianisme demeurait (surtout dans sa forme catholique) le serviteur triomphant de l'Ordre.

Entièrement cohérent dans son jeu analogique, compréhensible seulement à travers certains mythes clés du milieu du siècle, *Michel et Christine* est donc sans aucun doute un des poèmes de Rimbaud les plus marqués par la grande espérance du messianisme laïc, puisée par lui aux sources livresques d'un passé récent et qui, à ses yeux, s'était incarnée, au moins pour un temps, dans la Commune de Paris. Mais c'est aussi, assurément, le poème d'une espérance doutant d'elle-même, au point qu'on serait tenté d'y voir un des textes inspirés à Rimbaud, sous le choc de l'événement, par la fin sanglante de l'insurrection. Cela conduirait à le dater de la deuxième moitié de 1871, mais ce serait sans doute une illusion : le poème ne figure pas dans le *dossier Verlaine* qui, à la fin de 1871 ou au début de 1872, avait entrepris de rassembler

---

1 On se rappelle que Rimbaud désigne ainsi le Christ dans *Les Premières Communions*.

la production rimbaldienne récente ; et il ne figure pas non plus parmi les textes, assez nombreux, dont Rimbaud a distribué autour de lui des manuscrits en mai ou juin 1872. Il n'est pas absolument impossible qu'il ait déjà été écrit à l'été de cette année-là[1] mais comme, par ailleurs, il entretient probablement des rapports[2] avec *Malines* de Verlaine (poème qui fait partie des *Romances sans paroles*) et que celui-ci fut sans aucun doute écrit[3] à la fin de

---

1 *Michel et Christine* n'est connu que par un seul manuscrit qui s'est retrouvé dans les mains de Verlaine *après* que Rimbaud et lui ont quitté Paris en juillet 1872. D'autre part, on ne sait si le poème fait ou non partie de la liste où Rimbaud, au dos du manuscrit de *Fêtes de la faim*, a additionné le nombre de vers d'une série de poèmes, sans en donner les titres (*cf. Œuvres complètes IV : Fac-similés*, Honoré Champion, 2002, p. 364). Steve Murphy, qui a analysé cette liste, pense (*Œuvres complètes I : Poésies*, Honoré Champion, 1999, p. 685) que la mention *28* qu'on y trouve (autrement dit 28 vers) concerne «*Plates-bandes d'amarantes*» et non *Michel et Christine* : c'est possible en effet, mais non certain.
2 Dans son article «Le manuscrit des *Romances sans paroles*» (*Histoires littéraires*, n° 4, octobre-décembre 2000, p. 21-39, article écrit en collaboration avec J.-J. Lefrère et J. Bonna), Steve Murphy relève au vers 11 de *Malines* la variante «Le railway défile en silence», biffée ensuite par Verlaine, et ajoute (p. 38) que dans la seconde strophe de *Michel et Christine*, Rimbaud reprend certaines rimes de *Malines*. Or c'est là trop dire : Rimbaud reprend *deux* de ces rimes (*prairie* et *horizons*) dans sa deuxième strophe. Mais il est vrai que son septième vers («Fuyez ! Plaine, déserts, prairie, horizons») fait sans doute écho au «Sahara de prairies» de *Malines* (v. 9) et à sa «plaine immense» (v. 14), les autres rapprochements proposés par Murphy semblant plus hasardeux. Quant à sa conclusion, selon laquelle Rimbaud «parodie» le poème de Verlaine dans *Michel et Christine*, elle semble assez incertaine ; il y a sûrement là un lien intertextuel, mais lequel et dans quel sens ? L'idée que ce puisse être Verlaine qui ait entamé ainsi un dialogue avec le poème de Rimbaud semble à Steve Murphy «peu soutenable», mais il n'avance aucun argument à l'appui de cette assertion.
3 Le manuscrit de *Malines* porte la date d'août 1872, mais cela ne signifie rien. Le poème fait partie de la section *Paysages belges* du recueil et les dates portées par Verlaine dans les *Romances sans paroles*, largement fictives, sont là essentiellement pour dessiner un itinéraire (or Verlaine et Rimbaud quittent la Belgique au tout début de septembre). D'autre part, *Malines* ne figure pas au nombre des poèmes qu'en septembre et octobre, Verlaine envoie de Londres à ses amis Blémont et Lepelletier. Comme les *Paysages belges* étaient apparemment au complet au début de décembre (*cf.* lettre de Verlaine à Lepelletier : Verlaine, *Correspondance générale I, 1857-1885*, éditée par M. Pakenham, p. 288-289), tout ce qu'on peut dire, c'est que *Malines* fut écrit entre août et novembre 1872. Il serait vraiment par trop naïf de croire que, parce que le poème évoque des paysages belges, il a été forcément écrit en Belgique.

l'été ou à l'automne de 1872, le plus probable est que *Michel et Christine* date de cette même époque. L'usage à plusieurs reprises d'assonances en lieu et place des rimes, le choix de l'hendécasyllabe quand la majorité des poèmes du printemps 1872 obéit à une métrique de chanson, la liberté inouïe avec laquelle est traité ce vers déjà peu orthodoxe en lui-même et dont on peut penser qu'elle achemine au poème en prose, tout cela pousse à la même conclusion. On n'en sera pas surpris : sans avoir renié les choix qui avaient été les siens du temps de la Commune et tout en conservant visiblement sa fascination pour les valeurs et les symboles du romantisme révolutionnaire, Rimbaud avait alors eu le temps de prendre ses distances avec l'événement et de mesurer en la matière la fragilité de toute espérance messianique.

Un dernier mot : parlant dans sa lettre à Demeny du 15 mai 1871 d'un Hugo qui, à ses yeux, avait « bien du *vu* dans les derniers volumes », Rimbaud ajoutait que *Stella*, dans les *Châtiments*, donnait « à peu près la mesure de la *vue* de Hugo ». Il suffit de confronter cette remarque à ce qu'est un poème comme *Michel et Christine* pour comprendre ce qu'il voulait dire : mythes mobilisateurs ou représentations collectives lui ouvraient l'accès à « la quantité d'inconnu s'éveillant en son temps dans l'âme universelle[1] ». Le reste était affaire de rhétorique, ce que la mythologie romantique du poète n'avouait d'ailleurs pas volontiers : Rimbaud a bien du *vu* dans *Michel et Christine*.

---

1 On aura reconnu une formule issue, précisément, de cette lettre à Demeny du 15 mai 1871.

VOYELLES SANS OCCULTISME

La situation critique de *Voyelles* est étrange. Qu'on ouvre la toute récente édition de la Pléiade, procurée par André Guyaux[1] : cinq pages de notes serrées pour ce seul poème, de loin le mieux pourvu du volume. En face de quoi, *Ce qu'on dit au poète à propos de fleurs*, par exemple, texte qui réclame pourtant plus d'un éclaircissement, bénéficiera de trois pages à peine, comme aussi *Mémoire*, malgré l'apparition récente de sa variante *Famille maudite*. C'est qu'André Guyaux se trouve en quelque sorte contraint par un tradition critique ancienne et dont il n'ose faire fi, bien qu'il ne lui accorde visiblement qu'un crédit limité. Cette tradition avait tendu longtemps à faire de *Voyelles* un texte décisif dans l'entreprise rimbaldienne dans la mesure où il était le lieu d'une énigme dont la compréhension devait suffire à lever le voile sur la mystérieuse alchimie du *Voyant*. L'étonnant, c'est que ce statut unique se soit révélé si ancré qu'il a même pu survivre au discrédit qui a fini par atteindre les oripeaux métaphysiques dont on avait affublé Rimbaud : en 1991 encore, dans ce qui se voulait l'édition du centenaire, J.-L. Steinmetz morigénait ceux qui se contentaient d'une interprétation érotique du poème en affirmant que cette lecture « rédui[sai]t sensiblement la portée de ce texte qui contient en lui l'univers[2] ». Il se peut qu'une affirmation aussi excessive n'ait plus trouvé grand crédit à cette date, mais elle n'en témoigne pas moins à sa façon de la survie du dogme, souvent implicite, du caractère unique de *Voyelles*. Comme tout dogme,

---

[1] Rimbaud, *Œuvres complètes*, édition établie par André Guyaux, Gallimard, Bibliothèque de la Pléiade, 2009.
[2] Arthur Rimbaud, *Œuvre-Vie*, Arléa, 1991, p. 1096.

d'ailleurs, celui-ci devait aussi cette survie à une étonnante plasticité dont on ne donnera ici qu'un seul exemple. Dans son édition de 1973 des œuvres de Rimbaud, Louis Forestier ne craignait pas d'écrire qu'avec ce poème, il nous «invit[ait] à ce que nous baptiserons une "lecture plurielle"[1] ». C'est que dans la foulée de Barthes, de Derrida et de quelques autres, la dissémination par le biais de l'écriture passait alors pour le dernier mot de tout travail textuel authentique, pour la voie d'une véritable libération du Sujet : *Voyelles* se devait donc d'enfermer ce secret.

La chose, il est vrai, venait de loin puisqu'elle tenait aux circonstances mêmes de la découverte de l'œuvre rimbaldienne. Il se peut que *Voyelles* ait eu une petite notoriété au Quartier latin dans le cadre de cette survie souterraine d'un Rimbaud alors disparu qu'atteste en 1882 un roman à clés comme le *Dinah Samuel* de Champsaur. Mais dès l'année suivante *Les Poètes maudits* allaient leur donner une place déjà privilégiée, puisque c'était le premier poème que pouvait y lire le lecteur convié par Verlaine à la découverte d'un génie inconnu. Il n'y avait cependant là rien de décisif, comme en témoigne l'article que le critique Paul Bourde fit paraître dans *Le Temps* en août 1885 et qui assimilait le sonnet aux fumisteries décadentes[2]. En réalité, ce qui fit des *Voyelles* ce qu'elles allaient devenir, ce furent surtout les débats qui firent rage à partir de cette année-là autour de la définition et de la paternité du Symbolisme naissant. René Ghil, notamment, dans la série d'articles qu'il fit alors paraître[3] et qui allaient donner naissance en 1886 au fameux *Traité du Verbe*, offrait une place de choix au poème (en dépit de certaines réserves, dont on reparlera) dans le chapitre où il entreprenait de théoriser l'instrumentation verbale, pièce maîtresse de son système. Dès lors, le tintamarre médiatique produisant ses effets, *Voyelles* finit par se trouver lié dans l'esprit des lecteurs aux théories en vogue dans l'espace

---
1 Rimbaud, *Poésies. Une saison en enfer. Illuminations*, Poésie / Gallimard, 1973, p. 255.
2 Paul Bourde, «Les Poètes décadents», *Le Temps*, 6 août 1885.
3 Dans la revue belge *La Basoche* et sous le titre général «Sous mon cachet», de juin à octobre 1885.

symboliste[1] – notamment aux synesthésies ou, plus généralement, à la tendance assez largement répandue dans ces milieux à un vague mysticisme poétique. Le sonnet pouvait ainsi passer dès 1887, au mépris de toute réalité historique, pour avoir été « le premier manifeste de l'École Symboliste[2] ». Et quand Rimbaud meurt en 1891 *La Plume* peut tout naturellement annoncer sa disparition comme celle de « l'auteur du Sonnet des Voyelles ».

Curieusement, pourtant, aucun de ceux qui allaient créer les figures majeures du mythe rimbaldien n'accorderont une telle importance au poème – ni Claudel, ni plus tard Rivière ou les Surréalistes : pour eux, c'est dans les *Illuminations* seules que Rimbaud s'est véritablement accompli. Mais à côté de ces lectures intensément personnelles s'est installée une véritable *doxa*, sorte de consensus mou qui reconnaît dans le sonnet le cœur énigmatique de l'œuvre rimbaldienne. C'est là que s'enracinent des interprétations délirantes comme celle de Jacques Gengoux qui, vers 1950, allait défendre une lecture occultiste du poème, fondant sur lui une mystérieuse dialectique en cinq phases à laquelle se serait soumise jusqu'à la vie de Rimbaud. Mais même les rares tentatives pour sortir de ce cercle vicieux n'y échappent qu'en apparence : car ce qu'elles prétendent mettre en évidence dans *Voyelles*, ce n'est ni le projet littéraire de Rimbaud, ni le moment qu'il marque dans l'évolution de son art, mais encore et toujours le secret que le texte est censé enfermer et dont, en un écho lointain du mot d'ordre symboliste, elles postulent l'existence. Ainsi en va-t-il aussi bien de la tentative de lecture érotique[3] que de celle qui prétendait, il y a plus d'un siècle, ramener le poème à la transposition d'un alphabet colorié[4].

---

1   En 1890, Maupassant notera cette dérive : « Pour le casseur de pierres des routes, même pour beaucoup de nos grands hommes, ce poète est un fou ou un fumiste. Pour d'autres, il a découvert et exprimé une absolue vérité » (*L'Écho de Paris*, 10 janvier 1890).
2   Maurice Peyrot, « Symbolistes et Décadents », *La Nouvelle Revue*, novembre-décembre 1887.
3   On sait que celle-ci est due à R. Faurisson (« A-t-on lu Rimbaud ? », *Bizarre*, 21-22, 1961, p. 1-48).
4   Ernest Gaubert, « Une explication nouvelle du "Sonnet des Voyelles" d'Arthur Rimbaud », *Mercure de France*, 1er novembre 1904, p. 551-553.

On comprend dès lors l'embarras, aujourd'hui encore, des éditeurs obligés de se livrer à l'exercice périlleux de l'annotation. Ce n'est pas qu'ils croient bien fermement, selon toute apparence, aux voies qu'a empruntées jusqu'ici une exégèse qui, d'ailleurs, s'est singulièrement raréfiée ces dernières années. Mais comment pratiquer la table rase ? Et surtout, au nom de quoi ? Rien là, il est vrai, d'absolument original : c'est bien pour avoir été découverte au temps de la Décadence, puis du Symbolisme, que l'œuvre de Rimbaud doit d'avoir été si souvent lue à contresens. Mais précisément, avec *Voyelles*, il n'en a pas été tout à fait ainsi et on n'en a tenu aucun compte.

Cette différence tient tout simplement au témoignage de Verlaine. Chacun sait en effet (on vient encore de le rappeler) que c'est lui qui a révélé *Voyelles* au monde avec *Les Poètes maudits* ; on se rappelle moins qu'il est revenu sur le sujet à plusieurs reprises, et notamment dans son article sur Rimbaud de la série *Les Hommes d'aujourd'hui*. À ce qu'il en dit alors on n'a guère prêté attention, sans doute parce qu'on s'est habitué à penser que ses commentaires des textes rimbaldiens n'ont guère d'intérêt, quand on ne le soupçonne pas (souvent à bon droit) d'y camoufler la vérité. Mais justement, il se pourrait qu'à propos de *Voyelles*, il en aille différemment.

Dans *Les Poètes maudits* en effet, le poème (premier texte de Rimbaud, répétons-le, que découvre le lecteur) est donné – de façon assez surprenante quand on pense aux gloses qu'il va susciter par la suite – comme illustrant[1] les commentaires sur la première manière de Rimbaud auxquels vient de se livrer Verlaine. Or ce qu'il dit de ce moment de « l'œuvre de M. Rimbaud » (et donc de *Voyelles*) mérite plus d'attention qu'on ne le croit généralement :

---

[1] « Nous ne saurions mieux justifier ce que nous disons là qu'en vous présentant le sonnet des VOYELLES ».

> Elle se compose de poèmes généralement courts, de sonnets, triolets, pièces en strophes de quatre, cinq et de six vers. Le poète n'emploie jamais la rime plate. Son vers, solidement campé, use rarement d'artifices. Peu de césures libertines, moins encore de rejets. Le choix des mots est toujours exquis, quelquefois pédant à dessein. La langue est nette et reste claire quand l'idée se fonce ou que le sens s'obscurcit. Rimes très honorables.

On est là bien loin de toute spéculation sur les lettres ou le langage et on pourrait être tenté de croire de la part de Verlaine à une volonté de banalisation (que dénoncerait, par exemple, un mot comme *exquis*) et surtout au désir de ramener le texte rimbaldien à une sorte d'orthodoxie parnassienne – pour ne pas dire d'académisme. Mais en réalité, les choses ne sont pas si simples et il faut rappeler ici le contexte dans lequel parurent *Les Poètes maudits* pour comprendre les enjeux et la démarche. Dans sa volonté de réinvestir le champ littéraire, Verlaine vient d'échouer avec *Sagesse* dans sa tentative pour apparaître comme le grand poète du parti catholique et légitimiste ; mais il a réussi à s'introduire dans la petite revue qu'est *Lutèce*, où il va précisément publier *Les Poètes maudits* à l'automne de 1883 et qui va être comme l'instrument de sa reconquête. Or à cette date, la Décadence est encore à venir et la poésie reste largement dominée par d'anciennes figures du Parnasse, ceux-là même qui en avaient naguère expulsé Verlaine : ils en donnent une version largement académique, socialement conservatrice et où l'exigence esthétique est bien loin de trouver son compte. Dans cette perspective, l'entreprise des *Poètes maudits* apparaît comme une revanche ; et la revendication de traits stylistiques évoquant le Parnasse à propos de *Voyelles* n'y a rien d'académique, bien au contraire : elle est l'expression d'un volonté de retrouver la voie d'un Parnasse moderne et inventif, celui de « l'école Baudelaire » dont Rimbaud et Verlaine lui-même auraient dû être les fleurons[1].

---

1 Voir là-dessus l'épilogue (« Rayé de la carte du Parnasse ») du livre de Steve Murphy, *Marges du premier Verlaine* (Paris, Honoré Champion, 2003).

Pour Verlaine, le Parnasse était donc l'horizon naturel de *Voyelles*. Que cependant il n'ait pas dit alors le dernier mot de ces vers tellement *exquis*, on pouvait sans doute le soupçonner et la suite allait faire voir que c'était bien le cas. Au printemps de 1887 en effet[1], il donnait à la série *Les Hommes d'aujourd'hui* une notice sur Rimbaud qui s'achevait cette fois sur *Voyelles* dont il notait la « juste célébrité » avant d'ajouter :

> L'intense beauté de ce chef-d'œuvre le dispense à mes humbles yeux d'une exactitude théorique dont je pense que l'extrêmement spirituel Rimbaud se fichait sans doute pas mal. Je dis ceci pour René Ghil qui pousse peut-être les choses trop loin quand il s'indigne *littéralement* contre cet « U vert » où je ne vois, moi public, que les trois superbes vers « U cycles, etc. »
> Ghil, mon cher ami, je suis jusqu'à un certain point votre très grand partisan, mais, de grâce, n'allons pas plus vite que les violons, et ne prêtons pas à rire aux gens plus qu'il ne nous convient.

On connaît la personnalité de Ghil, poète à la vanité ingénue, inventeur de l'instrumentation verbale et persuadé au fond d'être le seul véritable Symboliste. Les remarques ironiques de Verlaine portaient sur un passage du *Traité du Verbe* où effectivement, tout en rendant hommage à Rimbaud et à la « magnificence » de *Voyelles*, Ghil émettait sur le poème des réserves lourdement théoriciennes :

> Que surgissent, maintenant ! les Couleurs des Voyelles, sonnant le mystère primordial ; et, sans plus loin aller je saluerai, de stricte magnificence, le « sonnet » du poète maudit ARTHUR RIMBAUD [...] Or il ne vit que l'on pouvait plus hardiment pénétrer en l'Arcane, et les Voyelles qui devenaient Couleurs, les lever à l'ultime progrès d'instruments résonnants, logiquement domptés. [...] Et d'ARTHUR RIMBAUD la vision doit être revue : ne l'exigerait que l'erreur sans pitié d'avoir sous la Voyelle si évidemment simple, l'U, mis une couleur composée, le vert.

---

1 Verlaine écrit à Vanier le 24 février : « Je vais me mettre à un Rimbaud ». Le 17 juin suivant il rappelle au même Vanier qu'il lui a envoyé des biographies « encore inédites » (c'est-à-dire non encore publiées), dont celle sur Rimbaud. Cette dernière fut donc composée entre mars et mai 1887.

Colorées ainsi se prouvent à mon regard exempt d'antérieur aveuglement les Cinq :
A, noir ; E, blanc ; I, bleu ; O, rouge ; U, jaune ;
dans la très calme royauté de Cinq durables lieux s'épanouissant monde aux soleils [...][1].

On appréciera le jargon et aussi une arrogance en quelque sorte ingénue, mais il faut aller au-delà. Si Ghil morigénait Rimbaud à propos de son « erreur sans pitié », c'était dans la mesure où lui-même se croyait maître d'une théorie lui permettant de poser sur les voyelles un « regard exempt d'antérieur aveuglement ». Or cette position de théoricien le situait très nettement dans le sillage de Mallarmé[2] dont il subissait depuis plusieurs années l'influence : ce qu'il envisageait alors, dans la logique des *Mots anglais*, c'était une correspondance parfaite entre les aspects sémantique et phonétique du langage. Et d'ailleurs le *Traité du Verbe* se plaçait ouvertement sous le signe du poète d'*Hérodiade* tout simplement parce qu'il s'ornait, comme on sait, d'une préface qui n'était autre que le célèbre *Avant-dire* mallarméen, lequel avalisait les « recherches » de Ghil « dans tout l'arcane verbal » et, du même mouvement, développait sur un ton souverain les thèses majeures du Maître. Ce qui était là en jeu, c'était sans aucun doute l'hégémonie sur le champ poétique et Mallarmé ne se privait d'ailleurs pas d'affirmer que le *Traité du Verbe* venait « à l'heure bonne » – entendons à

---

1 Je cite d'après l'édition Giraud de 1886, celle que pouvait lire alors Verlaine (René Ghil, *Traité du Verbe. États successifs*, textes présentés, annotés, commentés par Tiziana Goruppi, Nizet, 1978, p. 83).
2 Dans la notice des *Hommes d'aujourd'hui* qu'il consacre à Ghil au début de 1887, Verlaine note cette influence alors hégémonique sur lui de Mallarmé, lequel l'aurait, selon les propres mots de Ghil, « jet[é] dans la voie, ma voie ». Il est vrai que cette allégeance à Mallarmé reposait peut-être sur un malentendu. La démarche de Ghil, en effet, se voulait aussi scientifique, se plaçait sous le patronage d'Helmholtz (l'usage du mot « résonnant » dans le texte cité plus haut du *Traité du Verbe*, par exemple, renvoie sans doute au rôle des harmoniques dans les sons vocaliques, mis en évidence par Helmholtz) ; et il allait rompre peu après avec Mallarmé. Mais au moment où Verlaine écrit sa notice sur Rimbaud, Ghil avait encore toute l'apparence d'un disciple orthodoxe de Mallarmé.

l'heure d'un Symbolisme conquérant dont lui-même se voulait la figure de proue. L'attaque de Verlaine contre Ghil à propos de *Voyelles* se comprend évidemment dans ce contexte.

À cette date, ses commentaires sur le sonnet avaient donc visé, d'abord à le renvoyer à son contexte parnassien, ensuite à rejeter l'hypothèse qu'il ait pu naître d'une de ces spéculations plus ou moins gnostiques sur le langage qui fleurissaient si volontiers dans le milieu symboliste. Là-dessus il montrait d'ailleurs probablement le bout de l'oreille lorsqu'il évoquait *l'extrêmement spirituel Rimbaud*, incapable d'avoir donné dans les billevesées à la mode vers 1886. Car quelques années plus tard, préfaçant les *Poésies complètes*[1], il revenait à la charge à propos de ce *Voyelles* qui avait « fait faire à M. René Ghil de si cocasses théories » ; mais c'était pour ajouter cette fois que le sonnet avait été au fond « un peu fumiste ». Il ajoutait d'ailleurs *in fine* que Rimbaud avait été un poète « vierge de toute platitude ou décadence » en une double allusion, d'abord à la « platitude » des pontifes du Parnasse (dont il n'y avait pas trace chez Rimbaud, comme l'article des *Poètes maudits* l'avait dit, précisément à propos de *Voyelles*), ensuite à la tentative des Décadents (puis des Symbolistes) de s'annexer Rimbaud, tentative que dénonçait la notice des *Hommes d'aujourd'hui* à travers les élucubrations de René Ghil. Façon de faire bien dans la manière de Verlaine : d'un côté on se refuse à l'exégèse, on use même du vague et de la mièvrerie (comme avec les vers *exquis*), qui permettent de fuir la question du sens ; de l'autre on loge parfois la vérité au cœur même du mensonge, on la laisse deviner dans une incidente apparemment anodine, ou dans les derniers mots d'un texte. Or ce pourrait bien être ce que fait Verlaine avec *Voyelles* : dans un ensemble de textes sur Rimbaud assez mince au total, on ne peut qu'être frappé par cette façon de marquer fugitivement, mais à deux reprises, la relation de *Voyelles* au Parnasse, par cette évocation à propos

---

[1] On sait que cette édition des *Poésies complètes* de Rimbaud (chez Vanier) date de 1895.

du poème de *l'extrêmement spirituel Rimbaud*, par cet aveu enfin, ténu mais impossible à négliger, que le sonnet pourrait avoir au fond quelque chose de *fumiste*. De sorte qu'on ne peut échapper à l'impression que, par touches successives, c'est une véritable lecture du poème qui se trouve là, littéralement, suggérée.

Or, impossible dans cette perspective de ne pas penser au deuxième vers du sonnet – « Je dirai quelque jour vos naissances latentes » : s'il y a quelque chose de *fumiste* dans le poème, comme l'insinue Verlaine, c'est en partant de ce vers désinvolte qu'on a sans doute quelque chance de le saisir. Le *Je dirai quelque jour* y a tout l'air en effet d'une simple formule rhétorique, plus exactement d'une prétérition, cette figure qui consiste à dire qu'on ne dit pas ce qu'en réalité on est en train de dire : Rimbaud semble bien développer immédiatement ce qu'il paraît renvoyer à *quelque jour* dans ce deuxième vers. Étiemble a prétendu le contraire[1], parce qu'il lit ce vers comme renvoyant à la théorie des synesthésies, ce qui impliquerait que pour chacune des lettres concernées, Rimbaud bâtisse son texte sur le son qu'elle transcrit, ce qu'il ne fait évidemment pas : le tercet consacré à U, par exemple, n'offre que deux fois ce phonème[2] contre douze occurrences du /i/. Pour l'auteur du *Mythe de Rimbaud*, toujours acharné à débusquer les impostures, le *Je dirai* serait donc une sorte de prétérition en trompe-l'œil, un geste de désinvolture grâce auquel Rimbaud masquerait le fait qu'il ne remplit nullement dans la suite du poème le programme annoncé. Mais là-dessus, Étiemble se trompe, parce que ni dans l'attaque du poème, ni nulle part dans la suite, il n'est question de perception sensorielle et par conséquent de synesthésie. S'il se pourrait (on y reviendra) que les mots *je dirai quelque jour* traduise effectivement une désinvolture de la part de Rimbaud, ce n'est donc pas celle que postule Étiemble. Il s'agit ici de *naissances latentes* et c'est tout différent.

---

1 Étiemble, *Le Sonnet des Voyelles. De l'audition colorée à la vision érotique*, Gallimard, 1968.
2 Six fois si on compte les graphèmes, mais cela ne vaut pas dans la perspective synesthésique.

Quel sens donner en effet à ces *naissances latentes* ? *Latent* nous dit Littré : 1. Qui est caché 2. Terme de médecine vétérinaire. Maladies latentes 3. Qui n'est pas apparent. Une désaffection latente s'était emparée du peuple. On voudra bien laisser la médecine vétérinaire de côté, mais on peut s'arrêter à cette troisième acception, l'exemple choisi montrant que dans ce contexte, *latent* désigne ce qui demeure certes caché mais ne demande qu'à apparaître, du simple fait par exemple d'un regard lucide[1]. Ce que Rimbaud désigne là, c'est donc une origine (les *naissances*) ou, pour parodier un titre connu, c'est le secret de naissances cachées depuis la fondation du monde et dont il proclame qu'il va le divulguer. Attitude qui n'a rien de vraiment surprenant dans un XIXe siècle tout rempli de spéculations sur la langue originelle : c'est selon la même logique qu'un Mallarmé, évoquant la langue « suprême » dans *Crise de vers*, parlera de « temps incubatoires ». Seulement, dans le sonnet, si l'on veut prendre l'auteur au mot, il ne s'agit pas seulement de voyelles mais de voyelles *colorées* : Rimbaud, si on a bien lu, ne prétend pas dévoiler les *naissances latentes* du A ou du E, mais celles de « A noir » ou du « E blanc ». C'est donc une posture qu'il assume et dont il s'emploie comme à plaisir à redoubler la difficulté : dire l'origine des voyelles mais en même temps, poser qu'elles ont une couleur et que de cela aussi, il va révéler l'origine. Ce genre de secret a évidemment à voir avec la pente occultiste de tout un romantisme et il n'est pas sans rappeler, par exemple, certaines des spéculations du Louis Lambert balzacien – de sorte qu'on comprend le réflexe de certains exégètes, tentés de situer *Voyelles* dans la continuité de cet occultisme romantique. C'est évidemment ce à quoi incite un énoncé tel que *naissances latentes*, avec les relents gnostiques qui ont tout l'air de s'en dégager ; mais c'est précisément à ce piège de l'évidence, comme si souvent, que Rimbaud a entrepris de prendre ici son lecteur.

---

1 On ne peut négliger ici le mot latin dont le français *latent* est le calque. *Latens*, dit le dictionnaire latin-français de Freund (Firmin Didot, 1865), « caché, secret, latent ». Et d'ajouter une citation de Cicéron (*Brutus*, 41, 152).

Que fait-il en effet dans la réalité du texte ? Considérons par exemple le A, première des voyelles dans l'alphabet, première aussi dans l'ordre qu'il adopte. On peut poser sans grand risque d'erreur que, dans un poème reposant sur une succession sans cesse renaissante d'analogies, celle qui ouvre cette suite en inaugure aussi la logique, d'autant plus qu'elle se trouve extraordinairement développée, occupant à elle seule deux vers entiers – cas tout à fait remarquable dans l'espace limité d'un sonnet. Quelle est donc la *naissance*, non des *mouches éclatantes* elles-mêmes, mais de leurs *noirs corsets* ? On ne peut exclure, bien entendu, qu'elle ait relevé au départ de l'arbitraire : Rimbaud peut parfaitement avoir attribué au A la couleur noire, sans la moindre motivation, et cherché ensuite ce qui pourrait l'illustrer – à moins qu'il n'ait suivi la démarche inverse. On n'a, évidemment, aucun **moyen** de trancher, l'important n'étant d'ailleurs pas là, mais **dans le** rapport objectif qui relie la lettre A, la couleur noire et le *corset* des mouches. Ce rapport, on l'a suggéré depuis longtemps, est fondé sur la *forme* du A majuscule, qui trouve son analogue dans celle de la mouche dont le corps est *noir* et *velu* tandis que les ailes, qui dessinent les branches du A, sont souvent *éclatantes*. L'énoncé, à ce stade, est donc complet, le vers suivant remplissant dans le poème une tout autre fonction, sur laquelle on va revenir. En revanche, *golfes d'ombre* fonctionne comme une véritable expansion des vers 3-4, spectaculairement mise en valeur par l'enjambement d'un quatrain à l'autre : *ombre* y naît tout naturellement de l'idée même de *noir*; quant aux *golfes*, ils pourraient être issus de la forme même de la lettre (Λ) – sans préjudice d'autres raisons dont on reparlera.

On peut donc avec vraisemblance risquer une hypothèse à partir de l'exemple, non pas tant de la *voyelle* A que de la *lettre* A. S'attacher au concept de *voyelle*, comme le titre semble y inviter, ce serait en effet mettre en avant le phonétisme, ce qui fut précisément, sans doute, l'erreur d'Étiemble. Car l'exemple du A nous pousse à envisager une tout autre logique : le point de départ de Rimbaud pourrait bien avoir été, non le son, mais le graphisme de ces cinq voyelles *sous leur forme majuscule.* Il aurait évoqué alors pour chacune d'entre elles un élément naturel lié à ce graphisme par une analogie de forme (comme, pour le A, les mouches) et autour duquel pouvaient alors se regrouper divers objets ou représentations liés entre eux par la même couleur, qui était évidemment celle de l'objet initialement choisi. Seulement, si l'hypothèse paraît effectivement opératoire pour la lettre A, il n'en va manifestement pas de même à considérer les objets qui, s'agissant des quatre autres voyelles, en suivent immédiatement la mention. D'où une deuxième hypothèse, complémentaire de la première : ce qui masque la démarche de Rimbaud, c'est qu'il ne s'astreint nullement à ouvrir la série de ses analogies sur l'élément dont la forme est en rapport avec le graphisme de la lettre correspondante. On peut penser qu'en dépit de sa virtuosité, l'exercice était trop difficile, à moins qu'on ne doive parler de désinvolture, ce qui est après tout possible (on y reviendra), ou d'un jeu du chat et de la souris avec le lecteur qui relèverait alors d'un humour dont on ne crédite pas souvent Rimbaud – sans doute à tort.

Dans cette perspective, en tout cas, le U ne fait pas difficulté : il y a analogie formelle entre la forme majuscule de la lettre et le creux de vagues (les *vibrements*) que Rimbaud qualifie clairement de vertes (*virides*), quoique d'une manière assez étrangement précieuse. Pour ce qui est du I, les choses sont déjà moins évidentes ; on pariera tout de même sans grand risque que ce sont les *lèvres* qui sont ici la représentation de la lettre (d'où la couleur rouge), à condition d'envisager celle-ci horizontalement, à la manière d'un trait fendant le visage, comme y invitent métaphores courantes et expressions lexicalisées[1]. Le O, quant à lui, suscite immédiatement l'image d'un *Clairon* dont le pavillon reproduit

---

[1] La comparaison des lèvres avec des blessures sanglantes est classique et on connaît l'expression lexicalisée *des lèvres en coup de sabre.*

sa forme ; et ce dernier, comme on verra, est celui du Jugement, donc du Ciel – d'où la couleur bleue. Reste alors le E, pour lequel les choses semblent plus embrouillées, ni les *vapeurs* ni les *tentes*, ni les *rois* n'offrant à l'évidence de solution et les *lances des glaciers* entretenant un rapport problématique avec le graphisme de la lettre. Mais il se pourrait en fait que cette difficulté tienne à des raisons purement codicologiques : même si la totalité des éditions, en effet, imprime les mots *rois blancs* et se réclame pour ce faire du manuscrit autographe, on ne peut exclure que la véritable leçon soit *rais blancs*, comme le porte la copie, particulièrement soignée, de Verlaine[1] ; ou encore qu'il s'agisse de la leçon primitive, qui aurait pu être abandonnée par la suite[2]. On pense alors immédiatement à l'ultime paragraphe des *Ponts*, dans les *Illuminations* : « Un rayon blanc, tombant du haut du ciel […] ». Et ces *rais* blancs s'expliqueraient alors fort bien par la forme du E, avec ses barres horizontales projetées vers l'avant à la façon de rayons surgissant brusquement. Si, en revanche, il faut admettre *rois blancs*, alors le point de départ de Rimbaud, effectivement, ne peut guère avoir été que les *lances des glaciers* et il faut alors penser à une double opération analogique : d'abord à une lecture figurale du graphème E (genre de lecture dont un Hugo, par exemple, était familier), laquelle verrait s'y dessiner un homme porteur d'une ou plusieurs armes de jet ; ensuite à une métaphorisation des séracs d'un glacier par ces mêmes lances (on

---

1 La copie de Verlaine (intitulée d'ailleurs *Les Voyelles*) est d'excellente qualité et porte indiscutablement *rais blancs* au vers 6. Quant à l'autographe, sur lequel sont fondées toutes les éditions récentes, on y lit en général *rois blancs*, mais ce n'est pas absolument certain. Il arrive en effet au graphisme de Rimbaud de mal distinguer entre -*oi*- et -*ai*- : par exemple au vers 6 d'« *Aux livres de chevet…* », dans l'*Album zutique*, le mot *saurai* est écrit de telle sorte que, n'était la pression de la langue, on lirait probablement *sauroi*. De même, au vers 81 de *Ce qu'on dit au Poète à propos de fleurs* (« Et j'ai dit ce que je voulais ! »), le graphisme de *j'ai* est parfaitement clair, celui de *voulais* pas du tout : là aussi, sans la pression de la langue, on pourrait lire *voulois*. Pour *Voyelles*, il se pourrait donc que la cause ne soit pas jugée.
2 La version autographe est très probablement postérieure à la copie de Verlaine (comme le confirme Steve Murphy dans son édition des *Poésies*, *op. cit.*, p. 587).

observera que les illustrateurs de l'époque représentaient presque toujours les glaciers fractionnée en pointes de glace aiguës, ce qui était de nature à susciter cette métaphore).

Quoi qu'il en soit, la série des autres représentations évoquées pour chaque voyelle se comprend alors de reste. On a vu ce qu'il en était pour le A. Le E, quel qu'en ait été le point de départ, déploie une série de figurations de la couleur blanche dont le point commun est de révéler un esthétisme presque ostentatoire : l'usage de *candeurs* au sens étymologique, par exemple – artifice déjà bien installé dans le Parnasse –, les *vapeurs* et surtout les *frissons d'ombelles* qui appartiennent à un style décadent avant la lettre (c'est-à-dire, compte tenu du moment, à une sorte d'écriture artiste). De leur côté les *rois blancs* (si c'est bien d'eux qu'il s'agit) et les *tentes* renvoient à une fantasmatique bien connue dans la littérature du milieu du siècle, celle du pouvoir et de la royauté dans un Orient légendaire. Par *rois blancs*, en effet, il faut évidemment entendre « rois vêtus de blanc », comme c'est le cas par exemple du roi de Sodome dans *Le Feu du ciel*, poème liminaire des *Orientales* :

> En vain leur roi penche
> Sa tunique blanche […][1]

Quant aux tentes blanches, c'était la couleur royale dans l'Orient ; les tentes du sultan ottoman étaient, notamment, des tentes de soie blanche[2].

Il y a moins de mystères avec le I où, partant des *lèvres belles*, Rimbaud exploite une métaphore largement lexicalisée et fréquente dans la littérature amoureuse, celle du *pourpre des lèvres* (le *sang craché*, lui, est également lié aux lèvres, de façon évidente, mais il a aussi une autre fonction dans le poème, sur laquelle on

---

1 *Le Feu du ciel*, VIII, v. 76-77.
2 On observera que les tentes des femmes d'Abd el Kader dans la Smalah étaient blanches elles aussi : la presse de l'époque s'en était fait largement l'écho.

va revenir). Le U est nettement plus complexe : les *cycles* peuvent être tenus pour une reformulation des *vibrements divins*, le va-et-vient des vagues étant évidemment cyclique, mais les *pâtis* ne sont liés aux mers de façon évidente que par la couleur qui unifie la strophe, cependant que les *rides*, auxquelles on peut certes trouver des raisons d'être vertes[1], s'inscrivent peut-être davantage dans l'isotopie ouverte par *cycles*. Reste alors le O dont le *Clairon* apocalyptique explique assez les *Mondes* et les *Anges*. Mais avec cet ultime tercet, c'est une autre logique qui se devine, susceptible de donner au sonnet une perspective bien différente de celle qu'on a envisagée jusqu'ici.

Cette strophe finale, en effet, si elle joue le jeu de la forme et de la couleur, en joue aussi un autre qui est un jeu intertextuel. En deux vers, elle exhibe son rapport avec un poème alors si connu que le lecteur contemporain pouvait difficilement manquer le rapprochement : *La Trompette du Jugement*, paru en 1859 dans les *Petites Épopées*, première série de *La Légende des siècles*[2]. Qu'on en juge :

> Je vis dans la nuée un clairon monstrueux.
> Et ce clairon semblait, au seuil profond des cieux,
> Calme attendre le souffle immense de l'archange [...]
> Pas un murmure autour du clairon souverain.
> Et la terre sentait le froid de son airain,
> Quoique là d'aucun monde on ne vît les frontières. [...]
> On comprenait que tant que ce clairon suprême [...]

À ce degré de proximité, c'est de pastiche qu'il faudrait parler (toujours en évoquant ce *clairon*, le poème hugolien parle aussi du «silence inouï qu'il avait dans la bouche»). En entassant

---

1 On a invoqué, non sans raison, le début des *Assis* : «[...] les yeux cerclés / De bagues vertes». Les hommes de plume, les *assis*, écrit Étiemble, «on les représente volontiers livides, verdâtres»; pour Rimbaud, ils «ne sont que cadavres vivants» (*Le Sonnet des Voyelles*, Gallimard, 1968, p. 226).
2 On s'en est avisé d'ailleurs depuis longtemps, sans que cette évidence dérange le moins du monde la lecture du poème : voir J.-B. Barrère, «Rimbaud l'apprenti-sorcier. En rêvant aux *Voyelles*», *Revue d'histoire littéraire de la France*, janvier-mars 1956, p. 50-64.

ainsi sur l'espace de deux vers à peine *Clairon, Silences, Mondes* et *Anges*, Rimbaud interpellait littéralement son lecteur, le renvoyait ostensiblement au texte de Hugo. Et ce renvoi, bien sûr, avait du sens : dans cette apparente logique citationnelle, Rimbaud tournait en dérision, très probablement, le style visionnaire de Hugo, ses mots clés et aussi la prétention qu'il exprimait à une refondation religieuse. Car il ne faut pas s'y tromper ; reprenant le thème chrétien du Jugement dernier avec force références à l'*Apocalypse* (à commencer par la trompette elle-même[1]), Hugo y logeait en fait ses propres convictions religieuses, cette sorte de déisme gnostique qui devait informer jusqu'à l'épopée sociale des *Misérables*. Pastiche affiché, les deux vers de Rimbaud, selon toute vraisemblance, relèvent donc plus secrètement de la parodie et non sans raison.

Seulement, ils n'épuisent pas à eux seuls le sens de cette strophe. En accord avec la rhétorique du sonnet, ce dernier tercet affiche en effet une clausule qui est aussi un vers à effet, dans la mesure où il paraît jouer la carte de l'énigme :

– O l'Oméga, rayon violet de Ses Yeux !

Ce vers a suscité force interprétations mais souvent dans un sens qui, à y bien regarder, s'écarte de la réalité du texte. Les majuscules qui frappent l'énoncé *Ses Yeux* ont sans doute contribué à ce fourvoiement, parce qu'elles ont poussé certains exégètes à y voir une représentation symbolique du divin[2] en accord, pensaient-ils, avec le sens des deux vers précédents (où ils ne voyaient, pour leur part, nulle parodie). Or c'est aller là contre la structure même du tercet et ce point est essentiel. Si les deux premiers vers, en effet, placent le O, quoique implicitement, sous le signe de la couleur bleue (celle du ciel), en accord avec ce qu'avait énoncé le début

---

1 Que Hugo nomme systématiquement *clairon*, ce que reprend Rimbaud. La raison n'en est pas claire – prosodique peut-être ?
2 C'est le cas surtout de J.-B. Barrère (*op. cit.*) : « Les majuscules, réservées à ce dernier tercet, sont témoin de la puissance divine », écrit-il.

du poème, le dernier vers, lui, passe brusquement et sans crier gare au violet : geste particulièrement désinvolte dans la mesure où, selon la poétique du sonnet, le vers ultime est précisément censé en ramasser brusquement le sens, alors qu'il rompt ici en une sorte de pirouette avec le programme affiché dans l'alexandrin initial. Au surplus le O n'est plus vraiment l'objet de ce vers, mais bien l'*Oméga* – glissement qui est aussi une rupture que l'on n'aurait d'ailleurs aucune excuse à négliger, puisque Rimbaud a marqué le début de son vers d'un tiret qui vaut évidemment signe en ce sens. On connaît l'emploi qu'il fait, tout au long de son œuvre, de ces ponctuations[1] qui finiront par devenir dans les *Illuminations* un instrument essentiel du discours poétique. Mais dès le temps de son œuvre en vers leur rôle était réel et c'est certainement le cas ici : ce tiret n'est pas là sans raison et il a tout à fait l'air de suggérer graphiquement l'existence d'une solution de continuité entre les deux parties du tercet. D'où une conséquence que, dans un premier temps, on tiendra au moins pour vraisemblable : les vers 12-13 et l'alexandrin terminal pourraient bien ne pas avoir le même objet.

Ce qui a contribué à masquer le fait, c'est qu'en dehors même des majuscules qui singularisent un énoncé comme *Ses Yeux*, le vocabulaire religieux et même la référence à l'*Apocalypse* ne sont pas plus absents de ce dernier vers que des deux précédents, l'usage d'*Oméga* n'étant certainement pas ici un jeu de mots érudit ou une affectation hellénisante. «Je suis l'Alpha et l'Oméga, le premier et le dernier, le commencement et la fin[2]» dit en effet Dieu dans l'*Apocalypse*, marquant l'universalité de sa puissance et son droit d'être adoré à l'exclusion de toute autre figure divine. Dans le vers de Rimbaud, la mention de l'*Oméga* renvoie donc certainement à une Divinité, mais laquelle ? Si le mot, avec sa connotation biblique, a pu égarer certains exégètes, leur faisant

---

1   Sur ce point, je ne peux que renvoyer, en particulier pour ce qui regarde les *Illuminations*, à l'admirable livre de Michel Murat, *L'Art de Rimbaud*.
2   *Apocalypse*, 22, 13.

croire que c'était de Dieu qu'il s'agissait, la fin du vers et surtout le *rayon violet* engagent dans de tout autres directions et les hypothèses qu'on a pu formuler à leur endroit le montrent assez. On a suggéré par exemple que Rimbaud pouvait se souvenir là d'un poème de Leconte de Lisle, *Péristéris*, qui figure dans les *Poèmes antiques* :

> Dites son rire frais, plus doux que l'aubergine,
>   Le rayon d'or qui nage en ses yeux violets.

On conviendra peut-être qu'à tout le moins, il y a plus de vraisemblance à attribuer des yeux violets à une femme qu'au Dieu jaloux de la Bible. Ajoutons que ces yeux rayonnants ont certainement quelque chose d'un *topos*, puisqu'on les trouve par exemple dans la poésie amoureuse de Hugo[1]. Et on pense, inévitablement, à Baudelaire qui, après avoir écrit dans *Ciel brouillé* que les yeux de la femme aimée réfléchissaient «l'indolence et la pâleur du ciel», ajoutait :

> Comme tu resplendis, paysage mouillé
>   Qu'enflamment les rayons tombant d'un ciel brouillé !

Cet œil de la femme, le poète des *Fleurs du mal* s'était aussi demandé s'ils était «bleu, gris ou vert» et peut-être est-ce cet aspect changeant du regard de l'aimée que Rimbaud reprend ici à travers le choix de ce *violet* un peu surprenant, étranger en tout cas au programme théorique du sonnet. Quoi qu'il en soit, tout porte à croire que l'*Oméga* qui ouvre ce vers, s'il s'agit bien d'une Divinité, n'est nullement le Dieu de la Bible ou du Jugement dernier, mais bel et bien la Femme divinisée dont toute une poésie au XIXe siècle (et Baudelaire le premier) avait renouvelé la tradition. En dépit de la solution de continuité entre les deux parties du tercet, le sens s'en trouverait ainsi à la fois logique et complet : deux vers pour tourner en dérision, à travers Hugo,

---

1 «À vos yeux d'où sort le rayon» (*Paupertas*, v. 44 : *Chansons des rues et des bois*, I, 2, 4).

la *religion de l'avenir*[1] ; et une clausule pour moquer cette autre religion qu'était le culte romantique de la Femme et de l'Amour, lequel entretenait d'ailleurs avec l'esprit de religion proprement dit des rapports tout à fait évidents[2].

Mais si les derniers vers de ce sonnet entretiennent ainsi – sous les espèces du pastiche et de la parodie – une sorte de dialogue, à tout le moins critique, avec certains aspects de la poésie ou même de la pensée contemporaines, on ne voit pas pourquoi ce serait dans le seul dernier tercet que Rimbaud aurait sacrifié à cet exercice, au risque de rompre l'unité esthétique du poème. Et le fait est qu'on peut soupçonner quelque chose d'identique avec les *mouches éclatantes* du premier quatrain dans la mesure où, comme on s'en doute d'ailleurs depuis longtemps, elles se souviennent très certainement d'*Une charogne* de Baudelaire[3]. Mais les *golfes d'ombre* qui suivent prêtent aussi au même soupçon : on a formé plus haut l'hypothèse que c'était le graphème Λ qui expliquait leur présence, mais cette justification pourrait ne pas être la seule et peut-être même relève-t-elle du faux-semblant. Car non seulement le mot *ombre* est presque spécifiquement hugolien, mais « Un spectre m'attendait... », troisième pièce du dernier livre des *Contemplations*, s'ouvre sur le vers suivant : « Un spectre m'attendait dans un grand angle d'ombre ». Il n'y aurait donc

---

1 On connaît cette expression qui désigne une religion nouvelle, destinée à se substituer à un christianisme épuisé. Voir ce qu'écrivait George Sand à la veille de 1848 : « Nous ne voulons pas fonder seulement un empire universel sur un ordre nouveau et sur des bases équitables ; c'est une religion que nous voulons reconstituer. Nous sentons bien d'ailleurs que l'un est impossible sans l'autre [...] Notre autre mode d'action est tout spirituel : il s'agit d'édifier la religion de l'avenir » (*La Comtesse de Rudolstadt*, Robert Laffont, coll. *Bouquins*, p. 1008). La religiosité de Hugo, du moins à partir de l'exil, s'inscrit dans ce contexte.
2 On pense, une fois de plus, à Baudelaire – par exemple au *Flambeau vivant* : « Ils marchent devant moi, ces Yeux pleins de lumière / Qu'un Ange très savant a sans doute aimantés / [...] Charmants Yeux, vous brillez de la clarté mystique [...] ».
3 Notamment, bien sûr, à cause des *puanteurs*. On observera qu'on trouve dans ce quatrain avec *cruelles* (au sens de « sanglantes », latin *crudelis*) le même jeu un peu décadent avec l'étymologie que plus loin avec *candeur*.

rien d'impossible à ce que, comme les vers consacrés à O (ou à *Oméga*), ceux qui ont le A pour objet fassent eux aussi écho, tout à la fois, à Baudelaire et à Hugo. On se dit dès lors que ces renvois cryptés aux poètes contemporains ne devraient logiquement pas concerner ces deux seules strophes et de fait, les vers dédiés au E semblent une sorte de pastiche d'une certaine poésie parnassienne : ces *vapeurs*, ces *ombelles* qui semblent faites tout exprès pour être tournées en dérision dans *Ce qu'on dit au Poète à propos de fleurs*, des afféteries de style comme les *candeurs* et par dessus tout cette blancheur elle-même, symbole d'une pureté – qu'il s'agisse d'Éros ou de poésie – dont une grande partie du Parnasse avait fait son cheval de bataille[1]. Mais le I n'est sans doute pas moins allusif, bien qu'il déborde le domaine strict de la poésie : avec ses *lèvres belles* et son *sang craché*, c'est cette fois le répertoire de la passion romantique qu'il évoque, avec son lieu commun favori qu'est le dénouement tragique par la phtisie. Reste alors le U, dominé pendant près de deux vers par une logique purement chromatique, avec ses *mers virides* et ses *pâtis*, mais qui s'achève sur les *rides*, les *grands fronts* et l'*alchimie*. Or si le rapport des rides avec la couleur verte se comprend aisément, notamment dans l'optique d'un style burlesque[2], la présence des *grands fronts* ouvre certainement d'autres perspectives : ce trait physique désignait assez clairement Hugo à ses contemporains. Lui-même en avait fait l'indice de la profondeur de son esprit et les rides tenaient leur place dans cette symbolique narcissique, comme en témoigne notamment la pièce liminaire des *Feuilles d'automne* :

> Et l'on peut distinguer bien des choses passées
> Dans ces plis de mon front que creusent mes pensées[3]

---

1 Pas tout le Parnasse et pas seulement lui. Dans *Diane au bois* de Banville (1863), on trouve le vers suivant : « Celle dont le glacier vierge était le royaume » (II, 4). Le glacier rimbaldien n'a sans doute pas d'autre signification.
2 Voir ci-dessus, p. 237.
3 Ou encore la pièce XL, dernière de ce même recueil : « Oui, je suis jeune encore, et quoique sur mon front [...] / Une ride de plus chaque jour soit tracée ». On

Qui plus est la référence à l'alchimie pourrait nous entraîner elle aussi en terre hugolienne : on pense immédiatement au personnage central de *Notre Dame de Paris*, l'archiprêtre Claude Frollo, figure évidente de Hugo. Son grand front revient à plusieurs reprises dans le récit[1] et il est alchimiste avant tout[2], au point que lorsque le Compère tourangeau (c'est-à-dire Louis XI) lui demande quelle est la chose qu'il tient pour « vraie et certaine », il répond aussitôt : « L'alchimie[3] ».

Voyelles apparaît donc, sur la presque totalité de ses quatorze vers, comme saturé de références littéraires cryptées[4] qui, derrière le programme officiel du poème – « A noir, E blanc, I rouge… » –, forment comme un texte second. Et sur l'ambition de ce texte second, il n'est guère permis d'hésiter : le pastiche ou la parodie sont ici à l'ordre du jour et on parcourt ainsi comme un répertoire ironique de thèmes alors à la mode, une sorte d'*à la manière de…* répartie sur l'ensemble du sonnet, une anthologie, partielle et dissimulée, du lieu commun parnassien[5]. Or parmi ces lieux communs, les spéculations de toutes sortes sur la couleur, tantôt des mots, tantôt des sons qui les composent, mêlées à celles, sans cesse renaissantes, sur les origines du langage, tenaient une place qui n'était pas la moindre. Cet aspect du Parnasse était même si voyant que dans son roman satirique *Jean-des-Figues*, paru

---

se rappelle aussi que ce front est chez Hugo le signe distinctif des Mages dont il ambitionnait d'être, ce que Rimbaud, précisément, tourne en dérision à plusieurs reprises, par exemple dans *L'Homme juste* : « O ton front qui fourmille de lentes ! ».
1   En particulier en IV, 5 : « son grand font chauve » ou « ce large front ».
2   « Il avait risqué peut-être son âme et s'était assis dans la caverne à cette table mystérieuse des alchimistes » (*Notre Dame de Paris*, IV, 5).
3   *Ibid.*, V, 1.
4   À celles qu'on vient de relever, on pourrait certainement en ajouter d'autres. Par exemple les *cycles* du vers 9, qu'il est parfaitement possible de lire dans un sens abstrait, pourraient alors pasticher les grands poèmes contemporains à prétention philosophiques, comme par exemple ceux de Louis Ménard.
5   Doit-on doit rappeler que le Parnasse n'avait pas tardé à faire de Baudelaire son dieu, mais que la révérence envers Hugo y demeurait de règle, ce qui explique leur présence ici hégémonique ?

en 1868, Paul Arène, principal auteur du recueil de parodies *Le Parnassiculet contemporain*, qui tournait en dérision la nouvelle école[1], évoquait ainsi les premiers poèmes que publie son héros, jeune poète passé par l'initiation parnassienne :

> J'écrivis un poème de ce style ; et ce n'est pas celui qui réussit le moins. De sens, naturellement, pas l'ombre. Mais les pages y ruisselaient de mots chatoyants et sonores, de notes de toutes les couleurs. On voyait des passages gais où il n'y en avait que de bleus, d'autres tristes où il n'y en avait que de jaunes[2].

Naturellement, il s'agissait là de *mots* et non de lettres et il n'était pas question de *naissances* ; mais Arène était un satirique, c'était une tendance de fond qu'il avait repérée et qui lui fournissait sa matière. En réalité, il s'agissait là d'une nébuleuse mal définie de théories sur le langage dont le romantisme avait été friand – ou plutôt cette immense littérature spéculative qui avait été comme le double du romantisme : les écoles nouvelles en avaient hérité surtout à travers Baudelaire et pas seulement par le biais de *Correspondances*. Ces spéculations n'étaient pas neuves, elles remontaient pour l'essentiel à la fin du XVIIIe siècle où elles avaient participé, dans un contexte illuministe, de la remise en cause du rationalisme newtonien qui avait dominé les Lumières : le monde n'étant plus conçu comme un tout régi par des lois naturelles, mais comme un champ d'énigmes que la raison était condamnée à méconnaître, la langue elle-même participant désormais de ce mystère. D'où l'idée de correspondances obscures avec les choses, par exemple avec les couleurs ; de là aussi, s'agissant des éléments de la langue, la recherche d'*origines* ou, comme écrira Rimbaud, de *naissances latentes* par définition énigmatiques.

Voyelles s'inscrit-il pour autant dans cette logique ? On cite volontiers, à titre d'argument, quelques lignes de Hugo, datant à ce qu'il semble de la période 1846-1847 mais demeurées alors

---

1 *Le Parnassiculet contemporain* parut en décembre 1866.
2 Paul Arène, *Jean-des-Figues* (chapitre XVI, « Le Cénacle »).

inédites, où il écrit que «les voyelles existent pour le regard presque autant que pour l'oreille et qu'elles peignent la couleur». Ce texte peut effectivement avoir été connu puisque Hugo, dès avant l'exil, faisait ou laissait copier même certaines pages de ses carnets ou de ses journaux, sans en maîtriser la diffusion[1]. Seulement, pour lui, «A et I sont des voyelles blanches», O une «voyelle rouge» et «U [...] la voyelle noire[2]», sans compter qu'il donne à titre d'exemples des listes de mots qui contiennent chaque fois la voyelle concernée, ce que Rimbaud, précisément, ne fait pas. Plus proche de *Voyelles*, malgré des apparences contraires, est sans doute un autre texte de Hugo, datant probablement de 1839 :

> Avez-vous remarqué combien l'Y est une lettre pittoresque qui a des significations sans nombre ? – L'arbre est un Y ; l'embranchement de deux routes est un Y ; le confluent de deux rivières et un Y ; une tête d'âne ou de bœuf est un Y ; un verre sur son pied est un Y ; un lys sur sa tige est un Y ; un suppliant qui lève les bras au ciel est un Y.
> Au reste cette observation peut s'étendre à tout ce qui constitue élémentairement l'écriture humaine. [...] L'hiéroglyphe est la raison nécessaire du caractère. La société humaine, le monde, l'homme tout entier est dans l'alphabet. [...] A, c'est le toit, le pignon avec sa traverse, l'arche [...] E, c'est le soubassement, le pied-droit, la console et l'étrave, l'architrave, toute l'architecture à plafond dans une seule lettre [...] H, c'est la façade de l'édifice avec ses deux tours ; I, c'est la machine de guerre lançant le projectile [...] O, c'est le soleil ; P, c'est le portefaix debout avec sa charge sur le dos [...] U, c'est l'urne [...] Z, c'est l'éclair, c'est Dieu[3].

---

1   Le processus reposait sur des indiscrétions de secrétaires, de copistes, voire même d'éditeurs (lesquelles exaspéraient Baudelaire, qui y voyait un moyen de chauffer le succès d'un prochain livre). Le rôle des fils de Hugo a été sans doute capital en l'occurrence, surtout celui de Charles, qui expertisait en cachette les écrits et dessins de son père, puis en disposait selon son inspiration. C'est à Pierre Canivenc que je dois l'essentiel de ces renseignements hugoliens : qu'il veuille bien trouver ici l'expression de ma profonde gratitude.
2   Victor Hugo, *Œuvres complètes* (Robert Laffont, coll. *Bouquins*, 1985), t. VIII (*Océan*), p. 210-211.
3   Ce texte date certainement du voyage de Hugo dans les Alpes en 1839. Resté inédit, il parut en 1890 dans un volume posthume intitulé *Alpes et Pyrénées*. On le trouvera dans le volume *Voyages* de l'intégrale hugolienne, dans la collection *Bouquins* (p. 684).

En dépit de l'absence de toute spéculation sur les couleurs, cette idée d'*hiéroglyphe*, qui consiste à établir une relation d'origine entre la lettre[1] et un quelconque élément de la nature est proche à certains égards de la *pratique* rimbaldienne dans *Voyelles* : ce sont là, au sens propre, des *naissances latentes*. Certes, Rimbaud n'a pu connaître ce texte encore, comme on l'a vu, que l'existence de ces spéculations hugoliennes ait pu être connue. Mais ces idées étaient dans l'air du temps et même pour Hugo, il suffisait pour savoir que sa pensée allait dans ce sens d'ouvrir les *Contemplations*. Au troisième livre de ce recueil figure en effet un poème où se lisent les vers suivants :

> L'eau, les prés, sont autant de phrases où le sage
> Voit serpenter des sens qu'il saisit au passage[2].

Il n'est pas besoin d'être grand clerc pour comprendre que Hugo spécule sur la *forme* de la lettre S, qu'il renvoie à l'image de l'eau serpentant dans la prairie. De là, il ne serait guère difficile, pour parler comme lui, de passer à l'idée d'*hiéroglyphe* : de la même façon, dans le texte de 1839, « le toit, le pignon avec sa traverse » lui semblaient entretenir avec le A un rapport qu'il réinterprétait aussitôt en termes d'origines. C'est tout à fait le programme qu'annonce Rimbaud avec le même A et le *noir corset* des mouches – pour lesquels la couleur lui est en quelque sorte donnée par surcroît. Seulement, ces similitudes sont trompeuses parce qu'elles tendent à dissimuler la véritable portée de ces analogies hugoliennes et le sens que prend chez lui le mot *hiéroglyphe*. Fragment d'une écriture sacrée, en effet, celui-ci dissimule autant qu'il révèle ; et surtout, le sens qu'il dévoile ne vaut pas en lui-même, mais comme élément d'un mystère global qu'il contribue à éclairer : ces analogies et ces origines sont aussi

---

1 À des fins de comparaison, on a cité ici, du texte hugolien, essentiellement des voyelles.
2 «*Je lisais…*» (*Contemplations*, III, 8).

comme les mots d'un langage universel qui parle à l'homme de l'énigme du monde et contribue à lui en éclairer le sens. La prairie dans laquelle serpente la rivière n'est pas seulement une rêverie sur la naissance du S, mais elle apprend au rêveur que tout est signifiant, que le monde a un sens qui dépasse infiniment les évidences rationnelles. En quoi Hugo prenait sa part de la grande entreprise du romantisme mystique.

Or que fait Rimbaud dans *Voyelles*? Contrairement à ce qu'on a prétendu, il dit bien les *naissances latentes* des voyelles, mais à sa façon et certainement pas avec l'arrière-plan métaphysique, ou plus exactement gnostique, qu'on a prétendu. Ce n'est pas chez lui, mais bien chez Hugo, que les lettres «contien[nent] l'univers[1]». Non que les rapprochements sur lesquels se fonde, pour chaque voyelle, la suite des analogies soient avec lui de nature essentiellement différente : il n'est ni plus ni moins fondé en raison de voir dans le A le *corset* de mouches que d'y deviner «le pignon avec sa traverse». Tout au plus mesure-t-on là un écart esthétique, la permanence chez Hugo du vieux discours sur l'Homme et la demeure, et chez Rimbaud, peut-être, une certaine provocation ironique dans le choix du comparant. Mais surtout, en enchaînant les analogies, Rimbaud ne joue aucunement la carte gnostique, ne prétend pas explorer le mystère du monde et pas davantage celui de la langue : ce sont des lieux communs littéraires ou poétiques contemporains qu'il exhibe dans des rubriques successives et avec une ironie qu'on sent souvent affleurer. Les couleurs, notamment, lui servent littéralement de prétexte et rien ne révèle mieux cette dimension ironique du poème que certaines de ces séquences : c'est criant pour tout ce qui relève du blanc, avec ses *frissons d'ombelles* et ses *vapeurs* décadentes avant la lettre, mais aucune des voyelles n'en est exempte et surtout pas dans les allusions à Hugo ou à Baudelaire. Car c'est encore un trait majeur de ce sonnet que, rempli d'allusions satiriques, celles-ci

---

1   *Cf.* ci-dessus, p. 223.

nous renvoient à ce qui dominait alors l'actualité littéraire et poétique : Hugo, la figure tutélaire dont on ne peut se débarrasser, le prophète d'une religion nouvelle et l'interprète de la Bouche d'ombre ; Baudelaire, poète d'un frisson nouveau, mais esthète et desservant d'un culte régressif de la Femme ; et au plus proche de Rimbaud au moment même où il écrit, un Parnasse officiel en voie de définir le mot d'ordre poétique, celui-là même qui se trouve tourné en dérision par les *frissons d'ombelles*.

C'est donc sans la moindre pensée pour l'occultisme qu'on doit relire *Voyelles*. Dans ce sonnet secrètement ironique (et même parodique), ce n'est pas au mystère du monde qu'on a affaire, mais au monde littéraire et poétique, à ses figures totémiques et à ses esthétiques successives et contradictoires, telle qu'on pouvait les percevoir vers la fin de 1871. Et tel qu'il se présente, il est à coup sûr emblématique de la situation de Rimbaud à ce moment-là : intégré jusqu'à un certain point à un groupe (en l'occurrence le groupe zutiste), mais entièrement marginal – et plus encore sans doute que ce groupe lui-même – par rapport aux courants majoritaires dans lesquels la société, ou une partie significative d'entre elle, acceptait de se reconnaître. De là les cibles qu'il se choisit (Hugo, Baudelaire, le Parnasse officiel), dans la forme favorite de la poésie parnassienne (le sonnet) et en usant comme support d'un sujet dans l'air du temps, la spéculation à coloration métaphysique sur les éléments du langage. Verlaine, décidément, avait dit vrai pour une fois : dans *Voyelles*, c'était à *l'extrêmement spirituel Rimbaud* qu'on avait affaire. Mais les Symbolistes, bien sûr, n'allaient pas l'entendre de cette oreille et c'est sous l'influence de leur conception de la poésie que la lecture mystique du sonnet allait démarrer. Le malheur voulut que, s'agissant de Rimbaud, Verlaine avait choisi une fois pour toutes de se taire, de fuir le débat ; et aussi que *Voyelles* commença vraiment d'être lu en 1884 – l'année d'*À Rebours*.

QUELQUES MOTS SUR
« L'ÉTOILE A PLEURÉ ROSE… »

« Vue par un voyant, la femme même devient belle [...] Transfigurée par le poète, elle se transforme en prodige ». C'est Étiemble qui, dans le *Rimbaud* qu'en 1936 il publiait avec Yassu Gauclère[1], consacrait à l'un des plus brefs poèmes de Rimbaud ces lignes quelque peu surprenantes. On connaît le texte rimbaldien :

> L'étoile a pleuré rose au cœur de tes oreilles,
> L'infini roulé blanc de ta nuque à tes reins
> La mer a perlé rousse à tes mammes vermeilles
> Et l'Homme saigné noir à ton flanc souverain.

Disons-le tout net : l'enthousiasme d'Étiemble qui, à l'époque, était encore dans ses années surréalistes, paraît ici quelque peu suspect et pourrait bien être de commande. Une vingtaine d'années plus tard, Suzanne Bernard le laissera d'ailleurs entendre dans son édition de Rimbaud en avouant « ne pas partage[r] » un tel « émerveillement » à l'égard d'un poème qui ne lui semblait guère valoir que par « la virtuosité de l'auteur[2] ». Réticences qui font honneur à la perspicacité de l'éditrice mais dont l'intérêt est sans doute plus grand qu'elle ne le croyait elle-même : car à y bien réfléchir, ce que met en évidence cette réaction de rejet, ce ne sont pas seulement les motifs et les présupposés d'Étiemble,

---
1 Étiemble et Yassu Gauclère, *Rimbaud*, Gallimard, 1936. La citation figure à la p. 123 de l'édition de 1950.
2 Rimbaud, *Œuvres*, Garnier, 1960 (édition de 1981 revue par A. Guyaux, p. 412).

mais aussi ceux de la quasi totalité de l'exégèse devant un poème dont il y a lieu de croire, comme je vais essayer de le montrer ici, que la lecture a toujours été paresseuse.

Les motifs d'Étiemble étaient d'une évidence aveuglante : sur un quatrain qu'il tenait visiblement pour un blason du corps féminin, il plaquait un discours surréaliste de stricte observance[1]. Il lui *fallait* en effet, du moins à cette époque, croire que l'entreprise rimbaldienne avait bien été dans ces quatre vers d'ériger la femme en un « prodige » à la mesure de l'amour fou – faute de quoi Rimbaud y perdait son statut de « voyant » et lui-même tout droit d'admirer ce qui n'était plus alors que fabrication rhétorique. Or cette dialectique, on la retrouve un peu partout à l'œuvre, dans la mesure du moins où les exégètes prêtent vraiment attention à un texte qu'ils tiennent probablement pour mineur : tous ou presque, à la façon d'Étiemble, y voient un blason du corps féminin ; mais la plupart du temps, ils y découvrent comme lui *autre chose* et c'est, implicitement ou non, cette autre chose qui est censée garantir au poème son caractère authentiquement rimbaldien.

L'argument le plus souvent invoqué dans cette perspective, c'est celui du rapport étroit qui existerait entre « *L'étoile a pleuré rose…* » et *Voyelles*. Ce rapport est d'autant plus facilement postulé que le quatrain ne nous est connu que par un manuscrit de la main de Verlaine dans lequel les deux poèmes se succèdent immédiatement sur le même feuillet. Mais en dépit d'une objectivité apparente, le raisonnement philologique n'est ici qu'un faire-valoir : ce dont il s'agit en réalité, c'est de réduire l'inconnu à ce qu'on croit connu, de ramener le quatrain à une orthodoxie rimbaldienne dûment répertoriée. Telle édition de poche présentera ainsi les deux textes à la suite l'un de l'autre et surtout dans une mise en page qui, au premier regard, interdit presque de distinguer entre

---

1   Cela en dépit du problème que lui posait en la circonstance l'homosexualité de Rimbaud (c'est là l'explication de l'étrange expression « la femme *même* »).

eux[1] : le lecteur est alors conduit à tenir pour évident qu'il s'agit là de deux poèmes d'inspiration très proche[2] et qui doivent en somme être parcourus du même regard. Or c'est là pure illusion et il n'est, je crois, pas difficile de le montrer. On ne se donnera pas le ridicule d'observer que les couleurs diffèrent majoritairement d'un texte à l'autre parce que l'argument n'aurait à l'évidence rien de décisif et qu'un jeu analogique au fond identique pourrait parfaitement s'accommoder d'un tel écart. Mais voici plus grave : avec *Voyelles*, c'est sur un rapport entre couleurs et lettres fondé dans la réalité (le trait en I des *lèvres* rouges, le U sans cesse recommencé de la houle dans les *mers virides*) que se greffe le déploiement analogique, alors qu'il n'en est rien dans le quatrain. Dans «*L'étoile a pleuré rose...*» en effet, l'arbitraire et la syntaxe relient seuls *l'infini* ou *la mer* à la couleur censée leur correspondre et on pourrait même sans invraisemblance aller jusqu'à dire que, si les couleurs sont essentielles à *Voyelles*, où le jeu prédicatif repose entièrement sur elles, il n'en va nullement de même dans le quatrain : seraient-elles absentes du poème qu'il continuerait d'être. Pour certaines d'entre elles, on peut même soupçonner qu'on y doit leur présence, non au jeu profond de l'analogie poétique, mais plus simplement à des codes culturels : qu'on relise par exemple le deuxième vers et on verra que le *blanc* a toutes les chances d'y être une épithète de nature renvoyant à l'érotique conventionnelle du XIXe siècle. Si on veut bien considérer qu'en outre, la contiguïté des deux poèmes n'a certainement pas la valeur d'argument qu'on a voulu lui donner dans la mesure où, comme on le verra, elle n'a pas toujours existé, la conclusion s'impose d'elle-même : ce rapport privilégié avec *Voyelles* dont on fait tant de cas se révèle au total tout à fait fictif. Avec une

---

1 Rimbaud, *Œuvres*, préface et commentaire de Pascaline Mourier-Casile, Pocket, 1998, p. 137. On ajoutera que, dans cette édition, «*L'étoile a pleuré rose...*» ne bénéficie pas de la moindre annotation, à la différence naturellement de *Voyelles*.
2 Certains éditeurs l'affirment explicitement, notamment J.-L. Steinmetz qui écrit que «ce quatrain semble une illustration analogique du sonnet des Voyelles» (Rimbaud, *Poésies*, GF Flammarion, 1989, p. 272).

conséquence dont il faut, je crois, mesurer toute la portée : aucun argument factuel ne permet plus du coup, à travers ce trop fameux sonnet, de rattacher « *L'étoile a pleuré rose...* » à la prétendue grande entreprise de Rimbaud, celle-là même dont le mot de *voyant* a si longtemps garanti l'illusoire existence et dont la critique n'a pas toujours renoncé à dessiner l'épure, des lettres de mai 1871 à *Alchimie du verbe* en passant précisément par *Voyelles*.

À s'en tenir pour l'exégèse du quatrain aux limites qu'Étiemble, il y a plus d'un demi siècle, lui traçait déjà comme à une espèce de *doxa*, on se trouve donc ramené à la seule perspective qui ait fait jusqu'à présent l'unanimité de la critique : celle qui voit dans « *L'étoile a pleuré rose...* » un pur blason du corps féminin. Or, à moins de vouloir renvoyer le poème à une improbable mythologie surréaliste avant la lettre, quelle vraisemblance à ce qu'un Rimbaud, récent auteur de *Mes petites amoureuses* et dont les premiers mois à Paris verront la collaboration aux textes parodiques ou obscènes de l'*Album Zutique*, ait pu composer vers la même époque ce qui serait en somme un hommage idéalisant à la Femme ou, pire encore, la manifestation d'un culte esthétisant de la Beauté ? Il est vrai que certains envisagent sans défaveur l'idée qu'il ait pu, avec ce poème, vouloir se mesurer à Mérat, lequel avait publié en 1869 avec *L'Idole* une suite de sonnets qui, effectivement, constituaient à eux tous une sorte de blason du corps de la femme. Ce qui donne un air de vraisemblance à cette hypothèse c'est évidemment le fait que Rimbaud ait, comme on sait, désigné ce même Mérat (en compagnie du seul Verlaine) comme un des « deux voyants » de la nouvelle école. Et il est vrai que, même si la lecture de *L'Idole* ne peut en fait que décevoir quiconque s'attendrait à y découvrir au premier regard un intertexte rimbaldien, on ne peut pour autant exclure qu'il y ait dans « *L'étoile a pleuré rose...* » quelques réminiscences de ce bref recueil. Peut-être est-ce le cas notamment avec la huitième pièce de Mérat, intitulée *Le Sonnet de l'oreille* et dont il n'est pas impossible que se souvienne le premier vers de Rimbaud :

> Elles seraient le rose et le satin des fleurs [...]
> Et la lumière y trace, exquise, des sillages.

Rapport néanmoins bien aléatoire, pour ne pas dire plus. Et surtout, le projet même de *L'Idole*, comment croire que Rimbaud ait pu, à quelque degré que ce soit, vouloir le reprendre ? Ce mince recueil de vingt sonnets n'est pas seulement marqué par une préciosité typographique assez courante à l'époque ; il affiche aussi, dès son prologue, un programme de beauté plastique auquel ne manque même pas une espèce de justification idéologique dans laquelle on retrouve, en matière de poésie, un des pires lieux communs de ces années d'Empire finissant :

> *Et, rattachant le tout d'un plastique lien,*
> *Composer dans la forme, honneur de la matière,*
> *Une grande figure au front olympien.*

Difficile de croire que de tels vers aient pu susciter chez Rimbaud l'adhésion intellectuelle et artistique qu'impliquerait le projet de rivaliser avec *L'Idole*. On pourrait envisager, il est vrai, qu'il ait délibérément joué un jeu, concevant par exemple le quatrain comme un hommage à Mérat destiné à lui procurer l'appui de ce dernier. L'idée n'a en soi rien d'absurde, mais avec l'évolution catastrophique des rapports entre lui et l'auteur de *L'Idole*, une telle démarche aurait très rapidement perdu sa raison d'être : or « *L'étoile a pleuré rose...* », comme on le verra, n'a pas cessé d'avoir sa place dans les projets d'édition rimbaldienne remâchés par Verlaine au long de l'hiver 1871-1872. De sorte que le problème demeure en réalité tout à fait entier.

Faut-il pour autant se résigner à l'improbable hypothèse d'un Rimbaud qui aurait été, l'espace d'un quatrain, une espèce d'esthète parnassien ? Je ne le crois pas, parce que cette impasse critique tient en fait au respect, conscient ou non, de la *doxa* exégétique que j'ai placée en commençant sous l'égide d'Étiemble. Or celle-ci ne repose en réalité sur rien et surtout pas sur des données factuelles ou philologiques. Le manuscrit de « *L'étoile a pleuré rose…* » fait partie de ce qu'on tend aujourd'hui à nommer le *recueil Verlaine* ou *dossier Verlaine*, ensemble de feuillets paginés offrant au total une quinzaine de poèmes rimbaldiens, très majoritairement formé de copies verlainiennes[1] et qui témoigne sans aucun doute du projet qu'eut Verlaine, au cours de l'hiver 1871-1872, d'éditer la production récente de Rimbaud. Mais il existe un autre document[2] dont on ne peut pas ne pas tenir compte, bien qu'on tende trop souvent à le passer sous silence (peut-être parce qu'il est resté longtemps inconnu) et qui est une liste de poèmes rimbaldiens avec décompte du nombre de vers, liste écrite également de la main de Verlaine et qui renvoie très probablement au même projet éditorial. C'est ce dernier document qui, au plan philologique, rend absolument problématique le rapprochement avec *Voyelles* puisque si le dossier Verlaine, ainsi qu'on l'a vu, met bien « *L'étoile a pleuré rose…* » dans la proximité immédiate du fameux sonnet, il n'en va plus de même avec la liste verlainienne où le quatrain se situe entre *Oraison du soir* et *Les sœurs de charité*. Mais surtout, cette liste donne au poème le titre à première vue surprenant de *Madrigal*, titre sur lequel on n'a jamais songé, à ma connaissance, à s'interroger et dont il se pourrait bien pourtant qu'il nous fournisse des indications décisives.

Un tel titre pourrait certes conforter l'hypothèse d'un poème parnassien, aussi bien d'ailleurs (et, semble-t-il, avec une plus grande probabilité) que celle d'un pastiche ou même d'une parodie. Mais là n'est pas le plus important. Ce qu'il faut se demander en effet, c'est d'abord quelle était la logique poétique que pouvait désigner un tel titre sous la plume d'un Rimbaud qui, ne serait-ce que par apprentissage scolaire de récent rhétoricien,

---

1 Il comporte aussi quelques autographes rimbaldiens. Les poèmes y sont transcrits au recto comme au verso : *Voyelles* et « *L'étoile a pleuré rose…* » y figurent à la page 15, c'est-à-dire au recto du f. 8.
2 Il a été publié pour la première fois (avec reproduction photographique) par A. Vial, *Verlaine et les siens*, Nizet, 1975, p. 131-133.

ne pouvait en ignorer au moins les grands traits. Un dictionnaire contemporain comme le Littré désigne le madrigal comme une « pièce de poésie renfermant, en un petit nombre de vers, une pensée ingénieuse et galante ». Un petit nombre de vers, soit ; et le poème de Rimbaud est bien conforme à cette exigence de brièveté. Mais avec ses *quatre* vers, c'est peut-être moins au madrigal qu'il fait penser qu'à l'épigramme, laquelle adopte si souvent cette formule comme le montrent tant de pièces célèbres de Voltaire. Il faut d'ailleurs rappeler que la limite entre les deux genres n'a cessé d'être quelque peu indistincte et on se souvient de Trissotin hésitant visiblement à tracer entre eux une frontière :

> Et je pense qu'ici je ne ferai pas mal
> De joindre à l'épigramme, ou bien au madrigal,
> Le ragoût d'un sonnet[1] [...]

Or quelle était le trait caractéristique de ces formes brèves et comment s'y imposait la « pensée ingénieuse » qui, pour Littré, en était l'essence ? Le plus souvent par le coup de fouet du dernier vers[2], par l'effet de surprise qui en était la formule rhétorique. Si le titre *Madrigal* a ici un sens, il y a donc gros à parier qu'il renvoie à un fonctionnement de cet ordre, désigne le dernier vers du quatrain comme le cœur même du poème. Or il suffit, une fois de

---

1 *Les Femmes savantes*, III, 2. Le « sonnet » auquel fait allusion Trissotin est évidemment le *Sonnet à la princesse Uranie sur sa fièvre* qu'il débite quelques vers plus loin. Il récite ensuite, comme on sait, la pièce *Sur un carrosse de couleur amarante* : dans sa bouche, les mots « ou bien » signifient donc qu'il ne sait trop si la pièce en question relève du genre *madrigal* ou du genre *épigramme*. Cette scène des *Femmes savantes*, dont le succès scolaire ne se dément pas durant des générations, était évidemment connue de Rimbaud.
2 C'est évidemment vrai (quoique de façon grotesque) de la pièce lue par Trissotin dans *Les Femmes savantes* (on s'en rappelle le dernier vers : « Dis plutôt qu'il est de ma rente »). Les exemples seraient ici innombrables, mais on notera avec intérêt qu'un Guillaume Colletet, auteur au XVIIe siècle d'un *Traité de l'épigramme*, après avoir donné le madrigal comme l'équivalent espagnol ou italien du genre dont il traitait, précisait que lui aussi se terminait ordinairement par une pointe (cité par B. Dupriez, *Gradus*, L.G.E., collection 10 / 18, 1984, p. 192).

plus, de parcourir les éditions pour voir que, la plupart du temps, tout semble se passer comme si ce dernier vers de « *L'étoile a pleuré rose…* » n'existait littéralement pas. Tantôt (et c'est de loin le cas le plus fréquent) on garde sur lui le silence le plus complet[1] ; tantôt on donne l'illusion de le prendre en compte mais en s'efforçant, fût-ce contre toute vraisemblance, d'en ramener l'interprétation à celle qu'on a développée pour les trois premiers vers, c'est-à-dire le plus souvent au thème du blason. On en viendra ainsi à écrire que tout au long du poème se déploient des « notations sur le corps féminin, les oreilles comme une étoile rose, le dos comme un espace blanc infini, la poitrine et le ventre comme la mer[2] » – ce qui revient à fermer paisiblement les yeux sur le fait que dans le dernier vers, c'est l'*Homme* et non pas la *mer* qui est le sujet. Cécité symptomatique et dont l'origine est assez claire : si la plupart des commentateurs se taisent sur ce vers ou en viennent à son propos à distordre le sens et jusqu'à la syntaxe, c'est qu'il occupe en effet dans le quatrain la place stratégique que désignait en quelque sorte un titre comme *Madrigal*, mais qu'en aucun cas il ne se laisse ramener au thème convenu du blason[3].

À vrai dire, on aurait dû s'en douter depuis longtemps. Car quelle apparence que le sang *noir* qui est au cœur de ce vers ait pu être le matériau d'une métamorphose esthétisante ou même d'une érotique ? Cela d'autant plus que le manuscrit nous ouvre une perspective entièrement différente et dont il est d'autant plus surprenant qu'on ait négligé d'en tenir compte que les éditions

---

1   À l'exception notable de Pierre Brunel, comme on le verra plus loin.
2   Ce commentaire est d'A. Adam, un des plus médiocres éditeurs de Rimbaud il est vrai (Rimbaud, *Œuvres complètes*, Gallimard, Bibliothèque de la Pléiade, 1972, p. 903). Mais la médiocrité coutumière de son commentaire n'est peut-être ici pour rien : c'est, une fois de plus, la volonté de tout ramener au thème du *blason* qui amène l'exégète à tordre littéralement le texte.
3   Dans son édition la plus récente (Folio Classique, 1999, p. 292) L. Forestier, visiblement lucide sur les faiblesses du thème du blason (qu'il avait accepté dans ses éditions antérieures) entreprend d'en sortir en faisant du quatrain une sorte d'hymne à la sensualité. C'est là, en un sens, retrouver la lecture d'Étiemble ; mais même dans cette perspective, le problème du dernier vers demeure entier.

ont en général respecté sur ce point les données philologiques. Ce qui aurait dû frapper en effet à première lecture, c'est la majuscule éclatante qui, au cœur même de cette clausule du poème, impose le mot *Homme*, majuscule dont l'importance se redouble évidemment de ce qu'aux vers précédents elle ne marque ni *mer*, ni même *infini*, mot pour lequel elle semblerait pourtant presque attendue. Or cette majuscule, nous en connaissons bien l'emploi et le sens : c'est elle qui, dès le début de la carrière poétique de Rimbaud, rythme *Soleil et Chair* où le mot *Homme*, après rien moins qu'une douzaine d'occurrences, resurgit à l'ultime moment pour pointer en quelque sorte le lien du texte rimbaldien avec ce qui est, quoi qu'on ait pu en dire, son véritable terreau d'origine, c'est-à-dire les grands discours utopiques du XIXe siècle. Récent éditeur de l'œuvre, Pierre Brunel a soupçonné dans le dernier vers de « *L'étoile a pleuré rose...* » un écho du récit johannique de la Passion où, comme on sait, un soldat romain perce le flanc du Christ dont il sort du sang et de l'eau[1]. C'est en effet plausible et l'on sait bien que le dialogue avec le grand Texte que constitue le discours chrétien sous toutes ses formes constitue un des motifs essentiels de la création rimbaldienne. Mais encore faut-il préciser : s'il est vrai qu'une des démarches majeures de Rimbaud est de recycler thèmes et mythes du christianisme, c'est dans un esprit tout à fait étranger à ce même christianisme puisqu'il les inscrit le plus souvent dans la perspective de ce qu'on a nommé, d'un mot peut-être discutable, le messianisme laïc. C'est à cette démarche, sans doute surprenante pour notre modernité mais fondamentale pour tout un pan du XIXe siècle, qu'on doit aussi bien le « blanc Agneau Pascal » de *Michel et Christine* que ce « Noël sur terre » qu'évoque *Adieu*, à l'extrême fin d'*Une saison en enfer*. Or, avec sa majuscule si datée, le mot *Homme* se rattache clairement à ce type de discours et si la référence johannique a un sens pour le dernier vers de « *L'étoile a pleuré rose...* », ce ne peut être au total que dans cette seule perspective.

---

1 Rimbaud, *Œuvres complètes*, La Pochothèque, 1999, p. 810.

Cela d'autant plus que les données philologiques imposent en la matière un éclairage dont il est difficile de ne pas tenir compte. Car même si la liste verlainienne correspond à un projet qui a en définitive avorté, elle témoigne pour ce qui aurait dû être le premier recueil publié de Rimbaud d'une orientation qu'on ne peut décemment méconnaître. S'ouvrant notamment sur cette cinglante satire de la réaction platement irénique de Hugo devant la tragédie du printemps 1871 qu'est *L'Homme juste*, se poursuivant par *Les Mains de Jeanne-Marie*, puis par ces *Veilleurs* qui étaient à peu près certainement une sorte de tombeau de la Commune, elle s'achève en effet sur les violences de *Paris se repeuple*, qui semble jouer là le rôle d'une espèce de clausule et se trouve immédiatement précédé de deux poèmes sans doute perdus (à moins qu'ils ne soient restés à l'état de projets) mais dont les titres disent assez l'orientation politique : *La France* et *Les anciens partis*[1]. Quand on connaît l'importance de la clôture d'un livre de poèmes dans la stratégie éditoriale de l'époque (mais aussi dans la conquête d'un sens, comme on le voit bien avec *Les Fleurs du mal*), voilà qui en dit long. Certes, cette liste n'est pas une table des matières, mais la disposition qu'elle adopte n'en est pas moins très proche de l'ordre du dossier Verlaine tel que l'indique la pagination de ses feuillets. À eux deux, ces documents montrent en tout cas avec une espèce d'évidence ce qu'aurait été ce premier livre de Rimbaud s'il avait vu le jour : à quelques mois de la Semaine sanglante, un volume marqué par l'événement, dans une large mesure un discours poétique autour de la Commune disparue et dans lequel aurait évidemment perduré l'influence des *Châtiments*. On sait qu'à la même époque Verlaine envisageait de son côté, non sans une grande naïveté, de publier un recueil d'inspiration

---

1 La dénonciation des «anciens partis» était sous le Second Empire un lieu commun de la propagande gouvernementale et le publiciste (d'ailleurs de tendance orléaniste) Prévost-Paradol avait pris au mot le discours officiel poure écrire sous ce titre une brochure nettement hostile au régime. Ces faits permettent de comprendre le titre de Rimbaud : si le poème a existé autrement qu'à l'état de projer, il s'agissait très probablement d'un poème satirique – ce qu'est au fond *Paris se repeuple* où l'influence de Juvénal est évidente.

analogue qui aurait dû s'appeler *Les Vaincus*, recueil qui ne parut jamais et dont les poèmes furent dispersés par la suite (et dans un contexte bien différent) au long de ses volumes des années quatre-vingt. Le recueil rimbaldien de 1872 aurait été, s'il avait vu le jour, quelque chose de comparable. Or c'est au cœur d'un tel ensemble que « *L'étoile a pleuré rose...* » (ou, si l'on préfère, *Madrigal*) aurait dû figurer : comment dans ces conditions douter de la nature de ce sang *noir* qui éclabousse l'extrême fin du poème ? Et comment ne pas comprendre la fonction à la fois idéologique et historique qu'y assume l'*Homme* ? Car si celui-ci est bien, au XIXe siècle, le sujet et l'instrument du discours utopique, le propre de ce même discours, y compris quand il prétend (comme ce fut si souvent le cas) à une sorte de refondation religieuse, est presque toujours de s'investir dans le devenir historique[1] : *Soleil et Chair* le montre assez, où cette appréhension mythique de l'histoire de l'Homme est vécue sous les espèces doubles et complémentaires du Paradis perdu et de l'espérance messianique[2]. Mais en cette fatale année 1871, cet horizon fabuleux, qui sans aucun doute avait correspondu pour Rimbaud à une espérance vécue (comme le prouvent suffisamment ses lettres du mois de mai), venait de se fermer dans la violence. Et c'est bien à cela que renvoie le sang *noir* de l'*Homme* au dernier vers de « *L'étoile a pleuré rose...* » : à l'interruption meurtrière de l'utopie, au dénouement sanglant des soixante treize jours de la Commune.

---

1 Du moins dans une période qui va, pour l'essentiel, des années de la monarchie de Juillet au tout début de la IIIe République. Ces thèmes messianiques s'essoufflent très nettement avec la période de l'Empire et ils jettent au fond leur dernier éclat au moment de la Commune.

2 « Car l'Homme a fini ! L'Homme a joué tous les rôles ! » : on est là, du fait de la chute hors d'un mythique Paradis perdu, dans ce que Rimbaud nommera plus tard les « marais occidentaux ». Mais voici (dans la version *Credo in unam* envoyée à Banville) le retournement messianique : « Oh ! l'Homme a relevé sa tête libre et fière ! ». On notera que dans les deux versions de ce poème le vers final est « Les Dieux écoutent l'Homme et le Monde infini ! » cependant que, quelques vers auparavant, l'une et l'autre font surgir un Héraklès hugolien, « terrible et doux », qui est à l'évidence la figure allégorique de l'Homme, ce que pourrait bien marquer le H majuscule de son nom.

C'est, bien entendu, dans cette perspective que la référence au récit johannique de la Passion, ou plutôt le jeu intertextuel que mène ici Rimbaud, peut devenir compréhensible : réorientation radicale de l'imagerie sacrée, un peu à la façon dont, quelques années plus tard, un Cladel confondra délibérément dans *I.N.R.I.* la Passion du Christ avec celle du peuple parisien durant la Semaine sanglante[1]. Mais si important que soit ce retournement de l'image mythique du Sacrifice chrétien il n'épuise pas, et de loin, la signification de ce dernier vers et surtout, il ne permettrait pas à lui seul de rendre compte du rôle qui est le sien dans la stratégie d'ensemble du quatrain. *L'Homme*, en effet, n'a pas seulement *saigné noir* dans ce qui constitue en fait la pointe lugubre de ce *madrigal* : ce sang, il l'a versé au *flanc souverain* de celle qui n'est nulle part nommée, mais que le discours sur ce point quasiment ostentatoire des trois premiers vers désigne suffisamment comme la Femme. Là encore, les commentateurs ont observé un silence qui, pour le coup, s'est trouvé unanime ; c'est qu'ils n'ont songé à s'interroger, ni sur ce terme quelque peu étrange de *souverain*, ni sur le rapport de ces derniers mots du quatrain avec les poèmes qui lui succèdent immédiatement dans la liste Verlaine. Or ces derniers, qu'il s'agisse des *Sœurs de charité* ou des *Premières Communions*, sont voués l'un et l'autre à dire l'aliénation de la femme dans le monde où vivait Rimbaud, thème majeur de son inspiration et qui, fondamentalement, croise celui du messianisme ; mais ils disent aussi à quel point cette aliénation est l'envers malheureux d'un désir qui, dans la lumière de l'utopie ou d'un monde rénové, aurait dû faire de la femme la *sœur de charité*, le « ventre où dort une ombre rousse » et où s'accomplirait le destin naturel de l'Homme. On connaît chez Rimbaud ce rêve à la fois utopiste et érotique croisé de violence sociale : c'est, sous une forme naïve et pas encore marquée par

---

[1] On se rappelle que le héros de ce roman, soldat de la Commune, meurt crucifié par les Versaillais.

l'amertume des temps, celui que matérialisait déjà dans *Soleil et Chair* la figure de «la grande Cybèle», certes académique et terriblement appliquée, mais néanmoins significative de «l'antique jeunesse» d'un monde livré au pur désir et que le christianisme, mythiquement du moins, n'avait pas encore perverti :

> Son double sein versait dans les immensités
> Le pur ruissellement de la vie infinie.
> L'Homme suçait heureux sa mamelle bénie [...]

On mesure dans «*L'étoile a pleuré rose...*» le renversement radical, la clôture catastrophique de ce monde de l'utopie : le même *Homme* ne peut plus qu'y saigner au *flanc souverain* de celle qui aurait dû être pour lui, tout à la fois, la *sœur de charité* de l'échange amoureux et la déesse mère d'un monde réconcilié. Car la figure qui domine ainsi le dernier vers du quatrain est aussi profondément charnelle qu'absolument mythique et il est même stupéfiant qu'on n'ait pas su y reconnaître une reprise du thème chrétien de la *Pietà*[1] que Rimbaud retourne ici, absolument comme il retournait sans doute le récit johannique de la Passion. Ce qui implique d'ailleurs que cette clausule du poème revête un sens qui, tout en assumant pleinement le rapport à l'événement, le dépasse largement en extension : le sang *noir* de l'Homme, c'est bien ici celui des massacres de la Semaine sanglante mais c'est aussi, plus généralement, la marque de la violence et de la cruauté du monde contemporain, dont la tragédie de mai 1871 n'avait été que le signe éclatant.

La stratégie du poème, dès lors, apparaît dans toute son évidence : si le dernier vers de ce *madrigal*, dans un respect paradoxal de la logique du genre, amène bien ce trait ingénieux (quoique

---

1 Bien que la posture des personnages y soit différente de celle (d'ailleurs peu évidente) que semble impliquer le dernier vers du quatrain, on ne peut exclure non plus une reprise ici du thème voisin de la *mater dolorosa*, auquel Rimbaud fait allusion dans sa lettre à Izambard du 13 mai 1871 où il écrit (pensant sarcastiquement à sa mère) : *Stat mater dolorosa, dum pendet filius.*

sinistre en l'occurrence) qui en assure l'efficacité, les trois vers précédents se devaient quant à eux de pratiquer une espèce de suspension du sens ou de retenue sans laquelle le trait final ne serait pas ce qu'il est. De là le blason quelque peu appliqué qui fait l'objet de ces vers ; de là aussi le caractère virtuose et apparemment gratuit qu'y exhibe le discours poétique. Ces traits ne sont nulle part plus apparents qu'à l'incipit, où prévaut une atmosphère qui, secrètement, pourrait bien être celle du pastiche : Rimbaud y joue à être, l'espace d'un vers, le Mérat que plus d'un lecteur a cru qu'il était dans l'ensemble du poème. Le vers 2 tient d'ailleurs un discours peu différent puisque de l'*infini* au *blanc* ou de la *nuque* aux *reins*, c'est une série de traits conventionnels typiques de l'Éros du siècle qui s'y déploie ; et quant au vers 3, la discrète métonymie de *la mer a perlé rousse* (doublée, bien entendu, d'un métaphore ostensiblement précieuse) y dessine en filigrane, selon une technique qui n'est pas sans rappeler la pratique mondaine de l'énigme, l'image d'une véritable Vénus Anadyomène. Rien au total de plus logique que tout cela : le discours de ces trois premiers vers, c'est précisément celui que tenaient sur la Femme des recueils tels que *L'Idole*, c'est l'Éros parnassien dont Rimbaud évoquera de nouveau certains traits au début d'*Enfance* et qui n'était que le masque de cette aliénation de la femme réelle qui fait toute la matière des *Sœurs de charité* ou des *Premières Communions*. Et c'est précisément ce discours convenu qui permet en contraste le surgissement de l'atroce pointe finale, assure à travers elle le triomphe d'une logique de *madrigal* qu'on peut dire inversée : la vertu du dernier vers est de déchirer le voile. Et le retournement qu'il opère, au-delà de l'allusion transparente à la Semaine sanglante, prétend en fait dire la vérité sur une société tout entière.

Dans tout cela, on le voit, il n'est guère question d'un véritable blason du corps féminin et moins encore du *plastique lien* dont Mérat faisait son idéal. De l'ambition d'être *voyant*, c'est une autre affaire : après tout, c'était là le qualificatif dont Rimbaud, après l'avoir appliqué à Hugo dans la lettre à Demeny, usait encore ou à peu près en y évoquant une allégorie clairement politique comme *Stella*. Malgré sa brièveté fulgurante, un poème comme « *L'étoile a pleuré rose...* », dont le réseau de significations complexe n'oublie pas totalement les logiques de l'allégorie, a fort bien pu s'inscrire à ses yeux dans la continuité d'une telle entreprise. Encore faut-il préciser : la discursivité hugolienne, à l'évidence, n'y est plus de mise ; elle cède le pas, on vient de le dire, à la forme brève et aussi à une volonté de pure présence textuelle dont son œuvre à venir montrera le potentiel poétique sans que le rapport au monde s'en trouve pour autant écarté, bien au contraire. Cette rhétorique renouvelée, on le sait, sera celle de plus d'une parmi les *Illuminations*. Sans doute n'est-il pas indifférent qu'une des premières manifestations en ait été ce bref poème où, loin de toute gratuité de l'écriture, Rimbaud reprend le magistère du *voyant* hugolien et nous parle dans des *formes nouvelles* du monde dans lequel il vivait, de ses tensions et de ses violences.

FAITES VOS *PARIS*?

Il faut être reconnaissant à Steve Murphy d'avoir, dans un chapitre de son livre récent *Stratégies de Rimbaud*, attiré enfin l'attention sur l'étrange sonnet de l'*Album zutique* intitulé *Paris*[1]. On devrait y être habitué, mais le processus n'en finit pas de surprendre : un texte rimbaldien est l'objet, dès l'origine, d'une lecture myope et paresseuse, quand ce n'est pas d'un désintérêt à peu près total, même et surtout quand il ne s'avoue pas. Jusqu'au jour où un regard exigeant se pose sur lui et une évidence aussitôt s'installe, accompagnée souvent d'une espèce de stupeur : comment avait-on pu à ce point être aveugle ? C'est bien ce qui vient de se passer avec *Paris*, poème qui avait longuement partagé avec le reste de l'*Album zutique* une véritable marginalisation éditoriale et critique mais qui, à la différence d'autres poèmes (et surtout des *Remembrances du vieillard idiot*) était demeuré à l'arrière-plan quand cette marginalité avait commencé de s'atténuer. Sans doute doit-on incriminer sa présence au sein du sous-ensemble intitulé *Conneries* : autant de pochades sans conséquence, pouvait-on croire. Et d'ailleurs, le fait que ce surprenant sonnet paraisse n'offrir qu'une liste de noms, son obscurité même, évidemment due à un tohu-bohu référentiel dont le lecteur d'aujourd'hui à perdu les clés, tout cela confortait cette impression de *private joke*, laissait croire à une entassement de jeux de mots savoureux pour les seuls familiers du Cercle zutique. C'est avec cette logique paresseuse que Steve Murphy vient précisément de rompre.

---

[1] Steve Murphy, *Stratégies de Rimbaud*, Champion, 2004, p. 197-242.

Son pari, largement gagné, aura été, face à un texte où le ballet des noms propres semble défier toute logique sémantique, de maintenir l'hypothèse d'une «pertinence possible» de cette série de patronymes, à la fois en eux-mêmes et comme éléments d'un «système» qui serait alors celui du poème tout entier[1]. Cela impliquait, au moins dans un premier temps, de relever un véritable défi encyclopédique, lequel ne l'avait été que partiellement jusque-là ; et sur ce point, la compétence historienne de Steve Murphy n'a rien laissé dans l'ombre. Levons donc après lui le mystère de ces noms, puisque aussi bien cet acquis est sans aucun doute définitif. Godillot, grand industriel parisien dont le patronyme, illustre grâce à la tradition argotique, éclate à l'ouverture du poème, était fabricant de chaussures, comme Gambier l'était de pipes («Je vis assis (...) une Gambier aux dents», écrit Rimbaud dans *Oraison du soir*). Galopeau était renommé comme pédicure, Le Perdriel[2] vendait des bas contre les varices et tout le monde connaissait alors les pianos de Wolff et Pleyel. Surgissent ensuite dans le texte le chasseur de panthères Bombonnel et – probablement – le Zouave Jacob, guérisseur et charlatan (à moins qu'il ne s'agisse du fabricant de pipes de ce nom). Apparaissent également, dans le même second quatrain, les héros d'un crime sordide qui avait défrayé la chronique dans les derniers temps de l'Empire : la famille Kinck en avait été la victime, Troppmann était leur assassin. Après quoi (et excepté, au tout début des tercets, le chapelier L'Hérissé), le sonnet n'évoque plus que des figures diversement marquantes du monde des lettres ou des arts : Veuillot (le polémiste catholique bien connu, dont il faut rappeler qu'il fut aussi poète), le dramaturge Augier, Eugène Manuel (très médiocre poète populiste) ou le Parnassien Catulle Mendès d'un côté ; de l'autre le dessinateur Gill – au demeurant bien connu de Rimbaud –, ainsi que Guido Gonin, lui aussi dessinateur et caricaturiste.

---

1 *Ibid.*, p. 203-204.
2 Pour plusieurs des noms qu'il cite, Rimbaud use d'orthographes fantaisistes. J'ai rétabli systématiquement les orthographes véritables.

Reste alors à savoir si ces noms, à un titre quelconque, forment système. Tout en admettant le risque d'une surinterprétation, Steve Murphy ouvre à cet égard des pistes pleines d'intérêt, et cela dans deux directions différentes. La première consiste à parcourir le texte en tant qu'espace phonique, pointant par exemple le jeu d'échos entre l'attaque du premier vers (*Al. Godillot*) et celle du second (*Galopeau*) : remarque effectivement importante, mais dont on doit craindre qu'elle aboutisse simplement à nous rappeler que Rimbaud savait pratiquer le tissage d'un poème bref, à la façon de Baudelaire ou de Banville. C'est pourquoi la seconde perspective est autrement prometteuse laquelle s'attache, en fonction d'un contexte évidemment connu des contemporains, au rapport étrange qui semble s'instaurer entre certains des noms – notamment sous la forme d'associations oxymoriques, à l'image de celle qui lie Kinck à son assassin Troppmann. Gill, par exemple, avait fait de Veuillot une caricature alors célèbre mais ils étaient, en outre, radicalement opposés au plan politique, celui-ci étant un réactionnaire furibond, celui-là ayant été (quoique modérément) partisan de la Commune. De son côté, Guido Gonin venait de publier des dessins violemment hostiles à l'insurrection, ce qui en faisait sur ce terrain l'antithèse de Gill. Les noms propres, dans cette perspective, ne sont donc nullement des signifiants vides ou de simples supports pour une chorégraphie phonique. Leur présence et le jeu qui s'instaure entre eux n'est pas même réductible à l'anecdote, moins encore au pittoresque : elle est lourde de référents historiques implicites dont on peut croire que, pour beaucoup d'entre eux, ils justifient leur présence, règlent sourdement le fonctionnement du texte. Steve Murphy, d'ailleurs, cite encore d'autres cas : l'assassin Troppmann, par exemple, était volontiers associé à Thiers par la caricature, après l'avoir été au prince Pierre Bonaparte, meurtrier dans les derniers temps de l'Empire du journaliste républicain Victor Noir.

Voilà qui ancre le poème dans l'Histoire, ouvre en tout cas la voie à l'idée que ce texte zutique est bien autre chose qu'une pochade. Steve Murphy insiste légitimement sur le fait que «plusieurs» des noms cités poussent visiblement «à reconnaître la présence, latente mais sans doute évidente pour les zutistes – d'un substrat politique[1]». Malheureusement, pour vraisemblable qu'elle soit, cette conclusion, telle du moins qu'il la présente, ne rend compte que d'une fraction du poème : elle n'est à aucun degré (ni d'ailleurs ne prétend être) une clé de lecture pour le texte dans son ensemble. Et du coup, à la question après tout fondamentale – quelle est au juste l'entreprise de *Paris*, que voulait faire Rimbaud en l'écrivant? – l'exégète n'apporte pas de véritable réponse, en tout cas pas de réponse univoque, peut-être parce qu'il pense qu'aucune ne pourrait épuiser le sens du texte. Attaquant son article sur le sous-titre «Un statut énigmatique», il ne lève donc pas réellement cette énigme, en dépit de l'apport considérable de son travail et de la pénétration de ses analyses. De là un relatif flottement de ses pages conclusives : il commence par y insister sur la «littérarité» du poème, qu'il décrit comme une «combinatoire labyrinthique sans fil d'Ariane solide», allant jusqu'à dire qu'il «permet au lecteur de réagir en tentant les opérations *ad hoc* les plus diversifiées[2]» (d'où le titre en forme de calembour de son article : *faites vos Paris*); mais c'est une hypothèse qu'il semble lancer sans autrement y tenir, à laquelle en tout cas il ne s'arrête guère, passant à l'idée que le poème pourrait plutôt être «une synthèse idiosyncrasique des fragments de discours qui jaillissent de Paris[3]», dont l'auteur serait en somme une «entité collective». Une version moderne des *cris de Paris*, alors, comme il le laisse d'ailleurs entendre? Pas vraiment ou pas seulement, puisque, comme on l'a vu, il introduit aussi dans le poème la politique et «l'horreur récente de la Semaine sanglante[4]».

Cette relative incertitude étonne parce qu'elle contraste vivement avec le caractère rigoureux et le plus souvent définitif des exégèses de détail. Mais peut-être n'est-elle pas aussi surprenante qu'on pourrait

---

1 *Stratégies de Rimbaud*, p. 242.
2 *Ibid.*, p. 240.
3 *Ibid.*, p. 241.
4 *Ibid.*, p. 242.

le croire. Après tout, Steve Murphy avait posé d'entrée de jeu que « *Paris* ne comporte ni logique narrative, ni autre forme habituelle de signification poétique[1] », conviction qui en toute logique devait lui faire concentrer son attention sur les seuls noms et donc sur les quatrains où – à l'exception de *L'Hérissé* – ils se trouvent tous réunis. Il suffit de lister les énoncés dont il ne dit rien pour réaliser que c'est bien ce qu'il a fait : *pains vieux*, *spiritueux* ou *aveugles*, qu'il passe en fait sous silence, figurent tous dans les tercets. Or si cette démarche lui aura valu un réel succès exégétique, il se pourrait aussi qu'elle ait en réalité bridé son entreprise. Car pour revenir à l'affirmation tranchée qu'il a posée, véritable énoncé programmatique, dans les premières pages de son analyse, il n'est pas vrai que le texte de *Paris* n'offre aucune « forme (...) de signification poétique » et peut-être même offre-t-il une manière de « logique narrative » : après tout, à l'attaque du dernier tercet, c'est-à-dire à un moment qui dans le sonnet inaugure si souvent un épisode conclusif où se trouve ramassé le sens, Rimbaud a bien écrit « *puis, qui sait ?* ». Mais surtout, comme d'ailleurs Steve Murphy l'a lui-même vu et noté[2], l'ensemble du poème est scandé par d'innombrables signes de ponctuation et notamment par des tirets qui, à quatre reprises, rythment le discours, ont bien l'air d'y jouer le rôle d'articulations logiques : les premiers d'entre eux, par exemple, isolent d'abord l'exclamation *Ô Robinets !*, puis *O Christs !*, après quoi l'énumération des noms reprend comme si de rien n'était. Cet usage du tiret, au fond rhétorique, on sait depuis les analyses décisives de Michel Murat combien les *Illuminations* allaient en faire un des instruments essentiels d'un discours poétique renouvelé[3]. L'hypothèse n'est pas absurde que *Paris* soit à cet égard une sorte de galop d'essai.

---

1 *Ibid.*, p. 199.
2 « Cette bizarre succession de noms propres, puis de noms communs, défile dans la zizanie d'une parataxe agressive avec un prolifération de signes de ponctuation : 15 virgules, 8 tirets, 13 points d'exclamation, 1 point d'interrogation, soit 37 ponctèmes pour 14 vers de 6 syllabes, ce qui est assez exceptionnel » (*ibid.*, p. 199).
3 Michel Murat, *L'Art de Rimbaud*, p. 343-356.

LE CHRIST DU POSITIVISME ET LE PARTI DES MAIRES

Le premier de ces tirets met donc en valeur le nom de *Robinet*, ou plus exactement la forme collective *Robinets*. Steve Murphy a noté avec raison que ce pluriel traitait le *Robinet* en question comme le «prototype d'une catégorie» et il fait à bon droit le rapprochement[1] avec d'autres usages rimbaldiens, tels que «Socrates et Jésus» dans *L'Homme juste* ou ce «million de Christs» qui, dans «*Morts de Quatre-vingt-douze...*», désigne les soldats de l'An Deux. Encore faut-il, pour que cet effet de catégorie ait quelque chance de se produire, que l'éponyme soit immédiatement identifiable, au moins dans le contexte du moment. Cette «cible référentielle[2]», Steve Murphy pense l'avoir identifiée en la personne du Dr Robinet, personnalité connue de la capitale et qui fut même un temps, à l'époque du siège de Paris, maire du VIe arrondissement. Hypothèse en effet très vraisemblable, pour ne pas dire plus ; mais de cette identification il ne tire pas, loin s'en faut, toutes les conséquences qu'elle comporte pour le poème.

Que Robinet ait été une figure parisienne, il suffit de parcourir le journal des Goncourt pour en prendre la mesure. À la date du 31 janvier 1871, évoquant le désordre qui régnait autour du ministre Crémieux, Edmond de Goncourt décrit en effet «ce cabinet où la porte, à tout moment violemment poussée, livrait passage à un intrus qui, sans dire gare ni bonjour, criait "Crémieux, délivre-nous de Robinet [...]!"» : si le personnage était ainsi désigné, c'est bien qu'il jouissait d'une notoriété suffisante. Et en effet : médecin et polygraphe, républicain de longue date – il se définira lui-même en 1871 comme un combattant de février 1848 et du 2 décembre et comme un opposant irréductible

---

1   *Stratégies de Rimbaud*, p. 214-215.
2   *Ibid.*, p. 216.

à l'Empire[1] – Robinet était un personnage connu, notamment dans le quartier de Paris où, précisément, le Cercle zutique tenait ses assises. À la chute de Napoléon III, d'abord nommé maire adjoint du VIe arrondissement, il n'avait pas tardé à en devenir maire de plein exercice[2] ; son mandat devait s'achever au début de novembre 1870 (on verra pourquoi), mais il allait encore être candidat aux élections législatives de février pour y recueillir un nombre important de suffrages. Bref une manière de notable républicain, mais certainement des plus avancés[3], comme le montra son attitude au 31 octobre, où les éléments les plus radicaux (notamment blanquistes) tentèrent de renverser le Gouvernement de la Défense nationale : elle ressembla fort à de la connivence, au point qu'il se trouva brièvement arrêté après le retour à l'ordre et renonça, sans doute contraint et forcé, à toute candidature aux élections municipales qui suivirent. Cette journée manquée avait tracé dans le camp républicain une ligne de partage qui devait se révéler durable ; et il est clair que Robinet s'était trouvé alors dangereusement proche de ceux qui, quelques mois plus tard, allaient faire la Commune. Or lorsque celle-ci éclata en mars 1871, il allait refuser de s'y rallier, bien qu'il n'ait pas non plus basculé du côté de Versailles. Et ce refus est sans doute capital, comme on va le voir, si l'on veut comprendre le rôle que joue son nom dans le poème de Rimbaud.

---

1 *Compte rendu par le Docteur Robinet ancien maire du VIe arrondissement de Paris aux électeurs du VIe arrondissement qui m'ont donné leurs voix le 8 février 1871*, p. 3 (Bibliothèque nationale : 8LB57-1415).
2 Le maire avait d'abord été Hérisson, avocat à la Cour de cassation, qui devint rapidement adjoint au maire de Paris, Étienne Arago (*Compte rendu par le Docteur Robinet...*, p. 23). Durant le mois d'octobre, Robinet signe plusieurs avis en tant que maire du 6e arrondissement, un notamment du 18 octobre annonçant l'ouverture d'une souscription pour la fabrication de canons.
3 Déjà dès le temps de la Seconde République puisque Robinet avait été, comme il devait le rappeler vingt-deux ans plus tard, un combattant du 13 juin 1849, ce coup de force alors tenté par un parti montagnard exaspéré par la victoire des droites aux élections (*Compte rendu par le Docteur Robinet...*, p. 3).

On ne connaît pas ses réactions devant l'insurrection elle-même, mais le fait est qu'il accepta de se présenter au élections municipales du 26 mars, dont sortit le conseil de la Commune auquel il se trouva donc nommé. Or il faut rappeler que ces élections, dont le gouvernement de Versailles ne reconnut jamais la légitimité, n'avaient pu se tenir que grâce à la collaboration des maires républicains de la capitale, qui avaient accepté de cautionner le scrutin et de présenter leurs candidats à côté de ceux des divers groupes révolutionnaires. Ces candidats du *parti des maires* furent élus en nombre significatif (et cela n'étonnera que ceux qui ne veulent imaginer la Commune qu'à la lumière des interprétations postérieures – à commencer par celle de Marx : en réalité, elle prolongeait avant tout 1848). Robinet fut de ces élus, républicains certes, très avancés pour certains d'entre eux, mais qui en définitive refusèrent de suivre les Communeux dans la voie de l'insurrection et allaient presque tous résigner leurs fonctions quelques jours après avoir été élus. Dès la première séance de la Commune, ces démissions s'accumulèrent, avec notamment celles de figures de premier plan de la République à venir, comme Clemenceau ou Ranc : Robinet fut l'un de ces démissionnaires[1].

On imagine donc aisément l'idée que Rimbaud a pu se faire du personnage, qu'il ait eu connaissance de son attitude au moment des événements ou, plus probablement, qu'il en ait entendu parler dans le milieu de sympathisants de la Commune qui peuplaient notamment le Cercle zutique : encore un prétendu

---

1 Voir là-dessus Frédéric Damé, *La Résistance. Les maires, les députés de Paris et le Comité central du 18 au 26 mars*, Lemerre, 1871. La démission de Robinet y est mentionnée (p. 342) avec les autres. Ce livre, on le sait dès l'introduction *Au lecteur*, est un plaidoyer en faveur des maires « qui, au début de l'insurrection, se jetèrent résolument entre le Gouvernement de Versailles et le Comité central ». Attitude très proche de celle de Hugo, ou de la majorité du Parnasse. Il n'est pas indifférent que ce soit Lemerre, l'éditeur précisément du Parnasse, qui ait édité cet ouvrage (dès le mois de juillet, on l'apprend par l'introduction) alors même qu'il refusait le projet de Verlaine d'un recueil politique qui se serait appelé *Les Vaincus*.

juste qui, à la façon de Hugo, se dérobe au moment de l'épreuve, a-t-il dû penser. Réaction d'autant plus compréhensible que, tout en faisant défection au mouvement communeux et en se maintenant dans une position ambiguë, Robinet n'avait pas renoncé pour autant à prêcher publiquement une vision eschatologique de l'avenir. Steve Murphy a relevé qu'il avait publié un pamphlet contre Littré intitulé *M. Littré et le positivisme*[1] et la remarque est d'importance. Mais il convient d'y ajouter deux faits capitaux : d'abord que cet opuscule fut composé pendant que l'insurrection battait son plein[2] ; ensuite que le texte, écrit alors même que Robinet venait de refuser de joindre le mouvement, n'en attaquait pas moins son adversaire en l'accusant de comportement réactionnaire. Le contexte explique sans doute cette virulence : député de Paris, Littré avait pris violemment position contre la Commune et s'était réfugié à Versailles. Mais au-delà de ces circonstances, les raisons de Robinet sont surtout des raisons de fond : ce qu'il reproche avant tout à Littré, c'est une véritable apostasie *sur le terrain politique* par rapport aux perspectives qu'à ses yeux continue d'ouvrir le positivisme. Et pour mettre en évidence cette trahison, il place en exergue deux citations du philosophe, l'une de 1849 : « Ceux qui ont entamé la révolution ne peuvent la finir[3] ; cette tâche est dévolue aux

---

1 Eugène Robinet, *M. Littré et le positivisme*, Buron, 1871 [Bibliothèque nationale : LN27-26750].
2 Littré y est peint (p. 10) comme « l'homme qui, député de Paris, a pu le méconnaître et l'abandonner (…) au point d'oser ne pas signer, avec ses collègues de la Capitale la demande d'amnistie ». Or il n'y eut pas de demande d'amnistie en 1871 après la chute de la Commune, sauf celle de Hugo à l'automne, mais elle n'émanait pas d'élus de la capitale. Ces lignes ne peuvent donc viser que l'activité de la *Ligue de l'union républicaine pour les droits de Paris*, fondée au début d'avril par des maires et députés de Paris et qui demandait effectivement une amnistie : « Le 10, la *Ligue* [...] emboucha le trompette. Que le gouvernement renonce à poursuivre les faits accomplis le 18 mars [...] » (Lissagaray, *Histoire de la Commune de 1871*, ch. 15, Maspero, 1969, p. 209). Le pamphlet de Robinet date donc sans nul doute d'avril ou du début mai 1871.
3 Le texte porte « ne peuvent la fuir » : coquille manifeste et facile à corriger.

prolétaires », l'autre de 1871 : « La seconde erreur, c'est d'avoir supposé les classes ouvrières en état de gouverner ; loin de là, leur incapacité y est manifeste[1] ». Littré, à l'en croire, « n'est pas plus avancé que ses illustres amis, aujourd'hui gouvernant, et (...) ses aspirations ne dépassent guère, en réalité, le parlementarisme ploutocratique des dernières années de Louis-Philippe ». On ne peut être plus clair : l'apostasie de Littré c'est d'avoir, aux applaudissements de la réaction[2], abandonné la ligne politique progressiste du positivisme pour s'aligner sur Thiers ou autres politiciens conservateurs naguère Orléanistes (et qui sont, de toute évidence, les « illustres amis, aujourd'hui régnant »)[3]. Car pour son compte Robinet, qui avait été l'un des exécuteurs testamentaires d'Auguste Comte, n'a pas abandonné l'évangile positiviste et ce qu'il écrit dès qu'il aborde ce sujet prend même une véritable couleur eschatologique. S'il évoque la palinodie politique de Littré, c'est pour lui opposer aussitôt « le parti qui a inscrit sur son drapeau : substitution de la science à la théologie et de l'industrie à la guerre, incorporation sociale du prolétariat[4] ». Ceux qui demeurent fidèles au véritable positivisme, poursuit-il, « continuent d'affirmer et de croire que la loi du progrès, pour toutes les sociétés humaines, est d'éliminer le théologisme, la métaphysique et la guerre, et de les remplacer par la science et par l'industrie, de poursuivre la fusion intellectuelle, morale et domestique des races et des classes, pour travailler de concert au bonheur du genre humain,

---
1 *M. Littré et le positivisme*, p. 9.
2 « Disciple fervent d'Auguste Comte jusqu'en 1855 [...] M. Littré dès la mort du philosophe, passa au camp de ses ennemis, abandonnant successivement tous les points de la synthèse positive, à l'extrême joie des coryphées de la réaction » (*ibid.*, p. 11).
3 L'accusation était largement fondée et il suffit pour s'en convaincre de lire la « causerie » placée par Littré en tête de son dictionnaire et où la Commune ne semble être pour lui qu'une gêne dans la confection de son grand ouvrage. Heureusement, les choses s'arrangent pour le lexicographe qui peut conclure paisiblement : « Mais enfin cette gêne [*sic*] ne fut que passagère. L'insurrection succomba ».
4 *M. Littré et le positivisme*, p. 12.

à l'extinction de la misère, de l'ignorance et du vice[1] ». Est-il candidat aux élections de février 1871 ? C'est encore au nom de cet évangile positiviste[2].

Tout cela n'est pas absolument original et ce genre de parole eschatologique a rempli une grande partie du XIXe siècle français. Hugo en donnait encore, à l'époque, une version dont certains aspects devaient pénétrer l'imaginaire collectif et une grande partie du discours justificatif de la Commune avait puisé aux mêmes sources. Mais il est facile de comprendre que pour Rimbaud et à la lumière impitoyable de l'événement, la race des *Robinets*, celle des esprits progressistes de tout bois qui avaient au moment crucial refusé le *déluge* révolutionnaire, soit devenue peut-être la plus haïssable de toutes et qu'il ait pu en tout cas l'assimiler ironiquement à autant de *Christs* dérisoires. Le mouvement est le même que celui qui, dans *L'Homme juste*, fait de Hugo et consorts autant de *Socrates* et de *Jésus* propres à inspirer seulement le dégoût. Robinet, lui aussi, était un nouveau Christ dans la mesure où il annonçait au monde la Bonne nouvelle positiviste. Mais c'était un Christ qui s'était dérobé à l'heure de l'épreuve, justiciable du coup du sarcasme rimbaldien. Et l'apparition de son nom comme symbole d'un groupe désormais honni, pouvait venir rompre dans *Paris* le défilé des patronymes, à la façon du geste vengeur qui arracherait un masque.

---

1 *Ibid.*, p. 13-14.
2 *Compte rendu par le Docteur Robinet...*, p. 27. Robinet rappelle qu'il a été candidat au nom du positivisme, « car l'esprit moderne n'a nulle part atteint, selon moi, un degré de précision et d'étendue aussi considérable que dans cette doctrine, le Positivisme, que je professe avec respect et qui, depuis cinquante années, a élaboré tous les éléments de la régénération intellectuelle, morale, *sociale et politique* » [*c'est moi qui souligne*].

CHRIST DE L'INDUSTRIALISME OU DIEU DE LA SCÈNE ?

Robinet n'était qu'un succédané de Christ, méprisable par là même. Est-il pour autant le seul dans *Paris* à remplir cette fonction d'éponyme de tout un groupe social et idéologique ? Steve Murphy a cru pouvoir associer son nom à celui de *Menier*, en qui il pense reconnaître le célèbre fabricant de chocolat, par ailleurs homme politique et publiciste[1]. L'identification n'est pas invraisemblable et même, comme on va le voir, elle est peut-être paradoxalement plus plausible que Steve Murphy ne le croit lui-même. Au même degré que pour Robinet ? C'est une autre affaire et la réponse tient à l'appréciation que l'on peut faire de la disposition rhétorique adoptée par Rimbaud, mais aussi à des données philologiques dont le dernier mot nous échappe malheureusement encore.

Émile-Justin Menier a eu en effet une carrière politique et celle-ci est assez surprenante : grand industriel, mais républicain[2], il échoue aux élections de février 1871 qui voient le triomphe des droites, mais connaîtra sa revanche par la suite puisqu'il sera élu député en février 1876 et ira immédiatement siéger à l'extrême gauche[3]. Or ce profil politiquement atypique était déjà, sans aucun doute, de notoriété publique en 1871 et d'ailleurs, comme Steve Murphy le note avec raison[4], il n'aurait pas été dès cette époque la cible de nombreuses caricatures s'il en avait été autrement[5]. Ce dont on ne saurait douter, en tout cas, c'est que

---

1 *Stratégies de Rimbaud*, p. 211.
2 Voir *L'Empire triomphant. Émile-Justin Menier, 1826-1881*, brochure réalisée par l'équipe «Connaissance du Val Maubuée», 1981. Sauf mention contraire, nos renseignements sont issus de cette publication.
3 Il sera, en mai 1876, un des rares députés à voter pour l'amnistie des condamnés de la Commune.
4 *Stratégies de Rimbaud*, p. 211.
5 Menier joua aussi un rôle dans la presse la plus avancée : en mars 1871, il fut le gérant d'un journal appelé *Le Veilleur*, qui n'eut que deux numéros ; et après la Commune, il devait encore soutenir de ses deniers *Le Peuple souverain*. Faut-il aller

l'activité politique a été pour lui un instrument au service d'un futur dont il pensait connaître les clés et la caricature d'Alfred Le Petit[1] qui le représente en «député de l'avenir» en dit long à cet égard. C'est si vrai que le dessin en question recycle des thèmes iconographiques qui avaient appartenu (et appartenaient encore autour de 1870) à l'imaginaire de l'eschatologie politique : Menier y est représenté sur un bateau appelé *Noisiel* (nom de la localité où se trouvait son usine), tenant à la main une longue-vue, cependant qu'à l'horizon un soleil éclatant sort des flots. Or ce soleil était un lieu commun de l'iconographie progressiste ou révolutionnaire depuis la fin du XVIIIe siècle; il avait symbolisé tantôt la Raison, tantôt la République ou bien la Révolution ou encore, tout récemment, la Commune. Mais ici, c'est de tout autre chose qu'il s'agit puisque, non sans ironie probablement, le dessinateur a inscrit sur le soleil levant les mots «Avenir Liberté Commerciale». C'était clairement ranger Menier dans la troupe multiforme de ceux qui, au long du siècle, s'étaient posés en prophètes de l'avenir. Et l'imputation était exacte au fond : le fief industriel de Noisiel, qu'il avait hérité de son père, allait se transformer avec lui en une sorte de Cité idéale, de ville ouvrière modèle, avec groupe scolaire, service médical et aussi un laboratoire dont Berthelot fut un temps le responsable.

À y bien réfléchir, le personnage n'est donc pas si différent d'un Robinet, du moins au plan de l'action publique. L'un et

---

plus loin? On lui attribue un factum de 1871 intitulé *La Fédération communale*, que Firmin Maillard, dans son ouvrage *Les Publications de la rue pendant le Siège et la Commune* (Aubry, 1874) décrit (p. 63) comme un projet de constitution fondé sur «l'autonomie absolue de la Commune» et aussi sur la constante révocabilité des élus. Cet opuscule de deux pages est-il vraiment l'œuvre de l'industriel? F. Maillard nommant l'auteur *Ménier*, on en doute fortement, et plus encore à la lecture de la profession de foi de Menier pour les élections de février 1871 [Bibliothèque nationale : 4-LE87-159] : il s'y présente comme un «libéral indépendant», partisan des libertés «compatibles avec l'ordre». On aimerait donc bien lire *La Fédération communale*, mais l'exemplaire de la Bibliothèque nationale est actuellement inaccessible (perdu?).

1 Publiée dans *Stratégies de Rimbaud*, p. 212.

l'autre étaient, selon les critères du xixe siècle, des hommes de science (Menier a fait des études de pharmacie). L'un et l'autre croyaient certainement, pour peu qu'on voulût bien les suivre, à la possibilité de créer une société dont seraient éradiqués la plupart des maux de l'humanité. Tous deux estimaient à coup sûr que l'action politique était une médiation nécessaire. Mais ni l'un ni l'autre n'avaient cru à la légitimité de l'insurrection communaliste ni pensé sans doute qu'elle pût avoir un caractère historiquement bénéfique. Nouveaux Christs porteurs d'une Bonne Nouvelle, tels que le siècle en a tant produits, mais qui, à l'instant décisif, avaient tourné le dos au peuple des barricades et à un retour à la violence jacobine.

Il n'y aurait donc nul scandale à associer Menier à Robinet pour faire de leurs figures publiques les Christs nouveaux d'un idéalisme politique et social que les réalités de l'*année terrible* venaient de démentir si cruellement. Seulement, pour admettre que les choses se passent bien ainsi dans le poème, il faut croire à une disposition du texte qui, en fait, ne semble pas s'imposer : les tirets isolent bien *Ô Robinets!* et *O Christs!*, mais non pas du tout *Menier* qui, comme la plupart des noms cités dans *Paris*, est tout simplement suivi d'une virgule. Il en irait tout autrement si Rimbaud avait écrit, par exemple, – *Ô Robinets! Menier! O Christs* – mais c'est précisément ce qu'il n'a pas fait. De sorte que le nom de *Menier* semble bien plutôt appartenir à la longue énumération de patronymes qui parcourt les quatrains, les deux vocatifs – *Ô Robinets* – et – *O Christs* – prenant alors figure d'incise double, mais sémantiquement homogène, de part et d'autre de laquelle se déroule le défilé des noms.

Mais s'il en va ainsi, la fonction de *Menier* dans le discours poétique ne peut plus être tenue pour identique à celle de *Robinets*. Et c'est peut-être le moment de rappeler que la leçon du manuscrit demeure au minimum incertaine (si on a tu le problème jusqu'à présent pour écrire systématiquement *Menier*, c'est à seule fin de développer jusqu'au bout une hypothèse qu'il n'est pas possible, en l'état actuel des choses, de récuser). C'est en effet *Ménier* – et non pas *Menier* – qu'on est tenté de lire sur les fac-similés qui, pour l'instant, nous sont seuls accessibles[1]. D'où l'intérêt d'une autre hypothèse, à laquelle d'ailleurs Steve Murphy a songé mais qu'il n'a pas retenue : celle qui voit dans le personnage visé par Rimbaud, non plus l'industriel Menier, mais l'acteur Paulin Ménier, alors un des monstres sacrés du théâtre. Né en 1822, ce comédien s'était imposé au premier plan sous l'Empire, essentiellement dans des rôles de mélodrame. Lui aussi se rencontre dans le journal des Goncourt et ce qu'en disent les deux frères permet de mesurer au mieux ce qu'il représentait alors sur la scène française. Qu'on lise par exemple ces lignes du 17 mars 1860 :

> Vu Paulin Ménier dans *Le Courrier de Lyon*. Le plus grand comédien de ce temps-ci, le plus admirable créateur d'un type, un jeu d'observation, comme les romans d'observation. Une voix ramassée au coin des bornes, un costume, des gestes, une mimique de la face, une physionomie des épaules (...). Un masque de crime fait de la face du gorille et de la grenouille. – Ainsi de ce siècle, de la vérité trouvée et éclatant partout, dans le roman qui devient le roman de mœurs, dans la pièce qui devient le drame. (...)
> Paulin Ménier, le seul acteur qui donne aujourd'hui à une salle le frisson, le petit froid dans la nuque, que donnait Frédérick Lemaître[2].

Et ceci encore, le 31 mars 1861 : « Ce n'est que depuis ce siècle-ci que les artistes cherchent la ligne, l'effet de tableau. Ainsi Ménier cherchant des tournures de dos à la Gavarni ». La pièce de boulevard qui « devient le drame » grâce à l'incarnation physique

---
1 Ce n'est peut-être pas décisif. D'abord, comme on l'a vu (*cf.* note 7), Rimbaud estropie une partie des noms et dans *Jeune goinfre*, poème figurant sur la même page du manuscrit, il a, semble-t-il, écrit *casquétte* ! Ensuite, même si on croit bien voir un accent sur la deuxième lettre du nom (*Ménier*), il faut répéter que, faute d'accès au manuscrit, il n'est pas possible actuellement de conclure avec certitude. Néanmoins, il n'est peut-être pas indifférent que Pascal Pia, auteur de la première édition (en fac-similés) de l'*Album zutique*, ait imprimé *Ménier* dans la première édition de Rimbaud au Livre de Poche, édition procurée par lui (Rimbaud, *Poésies complètes*, Le Livre de Poche, 1963, p. 78).
2 Le dernier paragraphe est un ajout d'Edmond de Goncourt seul, en 1889.

du personnage par un grand acteur, le modèle cherché dans le dessin romantique de Gavarni, l'apparition d'un nouveau Frédérick Lemaître : tout est dit en ces quelques lignes. Avec Paulin Ménier s'imposait manifestement un jeu à la fois réaliste et expressionniste, venu en droite ligne de la révolution romantique et qui, sur des théâtres en marge de la scène institutionnelle, procurait au public le «frisson» épicé du drame. Un tel acteur ressuscitait au fond la scène de 1830, avec ses immenses ambitions, son impact social et son culte du héros démonique ou grotesque, offert comme un miroir narcissique à l'individualisme contemporain. Figure majeure, assurément, de l'imaginaire dans le Paris contemporain, entre le piano de Wolff et Pleyel, cœur du salon bourgeois, et l'art du caricaturiste, incarné contradictoirement par un Gill ou un Guido Gonin.

LOGIQUE ET SCANSIONS D'UN DISCOURS POÉTIQUE

Mais s'il en va ainsi, c'est donc la seule race des *Robinets* que distingue le jeu typographique joué par Rimbaud. Les vocatifs qu'encadrent les tirets sont d'ailleurs d'une emphase si évidente, avec leurs points d'exclamation – *Ô Robinets ! O Christs !* – qu'il se pourrait bien qu'ils parodient le grand style romantique de rigueur, sous le plume d'un Lamartine ou d'un Hugo, pour invoquer de tels prophètes. Mais l'essentiel est dans l'apparition de ces vocatifs eux-mêmes, combinée à l'expressivité des tirets : ensemble, ils imposent l'intervention du scripteur dans son propre texte, font surgir une présence clairement perceptible par le lecteur. Et cette intervention rompt le fil de l'énumération, laisse percer une ironie qui implique jugement, en tout cas brise avec la pure parataxe énumérative des premiers vers, pour ébaucher une logique du texte entièrement différente.

Reste alors à s'intéresser aux autres occurrences de ces tirets. La première concerne l'énoncé *Panier / Des Grâces !* Chevauchant le deuxième quatrain et le tercet qui le suit, ces mots apparaissent dans le cadre d'un enjambement spectaculaire, tellement même qu'on soupçonne aussitôt, comme avec les vocatifs du premier quatrain, la volonté de Rimbaud de mettre en évidence cette nouvelle suspension du défilé des noms (ou plutôt son abandon presque immédiat). Steve Murphy a indiqué pour ce *Panier des Grâces* un sens qui s'impose très probablement : ce panier « pourrait être celui de la guillotine[1] ». Pour étayer son interprétation, il se réfère notamment à la Commission des Grâces, qui fonctionnait à l'époque comme instance d'appel pour les sentences frappant les condamnés de la Commune – référence plausible, mais peut-être pas indispensable puisqu'en tout état de cause, les seules *grâces* qui restent accessibles au condamné sont précisément celles qu'il déploiera sur l'échafaud, comme le voulait le jeu social qui faisait de l'exécution capitale un spectacle public : selon la même logique, le seul *chic* accessible au jeune paysan des *Premières Communions* était celui des garnisons[2].

Troisième véritable scansion du sonnet, les tirets suivants, au début du dernier tercet, encadrent les mots *puis, qui sait ?* À cet énoncé, on n'a accordé aucune attention réelle, toujours dans la certitude que le poème ne présentait pas de structure discursive et aussi, sans doute, dans la conviction que ces mots, comme les noms propres égrenés auparavant dans les quatrains, relevaient des « cris de Paris[3] ». Interprétation qui pourrait effectivement s'imposer si Rimbaud avait écrit par exemple *Aveugles ! Puis qui sait ? Sergents de ville !* Malheureusement il a écrit tout autre chose – et notamment les fameux tirets, sans parler d'une virgule sur laquelle on serait assurément mal inspiré de faire l'impasse. Celle-ci sépare en effet le mot *puis* qui, avec son sens chronologique (mêlé sans

---

1 *Stratégies de Rimbaud*, p. 240.
2 *Les Premières Communions*, v. 34.
3 *Stratégies de Rimbaud*, p. 241.

doute ici d'une certaine valeur consécutive) s'articule aux énoncés qui précèdent, de l'interrogation *qui sait* ? – créatrice d'une brève plage d'incertitude et de doute, mais qui incline surtout vers ce qui suit. Or ce qui suit, c'est la mention des *sergents de ville* dont Steve Murphy, bien qu'il ait souligné avec raison la dimension bonapartiste de la référence (les fameux *sergots* de l'Empire !), n'a pas vraiment tiré les conséquences. Car si ce corps de police symbolisait bien la tyrannie impériale aux yeux des Républicains, sa suppression, trois jours après la fin de l'Empire, avait précisément été l'un des premiers actes du nouveau pouvoir[1], de sorte qu'il n'existait plus depuis des mois au moment où s'écrivait *Paris*. Si donc Rimbaud, en quasi clausule de son sonnet (lieu stratégique s'il en fut) peut écrire *puis, qui sait ? Sergents de ville*, cela ne peut en bonne logique avoir qu'une seule signification : alors qu'après l'écrasement de la Commune c'est une République conservatrice qui, officiellement, est en place, cela revient tout simplement à insinuer qu'il n'y aurait rien d'impossible (*qui sait ?*) à un rétablissement pur et simple de l'Empire.

Il n'y a pas lieu, en fait, d'en être exagérément surpris. Ce qui avait été le parti de Versailles était en réalité extraordinairement hétérogène et c'est seulement le manichéisme ordinaire des temps de guerre civile qui avait pu un moment dissimuler ces contradictions. Le corps des officiers, notamment, auteur principal des massacres de la Semaine sanglante, demeurait presque entièrement bonapartiste et faisait littéralement peur, y compris à Thiers et à sa majorité. Quoi de commun en effet entre des généraux de coup d'état et les groupes politiques qui souhaitaient l'avènement d'un parlementarisme libéral,

---

1 Même si, dans une large mesure, il ressuscita aussitôt sous la forme des «gardiens de la paix». Voir là-dessus le texte de l'arrêté : «Le préfet de police arrête : Art. 1er Le corps des sergents de ville est licencié. Art. 2 Il est remplacé par un corps de police dont la mission exclusive est de veiller au maintien du bon ordre et de la sécurité des personnes et des propriétés. Art. 3 Les hommes faisant partie de ce corps, choisis parmi les anciens militaires, seront appelés Gardiens de la paix publique (...)» (*Journal officiel de la République française*, n° 247, jeudi 8 septembre 1870).

quoique d'essence conservatrice ? Après tout, peu d'années après, ce furent précisément de spectaculaires succès électoraux des Bonapartistes qui déterminèrent Orléanistes et Républicains modérés à s'unir pour fonder la République. Or à la fin de 1871 comme au début de 1872, un coup de force militaire en faveur de l'Empire, sans être tenu par l'opinion pour extrêmement probable, ne paraissait néanmoins nullement impossible (on sait que c'est cet espoir de reconquérir son trône qui, quelques mois après, devait pousser Napoléon III à se soumettre à l'opération dont il allait mourir). Et quiconque a pris connaissance des débats qui agitaient alors le milieu des Communeux en exil sait que l'idée d'un prochain rétablissement de l'Empire trouvait largement crédit parmi eux (on y désignait souvent, comme auteur possible d'un coup de force, le général de Cissey, l'un des vainqueurs de la Commune). Que Rimbaud ait écrit son *puis, qui sait ?* n'a donc rien d'étonnant : il se faisait là, tout simplement, l'écho d'une hypothèse qu'on ne voulait pas exclure, notamment chez les anciens sympathisants de la Commune dont étaient assurément les membres du Cercle zutique.

Le sens après cela de l'ultime *soyons chrétiens!*, dernier énoncé du poème à être souligné d'un tiret, coule de source : invite sardonique à s'aligner sur l'idéologie officielle d'un régime impérial futur, qui ne pourrait être que clérical. Mais du coup une structure discursive du poème achève de se révéler, fondée qu'elle est, d'abord sur la quadruple occurrence des tirets, ensuite sur le discours, précisément, qui naît de l'ordre dans lequel apparaissent les mots ou les noms qu'ils isolent. Ce dispositif se résume de la façon suivante :

– Ô Robinets ! – [...] – O Christs ! –
– Panier des Grâces !
– puis, qui sait ? – Sergents de ville [...] !
– soyons chrétiens !

Du quatrain initial à la clausule du dernier vers, on sera ainsi passé de l'idéalisme utopiste des *Robinets* à un cléricalisme hypocritement recommandé, en passant par une violence sociale qui est aussi celle du Pouvoir (le *panier des Grâces*) et par l'horizon plausible d'une restauration impériale (les *sergents de ville*). En même temps, pour chacune des strophes, ou plus exactement pour chaque groupe de noms, ces mots clés assurent une fonction qu'on peut dire conclusive : rhétoriquement, ils suspendent un instant l'élan de ces successions de patronymes, mais leur véritable fonction est en fait de dévoiler le sens profond de ces ensembles.

Le premier quatrain convoque donc des noms (par exemple celui du pédicure Galopeau, médecin des pieds délicats) dont on peut penser qu'ils sont caricaturalement représentatifs d'un Paris bourgeois pour lequel le piano de chez Wolff et Pleyel répond de son côté à des usages sociaux (il accompagne par exemple la romance chantée par la jeune fille à marier). Mais ce piano, instrument romantique par excellence, peut satisfaire aussi à des besoins esthétiques – autre visage d'une bourgeoisie qui prétend alors à l'art, se veut sans doute libérale, applaudit Paulin Ménier et pourrait même toucher – par certains de ses membres ? – à la bohème ou à la vie d'artiste (la pipe Gambier[1]). Sans doute est-ce cet idéalisme[2] si cruellement démenti par l'événement que

---

1 On rappelle encore une fois que Rimbaud s'est lui-même peint «une Gambier / Aux dents» au début d'*Oraison du soir*, poème où il se représente précisément en bohème.

2 La bourgeoisie va ainsi du pédicure au piano (celui par exemple que touchera «d'une main frêle» Mathilde Mauté dans les *Romances sans paroles*). Déjà ridiculisé ainsi, son idéalisme se trouve lourdement balancé à l'attaque du poème par la mention du fabricant de chaussures Godillot. Steve Murphy a vu là une allusion à la Semaine sanglante, où effectivement on fusilla fréquemment des Fédérés porteurs de *godillots*. Pourquoi non ? Mais il cite lui-même (*Stratégies de Rimbaud*, p. 233) des vers de Verlaine : «Voyez : Godillot fournit / L'armée». Sans doute vaut-il donc mieux croire que ces premiers mots du sonnet (*Al. Godillot*) font référence aux chaussures des *pioupious*, c'est-à-dire à l'armée, servante aux yeux de Rimbaud d'une bourgeoisie qui n'en prétendait pas moins à l'idéalisme esthétique.

résume alors pour le tourner en dérision l'invocation parodiquement romantique aux *Christs* nouveaux que voulurent être les idéologues tels que Robinet. Mise en pièces qui s'accentue encore dans le deuxième quatrain – ce dernier jouant avec virtuosité sur deux registres à priori hétérogènes : celui du meurtre ou de la tuerie (Troppmann l'assassin et sa victime Kinck, le tueur de panthères Bombonnel) et celui de l'art ou de la poésie. C'est que ce monde de l'art, représenté pour partie par de prétentieuses nullités (Manuel et sans doute Augier), recelait surtout en lui-même des tensions extrêmes (on a vu plus haut ce qu'il en était de Gill et de Veuillot), au point que l'énumération des noms qui le représentent s'achève significativement, avec un point d'exclamation révélateur de la violence d'une énonciation, par la mention de Guido Gonin. Or ce dessinateur, comme Steve Murphy l'a judicieusement rappelé, venait de publier une caricature anticommunarde d'une virulence inouïe[1] et dans un contexte comme celui de l'époque, cela suffisait pour que son nom même devienne synonyme d'appel à la répression. D'où, après le fatidique tiret, ce *Panier des Grâces* auquel aboutit logiquement le quatrain et dont l'effet se trouve redoublé par le surgissement aussitôt de *L'Hérissé*, chapelier dont la publicité montrait « un personnage aux cheveux dressés comme des épis » : figure probable, dans la logique du poème, du condamné aux « cheveux dressés sur le tête » par la peur de l'exécution[2]. Ajoutons qu'il pourrait bien y avoir là une allusion sardonique à Hugo, chez qui les cheveux hérissés révèlent précisément la terreur devant la mort, élément essentiel de sa campagne contre la peine capitale (voir par exemple *Notre-Dame de Paris*, XI, 2, où est peint Claude Frollo près de tomber des tours de Notre-Dame : « La tête qu'il releva avait les yeux fermés et les cheveux tout droits »).

---

1 *Stratégies de Rimbaud*, p. 225. Cette caricature représente, pour reprendre les mots de Steve Murphy, un « ouvrier incendiaire, aux yeux enragés » – et aussi l'Internationale, sous la forme d'une hydre à trois têtes.
2 L'interprétation est de Steve Murphy (*Stratégies de Rimbaud*, p. 239-240).

Restent alors les tercets dont le premier, d'ailleurs, voit son vers initial entièrement lié au quatrain qui le précède. Mais les deux vers qui suivent et d'où les noms propres ont entièrement disparu offrent des énoncés singuliers qui ont inégalement attiré l'attention. Il est probable en effet, comme on l'a dit[1], que les *cirages onctueux* y font allusion à la nécessité de « lécher de nombreuses bottes »; peut-être moins, toutefois, « pour réussir » qu'à cause de la répression et de la servilité qu'elle engendre. Mais comment concevoir que le vers suivant (*Pains vieux, spiritueux !*) n'ait suscité quant à lui que le silence, alors qu'il est peut-être le plus retors du poème ? À première vue en effet, il a bien l'air d'évoquer la vie de bohème, de dessiner par exemple le portrait de l'artiste famélique, nourri de vieux croûtons de pain et consommateur régulier de toutes sortes d'alccols. Mais il est assez clair qu'au-delà de cette apparence, il désigne en réalité sarcastiquement les saintes espèces[2], anticipe par là sur le *soyons chrétiens !* final et entraîne même peut-être dans ce double jeu du sens les *Aveugles* qui le suivent. Car ceux-ci n'ont rien de baudelairien ; au sens littéral, ils traduisent sans doute la cécité des contemporains, cécité volontaire devant la répression, aveuglement devant ce que va leur annoncer le vers suivant, c'est-à-dire l'éventualité d'une restauration de l'Empire. Mais la proximité immédiate de l'allusion blasphématoire à l'Eucharistie entraîne la possibilité d'un autre sens encore, d'ailleurs nullement exclusif du précédent et bien entendu entièrement soumis au régime de l'antiphrase : ces *aveugles* seraient alors ceux dont le retour à l'Ordre est censé ouvrir bientôt les yeux pour faire d'eux les chrétiens du dernier vers, à la façon de ceux auxquels le Christ rend la vue dans un de ses plus célèbres miracles.

On voit que tout converge décidément vers cette clausule finale, ce qui d'ailleurs n'est que conforme à la rhétorique du sonnet.

---

1 *Ibid.*, p. 239.
2 Avec un jeu de mots assez transparent : *spiritueux / spiritus*.

Ce dernier mot du poème, au-delà même du possible coup de force bonapartiste, c'est la réalité de Paris telle que Rimbaud la conçoit au moment où il écrit : la soumission, les *âcres hypocrisies*[1] qui dominent désormais la Ville. Dans cette perspective, s'il est bien vrai qu'*Enghien chez soi* était une publicité de l'époque, vantant un traitement à domicile fondé sur l'eau d'Enghien, qui ne voit que dans le mouvement d'ensemble du texte, l'expression désigne surtout le repli peureux devant toute violence publique actuelle ou possible, tourne en dérision le retrait bourgeois jusque dans l'espace privé parce que l'espace de la cité serait décidément trop périlleux ? Non, *Paris* n'est pas une simple combinatoire, ni un poème sans logique perceptible ; encore moins une espèce d'anticipation des pratiques d'écriture surréaliste – et pas même une version moderne des « cris de Paris ».

Deux remarques pour finir. D'abord *Paris* est la seule des collaborations de Rimbaud à l'*Album zutique* à n'être ni parodique ni obscène, au point qu'à y bien réfléchir, sa présence dans cet ensemble a quelque chose d'insolite. On pense inévitablement à la lettre à Izambard du 13 mai 1871 et aux commentaires qu'elle contient sur *Le Cœur supplicié* : « Je vous donne ceci : est-ce de la satire, comme vous diriez ? Est-ce de la poésie… ? C'est de la fantaisie, toujours ». Le titre, ensuite : il est, évidemment, provocateur, désigne un Paris bien différent de celui de la fête impériale. Mais sous ce même titre, Hugo avait publié dans les dernières années de l'Empire un texte que Rimbaud connaissait bien et dont les dernières pages, d'esprit ouvertement eschatologique, faisait du Paris futur la capitale d'un monde réconcilié – du Robinet, en somme. Il n'est pas impossible que Rimbaud y ait songé : ce sonnet serait alors sa réponse et l'hypothèse ne serait peut-être pas la plus mauvaise voie d'accès à ce poème singulier.

---

1 *Les Poètes de sept ans*, v. 7.

BONNE PENSÉE DU MATIN
AU PIED DE LA LETTRE

Avec *Bonne pensée du matin*, dont un des deux manuscrit connus porte la date de mai 1872[1], on est dans l'espace de ce qu'on a si longtemps nommé les *Derniers Vers* et qu'on abordait alors rituellement à la lumière de ce qu'on croyait savoir de l'entreprise de Voyance[2]. Bouillane de Lacoste, pionnier de l'édition critique rimbaldienne et philologue au sens parfois un peu étroit du terme, témoignait lui-même involontairement, il y a un demi-siècle, de la force de ce réflexe en écrivant au seuil de ces poèmes : « Ici nous entrons dans l'*inconnu*[3] ». On n'en est plus là, naturellement. Mais ce groupe de poésies, dont d'ailleurs l'existence en tant qu'ensemble est au moins problématique, n'en continue pas moins d'être perçu, au-delà de toute question d'innovation poétique, comme en rupture absolue avec les grands poèmes de l'année précédente auxquels on ne peut dénier, au moins pour certains d'entre eux, ni la dimension politique, ni l'inscription dans une tradition illustrée avec éclat par le Hugo des *Châtiments*. Mais ces poèmes-là étaient encore inédits à l'heure où *Illuminations* et *Derniers Vers* (d'ailleurs confondus à l'époque) faisaient dans le cadre de la jeune poésie symboliste leur apparition fulgurante, fixaient pour longtemps l'idée qu'on se faisait de l'entreprise poétique de Rimbaud. Les hasards de l'édition, décidément, peuvent avoir des conséquences lourdes – celles du moins que les idées dominant une époque et un milieu leur permettent d'avoir, quand elles ne les appellent pas en une espèce de nécessité historique.

---

[1]   Il s'agit du manuscrit Forain. Dans ce travail, c'est à cette version que je me réfère.
[2]   Mot, il faut encore et toujours le rappeler, que Rimbaud n'a *jamais* utilisé.
[3]   C'est moi qui souligne.

TRADITIONS CRITIQUES

Pour *Bonne pensée du matin*, en tout cas, la partie était probablement jouée quand il parut[1]. Sans doute est-ce pour cette raison surtout qu'il n'attira guère l'attention. Quel rôle un tel poème aurait-il pu jouer dans les grandes synthèses critiques, certes entièrement mythiques mais d'une force d'entraînement extrême, comme celle de Claudel, ou de Rivière, ou plus tard du milieu surréaliste ? Différence saisissante avec *Les Mains de Jeanne-Marie* qui parut encore plus tardivement, mais dont le groupe Dada s'empara aussitôt pour imposer l'idée de la dimension révolutionnaire d'une partie de l'œuvre rimbaldienne. Il est vrai qu'on considéra aussitôt ce dernier poème comme appartenant à l'année 1871, alors que *Bonne pensée du matin* était indiscutablement un poème de 1872, année qui passait pour l'*annus mirabilis* de Rimbaud, celle où il s'était avancé le plus loin sur le chemin du mystère. Or cela valait dispense d'exégèse : l'approche rimbaldienne de l'inconnu et l'expérience de Voyance avaient donné, pensait-on, naissance à des textes dont la raison n'avait pas à connaître. Bien entendu cette posture critique (si on peut l'appeler ainsi) ne pouvait éternellement se maintenir : quand, avec l'effacement du surréalisme, elle eût perdu sa caution la plus efficace, une entreprise de *lecture* de ces poèmes cessa de passer pour une aberration. Mais dans une large mesure, ce fut pour mettre du vieux vin dans de nouvelles outres.

Il suffit de parcourir, dans les principales éditions annotées, les lignes consacrées à *Bonne pensée du matin* pour prendre la mesure de cette véritable inertie critique. Une majorité d'entre elles

---

1 La version qui figure dans *Alchimie du verbe* suivit évidemment le sort d'*Une saison en enfer*, dont l'édition originale ne quitta pas la cave de l'imprimeur ; et il fallut attendre 1892 pour la première réimpression. Quant à la version aujourd'hui le plus souvent retenue, celle du manuscrit Forain, elle ne fut connue qu'en 1911-1912.

continue en effet d'illustrer, certes sous une forme renouvelée, l'idée que le poème s'efforce de traduire en mots l'indicible, de plier le langage au défi d'une telle entreprise. Sans doute est-ce Suzanne Bernard qui, dans son édition de 1960, formula le plus nettement cette hypothèse quand elle entreprit de rapprocher *Bonne pensée du matin* de la lettre à Ernest Delahaye datée de «Jumphe 72[1]» : dans la lettre en question, écrivait-elle, «Rimbaud consacre à l'aube, "cette heure indicible, première du matin", un paragraphe qui est le meilleur commentaire de ce poème[2]». Or cette interprétation pour le moins aventurée, en faveur de laquelle *aucun* argument n'est d'ailleurs avancé, allait faire largement école. D'une manière ou d'une autre, la majorité des éditions au fil des années lui fait écho ou la reprend[3], au point qu'on retrouve dans une des plus récentes jusqu'à la formulation de Suzanne Bernard : «Il n'est pas de meilleur commentaire», y déclare-t-on, «que celui de Rimbaud lui-même. [...] On songe aussi à sa lettre à Delahaye de "Jumphe 72", un peu postérieure à ce poème[4] [...]». Solution de facilité ? Dans certains cas, sans doute, mais s'en tenir à cette explication serait probablement superficiel. En réalité, ce qui a fait le succès de cette lecture, c'est qu'elle prolongeait l'idée ancienne et déjà bien ancrée que la poésie du Rimbaud de cette époque ne pouvait être qu'approche de l'ineffable, sans pour autant donner trop évidemment dans le mythe, mais surtout sans requérir de véritable exégèse, la part de l'obscur et de l'énigmatique tenant dans cette perspective au

---

1 «Parmerde, Jumphe 72». Autrement dit : Paris, juin 1872.
2 Rimbaud, *Œuvres*, Classiques Garnier, 1960, p. 434.
3 D. Leuwers (Livre de Poche, 1984), renvoie à la lettre dans une annotation par ailleurs des plus brèves, comme P. Mourier-Casile (Pocket, 1990). Jean-Luc Steinmetz (*Vers nouveaux*, Garnier Flammarion, 1989, p. 180) déclare de son côté que le poème «rappelle certains éléments» de la lettre. De même Louis Forestier (Folio Classique, 1999, p. 303) : «Rimbaud savoure des heures qui lui sont chères et dont il parle dans une lettre à Delahaye de jumphe [juin] 1872».
4 Note de Pierre Brunel dans son édition de Rimbaud à la Pochothèque (1999), p. 831.

projet poétique lui-même. Seulement, il faut bien constater que ce qui fit longtemps la force de cette démarche en était aussi la faiblesse : fondée sur des réflexes anciens, elle ne pouvait au bout du compte que se révéler inadéquate dès lors que la pression exégétique allait pousser de plus en plus à rendre compte de la réalité textuelle dans son ensemble.

Les hésitations mêmes des commentateurs témoignent assez de cette insuffisance. Certains, bien entendu, se contentent du minimum, ne se posent guère de question[1]. Mais un Jean-Luc Steinmetz, par exemple, tout en reprenant l'idée maîtresse de Suzanne Bernard, celle d'une poésie qui s'essaie à transcrire en mots l'*heure indicible*, écrit en même temps que Rimbaud y « ajoute des références mythiques qui la transmuent vite en légende[2] ». De son côté, un critique comme Louis Forestier, du moins à une certaine époque de sa réflexion, allait plus loin encore, puisqu'il négligeait la lettre à Delahaye, abandonnait du coup l'idée même d'*indicible* pour affirmer que dans ce poème « Rimbaud célèbre le travail et le monde des ouvriers[3] ». Mais c'est à coup sûr sous la plume d'un Pierre Brunel que ces variations sont le plus spectaculaires et par là même le plus révélatrices. Dans son premier livre sur Rimbaud, datant de 1983, on le voit en effet qui s'efforce à ne pas être réducteur, à rendre compte des multiples voix du poème. Tout en citant longuement la lettre à Delahaye dont il tire argument, comme on pouvait le prévoir, pour évoquer un projet rimbaldien de « noter l'inexprimable[4] », il évoque donc aussi les « aspirations socialistes » de Rimbaud, affirme que *Bonne pensée du matin* « célèbre[...] discrètement les "ouvriers", les "travailleurs[5]" ».

---

1 C'est le cas de D. Leuwers ou de P. Mourier-Casile (*cf.* ci-dessus).
2 *Op. cit.*, p. 180. On notera le *semble*, qui ne traduit pas une adhésion bien enthousiaste.
3 Note de son édition de Rimbaud dans la collection « Bouquins » (1992), p. 481. Curieusement Louis Forestier, comme on l'a vu (*cf.* p. 291, note 3), devait ensuite faire machine arrière pour se rallier à la lecture de Suzanne Bernard.
4 Pierre Brunel, *Rimbaud. Projets et réalisations*, Champion, 1983, p. 157.
5 *Ibid*, p. 117-118.

Et il ne se prive pas non plus, renvoyant le poème à son contexte culturel, d'ajouter qu'il «fait un usage qui peut sembler encore indiscret de la mythologie[1]» : volonté certaine de sa part ne pas suivre le seul sillon tracé par Suzanne Bernard. Cette prise de distance, on la retrouve en 1998 dans son édition des *Poésies* au Livre de poche, où la lettre à Delahaye n'est même pas mentionnée. Mais voici qu'un an plus tard à peine, éditant à la Pochothèque l'ensemble de l'œuvre de Rimbaud, le même Pierre Brunel, on l'a vu, renvoie de nouveau à cette fameuse lettre. Trois années encore et il parlera sans sourciller de «cette lettre, et (...) de son équivalent poétique, *Bonne pensée du matin*[2]».

L'exégète a bien le droit de changer d'avis. Mais ce flottement récurrent chez trois des meilleurs connaisseurs de Rimbaud, s'il témoigne de la pression qu'exerce sur eux ce qui a fini par devenir une espèce de tradition critique, révèle aussi la gêne que ressentent devant le texte ceux-là même qui admettent, fût-ce partiellement, cette même tradition. C'est que, tout simplement, l'interprétation de *Bonne pensée du matin* comme poème de l'indicible ne rend pas compte de la réalité textuelle. Et qu'à l'adopter, sauf à se réfugier dans le refus régressif de tout sens, il est difficile de méconnaître qu'on se retrouve devant une impasse.

FRATERNITÉ ?

Peut-être, dans une situation d'incertitude comme celle-là, n'est-il pas de mauvaise méthode de s'intéresser d'abord au titre. Le sens en effet n'en est pas évident. Que le matin – et plus précisément l'aube, comme l'indique le v. 3 – fournisse au poème son cadre, cela ne fait pas difficulté; mais que peut bien être au

---

[1] *Ibid.*, p. 159.
[2] Pierre Brunel, *Rimbaud* (Livre de poche / Références), 2002, p. 74.

fond cette *bonne pensée* ? Le silence là-dessus des commentateurs est à peu près unanime, mais il en est cependant qui ont tenté de répondre, parfois dans un sens inattendu. Telle édition semi-officielle nous apprend ainsi que « la pensée est *bonne* dans la mesure où les *travailleurs* sont appelés à épouser la force pacifiée des *Amants* ». Et l'annotateur d'ajouter, en un alexandrin plein d'élan où l'on respire comme un parfum des *sixties* : « Même combat de l'Éros, du matin à midi[1] ». On n'aura pas la cruauté de lui faire remarquer qu'en fait de « force pacifiée » ou de « combat de l'Éros », les travailleurs se voient octroyer par le poème *de l'eau-de-vie*. Mais il est vrai qu'on trouve trace de cette poésie des bons sentiments au tout début de la carrière poétique de Rimbaud ou dans quelques-unes des pièces du recueil Demeny (encore n'est-ce pas si sûr). Seulement, dès 1871, il n'en est plus question : le rejet de la sentimentalité fait même toute la matière d'une pièce comme *Mes petites amoureuses* et si *Les Mains de Jeanne-Marie* ou *Les Sœurs de charité* sont, à leur manière étrange, de véritables déclarations d'amour à la Femme, peut-on dire pour autant que ces poèmes développent de *bonnes pensées* ?

À tout le moins faut-il donc se méfier : il se pourrait fort bien que, dans le titre déjà, Rimbaud use de l'antithèse, comme il l'a fait si souvent. On est d'autant plus conduit à le soupçonner que les Ouvriers auxquels s'adresse cette parole censément si fraternelle sont qualifiés de *charmants*, ce qui devrait donner au minimum à réfléchir. Les occurrences de ce terme dans les textes rimbaldiens sont en effet de deux sortes, et de deux seulement[2]. Il arrive que le mot offre une valeur intensive, au fond néoclassique et qu'il tire de sa relation lexicale avec *charme*, entendu au

---

[1] Rimbaud, *Œuvre-Vie*, Arléa, 1991, p. 1144 (la notice est de Daniel Leuwers). On sait que cette édition se voulut en quelque sorte l'édition officielle du centenaire de la naissance de Rimbaud.
[2] Si on excepte la « demoiselle aux petits airs charmants » de *Roman*, qui relève d'une pure convention littéraire.

sens premier d'«effet d'un art magique[1]» : tel est le cas dans des énoncés comme «charmante et grave passion» des *Sœurs de charité*, ou «pure, connue, toute charmante», dans *Les Déserts de l'amour*, ou encore dans les vers des *Mains de Jeanne-Marie* : «Ont-elles bu des cieux barbares, / Calmes sur les genoux charmants?». Bien que dans ce dernier cas, le mot ne soit peut-être pas exempt d'une certaine charge satirique, il n'en exprime pas moins le *charme* de cette femme, laquelle pourait d'ailleurs être une femme de roman – et on observera en passant que cet emploi du mot ne concerne que des personnages féminins. Mais dans d'autres cas, le mot revêt un sens bien différent, participant presque toujours d'une visée satirique du texte où il figure. Rimbaud en use ainsi dès le début de sa carrière littéraire – «Merci à l'Esprit Saint qui m'a inspiré ces vers charmants» écrit Léonard dans *Un cœur sous une soutane*. Même emploi dans la lettre à Demeny du 15 mai 1871 (la fameuse «lettre du Voyant») où est tournée en dérision la manière de Musset («Charmant, son amour!»). Et même chose encore avec une formulation comme «l'air léger et charmant de la Galilée» qui ouvre la deuxième des *Proses Évangéliques*, le mot prenant tout son sens dans la perspective d'une référence satirique au tableau plein de mièvrerie que Renan fait de la Galilée dans sa *Vie de Jésus*.

Or, pour revenir à *Bonne pensée du matin*, ces emplois du mot donnent à réfléchir sur un énoncé comme «Ouvriers charmants». Car si, au long de l'œuvre rimbaldienne, *charmant* apparaît bien dans des usages majoritairement satiriques, il en va tout autrement d'*ouvrier*[2] : il n'y a, *Bonne pensée du matin* mis à part, que trois occurrrences du mot dans les poèmes de Rimbaud, mais elles suffisent pour faire prendre la mesure de cette contradiction. Dans *Les Poètes de sept ans*, «la fille des ouvriers d'à côté» semble presque un personnage de récit réaliste, mais elle est inséparable

---

1 La définition exacte de Littré est «effet *prétendu* d'un art magique» (*s. v.* «*charme*»).
2 On négligera ici son emploi dans le poème zutique *Ressouvenir* («Et des chants d'ouvriers anciens dans les gargotes»). Cet emploi attendrissant du mot tient à la parodie du style de Coppée, pseudo-signataire du poème.

en même temps du groupe épique des travailleurs que, sans qu'il soit même besoin d'écrire le mot *ouvrier*, le poème fait surgir de façon inoubliable quelques vers plus loin :

> Il n'aimait pas Dieu ; mais les hommes, qu'au soir fauve,
> Noirs, en blouse, il voyait rentrer dans le faubourg [...]

Ce qu'on voit se dessiner là, en somme, c'est un partage mythique du monde dans lequel les ouvriers jouent un rôle décisif : d'un côté l'enfermement dans la cellule familiale, la Bible « à la tranche vert chou », un Dieu foncièrement oppressif ; de l'autre l'assomption du désir avec le surgissement de la « petite brutale », l'investissement du fantasme de révolte et de liberté dans ces hommes en blouse, que la seule mention du « soir fauve » lie invinciblement à la sensation d'un espace sans limite. Et cette mythologie, on la retrouve mieux encore dans *Le Forgeron*, où se rencontrent les deux seules autres occurrences du mot *ouvrier*. Un énoncé comme « le tas des ouvriers a monté dans la rue », tout en faisant surgir l'image d'une journée insurrectionnelle, révèle surtout une brutalité stylistique délibérée qui est assurément une marque d'époque. Mais il en va tout autrement des vers où se situe la deuxième occurrence du mot et où Rimbaud livre en quelque sorte la clé idéologique du poème :

> Chapeau bas, mes bourgeois[1] ! Oh ! ceux-là, sont les Hommes !
> Nous sommes Ouvriers, Sire ! Ouvriers ! Nous sommes
> Pour les grands temps nouveaux où l'on voudra savoir.

Il faut prendre garde ici aux majuscules, qui ne doivent rien au hasard : le mot *bourgeois* n'y a évidemment pas droit, mais elles distinguent sans surprise *Hommes* et *Ouvriers*. Et ces majuscules, nous en connaissons l'emploi et le sens : dès le début de

---

[1] Rimbaud reprend évidemment là les vers de la chanson de 1848 *La Casquette* que cite Flaubert dans *L'Éducation sentimentale* : « Chapeau bas devant ma casquette, / À genoux devant l'ouvrier ! »

la carrière poétique de Rimbaud, elles s'imposent notamment dans *Soleil et Chair* où le mot *Homme*, en particulier, rythme le texte pour resurgir enfin à l'ultime vers[1] et dire une dernière fois l'inscription du poème dans la logique des grands discours utopiques. Or, dans le contexte de ces vers du *Forgeron*, le mot *Ouvriers*, véritable antonyme de *bourgeois*, entretient en même temps avec *Hommes* un rapport de quasi synonymie. On est là au plein du discours de 1848, resurgi avec violence au temps de la Commune, et qui attribuait à l'*Ouvrier*, loin de toute réalité sociale mais en un véritable réinvestissement de la sphère du religieux, le rôle messianique d'accomplir le destin de l'Humanité. Or dans *Bonne pensée du matin*, le mot *Ouvriers* se trouve bel et bien frappé de cette majuscule de l'Utopie[2] ce qui, compte tenu du sens prégnant de *charmant* dans le corpus rimbaldien, ne peut faire apparaître un énoncé tel qu'« Ouvriers charmants » que comme une espèce d'oxymore monstrueux.

MYTHOLOGIE ?

Mais peut-être cette formulation oxymorique paraîtra-t-elle moins étrange si on veut bien remarquer que la proximité immédiate, l'élan du discours et la syntaxe elle-même la lient dans le poème au vers suivant : « Sujets d'un roi de Babylone ». On a vu dans cet énoncé, avec quelques autres, une concession de Rimbaud à la vieillerie poétique, à la tradition revitalisée par un certain Parnasse de l'usage en poésie d'éléments mythologiques. Démarche effectivement avérée au tout début de sa carrière, où il arrive même qu'elle soit particulièrement laborieuse. Mais à cette époque déjà, dans un poème comme *Venus Anadyomène*, la

---
1 « Les Dieux écoutent l'Homme et le Monde infini ! »
2 Du moins dans le manuscrit Forain.

mythologie n'était plus que la cible d'une parodie, qui se faisait elle-même instrument de dénonciation sociale[1]. Quelques mois encore et la même mythologie était clairement utilisée dans une perspective de satire politique : qu'on lise donc *Chant de guerre Parisien*[2]. Comme dans le cas du titre, le moins qu'on aurait dû faire avec ce roi de Babylone était donc d'user de prudence ; c'eût même été de bonne méthode, car si tel éditeur de Rimbaud[3] a pu écrire avec intrépidité que, bien certainement, il était « à craindre que le roi de Babylone reste longtemps une énigme », il se pourrait en réalité que cette énigme n'en soit pas une – et cela en dehors de tout usage de la mythologie dans une perspective d'esthète.

Que peut être en effet cette Babylone ? On a écrit non sans raison que le mot pouvait désigner toute ville marquée par le gigantisme de ses constructions, par allusion aux immenses travaux ordonnés par d'anciens rois babyloniens comme Nabuchodonosor ou Sargon[4]. Mais c'est là ne retenir qu'une partie relativement mineure de la riche tradition culturelle qui, depuis l'Ancien Testament, faisait de Babylone le symbole même de la Cité non seulement démesurée, mais pervertie et oppressive. Le christianisme sous toutes ses formes et à toutes les époques en a fait une pièce maîtresse de son discours – il suffit pour le savoir de relire par exemple l'*Apocalypse*, où les traits criblant Babylone s'appliquent en fait à Rome et au César persécuteur. Or s'il est vrai, comme c'est incontestable, que Rimbaud a repris plusieurs des symboles les plus forts du christianisme dans la perspective renouvelée de ce qu'on a pu nommer le messianisme laïc (pensons à Noël dans *Matin*, à l'Agneau Pascal de *Michel et Christine*), il a bien pu le

---

1 On se reportera là-dessus à l'analyse entièrement convaincante de Steve Murphy, *Le premier Rimbaud ou l'apprentissage de la subversion*, CNRS / Presses Universitaires de Lyon, 1990, p. 189-218.
2 Voir le v. 17 : « Thiers et Picard sont des Éros ».
3 A. Adam (Rimbaud, *Œuvres complètes*, Bibliothèque de la Pléiade, 1972, p. 932).
4 Pierre Brunel, *Rimbaud. Projets et réalisations*, Champion, 1983, p. 159. On fera observer que Sargon n'était pas un roi de Babylone (dont il fit cependant la conquête), mais d'Assur. C'est, il est vrai, de peu d'importance.

faire pour Babylone, dont le symbolisme était au fond aisément transposable. Cela d'autant plus que la polémique révolutionnaire sous le Second Empire ne s'était pas privée d'user là-dessus d'un jeu de mots parfaitement transparent : le plus fameux des rois de Babylone avait été Nabuchodonosor, et de *Nabu*chodonosor à *Nap*oléon, la dérive était aisée.

Être « sujet d'un roi de Babylone », c'est donc être soumis à un pouvoir tyrannique comme y sont évidemment soumis, aux yeux de Rimbaud, des ouvriers que la chute de l'Empire n'a nullement affranchis : la République conservatrice de Monsieur Thiers s'est même montrée, durant la Semaine sanglante, un « roi » autrement plus tyran que ne le fut jamais Napoléon[1]. Mais ce n'est pas là encore assez dire et il faut rappeler que, comme on l'a noté plus haut, ce quatorzième vers du poème ne se sépare pas dans la construction du sens de celui qui le précède. On observera même que l'absence de ponctuation séparant les deux vers ouvre la possibilité d'une lecture duelle : on peut comprendre *Ah! pour ces Ouvriers / charmants sujets d'un roi* comme *Ah! pour ces Ouvriers charmants / sujets d'un roi*. La pression métrique pousse à la deuxième de ces lectures, qui est évidemment la lecture spontanée, mais cette ambiguïté, ajoutée à la contiguïté discursive de *charmants* et de *sujets*, impose irrésistiblement la possibilité d'un sens quelque peu inattendu, et assurément provocateur : à savoir que c'est *en tant que sujets*, et sans doute sujets soumis, que les *Ouvriers*, naguère encore personnages messianiques de la mythologie révolutionnaire, se voient traités par dérision de *charmants*. Impossible d'être plus cynique mais surtout, sans doute, de témoigner d'une amertume plus grande. Car le sens

---

1 La remarque était banale dans les milieux de sympathisants de la Commune. Ainsi Lissagaray parlant de Napoléon III déchu : « Sa seule consolation sera, dans quelques mois, de voir ses officiers, sa servile bourgeoisie, surpasser cent fois ses massacres » (*Histoire de la Commune de 1871*, prologue, Maspero, 1969, p. 52). À moins qu'on doive penser que Rimbaud envisage une retauration monarchique, qui paraissait en effet très probable en cette année 1872.

profond de ces vers n'est pas douteux : sur le mode ricanant, ils avouent que l'Ordre, cet « éternel veilleur[1] », pourrait bien recueillir désormais l'assentiment de ses propres sujets, ou du moins leur soumission indifférente.

On conviendra qu'il n'y a là dedans aucune mythologie, si ce n'est à des fins satiriques. Et il n'y en a pas davantage au sixième vers, en dépit d'apparences contraires, avec le *Soleil des Hespérides*. Il est vrai cependant que ces dernières, divinités nocturnes vivant aux limites occidentales du monde, sont bien des figures de la mythologie classique, liées par exemple au cycle des travaux d'Héraklès et fameuses surtout par les pommes d'or de leur jardin. Mais encore une fois, lire ce vers comme s'il usait de la mythologie à la façon d'un certain Parnasse relèverait de la pure pétition de principe, d'autant plus que son entourage, depuis l'*immense chantier* jusqu'aux travailleurs *en bras de chemise*, n'incite guère à croire à une telle dérive. C'est pourquoi il pourrait être de meilleure méthode d'envisager ces *Hespérides*, non dans la perspective incertaine et probablement illusoire de la pure mythologie, mais dans celle du dialogue récurrent que Rimbaud entretenait avec les *textes* classiques dont il avait, nous le savons, une excellente connaissance scolaire. Or les données tirées des lettres grecques, en particulier, sont pleines d'intérêt à cet égard : on découvre notamment que les *Hespérides* ne s'y rencontrent guère que dans la *Théogonie* d'Hésiode[2], œuvre archaïque et peu pratiquée, mais que si on étend la recherche à la famille de mots dont fait partie leur nom, les choses sont entièrement différentes. Le mot *hespéra* notamment, dont dérive bien entendu *Hespéride* et qui signifie *soir*, mais également *couchant*, est abondamment utilisé en littérature avec ce dernier sens, et cela dans des œuvres bien

---

1 *L'homme juste*, v. 64.
2 Hésiode, *Théogonie*, 21.

connues : chez Euripide[1], par exemple, ou chez Thucydide[2]. Quant à l'adjectif *hespérios*, qui peut aller jusqu'à signifier «occidental», on le trouve avec ce sens dans l'*Odyssée*[3] ou, encore une fois, chez Thucydide[4]. Et la littérature latine, bien entendu, a emboîté le pas : des piliers de la tradition scolaire comme Horace[5] ou Virgile, notamment dans un passage bien connu de l'*Énéide*[6], utilisent l'adjectif *hesperius* avec le sens d'«occidental».

BONNE PENSÉE ?

Rimbaud, bien sûr, connaissait ces emplois ; et sans doute savait-il aussi que le pays des Hespérides se trouvait au Couchant, tout comme les îles qui avaient pris leur nom. Il y a donc toutes les raisons de croire qu'en écrivant cet emphatique *vers le soleil des Hespérides*, il entendait par là «vers le soleil couchant». Mais ce faisant, il se livrait à un jeu intertextuel[7] particulièrement voyant – si voyant même qu'il a toutes les apparences du persiflage, ou plutôt du sarcasme, dont une parodie appuyée du grand style antique se fait ici l'instrument.

---

1 Par exemple *pròs Hespéran*, avec le sens de «vers le Couchant» ou «du côté de l'Occident» (*Oreste*, 260).
2 *Tà pròs Hespéran*, «les régions du Couchant» (*Histoire de la guerre du Péloponnèse*, VI, 2). L'expression figure dans le récit de l'expédition de Sicile, chapitre le plus pratiqué, avec la description de la peste d'Athènes, de toute l'œuvre de Thucydide.
3 *Odyssée*, VIII, 29. On notera que le *Thesaurus* d'Estienne glosait *hespérios* par *occidentalis*.
4 *Tà Hespéria*, «les pays d'Occident» (*Histoire de la guerre du Péloponnèse*, VI, 2).
5 *Odes*, II, 17, 20.
6 *Énéide*, II, 781. Il s'agit du passage bien connu où Créuse prédit à Énée son destin futur.
7 On serait même tenté de croire que dans *vers le soleil des Hesperides*, le mot *vers* est un calque délibéré, participant du jeu intertextuel : voir, dans les notes ci-dessus, l'emploi de *pròs* dans les exemples d'Euripide ou de Thucydide.

Mais sarcasme au sujet de quoi ? C'est ici qu'on se heurte à la question du lieu, souvent débattue à propos de ce poème, quoique presque toujours dans une perspective erronée. Il n'y a aucun intérêt en effet à savoir si Rimbaud a écrit *Bonne pensée du matin* à Paris ou ailleurs ; mais il faut bien, en revanche, s'interroger sur la topographie du texte, puisqu'on y découvre un lieu d'où parle le locuteur, un second (désigné comme *la ville*) qu'il évoque et qui est peut-être le même, ainsi qu'un troisième, amené notamment par l'énoncé *là-bas* et dont le rapport avec le précédent est au moins problématique. Espace complexe donc, et un peu énigmatique, mais dont il est clair du moins qu'il s'organise autour de *la ville*, laquelle a bien l'air en même temps d'être la *Babylone* de l'avant-dernière strophe. Or si ce dernier nom marque souvent, on l'a dit, un espace symbolique voué à la dénonciation de l'iniquité, il désigne aussi fréquemment une Cité réelle, cible choisie et objet privilégié de la haine : quelques mois plus tard Verlaine, confronté à l'orgueilleuse énormité de Londres, retrouvera tout naturellement les mêmes références[1]. Rimbaud partagera sans doute ces réactions à ce moment-là, mais on sera alors à l'automne de 1872 : dans les premiers mois de l'année (et quelle que soit la date exacte où il a écrit *Bonne pensée du matin*), la ville dont la richesse éclate *sous de faux cieux* ne pouvait être pour lui que Paris, cette *grande ville* que, par horreur de la *campagne française*, il avait imaginé sous les traits du volcan sans cesse en fusion évoqué par Hugo, du lieu où devait surgir le *fauve renouveau*. Seulement, dans le Paris de Thiers et, bientôt, de Mac-Mahon, une foi si naïve n'était plus possible : *la ville* était redevenue la *Babylone* moderne, la Cité de l'oppression, le cœur de l'empire restauré de l'Ordre. C'est sans nul doute cette immense désillusion qui explique l'allusion sarcastique aux ouvriers *charmants*. Et c'est ce même contexte qui se devine derrière l'expression parodique *le soleil des Hespérides*.

---

1 « D'ailleurs la Tamise est superbe (...) Ponts véritablement babyloniens » (A Lepelletier, 20 septembre 1872) ; ou encore dans *Almanach pour l'année passée* IV (*Cellulairement*) : « Londres fume et crie. O quelle ville de la Bible ! »

Car sur le sens véritable de cette formule qui a fait croire à certains que Rimbaud avait pu être, l'espace d'un instant, une espèce de poète néoclassique, il n'est guère possible d'hésiter. Si en effet *Babylone*, en tant que lieu réel, ne peut être que Paris, alors *vers le soleil des Hespérides* ne peut désigner que le Couchant de la capitale : selon une logique réellement historique, Rimbaud imagine son *immense chantier*, fournisseur de *lambris précieux*, dans la direction même où se concentrait de plus en plus la *richesse de la ville* – zones de loisirs comme *le Bois* par excellence, *calmes maisons*[1] de banlieues fortunées, telles l'Auteuil des Goncourt, et sans doute beaux quartiers des arrondissements de l'Ouest. Cette fracture urbanistique et sociale qui avait abouti à circonscrire la ville des riches à la partie occidentale de l'agglomération n'existait auparavant qu'à peine, mais du fait de l'urbanisme à la Haussmann, elle était devenue à la fin du Second Empire « dangereusement claire[2] », au point de faire l'objet de polémiques virulentes[3]. C'est pour ce Paris des classes aisées que travaillent, respectueux de l'Ordre, des Ouvriers désormais *charmants* et c'est ce bouleversement urbain de grande ampleur que Rimbaud inscrit dans le poème sous le déguisement parodique d'une allusion au *soleil des Hespérides* (énoncé où le *soleil* est aussi sans doute celui de la richesse elle-même[4]). La caricature ou la chanson ne s'étaient pas fait faute, sous le masque d'une antiquité de carton-pâte, de tourner en dérision la société de l'Empire : il y a dans ce vers de *Bonne pensée du matin* quelque chose d'analogue.

---

1 « Calmes maisons, anciennes passions ! » (« *Plates-bandes d'amarante…* », v. 9).
2 Jacques Rougerie, *Paris libre 1871*, Seuil, 1971, p. 17.
3 Un auteur contemporain n'hésite pas à écrire : « On a constitué dans Paris deux cités bien différentes et hostiles » (L. Lazare, *Les quartiers de l'est de Paris et les communes suburbaines*, Paris, Dentu, 1870, p. 112).
4 On ajoutera que la richesse *rit* dans *Bonne pensée du matin* comme Dieu dans *Le Mal*. Dans cette géographie sociale de la ville, rien qui ne soit sur toutes les lèvres à l'époque (il suffit par exemple de lire le premier chapitre de *La Curée* pour en prendre la mesure).

Premier éditeur de Rimbaud dans la Bibliothèque de la Pléiade, J. Mouquet avait proposé de voir dans le poème une tentative, à l'imitation des «rythmes naïfs» de Favart, «pour exprimer une vision moderne dans la forme qu'affectionnaient les poètes du XVIIIe siècle[1]». Il avait certainement raison, ce qui n'exclut évidemment pas la disposition rhétorique. Celle-ci s'impose en trois temps successifs. La strophe initiale évoque un lendemain de fête : on y devine des échos verlainiens, sans doute aussi ceux de *La Fête chez Thérèse*, et les *bosquets* nous y transportent précisément dans ce faux XVIIIe siècle dont les mondains de l'Empire s'étaient engoués. Car on est, naturellement, dans la Société, bien que Rimbaud s'emploie déjà à en dévaluer les prestiges, d'abord par la brutalité lexicale d'une expression telle que *sommeil d'amour*, ensuite et surtout par l'équivoque obscène du dernier vers («l'odeur du soir fêté»). Avec le *Mais* qui ouvre le second quatrain, le poème se retourne brusquement : on n'est plus sous les *bosquets* de la fête ni dans les *parcs importants*[2] de la ville des riches, mais *là-bas*, à l'Ouest de la cité, sur un *immense chantier* peuplé de travailleurs, tous au service d'une ville pour laquelle Rimbaud, comme il le fera plusieurs fois dans les *Illuminations*, imagine apparemment des dimensions colossales. Ce sont ces mêmes travailleurs qui, quelques vers plus loin, seront affublés de l'appellation d'*Ouvriers charmants*, mais pour l'heure, le lecteur apprend seulement qu'il s'agit de *charpentiers*, de sorte qu'il se demande si le sarcasme rimbaldien n'est pas, là encore, à l'œuvre : on pense naturellement au charpentier par excellence, père résigné de Jésus et modèle impérissable du Bon Ouvrier. Ces charpentiers sont brièvement dessinés en style réaliste (*en bras de chemise*) ; mais surtout ils sont peints comme *tranquilles*, ce qui parachève le dessin tout en fournissant subrepticement

---

1 Rimbaud, *Œuvres complètes*, Bibliothèque de la Pléiade, 1954, p. 703.
2 *La Rivière de cassis*, v. 9.

une précision qui nous mènera à l'ironie sanglante de *charmants* : ces ouvriers-là sont tranquilles en effet, puisqu'ils ne nourrissent manifestement aucune pensée subversive. Ils sont, avec *innocince*[1], les serviteurs de la ville des riches, voués à préparer pour elle[2] les *lambris précieux* à travers lesquels elle fera éclater sa richesse et son orgueil.

Tout est en place dès lors pour la coda finale, où Rimbaud va formuler le vœu sardonique, la *bonne pensée* qui donnera son titre au poème. Burlesquement, ce vœu est adressé à Vénus, la vraie reine de la fête du premier quatrain – la reine aussi de ces *Amants* qui, tout au bonheur égoïste d'aimer, ont l'*âme en couronne*, rejouent les *Bergers* de la poésie amoureuse. Mais bien sûr, le sarcasme rimbaldien n'épargne pour finir, ni eux, ni des *charpentiers* si édifiants. Car les derniers vers du poème sont marqués du sceau de l'équivoque : les *Bergers* sont sans nul doute des personnages de bucolique (à moins, ce qui est bien possible, que ce ne soit là un déguisement), mais cela ne donne sans doute pas pour autant le dernier mot de cette ultime strophe. Et si le rôle attribué à l'eau-de-vie est banal, participe de cette dimension réaliste minoritaire mais présente qui reste un des aspects surprenants et originaux du texte[3], le vers final, en revanche, récapitule en fait le thème central du poème, parachève le sarcasme qui le parcourt tout entier. Car *qui*, vers 1872, se baignait réellement dans la mer à midi ? Évidemment la classe de loisirs, pour qui les bains de mer étaient un plaisir récent et exclusif : les ouvriers, eux, ne se baignaient guère que dans l'eau-de-vie. Rimbaud, dans le cadre de sa *bonne pensée*, la leur fait donc distribuer généreusement, mais

---

1 À la façon des paysans, dont l'*innocince* consiste notamment en un respect superstitieux de l'Ordre : « Quels monstres d'innocince, ces paysans » (À Ernest Delahaye, mai 73).
2 On ne voit pas que l'expression *déserts de mousse* soit bien mystérieuse : on comprend aisément que, pour préparer les lambris, des arbres ont été abattus, ce qui donne à la forêt rasée l'apparence d'un désert moussu. Dans *Fairy*, à propos de la *bûcheronne*, Rimbaud parlera de même de la *ruine des bois*.
3 Les *bras de chemise*, le *sommeil d'amour*, l'*odeur*, l'*eau-de-vie*.

il leur fait miroiter aussi, dans un futur indistinct, *le bain dans la mer à midi* que ne manquera pas d'offrir une société réconciliée à des travailleurs si *charmants* – sans oublier, pour solde de tout compte, la Vénus des stations balnéaires. Tout porte à croire, et il le sait bien, qu'ils pourront attendre longtemps.

POUR CONCLURE

On ne sait pas exactement quand *Bonne pensée du matin* a été écrit : l'existence d'un manuscrit daté de mai 1872 ne fournit évidemment pas de certitude, mais on peut néanmoins tenir pour assuré que le poème ne remonte pas plus haut que ce printemps-là, ne serait-ce que du fait de son extraordinaire liberté métrique[1]. Quoi qu'il en soit, que Rimbaud l'ait transcrit en mai à l'attention de son ami, le peintre Forain, prouve au moins qu'à ce moment-là, il en assumait pleinement l'inspiration. Si on veut bien se rappeler que, de leur côté, les poèmes réunis dans ce qu'on nomme aujourd'hui le *dossier Verlaine* et qui furent probablement copiés durant l'hiver 1871-1872 (ou un peu avant) auraient constitué, s'ils avaient pu être publiés, un volume visiblement inspiré des *Châtiments* mais centré, au lieu du 2 décembre, sur le souvenir de la Commune[2], on conviendra qu'il est difficile d'échapper à une conclusion que certains tiendront peut-être encore pour dérangeante : le Rimbaud des séjours parisiens de 1871-1872, quoi qu'ait pu

---

1 On en trouvera une analyse décisive dans *L'Art de Rimbaud* de Michel Murat (p. 103-106).
2 Sans vouloir entrer dans les détails, rappelons entre autres choses que le volume, s'il avait pu s'imprimer, se serait très probablement ouvert sur *Les Assis* pour se poursuivre notamment avec *L'Homme juste*, *Les Mains de Jeanne-Marie* ou *Les Veilleurs* (poème perdu dont Verlaine laisse clairement entendre, dans *Les Poètes maudits*, qu'il s'agissait d'un tombeau de la Commune) et s'achever sur *Paris se repeuple*.

tenter Verlaine dix ou quinze ans plus tard pour faire croire le contraire, ne s'était pas détourné de l'inspiration politique et n'avait nullement évolué sur ce plan depuis les jours de la Commune.

Il faut donc en prendre son parti : le politique a continué d'informer l'œuvre de Rimbaud très au-delà du fatidique printemps de 1871. Et il a vécu le songe d'une Cité nouvelle selon des représentations et surtout avec des mots qui, au fond, étaient ceux du romantisme révolutionnaire, avec ses grandes utopies et sa divinisation de l'Histoire. Qu'il faille en conclure qu'il ne comprenait pas vraiment le monde où, adolescent, il lui était donné de vivre, cela se peut : après tout, à l'autre extrémité de l'échiquier politique, un Barbey, pour ne prendre que cet exemple, l'avait-il mieux compris ? Rimbaud fut donc partisan de la Commune, demeura fidèle à ses idées longtemps après qu'elle eut échoué et son œuvre en porte largement la marque. Que tout le monde ne soit pas prêt à l'admettre, il faudrait être atteint de cécité volontaire pour en douter. Seulement, voilà, ce n'est pas une hypothèse : *c'est un fait*. Et un fait dont *Bonne pensée du matin*, loin de toute poétique de l'indicible, permet de prendre toute la mesure.

QUELQUES MOTS SUR *MYSTIQUE*

Comme cela arrive si souvent chez Rimbaud, la question que pose *Mystique* tient tout entière dans son titre. C'est à lui seul en effet qu'on doit ce réflexe de la plus grande partie de la critique (et probablement du lectorat) qui consiste à plaquer sur le texte un sens effectivement mystique, même si on finit par réduire ce sens à l'espèce d'extase qu'on tient à lire dans les derniers mots du poème. On aurait dû se méfier pourtant, se rappeler les cas nombreux où Rimbaud pratique l'antiphrase, ceux où il joue avec l'intitulé de ses œuvres ; mais l'habitude vient de loin. Aux premiers temps du groupe surréaliste, un Jacques Rivière s'appuyait déjà sur les dernières lignes de *Mystique* – « La douceur fleurie des étoiles et du ciel et du reste descend [...] contre notre face » – pour affirmer que si ces jeunes poètes attendaient « la visite sans nom[1] », c'est qu'ils étaient pleins de « l'immense vœu de Rimbaud ». Quelques années auparavant, alors qu'allait se répandre le slogan claudélien du « mystique à l'état sauvage », il avait invoqué le même poème à l'appui de l'idée qu'il se faisait alors d'un Rimbaud métaphysiquement « incorrompu[2] ». L'aurait-il fait si le titre, toute réalité textuelle mise à part, ne lui avait permis d'édifier cette étrange glose ? Et

---
1 Jacques Rivière, « La crise du concept de littérature », *La Nouvelle Revue française*, février 1924.
2 À l'appui de cette idée, Rivière cite les « herbages d'acier et d'émeraude » de *Mystique*, qui lui semblent « des images métalliques, immaculées » (« Rimbaud », *La Nouvelle Revue française*, juillet-août 1914). On pourra lire ces lignes dans l'édition qu'a procurée Roger Lefèvre des écrits rimbaldiens de Rivière et notamment de cet article bien connu (Jacques Rivière, *Rimbaud. Dossier 1905-1925*, Gallimard, 1977, p. 101-102).

à défaut d'un tel titre – qu'il prenait apparemment au pied de la lettre – cette *douceur fleurie* et ce *reste* lui auraient-ils vraiment semblé si mystiques ?

Sans cette évidence peut-être trompeuse, en effet, ce qui s'imposerait au lecteur de *Mystique* ce serait surtout la disposition du poème avec les effets qui en résultent. Et d'abord les éléments de ce que le texte nomme lui-même un *tableau* : le talus avec sa pente et son « arête », l'opposition visiblement prégnante entre la partie gauche de cette arête et ce qui pointe sur sa droite, l'espace d'en haut envahi par la mer. Mais aussi une division prosodique très forte : deux paragraphes, pour commencer, que gouverne une logique de parataxe (avec phrase nominale en clôture) ; puis, se développant au long des deux alinéas suivants, une phrase longue et complexe, à la syntaxe tourmentée, que le *Et* initial lie à ce qui précède, mais où le *tandis que* inaugure aussi un mouvement final dont le sens ne se trouve complet qu'avec la clausule (« [...] et fait l'abîme fleurant et bleu là-dessous »). Or ces deux traits en réalité n'en font qu'un, le texte étant construit de telle sorte qu'on ne puisse échapper à l'idée que c'est justement cet ultime énoncé qui donne la clé du *tableau* initial. D'où une conclusion qui s'impose avec force : ce n'est pas le titre, mais la disposition qui doit orienter la lecture, *Mystique* n'étant certainement pas un poème conçu pour que le fil en échappe. Et toute exégèse qui renonce à rendre compte de cette structure globale, même et surtout si elle prend le titre pour alibi, reste inégale à son objet.

L'élément initial de cette disposition, c'est donc ce *tableau* qui se met en place par touches successives. Or, pour la plupart, les matériaux n'en sont pas inconnus : un paysage dont les divers plans s'offrent au regard, la mer et sa rumeur, un ciel nocturne, la splendeur des étoiles, c'est à un véritable *topos* romantique qu'on a affaire. On en a des exemples chez Lamartine[1], chez d'autres

---

1   Par exemple *Bénédiction de Dieu dans la solitude* (*Harmonies poétiques et religieuses*, I, 5). Les éléments du *topos* s'y trouvent quelque peu dispersés, mais on y découvre sans surprise un « ciel étoilé d'où l'extase descend ».

encore, mais bien entendu c'est surtout à Hugo qu'on pense, avec qui le paysage s'organisant sous les yeux du contemplateur devient un des instruments privilégiés du discours poétique. Au cœur des *Contemplations*, un poème comme *Lettre* en offre en quelque sorte le programme :

> Tu vois cela d'ici. Des ocres et des craies[1] [...]

Dans ces paysages hugoliens, la crête ou le sommet[2], la mer[3], le ciel nocturne avec sa parure d'étoiles font figure, comme ici, de matériaux récurrents. Seulement chez Hugo, ces *tableaux* sont presque toujours signifiants, tendent même volontiers à l'allégorie[4]. Or tout porte à croire que c'est aussi ce qui se passe dans *Mystique* – et en référence précisément à Hugo.

C'est avec le deuxième paragraphe, le plus copieux du texte, celui où finalement tout se noue, que cette évidence éclate. Comment y comprendre, en effet, *la ligne des orients, des progrès* ? Rimbaud, certes, joue là sur les mots : la ligne des orients, c'est la partie d'un horizon où le soleil va naître[5] et on peut croire qu'il ne lui a pas déplu d'endosser ainsi un court instant la défroque du rhétoriqueur. Mais même à adopter cette logique,

---

1 *Contemplations*, II, 6.
2 Sur lequel le contemplateur se dresse volontiers, mais pas toujours. Voir par exemple *Saturne* (*Contemplations*, III, 3) où Hugo évoque ces « heures où, pourvu qu'on ait à sa fenêtre / Une montagne, un bois, l'océan qui dit tout, / Le jour prêt à mourir ou l'aube prête à naître, / En soi-même on voit tout à coup » (v. 13-16). Mais il est bien vrai que, le plus souvent, le contemplateur (ou ses doubles : le voyant et le mage) est campé chez Hugo debout sur un faîte.
3 Les exemples sont innombrables. Qu'on pense simplement à des titres comme *Au bord de la mer* (*Chants du crépuscule*, XXVII) ou *Une nuit qu'on entendait la mer sans la voir* (*Les Voix intérieures*, XXIV). Cela venait de loin chez Hugo : dès les *Orientales*, dans un poème comme *Bounaberdi*, on voit le héros monter au « front d'un mont » d'où il contemple « les deux moitiés du monde » que sont la terre et « l'onde ».
4 Qu'on pense à l'usage allégorisant qui est fait de l'Océan (et de l'étoile) dans *Stella*, poème dont Rimbaud s'est à peu près revendiqué, comme on sait, dans la *Lettre du Voyant*.
5 On pense à Verlaine : « Parisien, mon frère à jamais étonné, / Montons sur la colline où le soleil est né [...] » (*Sagesse*, III, 20).

l'orient (on n'oubliera pas ici l'usage de la minuscule) reste aussi, étymologiquement, le lieu où quelque chose va surgir et surtout, comment justifier ces *progrès* ? On ne saurait passer la question sous silence, ainsi qu'on le fait trop souvent, et faire en somme comme si le mot *progrès* n'existait pas dans le texte, comme s'il n'y surgissait pas à la façon d'une sorte de glose pour *orients*. Mais on peut encore moins faire l'impasse sur ce qu'implique l'usage ici d'un terme qui, au XIXe siècle, marque un type de discours, résume littéralement une idéologie. À lui seul le mot incline en effet brusquement le texte vers une logique aussi étrangère à la pure entreprise esthétique qu'au mysticisme traditionnel et on se rappelle alors que Hugo, du moins dans sa posture de Mage, n'a cessé précisément d'annoncer l'avènement du Progrès, que cette attitude lui a même valu d'être tourné en dérision dans *L'Homme juste*[1]. Et on se rappelle aussi que plus d'un texte hugolien s'emploie à traduire cette espérance dans le langage de l'allégorie et cela, comme par hasard, par le biais de paysages où l'aube qui point à l'horizon n'est autre chose que la représentation de cet avenir. Qu'on se reporte par exemple, dès le temps de la Monarchie de Juillet, au *Prélude* des *Chants du crépuscule* («L'orient ! L'orient ! qu'y voyez-vous, poètes ? [...] Nous voyons bien là-bas un jour mystérieux[2]») ; ou encore, dans les *Contemplations*, à un poème comme *Spes* :

> Au fond, une lueur imperceptible rampe ; [...]
> Un seul homme debout, qu'ils nomment le songeur,
> Regarde la clarté du haut de la colline[3].

---

1 «Qu'il dise charités crasseuses et progrès». Voir sur ce point le chapitre de ce volume consacré à *L'Homme juste*.
2 *Prélude*, v. 41-44.
3 *Spes* (*Contemplations*, VI, 21), v. 16-19. On pourra citer encore ce que Hugo écrivait en 1867 dans *Paris* : «Un peu d'ombre flottante ne compte pas dans un immense lever d'aurore» (*Paris*, IV, 5 : Victor Hugo, *Œuvres complètes*, *Politique*, Robert Laffont, collection «Bouquins», 1985, p. 32).

Cette clarté, c'est celle d'une délivrance à venir qui, pour la société humaine, prendrait la forme d'un progrès indéfini dont Hugo le songeur s'instituait le prophète. Le sommet, la clarté au fond de l'horizon ne sont ici que les outils d'une construction allégorique au service de cette religion du Progrès. Comment dès lors ne pas être tenté de comprendre dans *Mystique* la *ligne des orients, des progrès* dans cette même perspective[1], c'est-à-dire en référence à Hugo et, plus généralement, à l'illuminisme romantique[2]?

Cela d'autant plus que ce jeu du paysage allégorique aboutit dans le texte rimbaldien à une de ces antithèses où chacun reconnaissait alors la marque de Hugo. Si en effet l'arête de droite y laisse deviner une aurore qui est celle du Progrès, à la gauche du *tableau* s'étend le domaine du mal et de la violence, qu'elle soit individuelle (les *homicides*) ou qu'elle soit le fait de la société (les *batailles*). La référence à cette violence est loin d'être exceptionnelle dans les *Illuminations* – on se rappelle le « joli Crime piaulant dans la boue de la rue » de *Ville* – et on observera que Rimbaud infléchit nettement vers le mal social et la seule eschatologie historique (le *progrès*) un discours allégorique auquel Hugo donnait aussi (peut-être même surtout) une signification religieuse. Mais l'inflexion demeure discrète, imperceptible même,

---

1 C'est si vrai que Pierre Brunel, par exemple, ne peut éviter de parler, à propos de ce moment du texte rimbaldien, du « bien qu'on est en droit d'attendre de l'avenir » (*op. cit.*, p. 397), alors même que son interprétation de ce paragraphe privilégie la référence au Jugement dernier et qu'il va jusqu'à écrire qu'entre « ces deux volets » (le mal à gauche, le bien à droite), « on pourrait en supposer un troisième qui serait toujours l'équivalent de l'Agneau mystique ou la Main de Dieu, telle qu'elle a été peinte par Michel-Ange sur les voûtes de la Chapelle Sixtine » (*ibid.*). Mais cet « avenir » reste franchement ambigu (s'agit-il de la fin des temps ou du futur des sociétés humaines?), tout simplement parce que Pierre Brunel fait en réalité l'impasse sur le mot *progrès*.

2 On rappellera en passant ces mots de l'écrivain et révolutionnaire russe Herzen, datés de 1849, en pleine période de réaction : « Partout l'impuissance, la médiocrité, la mesquinerie et une bande à peine visible à l'Orient annonçant l'aube lointaine » (cité par A. Besançon, *Présent soviétique et passé russe*, LGF, coll. *Pluriel*, 1980, p. 346). Ils prouvent que cet usage allégorique de l'aube était courant à l'époque (Herzen était alors à Paris).

face à l'affirmation ostentatoire d'une antithèse à la Hugo. Or c'est précisément à ce point que les faits de disposition signalés plus haut prennent tout leur sens et permettent de saisir la ligne directrice du poème.

Les *mers* du quatrième paragraphe, en effet, complètent ce paysage allégorique d'esprit hugolien, surgissent dans le texte comme une sorte d'achèvement (on reviendra plus loin sur les *nuits humaines*). Du coup, c'est la totalité du *tableau* qui se trouve liée par la syntaxe au quatrième paragraphe, le *tandis que* marquant peut-être moins une simultanéité qu'un lien logique essentiel. Or deux faits permettent immédiatement de préciser les choses, de saisir le pourquoi d'un lien sans doute fondamental. D'abord, dans ces dernières lignes du texte, le contemplateur resté jusque-là implicite entre ouvertement en scène ; l'énonciation romantique ferait attendre un *je*, ce qui surgit est un *nous* (sur lequel il faudra revenir), mais la relation avec le paysage allégorique des paragraphes précédents n'en est pas moins forte. Ensuite, impossible de ne pas relever qu'à la différence du matériau linguistique utilisé pour construire le paysage dans les paragraphes précédents, plusieurs des énoncés qui apparaissent en cette extrême fin du texte surprennent singulièrement le lecteur. C'est déjà le cas avec cette *douceur fleurie des étoiles*, apparemment révélatrice d'une sorte de sentimentalisme dont on conviendra qu'on a du mal à en trouver des traces chez Rimbaud. Ce l'est aussi pour la comparaison avec un panier, dont ceux qui ont réussi à se persuader de la réalité ici d'une expérience mystique éprouvent le plus grand mal à justifier la présence. Mais la difficulté la plus sérieuse vient indéniablement du mot *reste*, sur lequel les tenants de la lecture mystique observent d'ailleurs souvent, sauf à se lancer dans des explications visiblement embarrassées[1], un silence prudent dont on devine

---

1 Sergio Sacchi, par exemple (*Études sur les « Illuminations » de Rimbaud*, PUPS, 2002, p. 183), a l'honnêteté de reconnaître que le mot lui semble « un peu trop désinvolte ». Il s'en tire en suggérant, visiblement sans grande conviction, qu'il serait là comme pour dire : « inutile d'insister là-dessus puisque le "reste" est précisément

bien la raison. On peut les comprendre : si cette fin de *Mystique* témoignait réellement d'une sorte d'extase, cela impliquerait l'adoption pour la transcrire d'une véritable posture lyrique et comment faire pour que *reste* soit crédible ou, tout simplement, prononçable dans cette posture-là ? En revanche, envisagé comme véritable *geste* linguistique, éventuellement chargé de sarcasme[1], il pourrait bien renvoyer ici à un usage euphémisant bien connu au XIXe siècle (et au-delà) : le *reste* c'était, dans la pratique de la langue relevée, ce qui ne pouvait se dire, du fait de la censure morale ou sociale, surtout en matière sexuelle. Le locuteur s'en débarrassait grâce à cet euphémisme, souvent en fin d'énoncé. On n'en veut pour témoin que Verlaine[2] :

> Vivre loin des devoirs et des saintes tourmentes
> Pour les seins clairs et pour les yeux luisants d'amantes
> Et pour le... reste ! vers telles morts infamantes !

Or ce sens probable de *reste* ouvre sur la signification d'ensemble de *Mystique* des perspectives d'une grande cohérence. Qu'implique-t-il en effet ? Que l'extase qui semble évoquée dans l'ultime paragraphe est en réalité un leurre, parce que ce mysticisme nocturne qui donne son titre au poème n'est qu'une sublimation

---

    sous les yeux [...] ». Pierre Brunel, lui, après avoir discerné dans l'usage de ce mot « une pointe d'insolence », corrige aussitôt : « "Impatience" serait sans doute un mot plus juste » (*op. cit.*, p. 391) : c'est que l'impatience (de celui qui veut atteindre l'absolu, par exemple) autorise l'interprétation mystique, alors que l'insolence la contredirait. On observera que l'exégète ne donne *aucun* argument à l'appui de cette correction, qui a tout l'air de relever de la pure pétition de principe.

1 Et non pas seulement de discréditer un « stéréotype » en exploitant « l'équivoque mystico-poétique de toute vision », comme l'écrit André Guyaux (*op. cit.*, p. 148). Reste qu'André Guyaux est un des très rares critiques à avoir perçu l'importance ici du sarcasme, y compris dans le dernier paragraphe du poème.

2 *Explication*, v. 12-14 (ce poème figure dans la section *Lunes* de *Parallèlement*). Cet usage de *reste* était sans nul doute assez largement socialisé pour que la compréhension soit immédiate. On le trouve en tout cas un peu partout. Citons, un peu au hasard, *Béatrix* de Balzac : « Conti fut un amour de tête auquel le cœur et le reste ont pris très-peu de part » (*la Comédie humaine*, éd. Bouteron, t. II, Pléiade, 1951, p. 591).

mensongère du désir. Il n'y a pas lieu d'en être surpris : l'œuvre de Rimbaud abonde en poèmes qui mettent en scène à seule fin de démystifier. On est tenté, bien entendu, de penser à *Ce qu'on dit au poète à propos de fleurs*, mais le texte qui fait le mieux écho à cet emploi de *reste* est probablement *Un cœur sous une soutane* : c'est bien Léonard dont les élans mystiques, s'exprimant par une poésie certes ridicule, mais qui cherche ses garants du côté du romantisme, ne sont en fait que sublimation du désir érotique.

Mystique dit au fond la même chose à propos du romantisme, précisément. Et c'est là, sans doute, le sens de ce *nous* qui surgit dans l'ultime paragraphe du poème. Rimbaud, après tout, était fils de l'âge romantique et il le savait bien, comme le montre assez la trop fameuse lettre à Demeny du 15 mai 1871. Se mettre en scène pour se tourner en dérision, assumer tout en le dénonçant ce que son moi le plus intime avait aussi de collectif, ce sont là des démarches qu'on connaît bien chez lui. De là vient que la fin du poème, à travers ce *nous*, parle au nom d'une époque à laquelle le romantisme, et Hugo le premier, avait imposé une sorte de mysticisme en poésie, dans lequel les eschatologies politiques, une religion de la nature et le culte du désir se mêlaient indissolublement. C'est cette religion de substitution, désormais à bout de souffle, que le poème démystifie et c'est ce qui en explique la structure, de la mise en place d'un paysage allégorique typiquement hugolien à l'extase finale, que le texte exhibe tout en la tournant sournoisement en dérision. Un « immense vœu » comme le croyait Rivière ? Sûrement pas, mais plus probablement un retour sur soi-même, sans doute non dénué d'amertume.

Au-delà de cette ligne directrice, le réalité textuelle du poème est évidemment affaire de rhétorique, puisque son auteur n'y sacrifie en réalité à aucune mystique, pas même celle de l'écriture. Et en matière de rhétorique, Rimbaud est évidemment un maître.

Le paragraphe initial installe une prosodie, un style qui finira, dans les lignes suivantes, par tendre au style coupé – alors que les deux derniers paragraphes, avec leur grande phrase enjambante, pencheront nettement du côté du style périodique. C'est qu'avant tout il pose un regard, celui du contemplateur qui sera le vrai personnage du poème, en même temps qu'il commence de mettre en place le paysage allégorique dont les paragraphes suivants préciseront les traits. Il n'est nul besoin pour ce *talus* d'imaginer l'étrange concept de « talus mystique[1] » : le contemplateur se place évidemment face au *mamelon*, dont la pente lui apparaît comme celle d'un talus. En revanche, le métaphorisme exacerbé des *herbages d'acier et d'émeraude*, sur lequel se clôt le paragraphe et auquel font ensuite écho les *prés de flammes* mérite examen. Il n'est pas absurde de penser que le poème se situe aux premières minutes de l'aube, quand le ciel est encore en partie nocturne et que la lumière frappe déjà les sommets (d'où les *flammes*), mais que les pentes sont encore largement dans la nuit et ne sont éclairées que très indirectement : *Aube* (poème qui suit immédiatement *Mystique* sur le manuscrit) offre quelque chose de comparable, avec son « sentier déjà empli de frais et blêmes éclats ». Il ne faut donc surtout pas sous-estimer ici la prodigieuse capacité de Rimbaud à voir et à transcrire en mots, mais ce métaphorisme est aussi un fait de style, et de style daté. On n'en veut pour preuve que ces vers de *La Maison du berger* :

> Le crépuscule ami s'endort dans la vallée
> Sur l'herbe d'émeraude et sur l'or du gazon[2] [...]

Rimbaud s'en est sans doute souvenu ici, mais ce n'est peut-être pas le plus important. En réalité, tout porte à croire que cette densité métaphorique est délibérée et qu'elle fait sens. On ne prétendra évidemment pas que Rimbaud avait lu les *Lettres de Dupuis et Cotonet* (encore n'est-ce pas impossible) et d'ailleurs il exécrait Musset. Mais comme ce dernier, il avait évidemment réfléchi sur les grands traits du style romantique et notamment sur

---

1 Comme l'a fait Pierre Brunel, *op. cit.*, p. 398.
2 *La Maison du berger*, v. 36-37.

sa pratique exacerbée de l'analogie. De sorte qu'*acier* et *émeraude* apparaissent ici tout à la fois comme une chose vue, comme la manifestation d'un art et comme l'inscription dans le texte, dès ses premiers mots, d'une des caractéristiques majeures du style romantique, anticipant par là (non, sans doute, sans une secrète ironie) sur cet autre trait romantique à venir dans le texte qu'est le paysage allégorique à la Hugo.

Et sans doute le romantisme est-il présent aussi avec ces *anges* dont l'apparition à l'incipit du poème a embarrassé visiblement l'exégèse. Leur présentation dans le texte ne fait pourtant pas problème : s'ils *tournent leurs robes*, c'est parce qu'ils forment de ces rondes de chérubins dont la tradition picturale (notamment sulpicienne – autre trait d'ironie) n'a pas été avare ; mais aussi parce que la plus grande partie du poème est parcourue par une isotopie dynamique (*tournent, bondissent, piétiné, filent, tournante, bondissante*) qui l'oppose au statisme et à la contemplation qui règnent dans les dernières lignes. Mais ces anges n'induisent ici aucune présence véritable du christianisme, ou plus exactement celle-ci n'a d'autre valeur que celle d'un soubassement culturel : il est absurde d'en tirer argument en faveur du mysticisme prétendu du poème. En revanche, ils pourraient bien introduire subrepticement dans le texte la référence au romantisme (grand consommateur d'anges, qu'on pense à *Eloa* ou à *La Chute d'un ange*) et en particulier – dans un perspective à coup sûr ironique – à Hugo. Qu'on relise donc *Les Mages*[1] :

> De temps en temps, blanc et sublime,
> Par dessus le mur de l'abîme
> Un ange paraît et s'en va.

---

1 *Les Mages*, V (*Contemplations*, VI, 23) : toute cette partie du poème roule sur le thème de l'ange. La présence des anges est d'ailleurs récurrente chez Hugo, jusque dans le roman. Qu'on relise *Les Misérables* (et notamment les pages où meurt Jean Valjean : « Sans doute, dans l'ombre, quelque ange immense était debout, les ailes éployées, attendant l'âme »).

La blancheur (celle des *robes de laine*) va de soi pour des anges, mais Rimbaud s'est souvenu de cet abîme, ou du moins de la dialectique si hugolienne entre la présence des anges et celle de l'abîme – cet abîme qui se retrouve précisément à la fin de *Mystique*.

Quoi qu'il en soit, tout est prêt dès lors pour la mise en place du paysage allégorique dont on a déjà décrit la logique. On ne reviendra pas sur la *ligne des orients* et on se contentera de rappeler, s'agissant des *batailles*, à quel point le progressisme hugolien était convaincu que les temps à venir verraient la disparition de la violence entre États[1]. On relèvera aussi qu'à ce stade du poème, le regard du contemplateur, face au *tableau*, se révèle absolument structurant, permet l'organisation des divers plans. Cette remarque s'impose à propos du *mamelon*, mais plus encore à propos du paragraphe suivant où la présence de ce regard implicite autorise Rimbaud à écrire enfin le mot *tableau* (alors même que celui-ci est achevé) : mais longtemps fixe apparemment, le regard balaie cette fois l'espace de bas en haut et crée de ce fait une sorte de perspective. Toutefois, si le *tableau* ainsi se complète, s'il est même possible, puisque le texte évoque des *mers*, d'imaginer (avec un peu de naïveté) un étendue marine qui se serait en somme révélée, en arrière-plan, derrière le *mamelon* et tout en haut du *tableau*, Rimbaud ne joue pas plus ici la carte du descriptif qu'il ne la jouait avec les *orients* ou les *batailles* : quoique d'une façon différente, ce troisième paragraphe relève lui aussi du paysage allégorique.

---

1 On remarquera par ailleurs avec quelle force surgit dans le texte le mot *piétiné* : véritable déchirure dans le discours, éclatement brutal de la violence. Et on s'interroge du coup sur l'énoncé qui suit : *tous les bruits désastreux filent leur courbe*. Le confort intellectuel pousserait à une glose par la synesthésie, mais le sens s'y évaporerait, ce qui n'est *jamais* le cas dans *Mystique*. Ne s'agirait-il pas plutôt des bruits de la guerre, de la trajectoire des obus ? Ce n'est peut-être que le mythe des *Illuminations* (écriture *autre* ou abîmée dans le pur ciel de la poésie) qui nous sépare d'une telle lecture.

On pourrait pourtant croire qu'il est dominé surtout par des faits de style et être tenté de prononcer le mot de synesthésie devant ce « haut du tableau » qui se trouve « formé[...] de la rumeur [...] des mers ». Mais en réalité, si les données stylistiques sont incontestables, Rimbaud ne pratique pas pour autant ici une prose d'art. Observons d'abord que les deux adjectifs *tournante* et *bondissante* prolongent, comme on a vu, cette isotopie dynamique qui parcourt les trois quarts du texte et en marquent en même temps le terme. Reste alors la *rumeur*, dont on peut imaginer qu'elle est née de cette transformation d'un adjectif hypothétique en substantif abstrait[1] qui n'est pas rare chez Rimbaud. Or ce fait de style, ici, n'a rien d'ornemental et on en comprend bien le pourquoi. Le *tableau* s'était d'abord peuplé d'anges, il s'était ensuite distribué entre une gauche et une droite, entre les *homicides* et les *progrès* ; mais il n'avait pu le faire que sous le regard invisible du contemplateur, évidemment hugolien comme le montre assez le jeu allégorique du paragraphe précédent. Or chez Hugo, ce contemplateur voit monter vers lui les diverses voix du monde, celle de l'Homme, celle de l'Histoire et aussi, bien souvent, celle du vieil Océan ; entre tant d'exemples, qu'on lise dans *Feuilles d'automne* le poème intitulé *Ce qu'on entend sur la montagne*[2] : Hugo y adopte clairement la posture du Mage, à qui parviennent à la fois la voix *magnifique* de l'Océan et celle de l'Homme ou de la Terre, dans laquelle se mêlent *pleurs* et *cris*. C'est certainement pour cela que Rimbaud a privilégié la *rumeur*, une rumeur qui naît à la fois de la mer[3] – ou plutôt *des* mers – et du monde des

---

1 Adjectif qui pourrait être ici, par exemple, *bruyante.
2 *Feuilles d'automne*, V.
3 Pour les *conques des mers*, il s'agit certainement, quoi qu'on ait pu en dire, d'une référence à la naissance d'Aphrodite (voir *Cérigo* de Hugo, v. 4 : « La conque de Cypris sacrée au sein des mers »). Mais l'expression n'en peut pas moins, métonymiquement, désigner la mer elle-même et on la rapprochera à cet égard de *Villes (Ce sont des villes !)* qui évoque « une mer troublée par la naissance éternelle de Vénus ».

hommes[1], mais qui n'existe qu'en fonction du contemplateur invisible et, bientôt, de ce *nous* qui va se substituer à lui dans l'ultime paragraphe.

On a vu le sens qu'il fallait donner à ce *nous* : Rimbaud parle au nom de tous, au nom d'une génération sans doute et peut-être pense-t-il parler au nom d'une société entière[2]. Mais c'est aussi un aveu qu'il risque ainsi, à travers le lien qui s'établit entre cette chute du poème et l'allégorie qui en occupait la plus grande part. Aveu de ce que l'ambition romantique, avec sa volonté de réenchanter le monde, avec sa prétention surtout d'assumer la totalité de l'Homme et de l'Histoire (le fameux *progrès*), aboutit en fait à ce mysticisme cosmique dérisoire ; et aussi certainement, à travers le *nous*, aveu que cela le concerne. Rien de tout ceci n'est d'ailleurs fait pour surprendre le lecteur d'*Une saison en enfer* ; simplement, les moyens dont use Rimbaud pour le dire en cette fin de *Mystique* sont autres. Il y a ce *fleurie* où l'ironie sous-jacente se laisse déjà percevoir et aussi l'ambiguïté de ce *ciel* qui ne relève sans doute pas de la seule astronomie, le mot ne pouvant si facilement s'affranchir de son long usage dans la sphère du religieux. Il y a le sarcasme contenu dans ce *panier*, dont l'exégèse oublie trop souvent qu'il est ici en situation de comparant (*comme un panier*) et qui, s'appliquant surtout au ciel, assimile sardoniquement la voûte céleste à la rotondité d'un panier appliqué *contre notre face* – désormais confinée *là-dessous*. Il y a enfin, pour finir, ce double oxymore qui fait l'*abîme* hugolien *fleurant* (de même que les étoiles étaient d'une *douceur fleurie*) et aussi d'un *bleu* à la mièvrerie dérisoire, alors que chez Hugo cet abîme, qui est l'espace propre du Mage, est marqué systématiquement des valeurs

---

1 Un énoncé tel que *nuits humaines* se justifie très probablement par le fait que *Mystique* est un poème nocturne (ou de l'aube à peine naissante). La *rumeur* est donc celle de l'humanité dans ce cadre nocturne et *nuits humaines* est justiciable du même commentaire, linguistiquement parlant, que *rumeur [...] des mers*.

2 Qu'on pense à *Ville* : «[...] notre ombre des bois, notre nuit d'été ! » Ce *notre* répété avec insistance pourrait bien avoir la même portée que le *nous* de *Mystique*.

de l'ombre. Le lecteur qui découvre *Mystique* ne peut, on l'a dit, échapper à l'impression que cet ultime paragraphe donne la clé du poème et on comprend bien pourquoi : Rimbaud, comme il le fait si souvent dans les textes de sa jeune maturité, y règle ses comptes, avec Hugo et le romantisme sans doute, mais aussi avec lui-même.

Sur le manuscrit, *Mystique* suit immédiatement *Veillées* et précède *Aube* : *Veillées* qui se clôt sur un «puits des magies» auquel le texte donne visiblement congé ; et *Aube*, ce poème des enchantements du jour qui naît, mais aussi du réveil qui les fait s'évanouir. *Mystique*, à bien des égards, est proche de ces deux poèmes, le magicien n'en est pas absent. Mais Rimbaud y inscrit cette tentation, de manière à la fois critique et textuelle, dans une Histoire : celle de l'illuminisme romantique à la Hugo. Qui l'a vraiment lu n'en sera pas surpris.

Il le fait dans un poème qui est peut-être un des plus travaillés qu'il ait jamais écrits. Mais *Mystique* apporte une fois de plus la preuve que cet art de Rimbaud[1], qui a rarement été aussi éclatant, est tout autre chose qu'une forme d'art pour l'art ou une manière d'écriture artiste, pas plus qu'il ne relève d'un mysticisme de l'écriture. L'art, pour lui, a une visée qui lui est extérieure, une nécessaire insertion dans l'Histoire et la société des hommes. Le travail du style est alors un moyen, comme il l'était dans la rhétorique dont Rimbaud relève toujours à plus d'un égard. De là l'inanité de toute exégèse qui, pour parler précisément en termes rhétoriques, se limite au domaine de l'*élocution*, faute souvent d'avoir perçu le sens du discours poétique rimbaldien ou, pire encore, en postulant que ce n'est pas ce qui importe. À travers son titre menteur et le sens qu'à coup sûr il développe, *Mystique* est là pour nous le rappeler.

---

1 Pour reprendre le titre du grand livre de Michel Murat.

LOGIQUES DE *BEING BEAUTEOUS*

I

S'agissant des textes de Rimbaud qui, à un titre ou à un autre, peuvent passer pour transcrire une *vision*, la tradition critique pense savoir de quoi il retourne et de quels textes s'autoriser : de la « folie [...] », par exemple, évoquée dans *Alchimie du verbe* – « Je voyais très franchement une mosquée à la place d'une usine » – ou des « fantômes du futur luxe nocturne » que le locuteur de *Vagabonds* « cré[e] par-delà la campagne ». *Being Beauteous* est de ces textes et les choses, dès lors, peuvent y sembler claires : nous sommes dans le monde du Voyant, la *vision* s'impose à lui devant un paysage de neige et elle le mène à une sorte d'extase. Étiemble lisait déjà le poème ainsi, peu avant le second conflit mondial, en ajoutant selon le mot d'ordre surréaliste d'alors qu'avec les *Illuminations* il nous fallait décidément quitter nos habitudes mentales[1]. On en a rabattu depuis, Rimbaud a perdu ses oripeaux mystiques et on a donné de cette *vision* des interprétations qui font l'économie de la naïveté[2]. Mais la logique selon laquelle on lit *Being Beauteous* n'en a pas pour autant fondamentalement changé.

---
1 Étiemble et Yassu Gauclère, *Rimbaud*, Gallimard, 1936, p. 200.
2 J.-L. Steinmetz, par exemple, reprenant une argumentation d'Hiroo Yuasa, tente visiblement de tirer la *vision* de *Being Beauteous* du côté de la Beauté explosante-fixe du Surréalisme (Rimbaud, *Illuminations*, G / F, 1989, p. 152). En revanche, Pierre Brunel se range dans une *doxa* critique plus ancienne lorsqu'il écrit : « Le mot Vision est central [...] et appelle le rapprochement avec la tentative du Voyant dont *Une saison en enfer* a décrit les résultats et l'échec » (Rimbaud, *Œuvres complètes*, La Pochothèque, 1999, p. 891).

Or cette logique est à tout le moins réductrice. Car si *Being Beauteous* parle bien de *vision* et même, à la manière hugolienne, de *spectre*, il s'en faut que la figure qui surgit dès les premiers mots y soit essentiellement une apparition – onirique ou autre – dont le texte s'essaierait à rendre compte. Char a certes écrit à propos de Rimbaud : «Il voit, relate et disparaît[1]», mais on n'est pas obligé de l'en croire. En réalité, les premiers mots du poème – «Devant une neige, un Être de Beauté […]» – sont largement déceptifs de ce point de vue et il s'agit même là d'un fait de structure si essentiel que toute lecture qui le manquerait s'en trouverait largement faussée. Ce qui prévaut en effet dans l'ensemble du poème, ce n'est pas une logique visionnaire, mais une tension vers l'allégorie que la part de l'énigme redouble et limite à la fois : à peine l'*Être de Beauté* est-il apparu dans le texte qu'il se voit qualifié de *corps adoré* et on ne peut manquer d'être frappé par ce que cette formule comporte, si l'on peut dire, de christique – c'est bien le *corps* du Sauveur qui, dans l'Eucharistie, est *adoré* par le croyant. On se rappelle alors que, dans *Génie*, la figure centrale de ce poème (substitut évident du Christ) est donnée elle aussi comme l'objet d'une *adoration*[2], de sorte qu'on en vient à soupçonner, à travers l'exemple de ce *corps adoré* quelque chose qu'on connaît bien chez Rimbaud : l'utilisation d'une symbolique d'origine chrétienne dans le cadre d'une espèce de nouvel Évangile, entièrement dressé contre le christianisme.

Cette dimension allégorique, les *blessures écarlates et noires* qui suivent tendent d'ailleurs à la conforter. Une lecture naïve pourrait certes y voir le reflet d'une expérience visionnaire, mais tout lecteur de Rimbaud sait que l'association de ces deux couleurs est récurrente dans sa symbolique – qu'on pense par exemple à la «boue […] rouge et noire» d'*Enfance*[3] – au point que ces teintes

---

1 René Char, *En 1871* (*Œuvres complètes*, Gallimard, Bibliothèque de la Pléiade, p. 727).
2 «Et si l'Adoration s'en va, sonne sa promesse, sonne».
3 Cette association de couleurs est si typique de l'imaginaire rimbaldien que dans le poème d'*Amour* intitulé *There*, Verlaine qualifiera de «rouge et noir» le souvenir du quartier londonien d'Angels, où il avait vécu avec Rimbaud.

sataniques sont précisément celles dont Verlaine colorera dans son poème *Crimen amoris* l'entreprise messianique du mauvais ange, figure évidente de l'Époux infernal. La logique de *Being Beauteous* n'est décidément pas celle d'une expérience immédiate et l'idée d'une allégorie est d'ailleurs d'autant plus plausible que Rimbaud semble bien nous proposer lui-même une clé de l'énigme. Si en effet ce sont les *couleurs propres de la vie* qui se déploient autour de la *Vision*, ainsi que l'indique presque aussitôt le texte, comment ne pas croire que cette vision elle-même soit une allégorie de la vie ? C'est d'autant plus plausible que les éléments de cette allégorie, à commencer par les *blessures écarlates et noires*[1], recoupent largement des thèmes rimbaldiens bien connus par ailleurs. On vient d'évoquer dans ces *blessures* l'association du rouge et du noir ; mais l'idée même de *blessure*, associée à une représentation de la Vie, renvoie quant à elle à une posture philosophique largement répandue dans les *Illuminations*. Qu'on se rappelle, une fois encore, *Génie* : « Ô monde ! et le chant clair des malheurs nouveaux ! ». Certes, ces malheurs tiennent à l'évolution du monde, à celle des sociétés ; mais ils imposent surtout, loin du manichéisme simpliste du premier Rimbaud, l'idée que vie et souffrance forment un tout impossible à dissocier. De là, sans doute, ces *blessures* qui frappent l'*Être de Beauté*, ce qui n'implique pas – et le point est capital – que ce sens allégorique incline pour autant le poème vers le pessimisme ; c'est même tout le contraire (comme c'est le cas aussi avec *Génie*) et on ne comprendrait pas autrement un énoncé comme *Être de Beauté*. Non que celui-ci nous entraîne du côté d'une spéculation esthétique de type baudelairien, mais parce que, s'agissant de la vie, le mot *Beauté* est porteur d'un sens qui se devine aisément : affirmer, par le biais d'une figure allégorique, la *Beauté* de cette vie, c'est refuser la dévalorisation dont l'a frappée le christianisme[2]. À l'orée du poème, l'*Être* surgit

---

1 Dont on peut croire qu'elles sont précisément les *couleurs propres de la vie*.
2 C'est aussi, peut-être, retourner le sens du *spectre* hugolien, instrument d'une autre révélation religieuse, celle de la gnose à la Hugo, que Rimbaud refuse absolument.

donc aussi comme une réponse et un défi au «baiser putride de Jésus[1]». Et si cette affirmation s'inscrit apparemment sur le même fond de paysage hivernal qui se retrouve dans *Les Déserts de l'amour* («C'était comme une nuit d'hiver, avec une neige pour étouffer le monde [...]»), c'est que dans ce cadre mortifère, le surgissement d'une figure quasiment dionysiaque de la Vie ne prend que plus de force.

C'est donc, en un premier sens presque immédiatement perceptible, de la Vie qu'il est question dans *Being Beauteous* : il s'agit de l'exalter en dépit des *blessures* qu'elle inflige et qui relèvent de son essence même. Morale génératrice d'orgueil parce qu'elle met à part celui qui l'adopte et aussi parce qu'elle prétend ne pas tricher avec la vérité, à la différence des discours éthiques de toutes sortes qui visent à cimenter une société, hypocrites par définition. *Génie*, encore une fois, dit la même chose à sa façon : *l'orgueil plus bienveillant que les charités perdues*. Et peut-être est-ce pour revendiquer cet orgueil que l'*Être* dans *Being Beauteous* est dit *de haute taille*, à la façon dont, chez Verlaine, l'énigmatique *Elle* de *Beams*, figure cryptée de Rimbaud «port[e] haut la tête». Une telle posture morale ne peut susciter que haine de la part du monde[2] et c'est, selon toute vraisemblance, à cette haine que renvoient les *sifflements de mort* et les cercles d'obsédante *musique sourde* dont le *monde*, justement, paie ceux qui refusent sa loi : en une disposition cyclique pleinement motivée, ils encerclent l'épiphanie de l'*Être de Beauté*. L'allégorie du poème, dès lors, est quasiment achevée, ou plutôt elle le serait si Rimbaud pouvait totalement

---

1 On aura reconnu un énoncé des *Premières Communions*.
2 Dans *Laeti et errabundi*, poème écrit en 1888 (et qui figure dans *Parallèlement*), Verlaine se souviendra de cet orgueil et de la haine qu'il suscitait : «Mais notre couple restait coi / Comme deux bons porte-drapeau, / Coi dans l'orgueil d'être plus libres / Que les plus libres de ce monde, / Sourd aux gros mots de tous calibres / Inaccessible au rire immonde.» Inutile d'insister sur ce que cette posture emprunte au christianisme et au discours même de Jésus (voir par exemple *Jn*, 15, 18 : «Si le monde vous hait, sachez qu'il m'a haï avant vous»). Mais rien là d'étonnant de la part de ce nouveau Christ qu'a voulu, un temps, être Rimbaud.

oublier la fonction prophétique dont il soupçonnait pourtant la vanité si on en croit les *Proses Évangéliques*, mais à laquelle il lui arrive néanmoins de s'exercer encore dans les *Illuminations*. D'où l'exclamation finale : par le biais de ce *nouveau corps amoureux*, elle redit la dévotion du début du poème (celle qui s'adressait au *corps adoré*), tandis que l'usage d'un pluriel somme toute un peu étrange («Oh! nos os sont revêtus [...]») s'emploie sans doute à inscrire dans le texte un messianisme qui ne dit pas son nom.

II

À ce stade, *Being Beauteous* apparaît donc comme inscrivant dans l'espace poétique, ainsi que cela se produit si souvent avec le genre allégorique, un discours où dominent des traits clairement idéologiques. Le cas est loin d'être exceptionnel dans les *Illuminations* et des poèmes comme *Génie* ou *À une Raison*, voire *Antique*, illustrent une démarche analogue : il n'est pas besoin d'être grand clerc pour comprendre qu'*À une Raison*, par exemple, obéit à une formule très proche de celle de *Being Beauteous*, la différence tenant tout entière dans ce que Rimbaud, très probablement, n'aurait pas hésité à nommer l'*invention*[1] : en l'occurrence dans la mise en œuvre ici de l'allégorie, le choix de ses éléments fondamentaux – position implicite de contemplation du locuteur, refus connexe de toute marque de récit, nature de la *vision* (l'*Être de Beauté*), choix de l'espace devant lequel celle-ci doit surgir (la *neige*). On ne croira donc pas volontiers que Rimbaud soit parti d'une chose vue (laquelle, d'ailleurs?) et cela n'a au demeurant guère d'importance. C'est qu'en réalité, la logique *rhétorique* du texte, au-delà de différences de style flagrantes et de l'évidente recherche rimbaldienne d'une

---

[1] Au sens rhétorique du terme, bien entendu, que Rimbaud, récent rhétoricien, connaissait évidemment : rien n'indique qu'il ait récusé ce genre de concept.

modernité poétique, n'est pas sans analogie avec celle d'un Hugo
– par exemple dans *Stella*. On se rappelle les éléments mis en scène
dans ce texte hugolien : le contemplateur sur la grève, l'océan
« qui ressemble au peuple », l'étoile du matin annonciatrice de la
Liberté. Même attitude de contemplateur (implicite) dans *Being
Beauteous*, même usage des pouvoirs de l'allégorie (croisée toutefois
d'énigme chez Rimbaud), même poids d'un discours idéologique,
naturellement très différent dans le texte rimbaldien et dont on
a vu les contours. Tient-on là pour autant le dernier mot de ce
poème ? C'est une tout autre affaire.

Dans la perspective exclusive de l'allégorie, en effet, certains
détails du texte ne laissent pas d'inquiéter. Par exemple : si un
énoncé tel que *corps adoré* accepte et même appelle l'interprétation
par un christianisme retourné, il n'en reste pas moins que le poème
est parcouru par une isotopie charnelle difficile à méconnaître
et qui, au minimum, va de ce *corps adoré* au *corps amoureux* de
la fin, en passant par les *chairs superbes*. Qui plus est, l'adjectif
superbes, précisément, pourrait ne pas avoir seulement le sens
platement esthétique qu'une lecture rapide ou paresseuse tend à
lui attribuer. On pense en effet à *Royauté* : « Un beau matin, chez
un peuple fort doux, un homme et une femme superbes criaient
sur la place publique : "Mes amis, je veux qu'elle soit reine !"
"Je veux être reine !" ». Or ce rapprochement va loin, parce que
dans *Royauté* le mot *superbe* révèle certainement l'orgueil et que,
quelque sens qu'on donne au couple qui y est mis en scène[1],
cet orgueil est à coup sûr celui de l'accomplissement érotique
qui donne la *royauté* à ceux qui le connaissent. L'orgueil charnel
se trouve assumé là, en une sorte de défi, face à la morale chrétienne et bourgeoise du *peuple fort doux*[2] : or il semble bien qu'il

---

1 Tout laisse croire que ce couple est celui de Rimbaud et Verlaine (dans son sonnet homosexuel *Le Bon Disciple*, Verlaine écrit : « Je suis martyr et je suis roi »). Mais comme toujours chez Rimbaud, il y a une réelle généralité du propos et, d'ailleurs, peu importe ici.
2 Cette douceur dérisoire est celle des humbles, respectueux de l'ordre social. Qu'on pense aux *Premières Communions* : « Les parents semblent de doux portiers ».

en va de même dans *Being Beauteous* et que les *chairs superbes* y désignent, non la beauté, mais bien l'orgueil de la chair, dressé tout entier contre le moralisme chrétien. À côté d'une allégorie de la vie qui s'impose avec une espèce d'évidence, tout donne donc à penser que, plus sourdement, le poème est habité d'une véritable dimension érotique : ce que conforte encore l'usage d'un mot comme *chantier*, dans la mesure où celui-ci désigne, non un problématique chantier du texte, ainsi qu'il est arrivé qu'on le suggère en écho à un lieu commun des *sixties*, mais le lieu du *travail* amoureux tel que l'évoque, par exemple, *Vierge folle*[1].

Il se pourrait donc qu'il y ait, dans cette perspective, une véritable pratique du double sens dans *Being Beauteous*. Cette démarche n'est pas rare chez Rimbaud et elle concerne notamment des textes marqués par ce qu'on pourrait nommer l'esprit zutique, où une obscénité souvent cachée joue un rôle majeur : il n'est que de lire, entre autres, *Un cœur sous une soutane*. Chez Verlaine aussi, elle est tout à fait fréquente et notamment, de façon significative, dans celui de ses recueils que domine la présence rimbaldienne, c'est-à-dire les *Romances sans paroles* où il s'agit plus d'une fois de rendre invisible au lecteur naïf cette présence évidemment inavouable, surtout dans sa dimension érotique. Qu'on lise donc *Beams* où, sous les traits d'une belle passagère du navire *La Comtesse de Flandre*, se dissimule en fait Rimbaud. Ou encore *Green*, poème d'apparence étrangement ronsardienne, avec son offrande de fleurs et de fruits, mais qui traduit en fait la passion charnelle de Verlaine pour l'Époux infernal :

> J'arrive tout couvert encore de rosée
> Que le vent du matin vient glacer à mon front. [...]
> Sur votre jeune sein laissez rouler ma tête
> Toute sonore encor de vos derniers baisers ;
> Laissez-la s'apaiser de la bonne tempête [...]

---

[1] « Bien émus, nous travaillions ensemble » : le sens sexuel d'*émus* et de *travaillions* est tout à fait évident.

Cette *bonne tempête*, c'est bien sûr la frénésie amoureuse et le poème ne fait d'ailleurs pas l'économie d'équivoques obscènes[1]. Voici enfin *Birds in the night*, dont les derniers vers campent Verlaine en *premier chrétien* martyrisé, ce martyre-là étant secrètement l'allégorie du don de soi sodomique, vécu face au christianisme comme un véritable sacrement blasphématoire[2]. Il est clair que chez Rimbaud comme chez le Verlaine de cette époque, la poésie et l'Éros se mariaient volontiers dans une démarche où l'aveu et le défi semblaient indissociables. L'équivoque et le double sens en étaient les instruments, quand ce n'était pas l'énigme, vers laquelle Rimbaud allait finir par incliner.

On est en droit de soupçonner quelque chose d'analogue dans *Being Beauteous* devant ce *corps adoré* ou ces *chairs superbes*. Seulement le jeu du double sens ou, si on préfère, de la superposition de sens, exige quand il existe une réelle cohérence textuelle. C'est pourquoi n'est guère recevable l'idée que le surgissement dans le poème de l'Être de Beauté pourrait n'être que « prétexte à une évocation sensuelle et érotique[3] » : c'est là postuler une véritable incohérence du poème, car quel rapport après cela entre l'*Être* et le thème érotique, dont on reconnaît pourtant la présence et le poids ? En réalité, si Éros est bien dans le poème, comme il est difficile de le méconnaître, ce ne peut être de façon circonstancielle ou par la grâce d'une *vision* de hasard. Il ne peut que toucher l'*Être de Beauté* lui-même et avec lui la totalité de l'espace textuel.

---

1   Équivoques qui concernent les mots *front* (dont le sens obscène est classique) et *rosée*. Qu'on pense à Voltaire : « Le détestable Fa tutto a fait pleuvoir dans mon sein la brûlante rosée de son crime » (*Lettres d'Amabed*, Cinquième lettre d'Adaté au grand brame Shastasid).
2   « Ô mais ! par instants, j'ai l'extase rouge / Du premier chrétien sous la dent rapace, / Qui rit à Jésus témoin, sans que bouge / Un poil de sa chair, un nerf de sa face ! » J'ai longuement développé tous ces points dans mon article « L'enjeu de *Beams* » (*Les premiers recueils de Verlaine*, A. Guyaux éd., PUPS, 2007, p. 99-121).
3   Idée défendue pour Louis Forestier (Rimbaud, *Poésies / Une saison en enfer / Illuminations*, Poésie / Gallimard, 1973, p. 275). Il est juste de préciser que Louis Forestier reste un des très rares exégètes à avoir perçu tout le poids d'Éros dans le poème.

Or il suffit de lire le texte pour réaliser que, sur ce fond de *neige* et, sans doute, devant ce paysage urbain marqué par l'hiver (paysage qui pourrait s'apercevoir, par exemple, au travers d'une fenêtre), l'*Être de Beauté* ou le *corps adoré* sont à tout le moins une possible désignation métaphorique du désir sexuel, avec son élan irrépressible, et aussi avec une violence fondamentale – suffisamment désignée par des mots comme *éclatent, grondent* ou *forcenée* – laquelle, manifestement, le relie à la grande allégorie de la vie qui parcourt l'ensemble du texte. Mais devant des énoncés comme *font monter* ou *elle se dresse*, la tentation est grande d'aller plus loin et de formuler une hypothèse radicale : l'*Être de Beauté* et le *corps adoré* pourraient ne désigner qu'une seule et même chose, c'est-à-dire le sexe de l'homme, ce non-dit honteux du puritanisme chrétien et bourgeois qui, par un renversement absolu, se trouverait ici investi des valeurs de la Beauté. Et l'ultime énoncé, dès lors, revêtirait alors un sens clairement orgastique : «Oh! nos os sont revêtus d'un nouveau corps amoureux!».

Cette interprétation par le désir sexuel et son accomplissement est d'ailleurs si vraisemblable qu'on a pu être tenté de l'étendre à ce qui se donne à première lecture pour le cadre de la *vision*, c'est-à-dire la *neige* elle-même. On a en effet suggéré[1] que la présence de celle-ci dans le texte pourrait tenir, non à la recherche d'un effet de réel, comme on est tenté de le croire, mais à un jeu intertextuel dont l'érotisme ferait alors toute la matière : cette *neige* pourrait renvoyer, au lieu d'un paysage hivernal, à la blancheur marmoréenne d'une statue, celle créée par le sculpteur Pygmalion dont Ovide développe l'histoire dans les *Métamorphoses*[2]. Selon cette perspective Rimbaud, dans *Being Beauteous*, «adopte la passion de Pygmalion[3]» dont on sait que, d'après le mythe, il obtint de Vénus que la statue devienne une femme de chair et put ainsi assouvir

---
1 James Lawler, «The unity of *Being Beauteous*», *French Studies*, vol. XL, n° 2, avril 1986, p. 167-173.
2 Ovide, *Métamorphoses*, X, v. 243-297.
3 *Ibid.*, p. 168.

son désir. Rimbaud connaissait évidemment Ovide, pilier de la culture latine scolaire, mais indépendamment même d'un rapport aux *Métamorphoses* qui demeure hypothétique, l'emploi de *neige* dans un sens érotique ne surprendrait pas dans le contexte du XIXe siècle où cette façon de désigner la Beauté comme objet du désir était loin d'être rare : pleinement socialisée dans le cadre de la langue littéraire, elle était même devenue un instrument majeur du discours érotique en poésie. On se contentera ici de citer Glatigny, poète que Rimbaud connaissait bien et dont, très probablement, il appréciait l'inspiration érotique ; on lit ainsi dans *Les Vignes folles*[1] :

> Mes yeux n'avaient jamais encore,
> Sous le voile des vêtements,
> Vu cette neige[2] [...].

Rimbaud lui-même a d'ailleurs utilisé *neige* avec ce sens dans *Credo in unam* (« Et son ventre neigeux brodé de mousse noire ») et surtout dans *Ophélie* (« Tu te fondais à lui comme une neige au feu »). Ce dernier exemple est particulièrement intéressant, parce que si *lui* dans cet énoncé désigne évidemment le rêve, ce rêve est celui de l'Amour – le texte le dit tout à fait clairement – né chez Ophélie de sa rencontre avec Hamlet, le *beau cavalier pâle*. De

---

1 *Lydia*, v. 5-7. Cet emploi de *neige* est fréquent chez Glatigny, surtout dans *Les Vignes folles* : « Cette gorge flexible à la neige pareille » (*Confession*, v. 32) ; « Mes bras seront de neige [...] » (*L'Impassible*, v. 81) ; « Sans craindre que le vent nauséabond altère, / Muse, avec tes rosiers la neige de tes seins » (*Les Antres malsains*, v. 1-2). Mais il n'est pas absent non plus des *Flèches d'or* : « Cypris au sein neigeux était née [...] » (*La Naissance de la rose*, v. 1).

2 Quelques autres exemples, pris un peu au hasard : Musset, évoquant dans *Rolla* (v. 201-203) Maria endormie : « Est-ce sur de la neige, ou sur une statue, / Que cette lampe d'or, dans l'ombre suspendue, / Fait onduler l'azur de ce rideau tremblant ? » ; Banville, dans *Les Exilés* : « O douleur ! son beau corps fait d'une neige pure » (*L'Exil des dieux*, v. 103) ; ou Mendès, à la toute fin de *Pantéléïa*, poème qui figure dans son recueil *Philoméla* : « Puis elle s'accroupit, d'elle-même éblouie, / Blanche, sans mouvement, neige, marbre sculpté [...] » ; ou enfin Mallarmé, du temps qu'il était Parnassien, dans son poème de jeunesse *Mysticis umbraculis* : « Et son ventre sembla de la neige [...] ».

sorte qu'il se pourrait que ce soit à ce *feu*-là, qui est celui d'Éros, que la Beauté d'Ophélie, cette *neige*, se soit en fait brûlée.

Mais plausible historiquement du fait de l'extrême socialisation de la métaphore (en contexte parnassien notamment), ce sens donné à *neige* n'en demeure pas moins problématique dans *Being Beauteous*. En revanche, la dimension érotique du poème explique pleinement son titre et le fait, connu depuis longtemps[1] qu'il s'agit d'une citation d'un poème de Longfellow. Ce poème, intitulé *Footsteps of angels*, évoquait en effet les *formes* de défunts qui visitent le poète une fois la nuit tombée. Et parmi eux l'*Être de Beauté*, précisément[2] :

> Et avec eux l'Être de Beauté
> Qui fut donné à ma jeunesse,
> Pour m'aimer plus que toute chose autre
> Et maintenant est une Sainte dans le ciel.

Peut-être la *vision* du poème rimbaldien n'est-elle pas sans rapports avec cette mise en scène, encore que le lien paraisse bien ténu. Mais surtout, ce qui a dû frapper Rimbaud, c'est l'atmosphère de vague spiritualisme dans laquelle baigne le poème, cette conviction tranquille que la morte « est une Sainte dans le ciel » et plus encore, certainement, la conception de l'amour que tout cela implique : un amour désincarné, mystique, baigné de spiritualité, c'est-à-dire très exactement celui que moque *Un cœur sous une soutane* (on se rappelle notamment la relation que ne cesse d'établir Léonard entre son amour pour Timothina et l'amour mystique voué à la Vierge Marie). De sorte qu'il semble d'une naïveté vraiment excessive, pour ne pas dire d'une simplicité de Huron, d'affirmer paisiblement que « trop de différences séparent les strophes de ce poème et le poème en prose *Being Beauteous* pour qu'il soit possible de dire que Rimbaud s'est inspiré de

---
1 C. A. Hackett, « Longfellow et Rimbaud » (*Autour de Rimbaud*, Klincksieck, 1967, p. 81-85).
2 En anglais, bien sûr, *Being Beauteous* : « And with them the Being Beauteous [...] ».

Longfellow[1] » – cela sans envisager le moins du monde qu'en choisissant ce titre tiré de *Footsteps of angels*, il ait pu songer à se référer avec dérision au texte anglais pour nommer un poème où l'amour est rien moins que spiritualisé. Cette façon de choisir un titre dont le sens relève de l'antiphrase est pourtant loin d'être unique dans les *Illuminations* : c'est tout à fait ce qui se passe, notamment, avec *Mystique* ou *Démocratie*. Longfellow était célèbre à l'époque, notamment grâce à ce poème, dont l'immense succès dans la société victorienne disait tout : Rimbaud a pu penser que le geste parodique qu'était le choix d'un tel titre n'échapperait pas tout à fait à certains au moins de ses lecteurs[2].

Tout, dans *Being Beauteous*, ramène donc décidément à Éros. Mais ce qu'il faut ajouter, c'est que cette présence du sexe est indissociable d'une véritable morale, celle-là même qu'on a cru deviner dans l'allégorie de la vie. Rien ne le montre mieux que l'emploi par Rimbaud d'un mot comme *chantier*. Car ce chantier, on l'a dit, est un chantier amoureux : c'est que pour Rimbaud la pratique sexuelle (et notamment la pratique de l'hétérodoxie sexuelle) ne se dissociait pas de l'entreprise de subversion qu'il avait placée sous le signe du *Voyant*, de ce « travail infâme, inepte, obstiné, mystérieux » dont il parlait à Demeny en août 1871. Rien là que de logique : l'exclusion de la femme, son aliénation en matière amoureuse dont il a traité en termes inoubliables dans *Les Premières Communions*, étaient pour lui le signe et la conséquence d'une aliénation autrement générale. Et la « restitution de la franchise première » dont parle un poème comme *Vagabonds* impliquait une reconquête de la franchise sexuelle qui se présentait ainsi comme un *travail*, un de ceux qu'en mai 1871 il avait présentés comme le devoir social du Voyant : *je serai un travailleur*. De là ce *chantier* qui, au cœur du poème, se présente comme une pièce maîtresse de la morale de la Vie, avec ses violences et ses *blessures*.

---

1 C.-A. Hackett, *op. cit.*, p. 84.
2 Le poème venait d'être traduit en français en 1872.

III

C'est ainsi que, sous les apparences d'une *vision*, Rimbaud a développé dans *Being Beauteous* un discours allégorique à l'intérieur duquel il a logé un poème érotique. On pourrait s'arrêter sur cette conclusion, mais reste en réalité la question, incontournable, du rapport qu'entretient *Being Beauteous* avec les trois lignes qui le suivent sur le manuscrit et s'ouvrent sur l'énoncé « Ô la face cendrée […] ». Autographes et précédées de trois petites croix, ces lignes ont longtemps été considérées comme une sorte de conclusion du poème et l'habitude venait de loin puisque, lors de la première publication des *Illuminations*, la revue *La Vogue* les avait publiées comme telles[1] et non sans apparence de raison. Les lignes en question ferment en effet le feuillet 7 du manuscrit, aussitôt après *Being Beauteous* (lui-même précédé d'*Antique*), et on comprend aisément que les premiers regards éditoriaux à s'être posés sur ce feuillet les aient considérées comme une sorte de conclusion et non comme un texte autonome. Ce n'est qu'en 1985 qu'André Guyaux, dans sa *Poétique du fragment*, révoqua en doute cette tradition pour proposer, en se fondant sur des données philologiques, de considérer ces trois lignes comme un poème autonome et sans titre[2]. On l'a souvent suivi depuis, en suggérant parfois de rattacher ce texte à l'esthétique de *Phrases*[3], voire en avançant l'hypothèse, certes indémontrable, que ce fragment aurait pu faire partie, précisément, de *Phrases*, avant d'être transféré par Rimbaud à la place qu'il occupe dans le manuscrit[4]. Cette solution

---

1   *La Vogue*, n° 5, 13 mai 1886. *Antique*, *Being Beauteous* et les lignes en question se succèdent sur la même page, ce qui est conforme à la disposition du manuscrit.
2   André Guyaux, *Poétique du fragment*, Neuchâtel, À la Baconnière, 1985, p. 103-108.
3   C'est le cas de Jean-Luc Steinmetz, *Illuminations*, GF Flammarion, 1989, p. 152.
4   Claude Zissmann, *Ce que révèle le manuscrit des* Illuminations, Le Bossu Bitor, 1989, p. 18-20.

semblait *a priori* extrême, postulant au départ une absence totale de liens avec *Being Beauteous*, mais elle imaginait pour finir un geste quasi éditorial de Rimbaud, liant au contraire ces lignes au poème. Et à bon droit : car de quelque manière qu'on veuille en traiter au plan philologique, « *Ô la face cendrée...* » apparaît en fait comme tissant avec *Being Beauteous* des liens à ce point significatifs que leurs rapports ne peuvent être tenus pour aléatoires et qu'il faut conclure au contraire à une relation profonde.

On a déjà souligné que ce bref texte était dominé par une structure qui en conditionne le sens : il est formé de deux périodes exclamatives, dont la seconde commence au terme immédiat de la précédente, « comme s'il y avait un point d'ancrage de l'une dans l'autre » de sorte que le *Ô* initial « garde son effet jusqu'au point d'exclamation final[1] ». Or la première de ces deux périodes, véritable socle du discours, présente une base purement nominale dans laquelle ne peut que s'enraciner le sens : *face, écusson, bras*, ce sont bien là les mots que met en exergue le *Ô* sur lequel s'ouvre le poème. Et l'*écusson*, pour commencer par lui, est frappé d'un complément à valeur épithétique (*de crin*) qui module nettement le sens de l'énoncé : cet *écusson*, c'est ici le triangle pubien, on n'en peut guère douter, mais marqué d'un réalisme particulièrement cru et aussi, sans doute, investi par la brutalité du désir. Les *bras de cristal*, au contraire, paraissent emmener le lecteur sur des rivages entièrement différents : préciosité, mièvrerie même, ou convention esthétique (celle, par exemple, de la poésie amoureuse). Mais le *cristal*, on l'a déjà remarqué, exprime surtout chez Rimbaud le rêve avec sa fragilité[2] : et voilà qui tend à basculer l'ensemble de

---

1 Commentaire d'André Guyaux dans son édition des *Illuminations* (À la Baconnière, 1985, p. 207).
2 On pense notamment aux *Ponts*, à ces *ciels gris de cristal*, scène onirique qu'*anéantit* un rayon. Pierre Brunel (*Éclats de la violence. Pour une lecture comparatiste des* Illuminations *d'Arthur Rimbaud,* José Corti, 2004, p. 162), à propos précisément de ces *bras de cristal*, a rappelé que pour Baudelaire « le cristal était le symbole d'une création tout onirique et fugitive comme le rêve » et renvoyé à ce sujet à la préface baudelairienne aux *Nouvelles Histoires extraordinaires* de Poe.

cette première phrase, si homogène du fait même de la syntaxe, dans l'univers du rêve – d'un rêve, toutefois, marqué par l'*écusson* aussi bien que par les *bras* d'une dimension nettement érotique. La *face cendrée*, dès lors, se comprend de reste ; les textes n'étant pas rares où Rimbaud évoque son éveil à l'Éros (celui de l'enfant des *Poètes de sept ans*, par exemple) en rappelant combien celui-ci s'était fixé sur des figures féminines exotiques : or, dans la première partie d'*Enfance* où défilent des figures de femmes mémorielles ou fantasmées, on rencontre précisément de *superbes noires*.

Reste alors, au début de la deuxième phrase, ce *canon* qui, du fait de la structure de ce bref texte, de l'espèce d'ancrage de cette phrase dans la précédente, ne peut qu'être lié aux figures fantasmatiques habitant celle-ci. On comprend mal, dès lors, les rapprochements qui ont pu être suggérés avec le canon du colonisateur évoqué dans *Mauvais Sang*, ou avec celui d'*Alchimie du verbe* qui est une métaphore du soleil. En réalité, il n'est guère d'autre geste interprétatif possible que d'inscrire ce *canon*-là dans la logique des rêveries érotiques de la phrase précédente : autrement dit de lire cette deuxième phrase, ainsi qu'on l'a déjà suggéré, comme une évocation de l'onanisme. Le cas n'est pas unique chez Rimbaud et on se rappelle précisément *Phrases* : « Je baisse les feux du lustre, je me jette sur le lit, et, tourné du côté de l'ombre, je vous vois, mes filles ! mes reines ![1] ».

Mais s'il en va bien ainsi, alors la question du rapport entre ces deux phrases et *Being Beauteous* se pose sur des bases entièrement nouvelles. Car le sexe masculin – ce non-dit par excellence du puritanisme, on l'a déjà noté – se retrouve alors au centre des deux textes. Et pas seulement de ceux-là puisque la fin d'*Antique* (poème, rappelons-le, par lequel commence le feuillet 7 du manuscrit, sur lequel lui succède *Being Beauteous*) nous offre de son côté un *ventre où dort le double sexe*, où il est difficile de ne pas

---

[1] On ne peut exclure que ce soit aussi le cas avec *Les Chercheuses de poux* (voir ci-dessus le chapitre consacré à ce poème).

reconnaître une allusion à l'hétérodoxie amoureuse[1]. De sorte que les deux phrases d'« *Ô la face cendrée…* » peuvent apparaître comme conclusives, non pas de *Being Beauteous* seul, mais d'un ensemble qu'elles formeraient alors avec celui-ci et avec *Antique*. Si, au plan philologique, la question du rapport avec *Being Beauteous* restera sans doute à jamais incertaine, elle ne l'est donc plus dès lors qu'il s'agit du sens – ce qui, on en conviendra, est autrement important. Les poèmes de ce feuillet 7 apparaissent ainsi comme formant une de ces suites plus ou moins brèves qui ne sont pas rares dans les *Illuminations*, réunies tantôt en un seul poème divisé en sections (comme, par exemple, *Enfance*), tantôt rapprochées simplement sur le même feuillet par la communauté d'un thème, comme *À une Raison* et *Matinée d'ivresse* ou *Métropolitain* et *Barbare*. Le thème qui rapproche ces trois textes, en tout cas, est quant à lui parfaitement clair puisque c'est évidemment la sexualité – depuis la forme d'amour, socialement interdite, qui se révèle progressivement sous le masque d'un faux *antique*[2] jusqu'à la misère de l'onanisme, en passant par l'affirmation violente de *Being Beauteous*. Puissance du désir : c'est ce que Rimbaud nommera *ta force* à la fin d'une des *Illuminations*[3]. Mais aussi infortune de ce même désir, dans l'époque et le lieu où il lui était donné de vivre : c'était là un de ses grands thèmes et depuis longtemps, il n'est que de lire *Les Premières Communions* ou *Les Poètes de sept ans* pour le savoir.

Et bien sûr, qui veut écrire le désir et, plus encore, ses infortunes, se heurte à un problème esthétique : Rimbaud, comme tant d'autres avant lui, s'est trouvé confronté à la difficulté de dire Éros sans sombrer dans l'obscénité, mortelle à toute poésie – le poète des *Illuminations* n'étant évidemment pas celui des *Remembrances*

---

[1] Rappelons que le lourd terme d'*homosexualité* n'existait pas au temps de Rimbaud.
[2] L'*antique* est au temps de Rimbaud un genre, qui connaît alors son dernier éclat avec le Parnasse. Dans *Antique*, il *feint* de l'illustrer pour y loger tout autre chose.
[3] *Métropolitain*.

du vieillard idiot, tout à sa logique zutiste. Dans certains de ses poèmes de l'année 1871, il avait risqué la brutalité du réalisme ou du mot médical[1], que venaient équilibrer le grand flux lyrique et la posture oratoire. Dans les *Illuminations*, il ne pouvait plus en être question et *Being Beauteous* ne recourt nulle part à ces instruments. On peut penser que l'énigme a été pour Rimbaud la solution à ce problème et pas seulement parce qu'elle permettait de dire ce que l'ordre social interdisait de dire en termes clairs. Elle mobilisait l'imagination, comme le Voyant avait projeté de le faire, loin de toute pression discursive ; et elle autorisait une pratique, au fond rhétorique, qui faisait que telle ou telle représentation, au sein même du texte, se situait au carrefour de plusieurs logiques, assumait par là une superposition de sens. Qu'est par exemple la *vision* ? Renvoie-t-elle à une posture poétique ou au vécu de l'amant ? Les *blessures écarlates et noires* désignent-elles le sexe, ou les stigmates du combat amoureux, sont-elles un signe allégorique de la violence du désir, marquent-elles la cruauté fondamentale de la vie ? On pourrait multiplier les exemples : à travers ces incertitudes sémantiques, Rimbaud lie plusieurs thèmes connexes, complexifie le sens, exploite en même temps la vieille fascination pour l'énigme à laquelle si souvent la poésie a dû son prestige. *Being Beauteous*, décidément, est bien autre chose qu'une vision fugitive dont Rimbaud se serait fait le scribe.

---

1 « Comme un excès de sang épanché tous les mois » (*Les Sœurs de charité*) ; « Cloués au sol, de honte ou de céphalalgies » (*Les Premières Communions*).

QUATRE NOTES SUR *DÉVOTION*

I

Rares sont ceux qui, à propos de *Dévotion*, manquent de se référer à Breton, et non sans raison. Tout le monde sait que c'est dans le cadre de l'Exposition internationale du Surréalisme de 1947 que le chef du mouvement choisit «personnellement d'élever un "autel" à l'une des plus mystérieuses passantes qui traversent les *Illuminations*, Léonie Aubois d'Ashby[1]». Au-delà de cette *passante*, le véritable dieu auquel Breton érigeait ces autels n'était autre que la démarche surréaliste elle-même, cette préservation dans le fonctionnement de l'esprit de «la part du sphinx[2]» que le texte des *Illuminations*, à ses yeux, assurait mieux que tout autre. N'écrivait-il pas alors[3] : *Tu ne connaîtras jamais bien Rimbaud*? Il n'en avait pas toujours été ainsi et, à l'aurore des années vingt, l'énigme textuelle rimbaldienne lui avait semblé plutôt le produit d'une chimie de l'intellect à la Teste dont il pensait même pouvoir reproduire la logique, à la façon d'un expérimentateur[4]. L'éloignement du modèle valéryen, encore si présent au début de la période Dada, comme en témoigne de façon éclatante *Anicet ou le panorama* d'Aragon, l'évolution même du surréalisme et son insertion dans l'Histoire réelle, qui le conduisit notamment à défendre contre les Staliniens le rôle de l'énigme et

---
1 André Breton, *Flagrant Délit*, J.J. Pauvert, 1964, p. 26.
2 *Ibid.*, p. 22.
3 *Ibid.*, p. 23. Breton reprenait là, pour l'appliquer à Rimbaud, la formule d'Apollinaire dans sa *Lettre-Océan* : *Tu ne connaîtras jamais bien / les / Mayas*.
4 Voir notamment, dans *Mont de piété*, le poème intitulé *Forêt noire*. On sait que ce recueil date de 1919.

de l'irrationnel dans l'œuvre d'art, tout cela devait infléchir une lecture de Rimbaud qui n'hésitait même plus, dans les années qui suivirent le deuxième conflit mondial, à parler du «caractère *sacré* du message rimbaldien[1]». Ce n'est pas un hasard, dès lors, si le choix de Breton pour l'exposition de 1947 devait se porter sur l'énigmatique Léonie Aubois d'Ashby et, à travers elle, sur l'éclatante obscurité du début de *Dévotion*. C'est que depuis longtemps, non sans une part de provocation sans nul doute calculée, il avait élu dans l'œuvre de Rimbaud deux textes phares, chargés à eux deux de symboliser l'entreprise rimbaldienne et la valeur de rupture absolue que lui reconnaissait le surréalisme. Le texte intitulé *Rêve* et inclus dans la lettre à Delahaye du 14 octobre 1875 avait pour mission d'en représenter la dimension provocatrice, la dérision de l'activité poétique traditionnelle, le mépris de la convention sociale. Symétriquement, *Dévotion* proclamait le rôle irremplaçable de l'énigme, la puissance d'une Beauté voilée, en somme l'*infracassable noyau de nuit*. Choix révélateur, mais aussi, sans doute, choix tactique de la part d'un écrivain qui ne méconnaissait pas la puissance sociale de l'icône ou du slogan. Il allait en tout cas, peu après l'exposition de 1947, le réaffirmer encore dans le cadre d'entretiens radiophoniques : chez Rimbaud, disait-il alors, « il me semble que les *cimes* sont atteintes dans *Dévotion* et *Rêve*[2]».

Dans le contexte de l'après-guerre, cette double affirmation avait valeur de manifeste : face à une situation proche de la débâcle et alors que c'étaient le réalisme socialiste ou l'existentialisme qui tenaient le haut du pavé, il s'agissait tout simplement de sauvegarder le principe même de l'activité surréaliste. Mais au-delà de cette attitude de circonstance, Breton n'en visait pas moins juste en mettant ainsi en exergue la figure mystérieuse de Léonie Aubois d'Ashby. Car, s'agissant de *Dévotion*, il pointait du premier coup une réalité incontournable de ce poème : l'énigme initiale s'y impose en tant que telle et elle est au cœur d'un véritable dispositif rhétorique.

---

[1] André Breton, *op. cit.*, p. 26.
[2] André Breton, *Entretiens (1913-1952)*, Gallimard, 1952, p. 43.

II

Il arrive que l'herméneutique littéraire obtienne des résultats qui vont au-delà de la simple conjecture et qui, logiquement, devraient s'imposer à tous. Or, à propos de cette zone d'énigme sur laquelle s'ouvre *Dévotion*, la critique récente est parvenue indéniablement à des résultats de cet ordre. Résumons les donc : Antoine Fongaro a mis en évidence le fait que les *sœurs* y sont tout autre chose que des religieuses, comme on l'avait sottement cru si longtemps ; Claude Zissmann a donné d'excellentes raisons de croire que derrière *Louise Vanaen de Voringhem*, il faut reconnaître la figure de Louis Forain ; Bruno Claisse, enfin, a montré que ce ne pouvait être un hasard si le nom de la *mystérieuse passante* de Breton, *Aubois d'Ashby*, se trouvait phonétiquement identique au *bois d'Ashby*, près duquel se déroule un tournoi fameux dans l'*Ivanhoe* de Walter Scott.

La démonstration d'Antoine Fongaro, brève au demeurant et sans fioritures inutiles, nous remplit d'une espèce de honte : comment justifier pareille cécité collective ? Car son argumentation, imparable, consiste simplement à nous rappeler à l'usage de la langue, avec lequel on sait bien que Rimbaud ne transige pas : en français, on ne désigne pas une religieuse en disant « ma sœur » (excepté quand on l'interpelle, ce qui n'est pas le cas ici) mais plus simplement « sœur[1] ». Les deux figures énigmatiques de

---

[1] Antoine Fongaro, *De la lettre à l'esprit. Pour lire* Illuminations, Champion, 2004, p. 391-392. « On n'emploie le possessif », note le critique, « que lorsqu'on s'adresse à la religieuse, et sans mettre le prénom : "oui, ma sœur, je vous en prie, ma sœur", etc. » : l'argument est imparable. Quant à la cornette, remarque Fongaro, c'était simplement une pièce du vêtement féminin, certes archaïque, mais à laquelle on trouve encore de nombreuses allusions au XIXe siècle : il cite de nombreuses références chez Nodier, Musset, Gautier, Sand ou Hugo (notamment celle-ci, dans *Chansons des rues et des bois* : « Margot, c'est Glycère en cornette »). J'ajouterai que le Littré, citant au passage Béranger, définit la cornette comme une « sorte de coiffure de femme en déshabillé » et ne fait *aucune* allusion à une quelconque coiffure religieuse.

Louise Vanaen et de Léonie Aubois ne sauraient donc être des religieuses et, le sens familial du mot étant évidemment exclu, reste seulement à se tourner vers un usage métaphorique. La solution, dès lors, s'impose d'elle-même et Antoine Fongaro le voit bien, qui ajoute qu'on est naturellement conduit à « l'emploi de *ma sœur* dans le langage amoureux ». Et de citer l'attaque fameuse de *L'Invitation au voyage* – « Mon enfant, ma sœur » –, ainsi que d'autres occurrences baudelairiennes. Ces arguments sont déjà décisifs, mais on peut y ajouter que l'usage amoureux du mot, issu d'une longue tradition, était encore largement socialisé au XIXe siècle, au moins en contexte poétique. Il suffit de se rappeler, par exemple, Banville :

> Qu'importe à Roméo ? c'est pour voir Juliette,
> Juliette sa sœur, pauvre amante inquiète[1].

Ou Verlaine s'adressant à Mathilde dans la première partie de *Sagesse* : « Ô ma sœur, qui m'avez puni, pardonnez-moi !²[2] » ; ou mieux encore, le même Verlaine dans *Birds in the night*, poème dont on peut croire qu'il fait partie de ces vers qui avaient été faits, Rimbaud « étant là et [l]'ayant beaucoup poussé à les faire[3] » :

> Vous êtes si jeune, ô ma froide sœur,
> Que votre cœur doit être indifférent !

Verlaine, bien entendu, s'adressait là aussi à Mathilde et on peut imaginer que c'est précisément ce passage de *Birds in the night* que Rimbaud a en mémoire, quand il évoque vers la fin de *Métropolitain* « les atroces fleurs qu'on appellerait cœurs et sœurs ». Voudra-t-on après cela douter du sens du mot dans *Dévotion* ?

---

1 *La Voie lactée*, v. 749-750 : le poème figure dans *Les Cariatides*.
2 *Sagesse*, I, 15 (« *On n'offense que Dieu…* »).
3 « Je tiens beaucoup à la dédicace à Rimbaud […] parce que ces vers ont été faits lui étant là et m'ayant beaucoup poussé à les faire » (lettre de Verlaine à Lepelletier, 19 mai 1873). Les vers en question sont, bien sûr, ceux des *Romances sans paroles*, dont fait partie *Birds in the night*.

On en dira autant de l'hypothèse avancée par Claude Zissmann à propos de Louise Vanaen de Voringhem[1]. Elle a eu contre elle de n'avoir jamais été soutenue de façon systématique et surtout, sans doute, le caractère de son auteur, amateur fantasque et paradoxal, défenseur d'interprétations biographiques souvent délirantes et qui n'avait rien en tout cas d'un critique reconnu. Mais, outre qu'on peut avoir de réels soupçons sur les relations de Rimbaud avec Forain, on aura du mal à expliquer par le seul hasard un parallélisme phonétique aussi évident que celui-ci :

>   Louise [de] Vorin[ghem]
>   Louis Forain.

Et on fera la même remarque à propos de Léonie Aubois d'Ashby. Quelle apparence en effet que l'identité, absolue au plan phonétique, et quasi totale au plan graphique, entre *Aubois d'Ashby* et *au bois d'Ashby* puisse être uniquement le fruit du hasard ? Et comment, dès lors, contester dans son principe le rapprochement suggéré par Bruno Claisse ?

Seulement, ce qu'on aura du mal à croire, c'est que ces coïncidences langagières puissent demeurer partiellement gratuites. Passe encore pour l'identification à Forain de Louise Vanaen de Voringhem avec laquelle, au-delà de la coïncidence entre *Louis[e]* et *Louis* ou de celle, phonétique, entre *Forain* et *Vorin-*, l'ensemble formé par le nom et le prénom serait justifié dans sa totalité, selon Claude Zissmann[2], par «une série de permutations syllabiques» (on y reviendra). Mais s'agissant de Léonie Aubois d'Ashby, suffit-il de dire, comme le fait Bruno Claisse, que son nom «venu du bois d'Ashby de Walter Scott (*Ivanhoe*), dit assez la désuétude[3]» ? Car la logique explicative adoptée ici par l'exégète

---

1   Claude Zissmann, «Un brelan de maudits», *Parade sauvage*, n° 11, décembre 1994, p. 127 ; *Des Fleurs du mal aux Illuminations*, Le Bossu Bitor, 1991, p. 22-23.
2   «Un brelan de maudits», *op. cit.*, p. 127.
3   Bruno Claisse, «Faciles les *Illuminations*?», *Parade sauvage*, n° 17-18, août 2001, p. 159. L'hypothèse d'un rapport avec *Ivanhoe* avait été formulée par le même auteur dans son livre *Rimbaud ou «le dégagement rêvé»*, Bibliothèque sauvage, Musée-Bibliothèque Arthur Rimbaud, 1990, p. 116-117.

impliquait évidemment une réponse exhaustive à la question du sens : or si son interprétation – un personnage fictif qui dit le passéisme esthétique par référence à un roman de chevalerie – offre à la rigueur une explication pour ce qui concerne le nom (*Aubois d'Ashby*), il n'en offre aucune pour ce qui regarde le prénom (*Léonie*), qui devient du coup entièrement arbitraire. Comment dès lors se contenter d'une telle réponse ?

Or c'est précisément dans ce prénom que pourrait résider la solution, non pas en rupture avec l'exégèse proposée par Bruno Claisse, mais au contraire dans la voie ouverte par lui. Relisons en effet dans le roman de Scott les pages consacrées à ce fameux tournoi qui, en lisière du bois d'Ashby, met en scène les principaux personnages. Deux intrigues s'y nouent : celle qui met aux prises, autour de la belle Lady Rowena et de la Juive Rebecca, le chevalier saxon Ivanhoe et le Templier Brian de Bois Guilbert ; et une autre, dont on ne comprendra vraiment les données qu'à la fin du roman. Elle oppose le Prince Jean, qui a usurpé la couronne sur son frère Richard Cœur de Lion, longtemps retenu prisonnier en Autriche, à ce même Richard, clandestinement revenu en Angleterre sous les apparences d'un mystérieux chevalier à l'armure noire, lequel ne révélera son identité que dans la dernière partie du récit. Or si tous ces personnages, comme d'ailleurs les autres participants au tournoi, peuvent légitimement être dits *au bois d'Ashby*, force est de reconnaître qu'on ne voit pas *a priori* la moindre raison d'affubler aucun d'entre eux du sobriquet de *Léonie*. Seulement, les choses sont entièrement différentes s'il s'agit d'user de cette scène du tournoi comme d'une sorte de réservoir onomastique, susceptible de fournir un matériau à l'invention de sobriquets désignant des personnes tout à fait réelles, à la façon dont Forain, par exemple, avait été surnommé *Gavroche*. Car dans cette perspective, il saute aux yeux que le surnom d'un des personnages de la joute d'Ashby entretient avec le prénom *Léonie* un rapport potentiel tout à fait évident (et même, comme on va voir, parfaitement motivé) : Richard Cœur de *Lion* lui-même, dont le surnom léonin pourrait bien resurgir en ce début de *Dévotion* sous une forme féminisée[1].

Mais quel pourrait être le sens de ce jeu onomastique ? Pour le comprendre, il faut se reporter à la *situation* de Richard dans *Ivanhoe* et plus précisément dans cette première partie du roman qui voit se dérouler le tournoi d'Ashby. Tout récemment libéré de sa prison, il vient de débarquer en Angleterre où, pour l'instant, il se cache sous les apparences d'un chevalier anonyme. Or qui, au moment où s'achevaient les *Illuminations*, venait d'être libéré de prison et allait partir (ou était déjà parti) en Angleterre, en quelque sorte pour s'y cacher ? Verlaine évidemment, qui allait tenter *là-bas dans l'île*[2] de se faire oublier après l'affaire de Bruxelles et le scandale de l'emprisonnement. De sorte qu'on est conduit à une hypothèse à première vue surprenante, mais dont on va voir qu'elle n'est en fait que logique : ce pourrait bien, tout simplement, être Verlaine qui apparaît en ce début de *Dévotion* sous les traits de cette Léonie si mystérieuse.

Il suffit en fait d'y réfléchir pour que l'hypothèse acquière toute sa vraisemblance. La féminisation du prénom ne fait évidemment pas problème : qu'elle relève du sarcasme, comme c'est assez probable, ou qu'elle soit allusion voilée à l'hétérodoxie sexuelle, elle répète en tout cas *Une saison en enfer*, où c'est bien Verlaine qui est peint sous les traits de la Vierge folle. Et quant à l'assimilation à Richard Cœur de Lion, il faut rappeler que Verlaine s'était lui-même qualifié de *roi* en tant qu'amant de Rimbaud[3], ce à quoi ce dernier fait écho dans celle des *Illuminations* qui s'intitule, précisément, *Royauté* : « Et en effet ils furent rois toute une matinée [...] ». Verlaine avait donc été roi lui aussi mais, comme Richard dans la première partie

---

1 On ne fera pas ici au lecteur l'injure de lui rappeler que le prénom *Léon* (et, par voie de conséquence, son féminin *Léonie*) signifie *Lion*.
2 « Verlaine [...] s'en est retourné à Paris, pour, de suite, aller finir d'étudier *là-bas dans l'île* » (lettre de Rimbaud à Delahaye, 3 mars 1875).
3 « Je suis martyr et je suis roi ! » (*Le Bon Disciple*).

d'*Ivanhoe*, il n'était plus qu'un roi déchu, un prisonnier à peine libéré, abandonné de ses amis. Le parallélisme est évidemment saisissant, mais il ne s'arrête pas là. Le Richard historique, en effet, avait une sœur prénommée Mathilde, ce que Verlaine n'ignorait pas (et donc Rimbaud non plus), du fait des amours imaginaires de cette Mathilde avec le prince arabe Malek Adel, frère de Saladin, mises en scène par Mme Cottin dans un de ses romans : il y fait allusion, notamment, dans *Cellulairement*[1]. On aura compris le sens de cette dernière remarque : encore récemment, Verlaine avait lui aussi une *sœur* nommée Mathilde – qu'on se rappelle les vers de *Birds in the night* cités plus haut[2].

C'est donc certainement le récent auteur des *Romances sans paroles* qu'il faut reconnaître sous le masque de *Léonie*, prénom ou sobriquet à travers lequel se devine le sarcasme rimbaldien, comme il se devine aussi, pour peu qu'on se rappelle les rapports de Verlaine avec sa femme et la façon dont il assuma son rôle de père, dans la phrase nominale qui clôt le verset : « Pour la fièvre des mères et des enfants ! ». Forain, Verlaine : c'est tout le passé récent de Rimbaud qui surgit, sous une forme cryptée, dans ces premiers versets de *Dévotion*. Et l'on comprend dès lors que cette attaque du poème, que Breton voyait s'ouvrir sur deux figures féminines où s'incarnait la puissance du rêve et de l'irrationnel, a en fait, comme le texte finit par le dire, une véritable fonction mémorielle. Et qu'à travers elles, Rimbaud ressuscite son passé pour l'inscrire dans la mémoire – à la manière du poème qui porte ce titre – mais aussi, peut-être, pour en réinventer le sens.

---

1   Voir le vers 25 d'*Images d'un sou*, dans sa version de *Cellulairement* : « Et Malek-Adel soupire ». Déjà, en 1868, Verlaine avait évoqué ce personnage dans *L'Auberge*, sonnet repris des années plus tard dans *Jadis et Naguère* : « La salle au noir plafond de poutres, aux images / Violentes, Maleck Adel et les Rois Mages, / Vous accueille d'un bon parfum de soupe aux choux ». L'histoire des amours de Mathilde et de Malek Adel est contée par Mme Cottin dans son roman *Mathilde* (1805) qui connut un succès immense.

2   On peut y ajouter *Child Wife* (également dans les *Romances sans paroles*) : « Vos yeux qui ne devaient refléter que douceur, / Pauvre cher bleu miroir, / Ont pris un ton de fiel, ô lamentable sœur […] ».

III

À la façon d'un feuillet que l'on replie, *Dévotion* dans son ensemble est en effet organisé, autour du sixième verset, en deux parties clairement symétriques. Or, considérons la phrase complexe qui se déploie sur l'ensemble de ce sixième verset :

> Aussi bien à tout culte en telle place de culte mémoriale et parmi tels événements qu'il faille se rendre, suivant les aspirations du moment ou bien notre propre vice sérieux.

S'ouvrant par un connecteur logique (*aussi bien*), elle exhibe immédiatement un véritable clivage temporel : la conjonction *et* y sépare un versant tourné manifestement vers des temps révolus (d'où *mémoriale*) d'un autre où présent et futur se conjuguent. Et qui plus est, la construction de la phrase, en raison de cet *aussi bien* qui la suture aux phrases précédentes, fait que cette césure temporelle acquiert quasiment une valeur logique, apparaît comme une sorte de conséquence des cinq premiers versets et aussi, dans une certaine mesure, comme une clé pour la compréhension d'un texte partiellement énigmatique.

Il est donc absolument conforme à la *disposition* du poème[1] qu'il s'ouvre sur les deux *dévotions* consacrées à Forain et à Verlaine : figures essentielles d'un passé auxquelles on remarquera que Rimbaud assigne des frontières qui sont celles de sa vie littéraire (il le redira plus loin : *à l'adolescent que je fus*). Il importe cependant de préciser le sens que peut prendre le mot *dévotion* : l'acception est évidemment ici celle dont fait état Littré en citant les *Provinciales* (« la dévotion de saluer les images de la Vierge »), mais elle est contaminée, dans l'esprit d'un Rimbaud qui n'a pas oublié sa « sale éducation d'enfance », par un autre concept

---

1 J'entends ici *disposition*, bien entendu, au sens rhétorique du terme.

religieux, celui d'*intention*[1], que matérialise dans le poème la série des *pour*. De là une double ambiguïté qui a largement contribué à brouiller la lecture : le sens de ces *dévotions* n'est en effet complet qu'à condition d'y inclure l'*intention* (du moins quand elle est formulée explicitement) et le rapport entre les deux n'est pas obligatoirement des plus simples ; surtout, comme presque toujours chez Rimbaud lorsqu'il adopte une posture d'origine chrétienne, le soupçon s'insinue qu'une telle attitude, ostensiblement affichée, pourrait bien être ironique ou relever de la parodie – le malheur étant qu'à cette question il n'y a souvent pas de réponse univoque.

Quoi qu'il en soit, ce soupçon d'ambiguïté s'installe dès les deux premiers versets, où il survit au décryptage des noms propres. Car on n'a pas tout réglé, tant s'en faut, en posant qu'il s'agit là de Forain, ou de Verlaine : plus d'une question subsiste et notamment celle du rapport entre le locuteur et les figures cryptées sur lesquelles s'ouvre le poème – rapport dont on n'oubliera pas qu'il se conjugue presque certainement au passé. S'agissant de Louise Vanaen de Voringhem[2], en tout cas, les choses sont

---

1 Que le Littré glose en donnant l'exemple qui suit : « Prières [...] à l'intention de quelqu'un, [...] dans le dessein qu'elles lui servent devant Dieu ».
2 On n'a rien fait, s'agissant d'une énigme, tant qu'on n'a pas *tout* éclairé. On dira donc que : 1° pour des raisons évidentes, Rimbaud ne pouvait écrire *Forain* ni même *Forin* : d'où *Vorin-* ; 2° la suffixation *-ghem* aboutit peut-être à un sens érotique (qu'on prononce donc *Voringhem* à la française !) : ce fut, sans doute, l'idée de Claude Zissmann, bien qu'il ne l'ait pas développée ; 3° cette suffixation donne en tout cas au nom une apparence flamande, d'ailleurs tout à fait fictive (*cf.* A. Henry, *op. cit.*, p. 196) : le lien avec la *mer du Nord* n'en devient que plus plausible ; 4° pour *Vanaen*, Claude Zissmann l'interprète visiblement comme l'anagramme d'« en vain » et y voit une allusion perfide à un « fiasco homosexuel » de la part de Forain, ce qui n'est pas évident, même si l'homosexualité de Forain demeure très vraisemblable (Mathilde Verlaine y a fait sans doute allusion en révélant que son mari appelait Forain « la petite chatte brune » ; Forain vivant, et célèbre, elle ne pouvait en dire plus) ; 5° Il est au moins aussi vraisemblable de penser que la *structure* de *Louise Vanaen de Voringhem* a été calquée sur celle du nom attribué à Verlaine : *prénom + nom + de + nom de lieu*. Si on admet que ce nom, *Léonie Aubois d'Ashby*, a pu être trouvé le premier, le prénom *Louise* coulait alors de source pour Forain. Il se pourrait bien que l'idée de *mer du Nord* (aux origines biographiques : *cf.* ci-dessous)

sans doute simples : amant peut-être, Forain a surtout été pour Rimbaud l'ami par excellence, celui qui, comme le dit justement le poème, était toujours là *pour les naufragés*. Mais dès qu'on se retourne vers Léonie Aubois d'Ashby, cette simplicité s'évanouit : qu'il s'agisse de Verlaine ne fait pas de doute et on a vu plus haut qu'il fallait sans doute comprendre «la fièvre des mères et des enfants» comme une allusion perfide au piètre époux et père qu'il fut. Mais s'en tenir là serait certainement une erreur et «l'herbe d'été bourdonnante et puante» emmène le lecteur vers de tout autres horizons : vers *Mémoire*, par exemple, et cette «prairie prochaine» le long de la rivière où *Madame* «se tient trop debout», entourée de ses enfants; ou vers *Jeunesse*, où de «petits enfants étouffent des malédictions le long des rivières». En réalité, cette relation ironique entre *Léonie*, les *mères* et les *enfants*, au-delà du seul cas de Verlaine, vise une cible infiniment plus générale et autrement importante : la cellule familiale elle-même, cette prison meurtrière de la liberté, où naissent les névroses, et qui assure la reproduction du modèle social[1]. La prairie, cette «herbe d'été» où se déroule la promenade familiale, en est le lieu symbolique, celui par conséquent de toutes les tensions, l'endroit où s'enracinent toutes les dérives : *Chanson de la plus haute tour* le dit bien, où «la prairie à l'oubli livrée» est métaphore de la jeunesse elle-même, telle du moins que le locuteur l'a vécue au «bourdon farouche / De cent sales mouches». Or ce sont ces mouches qu'on retrouve dans «l'herbe d'été bourdonnante» de *Dévotion* et c'est leur *bourdon* que Rimbaud transcrit avec ce *Baou!* qui a semblé si obscur à tant de lecteurs.

---

ait ensuite entraîné le fictif nom de lieu flamand *Voringhem*. Après quoi, restait à Rimbaud à créer un nom, toujours selon la séquence *prénom + nom + de + nom de lieu* : le *van*, si typique de l'onomastique flamande et néerlandaise, a très bien pu alors lui suggérer (non sans humour probablement) l'idée de *Vanaen*. Cette hypothèse est au moins plausible.

1 Pour les névroses, il suffit de lire la fin des *Premières Communions*. Pour la reproduction du modèle social, on pense évidemment à la fameuse «Bible à la tranche vert-chou».

On voit que dans ce poème les choses ne sont décidément pas simples, parce que l'ironie est sans cesse sous-jacente, sans pour autant qu'elle impose un sens univoque, et aussi parce que l'ensemble de l'œuvre rimbaldienne pèse là, non pas véritablement comme un intertexte, mais plutôt comme un vaste lexique où se précisent les significations. Mais ce qu'on repère également, et quasiment d'entrée, c'est le fait que les figures cryptées qui dominent en ce début du poème, si elles renvoient bien à des identités précises, n'interdisent pas pour autant la généralité du propos, n'empêchent pas que le poète parle ici de ce qui concerne tous les hommes. Et c'est ce qui se passe aussi dans le troisième verset, où l'on a cru voir, de façon absurde[1], une allusion à Verlaine et à son recueil saphique *Les Amies* : or le propos de Rimbaud a là une tout autre généralité. Le sobriquet *Lulu* pourrait bien nous transporter dans le monde de la galanterie et, à travers la qualification de *démon*, ce serait en somme la parole à la fois plaintive et érotisée de l'homme qui se ferait entendre. L'«éducation incomplète», elle, semble au premier abord nous emmener du côté d'une jeunesse à la Emma Bovary, mais sans doute Rimbaud pointe-t-il là plutôt, à sa façon sarcastique, la manière dont la femme est à jamais aliénée par son éducation, y compris et surtout en matière amoureuse, comme le disent, inoubliablement, *Les Premières Communions*. On ajoutera que les goûts lesbiens de cette Lulu ne doivent pas surprendre et que c'est même un lieu commun au XIXe siècle que de postuler l'existence généralisée de ces mœurs chez les courtisanes[2]. Mais on comprend dès lors l'ambivalence du «Pour les hommes!» qui suit : Lulu est donnée aux hommes et, en même temps, comme lesbienne, ils ne peuvent rien en attendre. Cette formulation, volontairement abrupte, s'inscrit probablement dans la perspective ouverte aux

---

[1] Un exemple de cette absurdité : c'est Rimbaud et non pas Verlaine qui est, comme Lulu, un démon (dans *Vierge folle*) : «C'est un Démon, vous savez, *ce n'est pas un homme*».

[2] Sur ce point, voir le livre d'Alain Corbin, *Les Filles de noce* (Flammarion, collection *Champs*, 1982), notamment p. 22.

lignes précédentes par l'évocation des mères et des enfants et il y a donc lieu de croire, en définitive, que ce troisième verset participe d'un discours que tout lecteur de Rimbaud connaît bien : cette longue déploration du divorce entre l'homme et la femme qui lui venait, lointainement, de la vulgate saint-simonienne ou fouriériste et à quoi nous devons, outre *Les Premières Communions*, des poèmes comme *Venus Anadyomène* ou *Les Sœurs de charité*.

Il y a cependant là un certain paradoxe, parce que le texte semble écrit tout entier du côté du *démon* – ce qui, au demeurant, est affaire surtout de rythme et de prosodie. Mais ce côté démoniaque, tellement perceptible, a peut-être bien une autre origine : on ne peut exclure en effet, comme c'est souvent le cas au XIXe siècle, que le saphisme soit ici un travestissement de l'homosexualité masculine, ce travestissement, source de jouissance pour le scripteur, justifiant alors l'espèce de ricanement qu'on perçoit dès le début du verset, avec le contre-accent redoublé sur *Lulu* et sur *démon*. Mais quoi qu'il en soit, c'est indéniablement la marginalité sexuelle qui est ici au cœur du texte, de sorte que le dernier mot – ou plutôt la dévotion finale : « À madame*** » – y trouve sa logique paradoxale. Tout lecteur de littérature, et singulièrement de poésie, connaît au XIXe siècle ce genre de dédicace et on se rappelle la phrase d'*Après le Déluge* : « Madame*** établit un piano dans les Alpes[1] ». À la fin d'un verset consacré à la marginalité amoureuse, Rimbaud inscrit donc cette dédicace énigmatique, dont la convention sociale et littéraire de son temps usait tout à la fois pour désigner l'héroïne d'amours inavouées ou, à l'inverse, celle que son rang dans la société plaçait au-dessus du soupçon et interdisait même de nommer. Clôture bien dans sa manière et qui joue au fond avec *Lulu* un jeu tout à fait analogue à celui que joue avec *Léonie*, dans la deuxième dévotion, la *fièvre des mères et des enfants*.

---

1 Le manuscrit d'*Après le Déluge* n'offre pas d'étoiles après le mot « Madame » : on y lit « À Madame*** ». Mais comme on n'a pas le manuscrit de *Dévotion*, il est impossible de comparer. Il me semble fort probable qu'en réalité, les deux graphismes aient été les mêmes.

Les deux versets suivants, l'un et l'autre de structure binaire, s'ouvrent sur un énoncé («À l'adolescent que je fus») d'apparence limpide, mais dont on peut penser qu'il résume d'une certaine façon l'ensemble de ce qui le précède : l'adolescent Rimbaud a croisé la route de Verlaine et celle de Forain, il a été dans la prairie familiale cet enfant secrètement révolté, il lui a été donné de vivre dans un monde où Lulu et madame*** sont les figures symboliques de la relation amoureuse telle que la société l'a faite. C'est pourquoi le verset 4 inscrit en regard une autre tentation adolescente. Nous connaissons déjà par *Phrases* un vieillard «calme et beau[1]», mais celui-ci apparaissait dans le cadre d'un véritable *adynaton*, purement rhétorique : ici, en revanche, la figure du vieillard revêt une présence saisissante et cela tient essentiellement à la force du déictique *ce*, qui le fait surgir littéralement sous les yeux du lecteur. À travers lui, Rimbaud rappelle la force d'une tentation à laquelle était alors soumis tout adolescent d'Occident, celle de l'absolu religieux sous ses deux formes extrêmes : la solitude ascétique (celle, par exemple, de saint Antoine, évoquée dans *Jeunesse*) et le destin du missionnaire. Il est vrai que cette «mission» renvoie aussi, sans aucun doute, à la conquête européenne du monde et que cette perspective, au fond historique, relie ce verset au suivant. Dans ce dernier, l'exégèse n'a vu le plus souvent qu'obscurité ; «l'esprit des pauvres», pourtant, aurait dû lui être évident, tellement Rimbaud a décliné ce thème. Citons, entre vingt exemples : «Les Pauvres au bon Dieu, le patron et le sire» (*Les Pauvres à l'église*) ; ou encore : «Et l'embarras des pauvres et des faibles sur ces plans stupides !» (*Soir historique*). Car cet esprit des pauvres, c'est tout simplement la soumission à l'ordre établi, l'incapacité d'en imaginer un autre, ce que Rimbaud nommera encore dans *Solde* «la probité infernale des masses». Qu'on se rappelle aussi *Mauvais sang* : «Ma race ne se souleva jamais que pour piller : tels les loups à la bête qu'ils n'ont pas tuée». C'est grâce à cet esprit de soumission que Dieu peut demeurer «le patron et le sire» – d'où le sarcasme final : «Et à un très haut clergé».

---
1 «Qu'il n'y ait ici-bas qu'un vieillard seul, calme et beau, entouré d'un "luxe inouï", – et je suis à vos genoux».

Ce qui s'impose donc à l'analyse de ces cinq premiers versets c'est que, parti de l'évocation de ses deux *sœurs*, Rimbaud ne tarde pas à se tourner vers les traits pour lui saillants de la société où il lui a été donné de vivre son adolescence : le poids de la cellule familiale, celui d'un ordre social intimement lié à la religion, l'infortune amoureuse et, sans doute, l'hétérodoxie sexuelle. Mais s'impose aussi le fait que tout cela est vécu au passé et qu'à l'adolescent qu'il fut, il donne décidément congé. D'où la structure du sixième verset, telle qu'on l'a décrite plus haut, laquelle oppose à la démarche *mémoriale* les «aspirations du moment» ou ce que nous commande «notre propre vice sérieux». On a beaucoup glosé sur la virgule qui ferme ce verset – virgule que, forts de la disparition du manuscrit, beaucoup tiennent pour une coquille à laquelle ils substituent allègrement un point. Mais il n'est pas indispensable d'être aussi méfiant envers les protes de *La Vogue* et, virgule ou point, le rapport de ce verset 6 avec le suivant demeure substantiellement le même. Ce rapport tient tout entier dans le déictique *ce*, dont la valeur est nettement particularisante mais qui, en même temps, situe ce qu'il désigne dans les limites de ce que laissait présager le verset précédent, de sorte que la rencontre de *Circeto* apparaît tout naturellement comme un des *événements* qui s'y trouvaient annoncés. Ce nom, nous le savons depuis longtemps, est un bloconyme, renvoyant à la fois à la Circé odysséenne, symbole topique du désir (Baudelaire évoque encore dans *Le Voyage* la «Circé tyrannique aux dangereux parfums») et à la déesse marine *Céto* – ce qui se justifie évidemment par la comparaison «grasse comme le poisson» : le personnage, en somme, ajoute à la fascination d'une Circé un attrait grassement érotique. Le verset, d'ailleurs, est entièrement dominé par Éros, au point qu'il est proprement inouï que cela ne soit pas vraiment hors de question. Il n'est pas, il est vrai, sans obscurité, mais outre l'énigme (relative) de *Circeto*, cela tient à un jeu isotopique au fond assez simple, mais non immédiatement lisible. À l'origine de ce jeu se trouve l'énoncé *des hautes glaces* (quelque peu ambigu : on va y revenir) et surtout la comparaison « enluminée comme les dix mois de la nuit rouge », qui laisse deviner une Circeto outrageusement fardée, mais où la *nuit rouge* se justifie (non sans humour, visiblement) par une référence à la nuit polaire, illuminée par une aurore boréale. De là naissent deux autres comparaisons, relevant de la même isotopie : « muette comme ces régions de nuit » et « plus violentes que ce chaos polaire ». Hors de là que reste-t-il ? Le *cœur ambre et spunk*, la *prière*, les *bravoures*. Il n'est pas besoin d'être grand clerc pour repérer là tous les ingrédients d'une poésie érotique : le *cœur*, dont le sens est sans doute double (sentimental et sexuel[1]), puis cet *ambre* et ce *spunk* si discutés[2] mais qui ont, de toute façon, affaire avec le désir et la sexualité. Quant à ces « hautes glaces » à partir desquelles s'ouvre l'isotopie polaire, il se pourrait bien que Rimbaud joue, là encore, sur les mots : car pris en lui-même, cet énoncé un peu étrange pourrait fort bien renvoyer, par exemple, aux glaces d'un café. La rencontre, réelle ou fantasmée, se déroulerait alors dans ce cadre[3].

---

1 L'usage de *cœur* pour désigner le sexe féminin est classique au XIXe siècle. Dans le même contexte, le mot *prière* désigne la demande amoureuse, autrement dit l'érection : c'est sûrement le cas ici. Quant à *bravoure*, on ne voit pas du coup ce qu'il pourrait désigner d'autre que l'acte sexuel lui-même.

2 On sait depuis un article de G. Pomet (« Faut-il décoder Rimbaud ? », *Revue des sciences humaines*, janvier-mars 1969, p. 73-81) qu'en argot anglais du XIXe siècle, *spunk* (ou *spunck*) peut signifier « sperme » et que l'ambre gris était tenu (à tort d'ailleurs) pour le sperme du cachalot. A. Fongaro, lui (*op. cit.*, p. 395-399), s'attache plutôt, en partant de Baudelaire, au sens olfactif et croit qu'en écrivant *ambre et spunk* Rimbaud a voulu sarcastiquement signifier « matière fécale et matière spermatique ». Mais en sens inverse A. Henry (*op. cit.*, p. 201-202), rappelant que *spunk* signifie aussi « amadou », glose l'énoncé de *Dévotion* par « magnétisme et feu » : effectivement, l'ambre jaune (et non plus gris), nommé en grec *elektron*, a donné son nom à l'électricité parce que, frotté, il attire les corps légers. Il ne faut donc peut-être pas trop donner, ici, à la glose obscène. *Cœur* a sans nul doute un double sens (mais a certainement le sens sexuel) ; *ambre* peut renvoyer à l'attirance (ici érotique) qu'exerce cette matière, une fois électrisée ; et *spunk* peut avoir un sens proche (tiré métaphoriquement du sens « amadou »), le tout pour traduire l'attrait sexuel de Circeto.

3 On citera ici ce qu'écrivait Verlaine à Rimbaud, le 12 décembre 1875, en lui refusant de l'argent : « Où irait mon argent ? À des filles, à des cabaretiers ? » Rimbaud était bisexuel, cela ne fait pas le moindre doute.

Reste alors l'ultime verset. Le *tou[t]*, deux fois répété, y réaffirme cette ouverture à l'infini des possibles qu'affirmait déjà le verset 6, mais que l'épisode Circeto avait quelque peu restreinte[1]. Le plus important est toutefois dans l'énoncé final, où Rimbaud relance une dernière fois l'énigme, mais de façon telle qu'elle n'en est plus une. Tout y repose en effet sur cet ultime *alors*, au sujet duquel on s'est livré à force spéculations mais qui, en réalité, se trouve être *à la fois* illisible et parfaitement lisible. Car c'est un fait qu'on le comprend obscurément, dès la première lecture, la difficulté étant naturellement d'expliciter ce sens. Or des deux emplois du mot l'un, logique (signifiant «dans ce cas»), est linguistiquement exclu (il aurait fallu écrire *plus d'alors*) et il entraîne dans cette exclusion la valeur temporelle quand elle porte sur l'avenir, parce que toujours marquée de consécution. Restent donc seulement les cas où c'est le passé qui est en jeu et on pense immédiatement à *Vies* : «D'alors, de là-bas, je vois encore même les vieilles». C'est certainement ce sens qu'il faut retenir ici et l'exemple de *Vies* permet parfaitement bien d'en cerner les contours : *alors* implique dans ce cas une distance temporelle infranchissable, il désigne un espace qui est celui du passé mais aussi, potentiellement, celui de la narration. Et on comprend du coup qu'à cette extrême fin de *Dévotion*, il ne peut que renvoyer à cette première partie où se rencontre la seule véritable occurrence d'un temps du récit : *À l'adolescent que je fus*. Avec cet ultime énoncé, le texte se retourne en quelque sorte vers son propre passé pour affirmer une rupture irrémédiable avec tout ce qui en relève, c'est-à-dire avec le monde évoqué par les premières dévotions. Clausule rigoureuse en ce qu'elle parachève la logique du poème, résonne comme un écho à la césure du sixième verset, à son clivage irrémédiable entre présent et passé. En cette fin de *Dévotion*, Rimbaud ne se contente décidément pas d'un bilan. Il donne congé, littéralement.

---

1 Avec les «voyages métaphysiques» où l'ironie est une fois de plus perceptible, cette ouverture va même jusqu'à l'*adynaton* : Rimbaud s'affirme ouvert, même à l'impossible.

IV

On n'a pas le manuscrit du poème mais, compte tenu de ce qu'y signifie *Léonie Aubois d'Ashby*, sa composition ne peut être que postérieure au retour de Verlaine en Angleterre[1], quelques semaines après sa sortie de prison. C'est tout à fait possible[2] matériellement et on conclura que *Dévotion* date, sans aucun doute, du printemps de 1875, ou à la rigueur de la fin de l'hiver[3].

Il n'est donc pas impossible qu'il soit en fait le dernier poème écrit par Rimbaud. On conviendra qu'il n'en est pas nécessairement le plus limpide, au moins à première lecture, et on comprend en un sens que Breton qui croyait, il est vrai, qu'il s'agissait d'un texte de 1872, l'ait choisi pour représenter l'éclatante obscurité qu'il appréciait tant chez le poète des *Illuminations*. Il n'avait pas forcément tort : s'il est possible, comme on a vu, de lever l'énigme au sujet de Léonie, de Louise Vanaen ou même de Circeto, ce type d'énigme n'en demeure pas moins constitutif ici de la poésie rimbaldienne, et cela pour plusieurs raisons qu'on voudrait esquisser brièvement pour finir.

Et d'abord, bien sûr, à cause de la pression sociale, qu'il s'agisse de la censure ou, plus largement, de l'impossibilité de tout dire

---

1 Cela pourrait expliquer la cornette bleue de Louise Vanaen : Forain étant alors au service militaire, qu'il accomplissait à Alençon, cette prétendue cornette pourrait bien être une casquette bleue de soldat. Et d'Alençon, ses pensées pouvaient se tourner vers la *mer du Nord* et le *naufragé* Verlaine.
2 Verlaine arrive en Angleterre fin mars 1875. Il se cache alors de Rimbaud, à qui il ne donne pas son adresse, mais reçoit tout de même de lui les lettres « significatives de vils, de méchants desseins », auxquelles il fera allusion dans sa lettre au même Rimbaud du 12 décembre (ces lettres lui parvenaient par l'intermédiaire de son ami Istace). Comme Rimbaud part début mai pour l'Italie, on parierait volontiers que *Dévotion* a été écrit en mars ou avril et joint à une de ces lettres d'avril. Il a pu ensuite aisément passer de Verlaine à Nouveau.
3 Cela si on préfère croire que Rimbaud, instruit comme il l'était effectivement du projet de Verlaine de gagner l'Angleterre, l'a écrit à l'occasion de l'entrevue de Stuttgart, autour du 1er mars. Cela semble tout de même moins probable.

dans un contexte donné : il est clair que cette impossibilité a joué à plein dans la construction de *Dévotion* et que sans elle le poème ne serait littéralement pas. Mais le fait qu'il existe signifie aussi que pour le poète, cette pression n'a pas eu que des effets négatifs. On sait bien qu'elle peut, par exemple, pousser l'écrivain à la construction de systèmes symboliques, voire allégoriques, qui sont souvent d'admirables instruments de poésie. La marginalité devient par là une dimension de la parole, les mythes qu'elle met en œuvre en sont une autre. On aboutit alors à des textes comme *Après le Déluge*, où l'on n'est pas loin d'une construction allégorique classique.

On n'en est pas là avec *Dévotion*. Le poème offre certes au lecteur des figures énigmatiques tout en lui faisant sentir, comme dans l'allégorie, qu'elles ne sont pas dénuées de sens. C'est une pratique très ancienne, mais elle diffère ici fondamentalement de ce qu'on rencontre, par exemple, dans *La Divine Comédie*. Quand Dante, au premier chant de l'*Enfer*, affronte la Bête, puis rencontre Virgile qui lui annonce la future venue du Vautre sauveur[1], le lecteur sait bien que tout énigmatique qu'il soit, cet animal qui doit venir participe d'une superposition de sens cohérente, constitutive d'un système où sont en jeu le monde contemporain et le mystère du salut. Rien de tel chez Rimbaud : Léonie Aubois d'Ashby propose une énigme qu'on peut lever, mais il n'y a pas de système. En revanche cette logique de l'énigme, surtout à l'incipit, transporte le sémantisme du texte dans un registre où la dénotation, certes présente, n'est cependant plus au premier plan : le lecteur est sans cesse conduit à soupçonner qu'il se passe quelque chose derrière ces énoncés, même s'ils revêtent l'apparence la plus innocente. L'écrivain peut alors jouer avec toutes sortes de registres, faire de l'énigme un principe de fonctionnement du texte, non pas univoque, mais générateur – y compris d'exceptions, comme cette plage d'évidence au cœur du poème : *À l'adolescent que je fus.*

---

1 « [...] infin che 'l Veltro / verrà, che la farà morir con doglia. » (*Enfer*, I, v. 100-102), c'est-à-dire : « [...] jusqu'à tant que le Vautre / Vienne, qui la fera mourir à grand douleur » (traduction H. Longnon).

À coup sûr, on tient là une dimension essentielle de la poétique rimbaldienne – peut-être même sa dimension véritable. Et à ce stade, il faudrait, bien sûr, parler rythme et prosodie : qu'ils investissent le texte, et c'est le sujet qui se met en jeu, celui du scripteur d'abord, celui du lecteur ensuite – et rien ne mobilise davantage le sujet que l'énigme. Mais cela, bien sûr, est une autre question.

BARBARE OU L'ŒUVRE FINALE

C'est, bien sûr, à Maurice Blanchot que j'emprunte ce titre[1], mais je l'entends bien différemment de lui. Ce que je veux dire ici et qui, dans un premier temps, n'est presque qu'une hypothèse, c'est que la position de *Barbare* à l'extrême fin de ce groupe[2] d'*Illuminations* qui forme, on le sait maintenant, un ensemble cohérent et ordonné voulu par Rimbaud[3], n'est pas le fait du hasard et que cette situation a du sens. Ce rôle d'œuvre finale peut être joué de deux façons différentes dans un livre de poésie moderne, généralement formé de textes dispersés ou différents : le poème de clôture peut, quoique assez rarement, changer radicalement ce qu'on croyait avoir saisi de la signification de l'ensemble[4]; mais le plus souvent, il rassemble le sens du volume, achève quelquefois de le dévoiler, invite en tout cas à un regard rétrospectif en forme de bilan. Mon pari est qu'il y a dans *Barbare* quelque chose de ce bilan.

Cette hypothèse se complète d'une deuxième, qui porte sur le titre du poème. Les titres sont rarement innocents dans les

---

1 Maurice Blanchot, «L'œuvre finale», *La Nouvelle Revue française*, août 1961, p. 293-303 (repris dans *L'Entretien infini*, Gallimard, 1969).
2 Il s'agit de la trentaine de proses qui, dans l'ordre de la quasi-totalité des éditions, va d'*Après le Déluge* à *Barbare*. Cet ensemble (Bibliothèque Nationale, manuscrit NAF 14123) est matériellement homogène; il l'est, notamment, presque entièrement quant au papier utilisé. Et une dizaine de poèmes s'y poursuivent d'un feuillet sur l'autre, impliquant ainsi une continuité réelle.
3 Le point essentiel est que ces proses sont paginées et que cette pagination est de la main de Rimbaud (voir Steve Murphy, «Les *Illuminations* manuscrites», *Histoires littéraires*, n° 1, 2000 p. 5-31).
4 C'est le cas par exemple avec *Colloque sentimental*, à la fin des *Fêtes galantes*, dont la noirceur contredit l'impression de légèreté et d'amours Régence que pourrait donner le reste du volume.

Illuminations : titres se référant à un genre comme *Conte*, ou usant de l'antiphrase comme *Mystique*, titres préludant à une charade et jouant ouvertement de l'énigme comme *H*, titres clairement sardoniques comme *Démocratie* ou au contraire, comme *Guerre*, d'une telle évidence qu'on ne la voit plus. Mais l'important, c'est que Rimbaud n'use *jamais* de ces titres neutres pourtant si fréquents dans la pratique contemporaine du recueil, comme ceux qui se ramènent à une dédicace : *À Madame D. G. de G.* ou *À Mademoiselle****[1]. Il y a bien un titre-dédicace dans les *Illuminations*, mais c'est *À une Raison* et, précisément, il est le contraire d'un titre neutre. Or, s'agissant de *Barbare*, on ne s'est jamais vraiment inquiété du sens de ce titre, alors que la barbarie est, de toute évidence, un des thèmes majeurs de l'œuvre rimbaldienne. Un titre comme *Métropolitain* force le lecteur à s'interroger sur son sens et, *à partir de là*, sur la signification globale du poème ; *Enfance*, en revanche, répertorie des thèmes que le lecteur de Rimbaud connaît bien par ailleurs. Mon hypothèse est que *Barbare* fait l'un et l'autre – et que c'est en cela qu'il mérite le statut d'œuvre finale.

Ce qui caractérise ce poème d'entrée, c'est en tout cas le statut problématique du locuteur. Cela tient d'abord aux choix syntaxiques de Rimbaud : nul verbe n'est conjugué ici, à l'exception d'une parenthèse apparaissant deux fois en fonction négatrice – («elles n'existent pas)» – et de deux relatives en situation d'incises, qui modulent le texte sans lui être essentielles. Pour le reste *Barbare* est le royaume de la phrase nominale, comme d'ailleurs tant d'autres textes des *Illuminations*. Seulement, comme tout énoncé, la phrase nominale implique un locuteur et quand l'énoncé concerne ce qui se donne comme chose vue (même fantasmatique), il implique aussi ce qu'on appellera un contemplateur et qui, en pratique, se confond avec le locuteur. La difficulté commence quand la chose vue relève peu ou prou de l'impossible, comme c'est le cas ici dès le deuxième alinéa – «Le pavillon en

---

[1] Titres respectivement de Hugo (*Contemplations*, I, 10) et de Musset.

viande saignante [...] » – ainsi que tend d'ailleurs à le confirmer la parenthèse négatrice, même si formellement elle ne porte que sur les *fleurs arctiques*. Mais la situation du locuteur est presque aussi problématique dans *Barbare* en termes d'espace et de temps : *Bien après les jours et les saisons, et les êtres et les pays*, qu'est-ce à dire exactement ? Au-delà de l'espace et du temps, comme on a pu le croire[1], c'est-à-dire, là aussi, dans le domaine de l'impossible ? Rhétoriquement, on n'aurait sans doute pas tort de le penser et c'est peut-être l'*impression* que Rimbaud a voulu donner. Mais on se rappelle aussitôt *Enfance V* : « Qu'on me loue enfin ce tombeau [...] très loin sous terre ». La différence avec *Barbare* tient seulement à ce qu'en termes d'espace, la situation du locuteur se trouve précisée dans *Enfance*, mais elle l'est évidemment de façon fictive et le sens en est tout à fait clair : c'est d'un retrait du monde qu'il s'agit. On est donc tenté de croire qu'il en va de même dans *Barbare* et on peut penser sans grand risque d'erreur que c'est aussi le cas pour ce qui regarde le temps. *Bien après les jours et les saisons* : ce n'est pas d'abolition *du* temps qu'il s'agit mais, plus simplement, d'un retrait par rapport *aux* temps que le locuteur a traversés et qui sont désignés ici par cette métonymie si forte que l'aspect oratoire s'en trouve comme effacé. Ces *saisons*, d'ailleurs, nous les connaissons par *O saisons, ô châteaux* et aussi par *Bannières de mai*[2] ; quant aux *êtres* et aux *pays* ce sont, bien sûr, ceux que Rimbaud a pu connaître et les pays qu'il a parcourus. *Barbare* est donc une sorte de *congé* poétique, comme il y en a d'autres dans les *Illuminations* (*Dévotion*, par exemple). Et ce congé, le poème va le relancer par deux fois, comme pour en marquer l'importance (on y reviendra).

---

[1] Pierre Brunel, *Éclats de la violence*, José Corti, 2004, p. 505. L'auteur voit dans cet énoncé initial « une uchronie et une utopie, qui seraient mieux définies comme délivrance du temps et délivrance du lieu ».
[2] « Je veux bien que les saisons m'usent » (v. 19). Ces échos d'autres textes de Rimbaud ont déjà été signalés par Bruno Claisse : voir *Rimbaud ou le « dégagement rêvé »*, Musée-Bibliothèque Arthur Rimbaud, Bibliothèque sauvage, 1990, p. 108-109.

Dans cette posture de retrait, le locuteur contemple donc en quelque sorte la Terre telle que l'habite l'homme. Mais il en privilégie ce qu'on pourrait nommer les limites ou les extrêmes : son centre, désigné ici comme *cœur*, les *gouffres* dont nous savons par *Enfance* qu'ils sont sans doute marins[1] ou les *astres* qui sont comme la frontière lointaine de notre monde. Et aussi, bien sûr, les espaces arctiques dont, pour quiconque s'exprime depuis les territoires où vit l'homme – *l'Europe aux anciens parapets*, par exemple – il va de soi au moment où écrit Rimbaud qu'ils sont aussi des extrêmes inaccessibles. Car il faut insister sur ce point essentiel : contrairement à ce qu'on a souvent cru et dit, le pôle n'est pas le lieu du poème ; il n'est même pas vraiment son «décor[2]» exclusif et on est sans doute induit en erreur à cet égard par la disposition du texte, dont l'attaque met en valeur ces étranges *fleurs arctiques*, si parlantes à l'imagination. Mais ce serait se tromper radicalement que d'imaginer, par exemple, que le but de Rimbaud est d'évoquer un paysage arctique et c'est même cette erreur qui a engendré une série d'explications saugrenues du *pavillon en viande saignante*, qu'on s'obstinait à considérer, contre toute vraisemblance, comme faisant partie de ce paysage polaire.

Mais si, des *astres* aux pôles, le lointain et l'inhumain sont indéniablement des composantes fondamentales du poème, l'immédiatement proche y existe aussi, en termes spatiaux comme en termes d'affectivité ; et, à y bien regarder, l'opposition entre ce qui est pour l'homme lointain et inaccessible et ce qui au contraire lui est proche structure l'ensemble du poème. C'est ce que tend à souligner cet étrange *là* – «Et là, les formes [...]» – qui, sémantiquement, inscrit dans le texte un geste de désignation immédiate, spatiale ou mémorielle, crée de toute façon

---

1 «Aux côtés, rien que l'épaisseur du globe. Peut-être les gouffres d'azur, les puits de feu» (*Enfance V*) : autrement dit les gouffres marins (que Rimbaud imagine lumineux) et les cheminées des volcans.
2 Pierre Brunel, *op. cit.*, p. 504.

une véritable proximité : *là*, écrit Littré, « se dit d'un lieu qu'on désigne d'une manière expresse ». En outre, le poème est parcouru d'un double refrain dont l'objectif de mobilisation des affects saute aux yeux, avec d'ailleurs une intensité variable d'un refrain à l'autre. Le premier – « Le pavillon en viande saignante [...] » – répété d'abord presque immédiatement et marqué à ce moment-là d'un *Oh !* exclamatif, ne reparaît qu'à l'extrême fin du poème en une reprise suspendue[1] : *Le pavillon...* L'autre, plus tardif dans le texte et fondé sur la réitération du mot *Douceurs*, voit surgir dès sa deuxième occurrence un *Ô* à valeur nettement affective, qu'il faut se garder de confondre avec l'exclamatif *Oh !* précédent. On dérive là vers une sorte d'incantation, expression d'une posture adoratrice ou fusionnelle – *Ô Douceurs, ô monde, ô musiques* –, en tout cas d'une proximité émotive particulièrement frappante dans son opposition au constat distancié du début : *(elles n'existent pas)*.

L'opposition d'un lointain inaccessible et d'un proche investi par l'affectif tend donc à structurer l'ensemble de *Barbare*. On ne croira pas volontiers qu'il faille s'en tenir là et il faut de toute évidence poser la question du sens d'une telle structure. Or la réponse pourrait se trouver dans l'incipit, ou plus précisément dans les deux premiers alinéas, qui constituent à l'intérieur du poème comme une microstructure dans laquelle tout se retrouve : la posture du locuteur, c'est-à-dire ce retrait du monde qui la définit (« Bien après les jours [...] ») ; le lointain inaccessible, où l'homme est comme un étranger (les « mers [...] arctiques ») ; et ce *pavillon* sur quoi s'ouvre le premier des refrains à travers lesquels l'affectif s'empare du texte. Entre ces divers énoncés il y a comme un lien organique et c'est faute de l'avoir perçu qu'on s'est tant fourvoyé sur ce début du poème : ces deux premiers alinéas, en effet n'évoquent pas *le pavillon en viande saignante* comme quelque

---

[1] J'emprunte l'expression à la remarquable analyse qu'a proposée Michel Murat de *Barbare* (*L'Art de Rimbaud*, José Corti, 2002, p. 360-365).

chose qui existerait hors du contexte du poème mais, ce qui est fort différent, ce même pavillon *en tant qu'il est lié à la posture du locuteur*, à sa situation de retrait du monde. La ponctuation ne permet pas d'autre lecture puisque l'alinéa initial ne s'achève pas sur un point (ce qui serait théoriquement possible) mais sur une simple virgule et que c'est l'ensemble des deux alinéas initiaux qui se ferme sur une ponctuation forte, d'ailleurs un peu étrange[1]. On en voit immédiatement la conséquence : l'énoncé *le pavillon en viande saignante*, en tant que syntagme, dépend logiquement de *Bien après* qui, en somme, précise d'entrée les conditions dans lequel cette représentation saisissante a pu voir le jour. On connaît, encore une fois, quelque chose de semblable dans *Enfance V* : « Aux heures d'amertume », y écrit Rimbaud, « je m'imagine des boules de saphir, de métal. » Dans *Barbare*, les *heures* sont un peu différentes, mais la situation de celui qui parle est la même et la réalité du texte impose sa solution : ici aussi, c'est le locuteur qui, dans cette posture de retrait du monde énoncée dès les premiers mots, *imagine* ce pavillon déployé sur *la soie des mers et des fleurs arctiques* pour en venir aussitôt à un constat teinté d'amertume, à travers lequel, de toute évidence, s'impose le principe de réalité : *elles n'existent pas*.

Quelle peut être, dès lors, la nature de ce pavillon qu'imagine le locuteur ? Il faut, à ce stade, porter grande attention au mot *sur* qui, dans cet énoncé occupant la totalité de deuxième alinéa – « Le pavillon en viande saignante sur la soie des mers […] » – tend à circonscrire les sens possibles. *Sur*, dit en effet Littré, « marque la situation d'une chose à l'égard d'une autre qui la soutient » ; ou encore, plus généralement, marque « qu'un objet est au-dessus d'un autre ». Du coup les sens possibles de *pavillon* se restreignent singulièrement. On ne croira pas volontiers, par exemple, qu'il puisse s'agir là, même au prix d'un métaphorisme vertigineux,

---

[1] Le point qui clôt cette séquence initiale se trouve *à l'intérieur* de la parenthèse. Il faut être prudent, mais on ne jurerait quand même pas qu'il ne s'agit pas d'un lapsus.

du «logement portatif qu'on peut dresser partout», surtout pour le «campement des gens de guerre[1]»; ni d'un terme de tapisserie, ou d'architecture, ni davantage (sauf à s'engager dans une logique de canular) de l'«extrémité évasée d'une trompette». En revanche, le sens de «drapeau» est parfaitement compatible avec l'emploi de *sur* : «le pavillon anglais domine *sur les mers*», écrit Littré à titre d'exemple pour cette acception. Un seul autre sens est éventuellement défendable et a été effectivement envisagé[2] : ce *pavillon en viande saignante* pourrait être le ciel, ensanglanté par le couchant. Mais on va voir qu'*en contexte*, le sens de «drapeau» reste en définitive le seul qui respecte ici la cohérence du discours poétique de Rimbaud.

Ce n'est certainement pas un hasard en effet si, aussitôt après cette apparition initiale du *pavillon*, surgissent dans le texte des mots comme *remis* ou *loin* qui, faisant écho à ce *Bien après* sur lequel s'ouvre le poème, renvoient l'un et l'autre à ce qu'on a nommé plus haut la posture de retrait du locuteur. Or il est difficile de se tromper sur les *vieilles fanfares d'héroïsme* dont le locuteur déclare être *remis*; liées dans le texte au souvenir des *anciens assassins* de *Matinée d'ivresse*, adeptes ceux-ci d'une *méthode* qui, quoi qu'on veuille y lire, est évidemment subversion de l'Ordre, elles ne peuvent guère désigner que l'illusion lyrique de la révolte, pour ne pas dire de la Révolution. Or à peine est-il été fait mention dans le texte des ces *fanfares* que reparaît le refrain initial, avec son *pavillon* : «Oh! le pavillon en viande saignante [...] » : impossible de ne pas conclure qu'il existe un lien profond entre ce *pavillon* et les *fanfares d'héroïsme* que Rimbaud renvoie maintenant au passé. De sorte qu'une conclusion s'impose, dont il est au fond stupéfiant qu'elle ne soit pas unanimement reçue depuis longtemps (mais il est vrai qu'on a l'habitude avec Rimbaud) : ce *pavillon en viande saignante*, c'est bien entendu le drapeau rouge dont le

---

1 Littré, *Dictionnaire de la langue française*, s. v. pavillon.
2 Olivier Bivort, «Rimbaud : pavillon barbare et tissage textuel», *Metafore rovesciate* (éd. Valeria Gianolio), Rome, Bulzoni, 1993, p. 41-55.

locuteur, depuis le lieu fictivement retiré d'où il nous parle, fait le rêve, ancien chez lui (les *vieilles fanfares*) mais aussitôt réduit à néant, de le voir déployé jusqu'aux extrémités du monde – et donc jusqu'aux mers glacées qui recouvrent le Pôle arctique.

Qu'on ait négligé cette interprétation (quand on ne la refusait pas explicitement), ce n'est après tout qu'une des manifestations d'un déni assez courant dans la critique rimbaldienne. L'assimilation du drapeau rouge à un drapeau de sang était pourtant fréquente au XIXe siècle, au moins depuis Lamartine et un célèbre discours de 1848 ; mais il y avait plus récent et surtout plus proche de Rimbaud. On sait l'intérêt qu'il avait porté durant son séjour parisien de février-mars 1871 aux « fantaisies, admirables, de Vallès et Vermersch au *Cri du peuple*[1] ». Or aux derniers jours vécus par lui dans la capitale avant son retour en Ardenne, Vallès avait précisément publié dans *Le Cri du peuple* un article intitulé « Le Drapeau rouge ». Et on pouvait y lire ceci :

> Pauvre drapeau rouge, grand calomnié !
> On en a fait l'étendard des meurtriers parce qu'il a la couleur du sang ! Mais ce sang, c'est celui du peuple, le sang du martyr, et non le sang du bourreau. Il n'a que cela à donner, ce peuple. C'est son or et sa pourpre : il a ouvert ses veines, voilà tout, et il en a inondé sa bannière[2].

Que Rimbaud ait lu ce texte, cela est quasiment certain[3] mais, à supposer même qu'il ne l'ait pas fait, cela n'a au fond guère d'importance. D'abord, encore une fois, parce que l'assimilation du rouge du drapeau à celui du sang était largement socialisée de son temps, de sorte qu'il n'avait évidemment pas besoin de Vallès pour la connaître. Ensuite parce qu'à partir de cette analogie alors topique, le texte de *Barbare* tente une reformulation dont le rapport à l'événement est

---

1 Lettre à Paul Demeny, 17 avril 1871.
2 *Le Cri du peuple*, jeudi 9 mars 1871.
3 « Telle était la littérature – du 25 février au 10 mars » écrit-il à Demeny dans cette lettre du 17 avril. Ce qui veut dire, si on comprend bien, qu'il n'a quitté Paris que le 11 mars, soit deux jours après la parution de l'article de Vallès.

si clair qu'il achève d'assurer le sens. Ce *pavillon*, en effet, n'est pas *saignant*, ce qui aurait été une reprise pure et simple du *topos*, mais bien *en viande saignante*, ce qui surenchérit sur la formulation habituelle, mais fait surtout directement écho aux *abattoirs* d'*Après le Déluge*. Or ces derniers, s'ils sont métaphore de toute espèce de répression au service de l'Ordre, se souviennent avant tout de l'écrasement de la Commune, des tueries de la Semaine sanglante[1].

Et c'est précisément ce rapport à la Commune, actuel et mémoriel à la fois, qui permet de saisir toute la logique du poème. Car le locuteur peut bien rêver de voir ce *pavillon* déployé jusque sur les mers polaires, son rêve n'en est pas moins immédiatement frappé d'inanité par la parenthèse négatrice *elles n'existent pas*, même si celle-ci, syntaxiquement parlant, ne porte au sens strict que sur les *fleurs arctiques*. D'où, immédiatement, le début du troisième alinéa : «Remis des vieilles fanfares d'héroïsme – qui nous attaquent encore le cœur et la tête [...]». Le sens en coule de source : c'est précisément parce que ces *fanfares*, celles de la geste révolutionnaire, lui *attaquent* encore l'esprit et le cœur qu'il reste tenté d'imaginer le drapeau rouge flottant jusqu'aux limites du monde – les mers arctiques en l'occurrence ; mais c'est parce qu'il sait aussi que tout cela *n'existe [...] pas*, qu'il s'en trouve désormais *remis*, au point de jeter sur ce passé-là le regard distancié qui définit sa posture dans le poème. Regard qui, d'ailleurs, ne porte pas seulement sur le *pavillon en viande saignante* et sur l'illusion lyrique née de l'épisode communeux, puisque

---

1   Un exemple parmi bien d'autres de l'emploi du mot *abattoirs* avec ce sens : dans son *Histoire de la Commune de 1871*, Lissagaray intitule son chapitre 32, consacré à la répression : «La furie versaillaise – Les abattoirs». Et il reprend plusieurs fois le mot dans ce sens au long du chapitre, parlant ainsi des «hasards de l'abattoir» ou de «maisons en construction qui avaient servi de décharge aux abattoirs». Voir aussi un usage très proche du mot *abattoir* chez Hugo dans *Le Droit et la Loi*, texte liminaire d'*Actes et paroles*, datant de 1875 et sans doute influencé par le contexte de la Commune : «Celui-ci [...] abhorrant le czar en Pologne et voulant le knout à Paris, poussant le peuple à l'église et à l'abattoir, berger de l'espèce bourreau» (*Œuvres complètes*, vol. *Politique*, Robert Laffont, coll. *Bouquins*, 1985, p. 82).

ce troisième alinéa s'achève sur la mention d'*anciens assassins* dont le locuteur se déclare désormais tout aussi éloigné que du romantisme révolutionnaire symbolisé par le drapeau rouge. À l'évidence il s'agit là de réalités connexes, mais différentes et il y a longtemps qu'on a reconnu dans la mention de ces *assassins* un des très rares moments où Rimbaud se cite lui-même, l'allusion à la clausule de *Matinée d'ivresse* et à son *temps des Assassins* semblant effectivement aller de soi. Or dans ce dernier poème, les *Assassins* ne sont ni des ces criminels ordinaires qui «dégoûtent comme des châtrés[1]» ni des esthètes mondains usagers du haschisch : dévoués à une *méthode* qu'ils affirment avec orgueil, ils forment, à l'image des *Haschichins* historiques, un groupe secret uni par la *foi* en une sorte de nouvel Évangile en tous points opposé à celui du Christ et dont Rimbaud s'était fait l'annonciateur. Ce nouvel Évangile, dont l'hétérodoxie sexuelle était au moins l'un des sacrements, tendait bien entendu à se lier à la révolte politique, mais ne se confondait en aucune façon avec elle : à lui aussi Rimbaud donnait désormais congé.

Il ne faut pas croire pour autant, devant cette série de congés, que *Barbare* soit un poème de la désespérance et c'est avec cette remarque qu'on accède sans doute à son sens le plus authentique. Car de même que les deux premiers alinéas formaient une sorte de microstructure résumant la situation d'un locuteur désormais *loin* de tout un passé, de même le surgissement brusque de l'exclamatif *Douceurs!* – à peine fermée pour la seconde fois la parenthèse négatrice – renverse d'un seul coup la perspective. À compter de cette exclamation en effet, le texte est envahi progressivement, on l'a dit, par une logique d'incantation et tend à rompre avec le déni rétrospectif qui paraissait prévaloir jusque-là – sans toutefois le nier, comme vient le rappeler, à la toute fin du poème, le retour aussitôt suspendu du refrain : *Le pavillon...* Toute la logique de *Barbare* tient dans cette apparente contradiction.

---

1 *Mauvais Sang.*

Il faut donc s'arrêter sur cette partie du texte qu'ouvre au cinquième alinéa l'exclamatif *Douceurs!* et avec laquelle le poème change de ton et, sans doute, de sens. Cet alinéa que les *rafales de givre* rattachent clairement au thème *arctique* déroule une longue phrase complexe, formée pour l'essentiel d'un double énoncé où la réitération s'achève en fait, comme on va voir, en véritable glose. L'énoncé initial inscrit dans le texte des *brasiers [...] pleuvant* sur les espaces polaires comme une sorte de substitut à ce *pavillon* qui s'y déployait en rêve ou à ces *fleurs arctiques* dont l'inexistence, affirmée par deux fois, paraissait entraîner le poème vers une négativité sans remède. Le second énoncé, aussitôt après l'incise exclamative *Douceurs*, prend d'abord figure de reprise rhétorique, *feux* reprenant évidemment *brasiers*, tandis que *pluie* fait écho à *pleuvant*. Seulement, la phrase poursuit sa course en une longue expansion où la logique de la réitération cède la place à une autre, entièrement différente. On a souvent affirmé l'illisibilité de cette partie du poème, mais cette illisibilité est en fait très relative et cette seconde partie de la phrase offre en réalité une sorte de glose à l'énoncé initial. Celui-ci mettait en scène une sorte de conflit, dans l'espace polaire, entre deux forces élémentaires, les *rafales de givre* et des *brasiers* manifestement volcaniques (le poème l'avoue pour finir); et ce conflit, Rimbaud, en une innovation langagière hardie, l'exprimait à travers la formulation *brasiers [...] pleuvant aux rafales*. La deuxième partie de la phrase, elle, fonctionne dans un premier temps, on l'a vu, comme une véritable réitération; mais l'idée de *pluie* y est transférée, au prix d'une double métaphore[1], au *vent de diamants*[2]

---

[1] Les diamants expulsés par le cœur de la Terre deviennent comme les rafales d'un *vent* qui, à son tour, devient une *pluie* de tempête se déversant sur les espaces arctiques.

[2] À moins qu'il ne s'agisse là d'un emploi bien connu de la préposition *à* : il faudrait alors comprendre *à la pluie* à la façon d'énoncés comme *à pleines mains* ou *à la douzaine*, ce qui semble tout de même un peu difficile à croire. C'est cette difficulté qui a fait envisager à A. Adam (Rimbaud, *Œuvres complètes*, Gallimard, Bibliothèque de la Pléiade, 1972, p. 1005) l'hypothèse d'une erreur de la part de

et surtout la phrase se révèle tout entière dirigée vers l'énoncé sur lequel elle se clôt : *le cœur terrestre éternellement carbonisé pour nous*. Sans doute Rimbaud savait-il que le diamant naît par carbonisation au sein du liquide magmatique, mais s'il fait ainsi affleurer le discours scientifique à la surface de son texte comme il l'a déjà fait dans le passé[1], c'est surtout une symbolique qu'il met ainsi en place, laquelle donne son sens à cette partie du texte et, au-delà, au poème tout entier. On a déjà repéré[2] le caractère nettement christique d'énoncés comme *éternellement* ou *pour nous*, sans compter ce *cœur* par lequel Rimbaud désigne évidemment les entrailles du globe, mais qui en même temps fait écho de façon délibérée, voire ostensible, à l'image du Sacré Cœur, tellement mise en avant par l'Église au cours du XIXe siècle. Une fois de plus, nous nous trouvons donc en présence, comme si souvent chez Rimbaud, de l'utilisation dans un sens nouveau de thèmes ou de figures d'origine chrétienne. Et dans cette perspective, le sens de ce *cœur terrestre* si christique n'est guère douteux : il est, toute métaphysique bannie et en réponse au Sauveur chrétien, une allégorie du monde lui-même, dont l'inépuisable générosité répand à profusion ses dons – ses *diamants* – jusqu'à ses confins les plus extrêmes, y compris les espaces arctiques[3].

On comprend dès lors l'apparente contradiction entre la posture de retrait désabusé qu'adopte le locuteur dans la première partie du poème et l'espèce d'incantation qui envahit ensuite le texte. C'est que désabusement et extase sont aussi fondés l'un

---

Rimbaud. Celui-ci aurait envisagé un temps, à la ligne précédente, d'écrire *rafales du vent* au lieu de *rafales de givre*. Il aurait ensuite modifié son texte et le syntagme *du vent*, figurant sur son brouillon, aurait glissé par inadvertance d'une ligne à l'autre : la véritable leçon serait alors *les feux à la pluie de diamants*. Ce n'est pas impossible, mais comment savoir ? Et le sens général, en tout état de cause, n'en est pas modifié.

1   On pense notamment à la *céphalalgie* dans *Les Premières Communions*.
2   Bruno Claisse (*Rimbaud ou le « dégagement rêvé »*, *op. cit.*, p. 107-115).
3   Cet espace est ici surtout figural : oxymore de la rencontre du feu et de la glace, adynaton d'une pluie de diamants pour ces déserts de neige – l'un et l'autre figurant l'inépuisable don de la vie, jusque dans les contextes les plus improbables.

que l'autre et ainsi s'explique l'aspect cyclique du poème (avec notamment le retour régulier du *pavillon*) et aussi la logique d'entrelacement qui en caractérise la facture – la parenthèse distanciée *Loin des vieilles retraites* succédant par exemple immédiatement à l'évocation du *cœur terrestre éternellement carbonisé pour nous*. Il y a indéniablement dans *Barbare* un geste de départ, une façon de tourner le dos à tout un passé : non pas seulement à l'illusion lyrique symbolisée par le drapeau rouge, mais aussi à ces fleurs arctiques dans lesquelles se retrouvent les « nouvelles fleurs » dont Rimbaud dit dans *Adieu* qu'il a voulu les créer et encore à ces *vieilles retraites* qui pourraient être, entre autres, celle de *Chanson de la plus haute tour* (« Que rien ne t'arrête / Auguste retraite »). Retraite obstinée, silencieuse, du Voyant, fleurs nouvelles et bouleversement révolutionnaire[1] : tout le passé de Rimbaud. Mais en même temps, il y a le *cœur terrestre* et la certitude adulte que le monde est là, tout simplement, qui nous dispense ses dons comme autant de diamants et qu'ainsi se manifeste une vie universelle que Rimbaud métaphorise en reprenant à sa façon le vieux thème de la musique des sphères[2], avant d'aboutir à la formule incantatoire en laquelle tout se résume : *Ô Douceurs, ô monde, ô musique !* On est là tout près de *Génie*, l'inépuisable *cœur* du monde jouant dans *Barbare* le rôle que remplit dans ce dernier poème sa figure éponyme : une figure christique en tous points opposée au Christ, une allégorie de la Vie et de l'univers lui-même, auxquels le locuteur voue, non sans un certain stoïcisme[3], une adhésion qui finit par s'exprimer en termes extatiques. *Ô monde* écrit Rimbaud dans *Barbare*. Et dans *Génie* : « Ô fécondité de l'esprit et immensité de l'univers ! ».

---

1 Les *flammes* pourraient renvoyer à « *Qu'est-ce pour nous mon cœur...* » (« Ça nous est dû. Le sang ! Le sang ! la flamme d'or ! »).
2 Ce thème des sphères se retrouve, de toute évidence, dans le *virement*. Peut-être, cependant, vaudrait-il mieux dire ici « musique de l'univers » : Rimbaud, à nouveau, en privilégie les régions extrêmes – gouffres et astres.
3 On le voit bien dans *Génie* : « Ô monde ! – et le chant clair des malheurs nouveaux ! »

Mais à peine cette posture extatique s'est-elle exprimée dans *Barbare* avec la plus grande force – et à travers une triple invocation, centrée comme il se doit sur le mot *monde* – que surgit dans le texte l'évocation d'une autre expérience, énigmatique à première lecture et dont le rapport avec ce qui précède paraît d'abord problématique. Mais ce n'est là qu'une apparence et à lui seul le mot *flottant*, que la critique n'a guère songé à relever, suffit à nous en assurer. Que peut-il désigner en effet, si ce n'est un contexte onirique dans lequel le rêveur, effectivement, peut percevoir des *formes [...] flottant* ? Or cette posture de rêve – peut-être vaut-il mieux dire *de rêverie* ? – est celle-là même qui s'imposait dès le début du poème à propos du *pavillon* et elle n'est pas réellement différente, au fond, de la posture de retrait du monde qui gouverne la rhétorique du poème. On ne comprendrait pas autrement, d'ailleurs, l'attaque de la phrase – *Et là* – dans laquelle le mot *là* désigne une immédiateté qui est celle du songe, ou de la songerie, tandis que le *Et* marque une continuité, dit qu'il n'y a pas rupture avec ce qui précède. Le sens de ce qui suit, dès lors, n'apparaît pas en désaccord avec la visée fondamentale du poème, moins encore avec l'espèce d'extase qui, progressivement, s'y fait jour. Car sur le sens de ces lignes, il ne peut guère y avoir de doute : ces *sueurs*, ces *chevelures* et plus encore ces *larmes blanches, bouillantes* qui, comme on l'a écrit, « suggèr[e]nt le sperme[1] » marquent l'entrée de la sexualité dans l'espace du poème. Mais pour le Rimbaud qui écrit *Barbare*, le sexe est partie prenante de cette générosité, de cette *vie infinie*[2] du monde que symbolise le *cœur terrestre*. Et de là vient que les lignes qui l'évoquent participent du versant extatique du poème, jusque dans leur prosodie[3].

---

1 Le mot est d'André Guyaux dans les notes de sa récente édition de la Pléiade (*op. cit.*, p. 973).
2 L'expression, comme on sait, figure dans *Génie*, où elle qualifie précisément le Génie : « [...] lui qui nous aime pour sa vie infinie... ».
3 Notamment du fait de l'absence d'occlusives dans la quasi-totalité de la phrase « Et là, les formes [...] ». Et surtout de la construction de cette phrase en brefs énoncés entre lesquels, sur le modèle de la triade précédente, la diction est poussée à ménager des plages de silence que marque la régularité des virgules.

Cette revendication de l'accomplissement sexuel comme dernier mot d'une situation qui, au fond, est historique – car la posture de retrait qui traverse tout le poème est le produit d'une histoire, individuelle et collective – Rimbaud l'a mise en avant ailleurs dans les *Illuminations* : par exemple, avec l'énoncé « ta force », à la fin de *Métropolitain*, poème qui comme par hasard précède immédiatement *Barbare* sur le manuscrit[1]. Dans *Barbare*, toutefois, la logique n'est pas vraiment la même et cela tient à la construction cyclique du poème et au sens auquel celle-ci renvoie. La *voix féminine*, indéniablement (et quelque signification qu'on veuille lui donner), participe elle aussi du thème sexuel, cependant qu'avec *volcans* et *grottes arctiques*, le poème se souvient des *brasiers* ainsi que des espaces polaires du début, mais pas seulement. À travers eux en effet, ce sont les confins du monde qui s'inscrivent une dernière fois dans le texte : ce sont eux que la *voix féminine* doit atteindre et il n'est pas difficile de comprendre que, si le plaisir érotique – *ô douceurs !* – apparaît à ce moment-là comme le dernier mot du poème, c'est que l'ultime rêve du locuteur est de lui voir conquérir, jusqu'aux extrémités du monde, l'espace sur lequel sa rêverie de naguère, dont il se dit *[r]emis*, avait pensé voir flotter le *pavillon en viande saignante*.

Ce rêve initial, on le sait, *n'existe [...] pas*. Il n'en reparaît pas moins, à l'extrême fin du poème, pour être immédiatement interrompu – façon sans nul doute de redire une dernière fois la situation du sujet, lequel n'a pas entièrement cessé de subir (il vient de l'admettre) la fascination des *vieilles flammes*, tout en n'ignorant pas qu'elles ne sont qu'illusion. Rien de logique par conséquent comme cette construction cyclique du poème : dans la posture d'un locuteur dont la voix, tout à la fin, se tait, les structures téléologiques du Grand Récit n'étaient décidément plus de saison.

---

1 *Métropolitain* s'achève sur le f. 24 dont le reste est occupé par *Barbare* qui lui fait suite.

Une œuvre finale, alors, comme on en a fait l'hypothèse en commençant ? En ouverture des *Illuminations,* ou plus exactement de ce groupe de proses dont *Barbare* est à coup sûr la clôture (et peut-être faut-il dire la clausule), *Après le Déluge* offre l'allégorie d'un retour à l'Ordre après le Déluge révolutionnaire. Or, comme d'ailleurs dans *Mouvement* et tant d'autres poèmes, cet ordre tend là aussi à s'étendre jusqu'aux limites du monde : «Madame*** établit un piano dans les Alpes» écrit Rimbaud, en dérision tout à la fois de la conquête de ces espaces sauvages et du romantisme de pacotille qui en tire son inspiration[1]. Et d'ajouter aussitôt : «Les caravanes partirent. Et le Splendide-Hôtel fut bâti dans le chaos de glaces et de nuit du pôle». *Les caravanes partirent* : cette société est décidément uns société marchande, qui étend bien son emprise jusqu'aux confins de la Terre. Et il ne faut pas être grand clerc pour comprendre que les espaces polaires ainsi conquis sont précisément ceux sur lesquels, dans *Barbare,* le locuteur évoque le rêve de voir flotter le *pavillon en viande saignante.* Rêve aussitôt démenti, bien sûr, et frappé d'irréalité autant que les fleurs arctiques : au moment où Rimbaud écrit, ce n'est pas le romantisme révolutionnaire, ce sont les bourgeois conquérants qui maîtrisent le monde, portent la civilisation industrielle jusqu'aux limites d'un univers désormais presque entièrement connu et colonisé. C'est pourquoi si *Barbare,* placé à l'autre extrémité de ce groupe cohérent d'*Illuminations,* peut apparaître comme une réponse à *Après le Déluge* et à sa conquête du monde par la société marchande, ce n'est pas et ce ne pouvait être au nom du radicalisme révolutionnaire et de ses grandes utopies. Mais là où *Après le Déluge* évoque le pôle comme un «chaos de glaces et de nuit», *Barbare* fait tout de même pleuvoir sur ces «déserts de neige[2]» les diamants que,

---

[1] Et aussi, bien sûr, le rôle social du piano, instrument fétiche du romantisme musical – sans compter bien sûr la figure de *Madame***,* sans doute pianiste et peut-être dédicataire de poèmes intitulés, par exemple, *À Madame***.* On est au plein de l'ordre esthétique de la bourgeoisie contemporaine.
[2] L'expression figure dans *Génie.*

dans son inépuisable générosité, nous dispense le *cœur terrestre*. De sorte qu'à la conquête du monde par la société marchande, Rimbaud (ou plus exactement le locuteur) finit par opposer celle que dans son rêve accomplit la *voix féminine*, parvenue elle aussi jusqu'aux *grottes arctiques* : véritable acte de foi qui explique le ton quasiment extatique de ce moment du poème et affirmation, sans aucun doute, d'une morale du plaisir amoureux et peut-être plus encore – l'accomplissement érotique reproduisant à son échelle le don infini du cœur terrestre. Ce qui, à y bien réfléchir, définit proprement le rite, et même le sacrement.

Barbare peut donc bien réellement apparaître, du fait surtout de cette symétrie avec *Après le Déluge*, comme le poème conclusif d'un groupe de proses que Rimbaud assurément a conçu, au moins pour un temps, comme un ensemble. Et le titre lui-même s'explique tout à fait dans cette perspective, car on sait bien que dans l'œuvre rimbaldienne, le thème barbare est avant tout figuration de la révolte : Barbares sont par exemple les Communeux dans *Paris se repeuple* et c'est aussi une invasion barbare qui figure dans *Michel et Christine* la subversion du vieux monde, sans préjudice de nombreuses autres occurrences – qu'on relise ne serait-ce que *Mauvais Sang*. Certes, dans *Barbare*, la perspective révolutionnaire, celle du *pavillon en viande saignante*, s'est décidément éloignée, non sans attaquer encore *le cœur et la tête*. Mais le refus du christianisme, lui, est toujours vivant, avec cette image d'un cœur du monde qui a quelque chose de sacré mais n'en est pas moins purement terrestre : « Ô fécondité de l'esprit et immensité de l'univers ! » écrit Rimbaud dans *Génie*. Mais dans *Barbare* il y a aussi cette extase devant Éros que peu de poèmes rimbaldiens connaissent à ce degré et il est clair qu'il y a là quelque chose d'essentiel, à la façon d'un sacrement, comme un défi à ces rites à travers lesquels le christianisme gouverne la vie des peuples occidentaux. En cela, même si la perspective révolutionnaire tend à s'éloigner, Rimbaud retrouve dans ce poème quelque chose de cette barbarie que désigne le titre et qui a toujours été chez lui figure d'un refus de la norme bourgeoise. «Esclaves, ne maudissons pas la vie», écrit-il à la fin de *Matin*. C'est à bien des égards le même message que dispense *Barbare* à travers sa figuration grandiose.

APPENDICE

Traité des trois imposteurs :
Verlaine, Isabelle Rimbaud, Delahaye

Le XIIIe siècle a produit un fameux *Traité des trois imposteurs*, dont on attribue généralement la paternité à l'empereur Frédéric II de Hohenstaufen et qui, sous ce titre fracassant, met en cause les fondateurs des trois religions monothéistes, Moïse, Jésus et Mahomet. Il ne m'a pas déplu de reprendre ce titre, même si mon propos est infiniment plus modeste. Certes, les imposteurs auxquels je m'en prends ont contribué plus que quiconque à fonder une religion littéraire, comme on le sait depuis plus de cinquante ans grâce au *Mythe de Rimbaud* d'Étiemble. Mais ils ne sont pas les seuls et, en outre, mon propos est ici volontairement limité. On a vu, dans le chapitre ci-dessus consacré au mythe, l'importance qu'a eue pour une lecture mystifiée de Rimbaud la question de la chronologie des *Illuminations*. Or, dans ce domaine, les trois imposteurs en question ont été les principaux coupables et presque les seuls. Ce n'est pas, bien sûr, que je veuille exonérer l'ineffable Paterne Berrichon ; mais il n'a pas été en l'occurrence l'organisateur de l'imposture, ni davantage le faux témoin, tout simplement parce que, n'ayant même pas connu Rimbaud, il n'avait aucun moyen de l'être. Isabelle Rimbaud, en revanche, a organisé le mensonge sur cette question cruciale ; et elle a bénéficié pour ce faire du faux témoignage de Delahaye. Quelques années avant cet épisode, qui remonte à l'édition de 1898, Verlaine avait apporté de son côté sur la même question un témoignage différent, mais avec des arrière-pensées telles qu'il est impossible d'en tenir compte. J'ai rapidement décrit tout cela aux pages consacrées au mythe : voici maintenant les pièces du dossier.

VERLAINE OU LA FAUSSE IGNORANCE

Verlaine n'a pas témoigné tout de suite, loin de là, de l'époque où les *Illuminations*, selon lui, avaient été écrites. Il n'avait aucune raison de le faire, s'agissant d'un ensemble demeuré à l'état de manuscrit et dont très peu de gens connaissaient l'existence. Premier texte de lui à évoquer les proses rimbaldiennes, une lettre[1] adressée en 1878 à son beau-frère Charles de Sivry, nous assure donc simplement de l'existence du recueil en tant que tel, et aussi de son titre[2] : rien de moins, mais rien de plus. La même lettre ajoutait toutefois qu'il y avait dans ces proses «un tas de zolismes d'avant la lettre, par conséquent inavouables», ce qui était beaucoup moins rassurant, surtout quand on sait la façon dont Verlaine en usait avec ce qui était à ses yeux «inavouable». Or dès le premier texte public où il traite de l'œuvre rimbaldienne, c'est-à-dire *Les Poètes maudits*, le soupçon, effectivement, se confirme. Qu'on en juge :

> *Une saison en enfer*, parue à Bruxelles, 1873, chez Poot et Cie, 37 rue aux Choux, sombra corps et biens dans un oubli monstrueux, l'auteur ne l'ayant pas «lancée» du tout. Il avait bien d'autres choses à faire.
> Il courut tous les continents, tous les Océans, pauvrement, fièrement (riche d'ailleurs, s'il l'eût voulu, de famille et de position) après avoir écrit, en prose encore, une série de superbes fragments, les *Illuminations*, à tout jamais perdus, nous le craignons bien.

Que Verlaine ait consacré en tout et pour tout deux lignes aux proses de Rimbaud parce qu'il n'en avait plus le manuscrit et les tenait alors pour perdues, admettons-le. Mais pourquoi n'avoir fourni aucune date, alors qu'indépendamment même de celles

---

1 Lettre qui date sans doute du 16 août : voir (p. 617-618) Paul Verlaine, *Correspondance générale, I, 1857-1885*, établie et annotée par Michael Pakenham, Fayard, 2005.
2 «Avoir relu "Illuminations" (*painted plates*) du Sieur que tu sais», écrit Verlaine.

qu'il donne pour les poèmes en vers[1], il en indique une pour *Une saison en enfer*, dont il ne publiait pourtant aucun fragment ? Peut-être, il est vrai, n'est-ce qu'une apparence dans la mesure où l'ordre dans lequel sont présentées les deux œuvres pourrait renvoyer implicitement à une chronologie, d'autant qu'il avait affiché d'entrée l'intention de parcourir la carrière de Rimbaud en en respectant le déroulement[2]. Mais tout de même, pourquoi cette absence de précisions ? Et pourquoi, d'ailleurs, dater la *Saison* sans en tirer la moindre citation, alors même qu'il détenait un des très rares exemplaires existants ? On a bien le droit de penser que tout cela n'est pas clair et que, présentant Rimbaud à un public qui en ignorait jusqu'à l'existence, Verlaine mettait singulièrement peu d'empressement à marquer la place des poèmes en prose dans l'œuvre dont il se faisait le héraut[3].

Naturellement, tout cela change avec la préface qu'il écrivit en 1886 pour la première édition des *Illuminations*. Non seulement celles-ci sont au centre de son discours – ce qui n'est, après tout, que normal – mais l'affirmation chronologique s'y fait éclatante, au point que c'est sur elle que s'ouvre le texte :

> Le livre que nous offrons au public fut écrit de 1873 à 1875, parmi des voyages tant en Belgique qu'en Angleterre et dans toute l'Allemagne.

Une saison en enfer ayant été imprimée en août 1873, cette assertion recoupe ce que laissaient deviner les quelques lignes des *Poètes*

---

[1] Il annonce par exemple au début de sa notice qu'il va traiter d'abord de « l'œuvre de M. Rimbaud remontant à la période de son extrême jeunesse, c'est-à-dire 1869, 70, 71 ». Que sa chronologie se révèle par la suite largement erronée, c'est une autre histoire.

[2] « Nous nous occuperons d'abord de la première partie de l'œuvre de M. Arthur Rimbaud, œuvre de sa toute jeune adolescence, – gourme sublime, miraculeuse puberté ! – pour ensuite examiner les diverses évolutions de cet esprit impétueux, jusqu'à sa fin littéraire ».

[3] Qu'on ne dise pas que c'est parce qu'il n'avait plus le manuscrit et donc rien à citer. Il ne disposait pas non plus du poème perdu *Les Veilleurs* et cela ne l'empêche pas de lui consacrer un paragraphe entier, sans la moindre citation.

maudits et laisse apparemment Verlaine en accord avec lui-même. On pourrait donc légitimement s'attendre à ce qu'il se montre aussi clair par la suite. Or il se trouve qu'il n'en est rien.

L'année suivante en effet, il écrit pour la série *Les Hommes d'aujourd'hui* un nouvel article sur Rimbaud. Or il n'y indique aucune date pour la composition des *Illuminations*, tout en donnant des indications assez précises sur la transmission du manuscrit :

> On le voit en 1875, très correct, fureteur de bibliothèques, en pleine fièvre «philomathique», comme il disait, à Stuttgart, où le manuscrit des *Illuminations* fut remis à quelqu'un qui en eut soin. Un autre livre avait paru en 1873, à Bruxelles, *Une saison en enfer*, espèce de prodigieuse autobiographie psychologique, écrite dans cette prose de diamant qui est sa propriété exclusive.

Le lecteur de ces lignes aura évidemment tendance à considérer les *Illuminations* comme postérieures à 1873, ce qui s'accorde en gros avec la chronologie proposée dans la préface de 1886. Cohérence du témoignage verlainien, alors ? Ce n'est pas si simple. Quelques lignes plus haut en effet, le texte a cité *Aube* et *Veillées* avant d'ajouter aussitôt : «Juillet 1872, voyage et station en Belgique [...] »; et le lecteur pensera cette fois que ces *Illuminations* au moins datent de cette époque. Deux chronologies implicites mais contradictoires, donc, ce qui rassure d'autant moins que la notice des *Hommes d'aujourd'hui* ne se prive pas en général de cultiver le flou[1] et même le mensonge[2].

---

1   Un poème comme *Les Assis* est donné ici par Verlaine, à ce qu'il semble bien, comme remontant aux premiers temps du séjour de Rimbaud à Paris : ce n'est pas ce qu'il disait dans *Les Poètes maudits*. Mais sa formulation («C'est de cette époque que datent [...] ») est vague à souhait et il n'est pas absolument certain que les mots «cette époque» désignent *l'automne* de 1871 (ils pourraient, à la rigueur, désigner l'année 1871 dans son ensemble). Toujours le flou !
2   Le séjour à Londres est évoqué comme «vie paisible, flâneries et leçons» : aplomb stupéfiant dans la mesure où, depuis 1886, tout le monde pouvait lire *Vierge folle* ou *Vagabonds*. D'autre part, Verlaine élimine du texte la mention (évidemment compromettante) du Communard Andrieu, qui y figurait primitivement. Sans compter l'évocation de la vie de Rimbaud comme une «plutôt intellectuelle et en somme chaste odyssée » !

Il se peut, bien entendu, que le silence qu'observe Verlaine sur la date des *Illuminations* dans cette notice tienne à ce qu'il ne jugeait pas alors des précisions là-dessus nécessaires. Mais compte tenu du flou qu'il y cultive et des mensonges qu'elle recèle, il n'y aurait rien d'impossible à ce que ce silence relève en fait d'une volonté délibérée de brouiller les pistes. Et cette impression de doute n'est pas dissipée, loin de là, par le fait que cette attitude se maintient dans les années qui suivent. Tant s'en faut pourtant que Verlaine éprouve alors un quelconque désintérêt pour l'œuvre de Rimbaud : c'est au contraire à cette époque, où il songe d'ailleurs à une édition complète, qu'il bataille peut-être le plus autour d'elle, notamment à l'occasion des faux que multipliaient des revues comme *Le Décadent*, mais tout se passe comme si, en dehors de la biographie et des problèmes d'authenticité des textes, il n'avait à peu près rien à dire. Ce qui le montre sans doute le mieux, c'est l'unique article qu'a tiré de lui la mort de Rimbaud[1] : n'était-ce pas le moment d'attirer sur l'ensemble de l'œuvre rimbaldienne l'attention du public et de gagner ainsi des lecteurs à des textes restés largement confidentiels ? Or l'article se résume à une laborieuse tentative pour transformer *Le Bateau ivre* en allégorie biographique. Et même la parution en 1895 de l'édition Vanier des *Poésies complètes* de Rimbaud, dont la préface est de Verlaine, ne le pousse pas vraiment à rompre avec ce silence : le volume contenait pourtant cinq *Illuminations* inédites[2], mais la préface les expédie en quelques mots. Et les autres articles écrits par Verlaine pour l'occasion ne font guère mieux : si deux d'entre eux évoquent effectivement l'évolution de Rimbaud, c'est pour la présenter en trois étapes : vers traditionnels, vers libres et enfin prose, sans la moindre discrimination entre *Une saison en enfer* et les *Illuminations*, ni précision sur leur position respective[3].

---

1 « Arthur Rimbaud », *La Revue indépendante* (supplément), février 1892.
2 Il s'agit de *Fairy, Guerre, Génie, Jeunesse* et *Solde*.
3 « Nouvelles notes sur Rimbaud », *La Plume*, 15-30 novembre 1895 ; « Arthur Rimbaud, chronique », *La Revue des Beaux-Arts*, 1er décembre 1895. Par « vers libres », Verlaine désigne le groupe de poèmes qu'on devait si longtemps appeler *Derniers Vers* : « un vers libre toutefois qui ne courait pas encore le guilledou », précise-t-il dans *La Plume* : c'était marquer la différence avec le vers libre symboliste.

Tout cela laisse perplexe, mais la préface de 1886 elle-même n'est pas sans offrir quelques motifs d'inquiétude, en dépit de son affirmation massive. Par exemple : après avoir écrit que «le livre que nous offrons au public fut écrit de 1873 à 1875», Verlaine y ajoute qu'il le fut «parmi des voyages tant en Belgique qu'en Angleterre et dans toute l'Allemagne». Or Rimbaud ne séjourna en Belgique de façon quelque peu durable qu'en 1873, au moment du procès de Verlaine (mais, outre les démêlés judiciaires, c'est l'impression d'*Une saison en enfer* qui doit à ce moment requérir toute son attention) ou alors dans l'été de 1872. Si c'est à cette dernière époque que Verlaine pense, l'ordre suivi dans la phrase en question serait alors chronologique et renverrait à une période allant de 1872 à 1875 ; mais dans ce cas, que devient l'affirmation précédente, selon laquelle c'est en 1873 seulement que Rimbaud commença d'écrire les *Illuminations* ? Or ce motif de perplexité n'est pas le seul. On ne peut manquer en effet d'être frappé par l'étrange commentaire des *Illuminations* que contient la préface : «D'idée principale, il n'y en a pas ou du moins nous n'y en trouvons pas». Non que l'idée en elle-même soit irrecevable *a priori*, mais parce que la fin de la phrase au moins – «ou du moins nous n'y en trouvons pas» – suppose de la part de Verlaine une absence de familiarité avec l'œuvre rimbaldienne qui est proprement incroyable. Comment le prendre au sérieux dans ce rôle de lecteur réduit à ses propres conjectures pour essayer de cerner un sens dont, pour sa part, il ignore tout et confessant avec une improbable naïveté qu'il a échoué dans cette entreprise ? À l'évidence, c'est à une véritable comédie que Verlaine s'est livré là, s'efforçant contre toute vraisemblance de convaincre son public qu'il ne savait rien de ces *Illuminations* dont il écrivait la préface – tout en précisant quand même, sans craindre la contradiction, qu'il savait quel sous-titre Rimbaud avait prévu.

Or qui ne voit les conséquences qu'une telle attitude implique pour son propre témoignage en matière de chronologie ? Non seulement il devait persuader son lecteur qu'à la différence d'autres œuvres de Rimbaud, celle-ci n'était née ni sous ses yeux ni dans des circonstances connues de lui, mais encore il devait le convaincre qu'il n'avait pas eu vraiment d'occasion d'en parler avec l'auteur. À cette dernière nécessité, nous devons certainement le silence qu'il a toujours gardé sur le rôle qu'il avait joué dans la transmission des manuscrits, mais cette précaution élémentaire n'était manifestement pas suffisante, la situation requérant quelque chose de plus qu'un simple mensonge par omission. Or quel était le moment où la force des choses l'avait séparé de Rimbaud, le laissant par conséquent – du moins pouvait-on le croire[1] – dans l'ignorance du travail de l'écrivain ? Évidemment son séjour en prison. Celui-ci commence précisément en 1873 pour s'achever en 1875 et ce simple fait pourrait bien donner sa véritable signification à la chronologie adoptée par lui pour les *Illuminations*.

Ce qui achève de rendre cette conclusion vraisemblable, ce n'est pas seulement qu'un mensonge de plus, comme on sait, ne lui coûtait guère ; c'est aussi qu'à parcourir les gloses (infimes en nombre et en importance) que lui ont inspirées les *Illuminations*, on s'aperçoit vite que cette affectation de perplexité et d'ignorance devant les proses rimbaldiennes était pour lui réellement essentielle, au point qu'il était capable de changer de commentaire comme de chemise pour peu qu'il puisse continuer de jouer cette comédie de la naïveté. Sa préface de 1886 n'abondait guère en exégèses, c'est le moins qu'on puisse dire : « [...] la joie évidente d'être un grand poète, tels paysages féeriques, d'adorables vagues amours esquissées[2] et la plus haute ambition (arrivée) de style », à cela se résumaient alors ses commentaires et on se rappelle qu'il feignait, bien entendu, l'incertitude devant un

---

[1] C'est en effet ce que pouvait imaginer le lecteur de 1886. Mais on sait aujourd'hui que la prison, du moins au début, n'a nullement coupé les relations entre Verlaine et Rimbaud.
[2] Ces « vagues amours », on les doit sans doute à *Ouvriers*, peut-être à *Royauté*, mais aussi sans doute au souci de Verlaine de doter Rimbaud d'une sexualité avouable.

texte si déroutant[1]. Mais il entreprenait aussi, sans avoir l'air d'y toucher, d'en justifier le caractère énigmatique en le caractérisant comme œuvre d'esthète, sans doute quelque peu décadente et où le jeu littéraire se suffisait à lui-même, sans qu'il soit besoin de chercher au-delà. Or quelques semaines plus tard, Fénéon publiait dans *Le Symboliste* son fameux article sur les *Illuminations* et Verlaine aussitôt de modifier du tout au tout ses positions. Le texte de Fénéon, parlant d'« espaces d'abîme » ou de cataclysmes « de lointaines civilisations [...] d'un avenir industriel » dessinait pourtant un Rimbaud radicalement différent de celui qu'avait esquissé la préface de 1886. Mais il parlait aussi de « beauté [...] énigmatique » et cette énigme présumée indéchiffrable convenait à merveille à l'auteur des *Poètes maudits*. Qui plus est, Fénéon disait l'œuvre de Rimbaud « hors de toute littérature et probablement supérieure à toute » : l'ambiguïté de la formule permettait d'affirmer que le texte rimbaldien était au-delà du sens et Verlaine l'adopta donc aussitôt, jetant par-dessus bord « prose exquise » et « adorables vagues amours ». On le voit du coup citer Fénéon avec éloge dans la notice des *Hommes d'aujourd'hui*, affirmant qu'il avait « parl[é] comme il faut des *Illuminations* », n'omettant pas non plus d'ajouter qu'il avait dit de l'œuvre de Rimbaud qu'elle était « en dehors de toute littérature et sans doute au-dessus ». Les mots dont il use pour parler des *Illuminations* dans cette même notice disent d'ailleurs assez ce changement de front : « flamme et cristal, fleuves et fleurs et grande voix de bronze et d'or », on est bien loin de la « prose exquise » évoquée en 1886. Et on ne s'étonne pas que, quelques années plus tard, il ait pu écrire que « Rimbaud était ce gamin de seize ans qui avait dès lors écrit des choses, a dit excellemment Fénéon, peut-être au-dessus de la littérature[2] ». Ce que Fénéon, au demeurant, n'avait pas écrit, se contentant quant à lui d'un « hors de toute littérature » ; mais ce

---

1 « [T]el est le résumé que nous croyons pouvoir oser donner de l'ouvrage [...] ».
2 *Confessions*, II, 17.

gauchissement donnant évidemment à l'énigme rimbaldienne une autre dimension, les *Illuminations*, devenues l'œuvre d'un visionnaire, cessaient par là de devoir présenter un sens perceptible et Verlaine de devoir en justifier – ce qui, pour lui, était bien l'essentiel.

Mais il faut le répéter : sorte de divine surprise, l'énigme opposée par un texte excédant les frontières de l'esprit ne lui était pas indispensable et ce n'est pas ainsi qu'il avait conçu les choses à l'origine. Ce qui comptait pour lui avec l'œuvre de Rimbaud, c'était que, d'une façon ou d'une autre, la question du sens ne vienne pas au premier plan et singulièrement dans le cas des *Illuminations*. On comprend bien pourquoi : comment l'écrivain « aux fières convictions catholiques et monarchistes[1] », le poète chrétien de *Sagesse* aurait-il pu seulement tenter de justifier, pour peu qu'on s'avise de les *lire*, des proses telles que *Démocratie* ou, pire encore peut-être, comme l'espèce d'évocation de moments devenus inavouables que constitue *Vagabonds* ? Bien entendu, la production rimbaldienne antérieure à l'arrivée de l'auteur à Paris était, elle aussi, potentiellement gênante, en particulier du point de vue politique, d'autant plus qu'à de rares exceptions près, le sens n'en était que trop clair. Mais il faut rappeler que sauf sans doute dans la brève période où il put nourrir l'illusion de devenir une sorte de poète catholique officiel, il y eut toujours chez Verlaine une manière de double postulation politique, l'une inclinant vers un carlisme d'inspiration chrétienne, l'autre conservant intacts le souvenir et la nostalgie des temps où il se disait Hébertiste et avait soutenu la Commune. Cette position ambivalente avait d'ailleurs du sens dans la France des années quatre-vingt : c'étaient, après tout, les Républicains conservateurs qui avaient écrasé la Commune. Les poèmes de la première manière de Rimbaud, y compris les pièces politiques, pouvaient donc dans une certaine

---

[1] L'expression est de Verlaine lui-même. Elle figure dans l'espèce de publicité pour *Sagesse* qu'il comptait proposer au *Triboulet* (*cf.* l'édition de la Pléiade des *Œuvres poétiques*, p. 1122).

mesure s'avouer, sans compter qu'il était aisé de les excuser comme péchés de jeunesse[1] – ce qui n'empêchait pas, cela concédé, de mettre en évidence des réussites poétiques éclatantes. Il n'en allait évidemment pas de même avec les *Illuminations*, pièce maîtresse de l'œuvre de Rimbaud à travers laquelle, en dernière analyse, risquait de se faire l'opinion du public et où, *Une saison en enfer* étant restée largement confidentielle[2], le lecteur risquait de découvrir les grands thèmes rimbaldiens dans toute leur violence potentiellement scandaleuse. Des raisons impérieuses poussaient donc Verlaine à détourner ses contemporains d'une lecture trop attentive des poèmes en prose de Rimbaud et il y a tout lieu de croire que c'est dans ce but qu'il s'est efforcé d'abord d'accréditer l'idée qu'aucune conception d'ensemble ni même aucun sens véritable ne s'y révélait au lecteur, pour aussi attentif qu'il puisse être. Mais cela ne suffisait pas : dans la mesure où il assumait en 1886 la présentation de ces proses, il lui fallait aussi convaincre son lecteur que le Rimbaud qui écrivait les *Illuminations* se trouvait séparé de lui, de sorte qu'à aucun moment il n'avait pu recueillir de lui la moindre indication. Seule une datation qui ferait naître ces poèmes au moment de son emprisonnement lui en offrait le moyen, à condition que soit gardé un silence pieux sur l'entrevue de Stuttgart et sur la manière dont s'était transmis le manuscrit[3]. Tout laisse croire que ce furent bien là les raisons qui donnèrent naissance à la chronologie verlainienne des *Illuminations* et que celle-ci, subitement apparue en 1886 et jamais réellement confirmée par la suite, n'était en définitive qu'une vérité de circonstance.

---

1 Qu'on se rappelle la façon dont Verlaine parle des *Premières Communions* dans *Les Poètes maudits* : ce poème, écrit-il, « nous paraît dériver d'une rencontre malheureuse avec le Michelet sénile et impie ».
2 Il faut rappeler qu'*Une saison en enfer* ne parut en volume qu'en 1892.
3 On se rappelle le « quelqu'un qui en eut soin ». Dans l'article paru en octobre 1895 dans *The Senate* (*cf.* ci-dessus), on lit que Rimbaud « est vu en février 1875, à Stuttgart, correct, fureteur de bibliothèques [...] » : pas un mot de leur rencontre. Quant à la rixe en Forêt Noire, qui aurait à peu près exclu une transmission à ce moment-là du manuscrit, c'est là une légende qui remonte à Berrichon.

Qui en douterait n'aura qu'à se tourner vers *Cellulairement* qui nous en apporte toutes les raisons de le croire, au travers des manipulations de dates auxquelles il se livre. Ce projet avorté de recueil, élaboré par Verlaine en 1875, aurait dû offrir une suite de poèmes datés, dans un ordre menant le lecteur des premières semaines du prisonnier, en juillet 1873[1] à la fameuse suite de sonnets «*Mon Dieu m'a dit...*» – datée là du 15 janvier 1875, veille de la délivrance de Verlaine. Mais ni cet ordre ni surtout les dates fournies pour chaque pièce ne méritaient le moindre crédit : d'abord parce qu'on a pu montrer qu'une grande partie du recueil est en réalité antérieure à l'affaire de Bruxelles et ne peut donc avoir été composée en prison, comme *Cellulairement* voudrait le faire croire ; ensuite parce que, censée correspondre à une chronologie exacte, cette ordonnance est en réalité destinée à faire sens, selon une formule inaugurée depuis longtemps dans les livres de poésie et notamment par Hugo dans les *Contemplations* : il s'agissait de suggérer par le biais des dates un itinéraire spirituel très proche en définitive de celui que décrira *Sagesse*. Mais ces raisons de mettre en avant une telle chronologie ne sont probablement pas les seules, ni même peut-être les principales. Un choix qui aboutit ainsi, de façon inexacte, à situer entre 1873 et 1875 la composition de tous les poèmes du recueil peut bien se justifier par la valeur rédemptrice que Verlaine attribuait à son emprisonnement ; il ne s'en explique pas moins tout autant par un autre motif, peut-être plus décisif : une telle chronologie offrait le moyen de brouiller les cartes, en rendant d'avance impossible tout recoupement avec un passé encore bien vivant, mais où Rimbaud tenait une place centrale et que le Verlaine de 1875 ne voulait ni ne pouvait plus évoquer. Et que telle ait bien été la logique de *Cellulairement*, deux faits précis nous le montrent : la

---

[1] Mis à part le *Au lecteur* qui sert de préface, *Cellulairement* s'ouvre bien sur deux poèmes qui traduisent les premières impressions du prisonnier : *Impression fausse* et *Autre*. Pour tout ce qui touche ce recueil, je renvoie à l'excellente édition d'Olivier Bivort (Verlaine, *Romances sans paroles* suivi de *Cellulairement*, Le Livre de Poche, 2002).

datation, tout d'abord, des pièces où la présence de Rimbaud est particulièrement flagrante et dont on peut montrer qu'elle est presque constamment fausse, qu'il s'agisse des «récits diaboliques» tels que *Don Juan pipé* et *Crimen amoris* ou d'un poème tel que «*Du fond du grabat...*[1]»; mais surtout la répartition dans le recueil de ces mêmes poèmes, dont la conséquence immédiate pour un lecteur contemporain aurait été d'en masquer entièrement l'aspect rimbaldien. C'est ainsi que les «récits diaboliques», bien que datés de juillet et août 1873, apparaissent seulement dans la dernière partie du recueil, c'est-à-dire là où les thèmes chrétiens l'emportent définitivement et que ce qui s'y trouve de proprement rimbaldien est dès lors intégré dans un univers strictement catholique, au point d'y perdre sa signification propre : *Crimen amoris* peut alors devenir, sans que le lecteur de 1875 ait pu (s'il avait existé) y deviner autre chose, une «vision» purement allégorique, tandis qu'*Amoureuse du Diable* se transforme en «chronique parisienne» à la Musset, mais affichant des prétentions morales[2]. En outre, cette disposition éloigne les poèmes où règne le souvenir de Rimbaud de ceux qui disent la vie de Verlaine durant les premiers mois de sa détention, où il venait d'être séparé de lui, et qui n'ont en général rien de rimbaldien. S'instaure ainsi entre la chronologie fictive du recueil et l'ordre dans lequel y sont disposés les textes

---

1 Outre les «récits diaboliques» et «*Du fond du grabat...*» (que *Cellulairement* nomme *Via dolorosa*), on peut penser que la présence de Rimbaud était discernable dans le sonnet «*L'espoir luit...*». Or tous les «récits diaboliques», à la seule exception d'*Amoureuse du diable*, sont datés de juillet ou d'août 1873 alors que la plupart d'entre eux sont le remaniement d'un texte plus ancien. «*L'espoir luit...*», de son côté, est daté dans *Cellulairement* d'octobre 1873 mais il y fait partie d'un ensemble de quatre sonnets intitulé *Almanach pour l'année passée* et dans l'exemplaire Kessler de *Sagesse*, annoté de la main de Verlaine, on trouve en marge de ce poème : «Jehonville, Belgique, été 1873»; or Verlaine a effectivement séjourné à Jehonville en mai 1873 et tout porte à croire que «*L'espoir luit...*» est en réalité antérieur à l'affaire de Bruxelles.

2 «Vision» et «Chronique parisienne» sont effectivement les sous-titres de ces deux poèmes dans le manuscrit de *Cellulairement*. De son côté *La Grâce* y est sous-titré «Légende» et *Don Juan pipé* «Mystère» : volonté délibérée de faire de ces pièces des récits de pure imagination.

une sorte de jeu qui permet à Verlaine d'intégrer à son univers poétique l'expérience vécue avec Rimbaud sans toutefois réellement courir les risques que cela paraissait comporter pour lui : or c'est bien la mise en avant de dates renvoyant à son séjour en prison, de 1873 à 1875, qui permet à Verlaine cette sorte de double jeu. Comment ne pas faire le rapprochement avec les dates qu'il indique pour les *Illuminations* dans sa préface de 1886, qui sont exactement les mêmes ? Et comment ne pas conclure que, comme pour *Cellulairement*, cette chronologie-là servait avant tout à brouiller les pistes ?

On ne comprendrait d'ailleurs pas autrement un fait qui n'a guère été mis en évidence et qui donne cependant tout son sens à l'attitude du Verlaine de 1886 face aux *Illuminations* : c'est précisément après cette date qu'il commence, prudemment certes et de façon assez souvent cryptée (mais pas toujours), à magnifier le souvenir de Rimbaud, y compris sur le plan érotique. Certes, l'échec de *Sagesse*, son retour, d'abord modeste, sur la scène littéraire parisienne par le biais de collaborations à de petites revues comme *Lutèce*, la mort aussi de son fils adoptif Lucien Létinois, qui renversa d'un coup l'édifice de sa vie chrétienne, avaient contribué à rompre le tabou. Dans ce nouveau bouleversement des valeurs, l'existence jadis vécue avec Rimbaud reprenait la signification qui avait été alors la sienne et dont seule l'adhésion à la morale chrétienne avait pu la dépouiller durant quelques années : celle d'une entreprise de conquête de la liberté. Il se pourrait bien que ce soit à ce prestige nostalgique recouvré par Rimbaud que nous devions l'article des *Poètes maudits* [1] et aussi la publication en 1883 et 1884, dans diverses revues[2], des fameux « récits diaboliques » – ceux-là même qui figuraient dans

---

1 Dans l'article qu'il consacre à Baju dans la série *Les Hommes d'aujourd'hui*, Verlaine écrit qu'il avait fait paraître *Les Poètes maudits* « beaucoup pour Corbière et Mallarmé, mais surtout pour Rimbaud ».
2 *Amoureuse du Diable* dans *la Nouvelle Rive Gauche* du 23 mars 1883 ; *La Grâce* dans *La Libre Revue* du 1er-15 janvier 1884 et *Crimen amoris* dans celle du 1er-15 mai de la même année, en attendant le volume de *Jadis et Naguère*, paru en janvier 1885.

Cellulairement. Mais si ce passé, récemment encore dénoncé comme l'œuvre du démon, reprenait désormais son pouvoir de fascination, le moment n'était pas venu pour autant d'en faire ouvertement la confession cynique ; et si Verlaine rompt désormais le silence au sujet de Rimbaud au point de rappeler publiquement qu'il l'avait bien connu, si manifestement l'aspect érotique de leur liaison était désormais magnifié en lui par le souvenir, il n'en était pas encore, tant s'en faut, à jeter là-dessus un défi à l'opinion : un titre comme *Vers pour être calomnié*, qu'il choisit précisément en 1884, le montre assez clairement, mais aussi un poème comme *Luxures* qui, à quelques jours près, parut à la même époque et auquel il fait subir des modifications révélatrices[1]. Si on se rappelle que, l'année suivante[2], Verlaine publie son sonnet *Explication* qui nie tout rapport charnel avec l'Époux infernal (et a comme épigraphe : «Je vous dis que ce n'est pas ce que l'on pensa»), force est d'admettre que vers 1885 un de ses soucis majeurs semble être encore de se défendre d'avoir eu avec Rimbaud ce que, dans son interrogatoire de Bruxelles, il nommait pudiquement des «relations immorales». Car même s'il n'est plus alors le néophyte et le chantre de l'Ordre Moral qu'il était encore vers 1880, le Verlaine qui publie *Jadis et Naguère* reste peut-être bien un chrétien et demeure en tout cas, au moins d'intention, un bourgeois.

Or, l'édition de 1886 et l'article de Fénéon une fois parus, c'en est fini pour lui du silence et presque des dénégations. C'est qu'il est certain désormais que l'esprit d'examen ne trouvera pas de si tôt à s'employer sur le compte des *Illuminations* et assuré par

---

1 *Luxures* remontait à 1873 (il figure, sous le titre *Évocation*, dans une lettre à Lepelletier du 16 mai de cette année-là). À cette époque, le poème s'achevait sur une sorte d'appel à l'amour nettement rimbaldien («Chair! Amour! ô *tous les appétits* vers l'absence [...] / Et je ris de connaître, en ignorant qu'épeure / Le doute, votre énigme effroyable, Amour, Chair»). À présent, ces tercets étaient devenus fort convenables et même un peu mièvres : «Amour, tu m'apparais aussi comme un beau pâtre / Dont rêve la fileuse assise auprès de l'âtre [...]».
2 *Explication* parut dans le numéro du 19-23 juillet de *Lutèce*. Ce poème sera ultérieurement repris dans le cycle «Lunes» de *Parallèlement*.

conséquent que la réalité de l'expérience rimbaldienne, avec sa morale révolutionnaire et son évangile érotique, resterait aussi méconnue qu'il pouvait le souhaiter. Du coup et en un paradoxe au fond inouï, le voilà libre de s'engager pour ne plus la quitter sur la voie des confidences à demi-mot, des aveux mal dissimulés, de la nostalgie érotique à peine voilée. Dès octobre 1887, on le voit qui prévoit pour *Autre explication*, poème où, pour qui sait lire entre les lignes, sont magnifiées les relations charnelles avec Rimbaud, une «dédicace modifiée en S. M. M. M. et A. R. – ce qui veut dire à Sophie Mathilde Mauté et Arthur Rimbaud[1]». L'année suivante ce seront, à l'annonce erronée de la mort de Rimbaud, les confessions sans fard de *Laeti et errabundi*[2] :

> Tout ce passé brûlant encore
> Dans mes veines et ma cervelle
> Et qui rayonne et qui fulgore
> Sur ma ferveur toujours nouvelle!

Quelques mois encore et ce sera au début de 1889 l'hymne à l'hétérodoxie sexuelle que constitue «*Ces passions qu'eux seuls...*», d'où le souvenir de Rimbaud n'est évidemment pas absent[3]. Et si, de 1889 à 1895, Verlaine cesse, comme on l'a vu, d'écrire publiquement au sujet de l'ancien compagnon, il n'en poursuit pas moins dans plusieurs poèmes un jeu étrange, qui consiste à adhérer apparemment aux légendes et à l'hagiographie qui commencent à s'emparer de la figure de Rimbaud, tout en ayant l'art de glisser à l'intérieur de ces mêmes poèmes la confession à travers laquelle se fait jour la vérité. C'est ce qu'il fait avec ce sonnet

---

1 Lettre à Jules Tellier, 11 octobre 1887. *Autre explication* avait déjà paru en 1885 dans le même numéro de *Lutèce* qu'*Explication*; mais ce voisinage contribuait à coup sûr à en brouiller le sens, qui est manifestement celui d'une nostalgie de l'amour rimbaldien («Lâches, nous! de nous être ainsi lâchés!»), exalté aux dépens de l'amour conjugal. En 1885, la dédicace «À S. M. et à A. R.» permettait difficilement d'identifier Mathilde.
2 Paru le 29 septembre 1888 dans *La Cravache*.
3 Poème paru le 2 février 1889 dans *La Cravache*.

intitulé *À Arthur Rimbaud*, paru en 1889 dans la revue *Le Chat noir*[1] et dans lequel, tout en se donnant l'air d'attribuer à Rimbaud une sexualité parfaitement orthodoxe, comme le demandait la légende naissante («Les femmes te verront grand jeune homme très fort / Très beau d'une beauté paysanne et rusée»), il avoue à demi-mot les relations anciennes :

> La prime place encore au Temple de Mémoire
> Tous les flots de l'encens, tous les accords de luth
> Ton nom resplendissant chantera dans la gloire,
> Parce que tu m'aimas ainsi qu'il le fallut.

Même jeu dans *À un passant*, poème qui évoque sans le moindre doute Rimbaud, pour dire[2] la survie que la ferveur du souvenir lui assure tant que Verlaine sera là :

> On te dit mort... Mort ou vivant, sois ma mémoire! [...]
> Petit! mort ou vivant, qui fis vibrer mes fibres,
> Quoi qu'en aient dit et dit tels imbéciles noirs,
> Compagnon qui ressuscitas les saints espoirs,
> Va donc, vivant ou mort, dans les espaces libres.

Même équivoque enfin dans le dernier poème consacré par Verlaine à la mémoire de Rimbaud et qui est un sonnet écrit « sur un croquis de lui par sa sœur[3] ». Car, d'une part, cette pièce s'achève sur un élan pieux de toute évidence trop beau pour être vrai, sans compter que les premiers vers en font la part belle aux légendes concernant le Rimbaud éthiopien déjà complaisamment colportées par la sœur du poète :

---

1 *Le Chat noir*, 17 août 1889. Il s'agit du sonnet qui commence par «Mortel, ange ET démon, autant dire Rimbaud [...]»; il sera repris dans *Dédicaces*.
2 *À un passant* parut le 15 janvier 1893 dans *La Plume*. Il sera repris lui aussi dans *Dédicaces*.
3 Ce sonnet dont le titre exact est *À Arthur Rimbaud. Sur un croquis de lui par sa sœur* parut dans *La Plume* le 15 février 1893 et fut repris dans *Dédicaces*. Il y a tout lieu de penser qu'il fut écrit pour amadouer Isabelle Rimbaud, qui s'opposait alors à toute publication des œuvres de son frère.

> Toi mort, mort, mort ! Mais mort du tel que tu veux,
> En nègre blanc, en sauvage splendidement
> Civilisé, civilisant négligemment [...]

Mais d'un autre côté, la suite est un extraordinaire mélange de plates tartuferies et d'aveux presque à visage découvert dont, pour qui sait lire entre les lignes, on peut dire que Verlaine n'a jamais dépassé la franchise :

> Ah, mort ! Vivant plutôt en moi de mille feux
>
> D'admiration sainte et de souvenirs feux
> Mieux que tous les aspects vivants même comment
> Grandioses ! De mille feux brûlant vraiment
> De bonne foi dans l'amour chaste aux fiers aveux.
>
> Poète qui mourus comme tu le voulais,
> En dehors de ces Paris-Londres moins que laids,
> Je t'admire en ces traits naïfs de ce croquis [...]

« Amour chaste » et « admiration sainte », certes ! Mais quelle savante ambiguïté dans ce « moins que laids », ou dans ce rappel des « Paris-Londres » qui ressuscite, fût-ce en feignant de le mépriser, l'univers de *Vierge folle* ou de *Vagabonds*. Et surtout, il y a ces « mille feux » par deux fois répétés, ces « fiers aveux », ce quatrième vers (« Ah, mort ! Vivant plutôt en moi de mille feux ») dans lequel on reconnaît aussitôt un écho de *Laeti et errabundi* (« Mort [...] ? Allons donc ! tu vis ma vie ! »), cette affirmation surtout que rien de ce qui a été vécu depuis lors ne compte au regard de ce passé-là[1] ; où Verlaine a-t-il mieux proclamé et exalté à la fois les relations qui avaient été alors les siennes avec l'Époux infernal ?

Or c'est bien sur ce poème que se clôt véritablement le discours verlainien sur Rimbaud puisque les articles écrits en 1895,

---

1   On notera l'emploi à la rime du mot *feux* (au sens de « défunt »), qui pourrait être un hommage indirect à Rimbaud et à l'un de ses poèmes de 1872 : « Est-elle almée ? aux premières heures bleues / Se détruira-t-elle comme les fleurs feues [...] ».

visiblement destinés à faire la publicité de l'édition Vanier des *Poésies complètes*, ne disent à peu près rien qui vaille d'être considéré. Situation évidemment anormale et qui, pour les dernières années de Verlaine, met en évidence ce qu'on ne peut appeler autrement qu'une contradiction : du côté des gloses ou des articles de fond, le silence ou, au mieux, la banalité ; mais de l'autre, des aveux qui prennent souvent la forme du défi et une nostalgie qui s'affirme de plus en plus au travers d'apparentes concessions à la légende rimbaldienne naissante. Ce genre de double jeu n'est certes pas sans exemple chez Verlaine, mais ce qui frappe ici, c'est la rigueur chronologique presque absolue qui préside à la naissance de cette espèce de divorce ; tout se passe comme si c'était exactement à partir de 1887 que ce double mouvement s'était amorcé, pour ne plus s'interrompre jusqu'à la mort du poète de *Sagesse*.

Comment dès lors douter plus longtemps ? Il n'est que logique de conclure que si Verlaine, à compter de cette année-là, peut exalter de plus en plus fervemment le souvenir de l'ami disparu jusqu'à faire l'apologie du « roman de vivre à deux hommes[1] », c'est très précisément dans la mesure où les textes rimbaldiens – et singulièrement ceux des *Illuminations* – constituent à partir de cette époque l'énigme que ses propres commentaires se gardent bien de dissiper ; et s'il en va ainsi, c'est naturellement à cause de la mythologie naissante qui, depuis Fénéon et la vogue du Symbolisme, s'interposait désormais entre l'œuvre de Rimbaud et son lecteur. Mais cette mythologie elle-même, qui n'était pas – on

---

1 On aura reconnu là encore une fois une expression tirée de *Laeti et errabundi*. Cette apologie du couple qu'il avait formé avec Rimbaud allait de pair chez Verlaine avec une dénonciation de plus en plus virulente du comportement de son ex-femme Mathilde, considérée par lui comme l'indigne rivale de l'ami disparu. De ce point de vue *Autre explication* est déjà assez clair, mais moins sans doute que l'*Épitaphe* parue le 1er février 1891 dans *Art et Critique* : « Ici repose une qui fut une fille dont on ne dit rien, une épouse vague, une mère inconséquente. De son vivant on l'appelait : la Princesse Certamène (un mot latin qui signifie Combat, grécisé pour la circonstance). Elle faillit mettre aux prises deux hommes. Pourquoi ? Fut nuisible à deux poètes. Pour qui ? […] ».

l'a vu – celle qu'esquissait Verlaine dans la préface de 1886, n'a pu se développer qu'à partir de cette dernière et avec la caution du Pauvre Lelian. Tout découle donc bien en dernière analyse de la nécessité où se trouvait l'auteur des *Poètes maudits*, depuis qu'il avait rompu le silence sur l'ancien compagnon, de faire en sorte que soient méconnues les caractéristiques véritables de l'entreprise rimbaldienne. Et la parution des *Illuminations*, en 1886, le mettait en situation d'urgence, parce qu'au lieu de quelques poèmes ou fragments, c'était un recueil entier que le lecteur de poésie allait découvrir. Ainsi s'explique que ce soit la préface à la première édition des poèmes en prose qui ait inauguré le travail de mythification dont l'intervention de Fénéon devait changer la direction mais qui allait, au cours des années suivantes, permettre à son auteur d'exalter ce que l'expérience rimbaldienne avait eu pour lui d'unique, sans pour autant courir de risque ni devoir fournir à un public qui ne le demandait d'ailleurs peut-être pas de véritables clés.

La chronologie de Verlaine surgit ainsi dans un contexte d'imposture et elle en est à ce point une pièce maîtresse que, dans l'absolu, il est impossible d'en rien dire. Elle n'existe, ou n'a existé qu'en tant que base et première pierre d'un édifice de mensonge. Quand Henri de Bouillane de Lacoste, érudit et graphologue, découvrit dans les graphismes de Rimbaud, il y a maintenant plus d'un demi-siècle, des raisons de douter que les *Illuminations* fussent antérieures à *Une saison en enfer*, comme on le croyait alors, il se tourna comme vers un recours vers ce qu'il pensait être le témoignage de Verlaine. En quoi il était naïf : les affirmations chronologiques du préfacier de 1886 ne sont pas un témoignage ; vraies ou fausses, elles participent si intimement de l'imposture qu'on ne saurait les en dissocier. De sorte qu'à l'heure du bilan, tout se passe, ou devrait se passer, comme si elles n'avaient jamais été.

ISABELLE RIMBAUD ET «L'AVEU QU'IL S'EST TROMPÉ»

Avec la sœur de Rimbaud, Isabelle, on est en présence d'une tout autre histoire. Car Verlaine était assurément un faux témoin, mais c'était un faux témoin qui *savait*. Isabelle, au contraire, ignorait même que son frère eût été poète[1] et ne devait l'apprendre que quelque temps après qu'il fût mort. Ce qui ne devait pas l'empêcher, s'agissant de la chronologie des *Illuminations*, d'être à l'origine d'une imposture dont les conséquences allaient être considérables.

Que son frère ait écrit, elle l'apprit certainement par une article nécrologique paru le 28 novembre 1891 dans *Le Courrier des Ardennes*. Intitulé «Arthur Rimbaud» et signé L.P., cet article était l'œuvre d'un ami de jeunesse de Rimbaud, Louis Pierquin, et commençait comme suit :

> Arthur Rimbaud, l'un des poètes les plus en vue de la Pléiade qui, vers 1872, composait le Parnasse contemporain, a été enterré, il y a quelques jours, au cimetière de Charleville.

Rien là qui pût scandaliser Isabelle. Que son frère ait fait partie du groupe parnassien ne devait pas vouloir dire grand chose pour elle et qu'il ait été «en vue» devait plutôt la satisfaire. Seulement, l'article de Pierquin ne se bornait pas à évoquer la mémoire de l'ami disparu ; il parlait aussi de son œuvre et de ce qu'on en pouvait lire à la fin de 1891 :

> Il n'eut pas à Charleville quatre amis à mettre dans ses confidences et, quand, à Paris, au milieu du cénacle où il brillait tant, ses admirateurs, Théodore de Banville ou Paul Verlaine, le suppliaient de publier

---

[1] Elle finirait par l'avouer elle-même à mots couverts. Dans «Mon frère Arthur», texte paru dans le *Mercure de France* du 16 mars 1919, p. 218-227 – et édité ensuite en plaquette – elle écrit en effet : «Sans les avoir jamais lues, je connaissais ses œuvres».

des poésies qu'il jetait au vent, il leur opposait toujours un refus, que jamais rien ne put ébranler. Nous ne connaissons de lui qu'une petite plaquette imprimée à Bruxelles en 1869, peut-être à son insu, et dont nous avons oublié le titre. Bien des pièces manuscrites ont été en notre possession momentanée ; ayant négligé d'en prendre copie, nous ne pouvons aujourd'hui qu'en déplorer la perte irréparable. Plus heureux que nous, Paul Verlaine a pu retirer du naufrage quelques épaves, insérées dans son volume *Les Poètes Maudits*. Nous renvoyons le lecteur à cet ouvrage, dont un tiers est consacré à Rimbaud. C'est une étude assez complète et fort exacte pour ce qui le concerne.

L'œuvre de notre poète, comme celle de la plupart des parnassiens, se compose de pièces éblouissantes de clarté, parfaites de forme, et d'autres incompréhensibles, où le sens est absolument sacrifié à l'harmonie.

L'érudition de Pierquin n'est manifestement pas sans défaut puisqu'il date la *Saison* de 1869 et son acceptation de thèmes légendaires lancés notamment par Verlaine, comme le refus de Rimbaud de rien publier, n'est que trop évidente. Tel qu'il est cependant, cet article, qui cite par ailleurs *Les Effarés* dans leur intégralité et signale l'existence des *Assis*, suffisait à faire connaître à Isabelle qu'en tant que poète Rimbaud n'était pas oublié et qu'on avait même écrit sur lui dans les milieux littéraires de la capitale. Mais il n'y avait encore rien là qui puisse réellement l'alarmer – ni la lecture des *Effarés*, ni les allusions de Pierquin à Verlaine ou à Banville ne pouvant évidemment lui donner la moindre idée de ce qu'avait été son frère ni du genre de poésie qu'il cultivait une vingtaine d'années auparavant.

Mais le 15 décembre 1891 se produisit un fait nouveau et décisif : *Le Petit Ardennais* publia ce jour-là un article sur Rimbaud signé M.D. – initiales qui cachaient l'ancien ami de Rimbaud, Ernest Delahaye. À ce texte qui présentait un Rimbaud vagabond et anarchiste, Isabelle réagit violemment : elle protesta ce même 15 décembre par une lettre au Rédacteur en Chef que le journal fit paraître le 19 du même mois[1]. Cette lettre fameuse marque le

---

[1] Cette lettre est reproduite intégralement par Étiemble dans *Le Mythe de Rimbaud* (t. I, *Genèse du mythe*, Gallimard, 1954, p. 69-72).

départ de l'entreprise d'hagiographie que devait mener pendant près de trente ans la famille de Rimbaud puisque, pour réfuter ce qu'elle considérait comme les « calomnies » du *Petit Ardennais*, Isabelle y niait les faits biographiques les mieux établis et présentait son frère comme un saint et le modèle de toutes les vertus bourgeoises. À partir de ce moment-là, il était donc certain que pour faire prévaloir sa vérité, Isabelle n'hésiterait jamais plus à mentir sur aucun point, mais en cette fin de 1891, seule la biographie de Rimbaud pouvait subir les conséquences de cette volonté délibérée de présenter les choses à sa façon ; car pour ce qui est de l'œuvre, elle l'ignorait toujours. Le seul passage qui lui soit consacré dans la lettre du 15 décembre est en effet le suivant :

> En 1870, ses études furent forcément interrompues par la guerre. L'un de ses professeurs l'emmena à Paris et le présenta à M.M. Théodore de Banville et Verlaine ; ceux-ci furent frappés de l'intelligence de cet enfant de quinze ans et lui firent écrire quelques poésies, dont plusieurs sont de véritables petits chefs-d'œuvre ; – mais jamais il ne vint à l'esprit à A. Rimbaud de faire publier ses vers, ni d'en tirer gain ou célébrité ; s'ils ont été publiés, c'est à son insu. Jusqu'à la dernière période de sa vie, il a ignoré cette publication, et il a fallu, pour la lui apprendre, que plusieurs hommes de lettres autorisés, tels que M.M. Paul Bourde, du journal *Le Temps*, Jules Mary, Th. de Banville, etc., lui en fissent par écrit ou de vive voix, leurs félicitations.

Texte involontairement burlesque et où tout montre, une fois de plus, qu'Isabelle ne savait rien de Rimbaud écrivain. La mention de Verlaine ou de Banville et l'affirmation que Rimbaud ne voulait rien publier, venaient évidemment de Pierquin – de même que l'idée que si publication il y avait eu, ce n'avait pu être qu'à l'insu de l'auteur. L'histoire rocambolesque du professeur qui présente Rimbaud aux poètes parnassiens pourrait, il est vrai, recouvrir un souvenir familial, car il pourrait bien s'agir d'Izambard ; mais cela n'implique en rien qu'Isabelle ait su quelque chose de l'œuvre rimbaldienne et le caractère grotesque de l'épisode dans lequel Verlaine et Banville font écrire à Rimbaud « quelques poésies, dont plusieurs sont de véritables petits chefs-d'œuvre » suffirait même à prouver le contraire : car Isabelle, à qui Pierquin avait fourni comme dates 1869 et 1872, ne peut imaginer la poésie de son frère adolescent que comme une espèce d'exercice d'enfant prodige et Rimbaud lui-même que sous les traits d'une sorte de Mozart de la littérature – tel que *Les Effarés* pouvaient à la rigueur lui en suggérer l'idée. Il est donc clair que son ignorance était totale et cela conduirait même à douter de l'histoire des « hommes de lettres autorisés » censés féliciter Rimbaud si cette histoire n'était déjà fort suspecte en elle-même : car les trois noms que cite Isabelle lui étaient connus, puisque Banville figure chez Pierquin tandis que J. Mary et P. Bourde avaient été tous deux élèves du collège de Charleville. Même si l'on admet qu'Isabelle a pu retrouver dans les papiers de son frère des félicitations à lui adressées[1] – ce qui est bien la seule hypothèse envisageable puisqu'on ne voit pas où ni quand quiconque aurait pu le féliciter « de vive voix » – il reste donc impensable qu'elle ait pu en parler avec lui dans les dernières semaines de sa vie et connaître ainsi l'existence et la nature de son œuvre : car si elle l'avait fait, elle n'en aurait pas tout ignoré un mois après sa mort.

Si donc vers la fin de 1891 Isabelle s'était déjà engagée à propos de son frère dans une véritable entreprise concertée de mensonge et d'hagiographie, cette entreprise ne pouvait encore s'étendre à l'œuvre. Mais cela ne pouvait durer et dès le 20 décembre de la même année, elle écrivait à Louis Pierquin pour lui demander *Les Poètes Maudits* dont son article lui avait révélé l'existence – et cela dans des termes qui permettent de mesurer encore une fois quelles étaient ses connaissances réelles :

---

[1] On sait que Rimbaud a effectivement appris au Harar que ses œuvres aient été publiées (ne serait-ce que par la lettre de L. de Gavoty, directeur de la revue *La France Moderne*, en date du 17 juillet 1890). Quant à Paul Bourde, une lettre de lui à Rimbaud a certainement existé, puisque Berrichon l'affirmera alors que Bourde vivait encore.

> Vous comprenez très bien, Monsieur, à quel point tout ce qui concerne mon cher défunt doit m'être précieux. Vous mettriez le comble à vos bontés et je vous serais infiniment reconnaissante si vous pouviez me procurer ce livre intitulé *Les Poètes Maudits* par Paul Verlaine, livre dont vous faites mention dans votre article biographique du 29 novembre et qui doit contenir, je crois, les poésies d'Arthur Rimbaud[1].

«Qui doit contenir, je crois […] »! Pierquin lui envoya aussitôt *Les Poètes Maudits* mais aussi, peu de temps après, un numéro du journal *L'Univers Illustré* où se trouvait un article d'Anatole France intitulé «À propos de Rimbaud et du Reliquaire[2] ». Or cet article mentionnait non seulement le *Reliquaire* qui venait de paraître, mais aussi les *Illuminations* et *Une saison en Enfer*; et il précisait – ce que le texte des *Poètes Maudits* ne faisait évidemment pas – que ces deux œuvres avaient été récemment réimprimées chez Vanier.

Ce fut ainsi qu'Isabelle découvrit que l'œuvre de son frère était dans le domaine public et que plusieurs éditions existaient même, dont elle ignorait entièrement le contenu. Or elle avait désormais des raisons de s'inquiéter à ce sujet; elle pouvait lire en effet dans *Les Poètes Maudits* que *Les Premières Communions* étaient un poème «qui nous paraît dériver d'une rencontre malheureuse avec le Michelet sénile et impie », que *Paris se repeuple* avait été écrit «au lendemain de la Semaine Sanglante » et que la vie de son frère comportait «diverses pérégrinations plus ou moins effrayantes ». Qui plus est, l'article d'Anatole France citait un fragment de *Mauvais Sang* qu'Isabelle pouvait difficilement comprendre, mais dans lequel figuraient quelques phrases qui ne pouvaient que l'inquiéter telles que : «Ah! Encore : je danse le sabbat dans une rouge clairière, avec des vieilles et des enfants[3] ». Sa réaction, que nous lisons dans une nouvelle lettre à Pierquin en date du 27 décembre 1891, ne pouvait donc être que négative :

---

[1] Les lettres d'Isabelle Rimbaud à Louis Pierquin figurent dans l'important article de P. Petitfils : «Isabelle Rimbaud et son frère», *Études Rimbaldiennes I*, p. 56-86.
[2] Rubrique «Courrier de Paris», 28 novembre 1891.
[3] Anatole France cite *Mauvais Sang* depuis «Je me rappelle l'histoire de France…» jusqu'à «… représentants du Christ».

> Les renseignements que vous me donnez au sujet de la publication des poésies d'Arthur Rimbaud me sont précieux. Je ne sache pas qu'il ait jamais donné à qui que ce soit l'autorisation de publier ses œuvres, je suis absolument certaine que depuis ces six ou sept derniers mois il n'a écrit ni parlé à personne dans ce sens [...]. Je lis dans *L'Univers Illustré* qu'en outre du *Reliquaire* on aurait publié les *Illuminations* et *Une saison en enfer*. Je suis très surprise et je ne doute pas que l'auteur l'eût été autant que moi s'il avait su que l'on s'occupait ainsi de ce qu'il appelait ses péchés de jeunesse. Je pense comme vous, Monsieur, que c'est une affaire de spéculation entreprise à l'insu d'A. Rimbaud, et je trouve au moins piquant, que moi, à qui appartient maintenant la propriété de ses œuvres, j'ignore même ce que contiennent les livres vendus au public. *L'Univers Illustré* fait aussi pressentir la publication, par M. Rodolphe Darzens, de cette absurde légende sur la vie et les prétendues aventures de mon cher et regretté défunt. À cela je m'opposerais de toutes mes forces.

Une fois encore, on peut mesurer l'étendue d'une ignorance dont Isabelle fait ici l'aveu ingénu. L'essentiel, pour le coup, n'est cependant pas là mais dans le fait que si la sœur de Rimbaud n'avait eu jusqu'alors à combattre que sur le plan biographique l'« absurde légende » qu'était à ses yeux la simple vérité, elle devinait maintenant qu'elle allait sans doute avoir à le faire aussi à propos de l'œuvre elle-même. Pour que le mythe qu'elle avait commencé à forger – celui du bourgeois et du chrétien – demeure intact, il fallait donc bien, au cas où ces écrits se seraient révélés décidément trop compromettants, que Rimbaud les ait reniés par la suite comme « péchés de jeunesse » : ainsi s'explique qu'à l'idée empruntée à Pierquin que son frère ne voulait rien publier, Isabelle ait ajouté à présent ce second thème, promis à un si bel avenir.

Mais cette fable nouvelle, à son tour, ne pouvait guère se suffire à elle-même et son existence poussait tout naturellement Isabelle à en inventer d'autres. Car l'image mythique qu'elle avait commencé de forger pouvait bien se trouver confortée par la légende d'un Rimbaud repenti qui, en bon héros chrétien, aurait renié son œuvre pour des raisons essentiellement morales ; elle n'en était pas moins fondée à se dire que son seul témoignage était bien mince pour emporter là-dessus la conviction générale. Vingt preuves convergentes établissaient fermement, il est vrai, que Rimbaud s'était à partir d'un certain moment désintéressé de la littérature ; mais pour prouver la réalité de ses remords, il était besoin de quelque chose de plus que les affirmations d'une sœur par trop dépourvue d'autorité : il fallait un fait concret qui puisse servir de preuve ou au moins d'argument. La légende de l'autodafé allait y pourvoir dans l'avenir, mais sans doute Isabelle n'avait-elle pas encore à ce moment-là une claire conscience de la nécessité à laquelle elle répondait ; car si elle apparaît bien pour la première fois dans cette lettre du 27 décembre 1891, c'est en somme de façon presque fortuite et en réponse à une demande d'inédits formulée par Pierquin. Isabelle écrit en effet :

> Vous me demandez des vers d'Arthur Rimbaud ; il y a longtemps, bien longtemps qu'il a tout réuni dans un vaste autodafé.

Formulation d'ailleurs singulière et qui trahit le mensonge autant qu'elle montre comment il est né. Car Isabelle ne tardera pas à nuancer cette affirmation selon laquelle Rimbaud aurait «tout» brûlé de ses œuvres et c'est avant tout sur la *Saison* que portera alors la légende de l'autodafé. Mais en ces derniers jours de 1891, il lui fallait sans doute essentiellement se justifier auprès de Pierquin de ne rien posséder en fait de manuscrits rimbaldiens ; et que la légende de l'autodafé ait été par ailleurs de nature à conforter le mythe créé par elle, cela lui fut en quelque sorte donné par surcroît dans les mois qui suivirent.

Quoi qu'il en soit, l'étape que représente cette lettre du 27 décembre 1891 est bien décisive dans l'évolution d'Isabelle. Depuis la lettre au *Petit Ardennais*, elle avait choisi de payer d'audace en réfutant comme mensonger tout ce qu'il ne lui convenait pas d'admettre dans la vie de son frère et en lui forgeant elle-même une biographie à sa convenance ; cette méthode, elle l'étendait maintenant à l'œuvre grâce à deux thèmes légendaires forgés pour la circonstance et qui seront désormais au cœur de son système : la fable du reniement de la poésie par scrupule moral et celle de l'autodafé. Mais c'était là simple réflexe de défense, car son ignorance de l'œuvre restait entière et il lui était encore impossible de plaquer sur un texte quelconque ses idées préconçues : situation provisoire, à l'évidence, et appelée à ne pas durer.

Dans cette même lettre du 27 décembre en effet et tout en s'excusant de le mettre ainsi à contribution, Isabelle demandait à Pierquin de lui faire parvenir le *Reliquaire*, les *Illuminations* et *Une saison en enfer*. Et elle reçut le tout le premier jour de l'année 1892, comme le prouve une nouvelle lettre adressée par elle le 3 janvier au même Pierquin. Or dans la préface du *Reliquaire* dont l'auteur n'était autre que Darzens, elle allait pouvoir lire les lignes suivantes :

> La *Saison en enfer* imprimée à Bruxelles en 1873 par l'Alliance typographique de M.J. Poot et Cie, 37, rue aux Choux, fut sans doute tirée à un nombre fort restreint d'exemplaires. Arthur Rimbaud d'ailleurs en détruisit, paraît-il, la majeure partie : il ne restait donc de ce rarissime petit volume que mon exemplaire absolument intact et celui que Paul Verlaine conserva longtemps et sur lequel fut faite la réimpression commencée le 13 septembre 1886 dans *La Vogue*[1].

On voit tout de suite le relief que devait prendre aux yeux d'Isabelle cette histoire de destruction d'*Une saison en enfer*. Darzens la présente pourtant avec précaution[2], il est clair qu'il n'a pas en elle une excessive confiance et ne la propose qu'en guise d'explication pour la rareté des exemplaires de l'ouvrage. Mais dans l'esprit d'Isabelle de telles considérations ne jouaient pas ; elle venait d'inventer un autodafé pour son propre compte, mais

---

1 Préface du *Reliquaire*, p. IX.
2 La rumeur courait en effet dans les milieux littéraires, mais on n'en connaît pas vraiment l'origine.

celui-ci concernait « tout », c'est-à-dire apparemment l'ensemble des textes en la possession de Rimbaud. La découverte dans le *Reliquaire* de l'hypothèse de Darzens va l'amener à préciser ses premières assertions et à inventer le fameux autodafé de la *Saison en enfer*, qui deviendra le pivot de la légende familiale. La preuve que les choses se sont bien passées ainsi, on la trouve dans une nouvelle lettre à Pierquin datée du 6 janvier 1892 et qui contient ce passage :

> Tout ce qui était à la maison fut détruit par lui-même, ce qui prouve combien il était loin de les livrer à la publicité ; à l'appui de mon dire, je citerai ce fait connu au sujet de la *Saison en enfer* : quelques jours après avoir reçu avis de l'éditeur, il se fit remettre ce qu'il croyait être la totalité des exemplaires et brûla le tout en ma présence.

Texte décisif ! Car pourquoi Isabelle aurait-elle parlé de l'autodafé de la *Saison en enfer* comme d'un « fait connu », si ce n'est pour l'avoir trouvé mentionné dans la préface du *Reliquaire* ? Dans l'ignorance où elle était des milieux littéraires et de ce qui s'y disait, il ne pouvait en aucun cas s'agir d'une rumeur qui serait parvenue jusqu'à elle ; et l'hypothèse de Darzens servait trop bien ses intérêts pour qu'elle ne l'ait pas aussitôt reprise à son compte, en y mettant d'ailleurs une assurance et un aplomb que celui qui l'avait formulée n'y mettait assurément pas.

Une nouvelle et décisive étape était donc franchie. L'affirmation, capitale aux yeux d'Isabelle, que Rimbaud avait renié son œuvre serait désormais liée pour elle non pas tant à l'histoire imprécise et peu convaincante d'un autodafé général qu'à celle autrement plus spectaculaire de l'autodafé d'*Une saison en enfer*. Un seul et dernier pas lui restait désormais à franchir pour arriver à ce qui sera par la suite la clé de voûte de son système : celui qui consistait à présenter la *Saison* comme le lieu même du reniement et la preuve du repentir. Pour en arriver là, il ne lui manquait plus que d'avoir lu le texte qu'elle faisait si allègrement brûler par son frère ; mais en ce 6 janvier, il est manifeste qu'elle ne l'avait pas encore fait : et c'est ce qui explique que, dans son ignorance des ressources que pouvait lui offrir *Alchimie du Verbe*, elle fasse reposer ces prétendus remords sur des motifs exclusivement politiques et religieux. Pierquin lui ayant parlé d'une éventuelle publication, elle lui répond en effet :

> La question pécuniaire me touche peu. Je ne m'élèverais pas non plus contre la reproduction des morceaux purement littéraires. Mais il y en a qui renferment un détestable esprit politique et irréligieux, esprit dont mon cher auteur n'a pas tardé à se dépouiller en regrettant très vivement de s'y être laissé aller. Il se rassurait en pensant avec la plus entière conviction, que rien n'avait jamais paru et ne paraîtrait jamais des écrits dévoilant les erreurs de son adolescence.

Ce « détestable esprit » Isabelle le connaissait par des poèmes tels que *Les Pauvres à l'église* que le *Reliquaire* avait révélé et peut-être imaginait-elle la *Saison en enfer* sur le même modèle. Il est manifeste en tout cas qu'à ce moment-là elle ne croit pas cette œuvre foncièrement différente des autres et qu'elle n'en fait la victime de l'autodafé que parce que Darzens l'avait affirmé : ignorante des textes, elle imagine encore une espèce de reniement global. Mais l'ensemble du système était déjà en place ; et il était à peu près inéluctable qu'une fois lecture faite, elle se mette à voir dans la *Saison* une œuvre à part : la preuve, en somme, de ce reniement dont l'existence et les motifs constituaient désormais le pivot du mythe qu'elle avait entrepris de forger.

Cette dernière étape fut d'ailleurs plus longue à parcourir que les précédentes, on ne sait trop pourquoi. Peut-être Isabelle mit-elle longtemps à se décider à lire la grande œuvre autobiographique de son frère et il faut attendre le 23 octobre 1892, date d'une nouvelle lettre à Pierquin, pour avoir la certitude qu'elle l'a fait. Mais dès lors, comme on pouvait s'y attendre, toute ambiguïté disparaît. Après avoir affirmé une fois de plus que Rimbaud n'avait jamais rien voulu publier, elle écrit en effet :

> Ce qui prouve la vérité de mes allégations, c'est que, pendant la période où il a le plus écrit, jamais il n'a essayé de rien faire imprimer ; c'est encore ce fait que je vous ai conté au sujet de la *Saison en enfer*, qu'il voulait anéantir complètement avant la mise en vente ; c'est aussi la destruction qu'il fit de tous ses manuscrits, vers et prose. Depuis le jour où il brûla (très gaiement, je vous assure) toute ses œuvres dont il se moquait et plaisantait, il ne s'était plus jamais occupé de littérature. Le vieil homme s'était métamorphosé : idées, opinions, goûts, tout était changé. Et en lisant attentivement la *Saison en enfer*, n'y trouve-t-on pas l'aveu qu'il s'est trompé, et qu'il est bien revenu, après expérience acquise, de toutes les illusions passées ?

Isabelle cette fois a bien lu la *Saison* ; et du coup, si on retrouve sans surprise tous les thèmes qu'on a vu naître sous sa plume au cours des mois précédents, – refus de publier, reniement, autodafé –, on découvre enfin les deux nouveautés qui étaient dans la logique de son système et qu'on pouvait s'attendre à voir paraître dès qu'elle aurait pris connaissance des textes : l'interprétation de la *Saison* comme manifestation d'un reniement définitif de Rimbaud par lui-même ; et l'attribution à ce reniement de motifs qui ne se limitaient plus au domaine politique ou religieux, mais portait désormais sur l'entreprise poétique elle-même : car quand Isabelle écrit qu'« idées, opinions, goûts, tout était changé », que fait-elle sinon accommoder à sa façon ce que lui avait appris la lecture d'*Alchimie du Verbe* ou d'*Adieu* ? Dès lors, la *Saison en Enfer* peut devenir le livre dans lequel Rimbaud avait exprimé ses remords devant l'aventure littéraire, en même temps que l'acte de naissance du héros chrétien que, selon Isabelle, il allait devenir : car ce n'est évidemment pas par hasard qu'elle écrit en termes pauliniens que « le vieil homme s'était métamorphosé ». Dans toute cette mythologie, le rôle de l'autodafé de la *Saison* était évidemment décisif : purification symbolique par le feu, il était en quelque sorte l'acte de naissance de ce nouvel apôtre. Et son importance était telle qu'il échappait à Isabelle – comme il devait échapper à ses futurs lecteurs – qu'elle aboutissait à une rare absurdité, puisqu'elle faisait brûler par la main de Rimbaud le livre même dans lequel il était censé avoir dit son repentir.

Ce fut ainsi qu'au terme d'une évolution de près d'une année, le sens qu'Isabelle avait fini par attribuer à *Une saison en enfer* dans l'œuvre de Rimbaud devint la clé de voûte de son système : c'était ce sens seul qui allait lui permettre à l'avenir de concilier avec le mythe qu'elle travaillait à imposer l'existence et les caractères d'une œuvre déjà tombée pour l'essentiel dans le domaine public. Avec des conséquences dont l'une au moins était capitale : le mythe qu'elle venait de créer autour d'*Adieu* ou d'*Alchimie du Verbe* excluait de la part d'un Rimbaud repenti et devenu même une espèce de saint tout retour, fût-il épisodique, à une activité littéraire qu'il était censé regretter comme un péché – ce qui impliquait évidemment qu'*Une saison en enfer* soit la dernière œuvre sortie de sa plume. La logique de son système devait donc conduire un jour ou l'autre Isabelle à nier que la chronologie de Verlaine fût la vraie ; sans doute la claire conscience de cette nécessité lui manqua-t-elle pendant un temps – et aussi peut-être le courage de contredire le poète de *Sagesse*. Mais ce ne pouvait être qu'une affaire de temps et aussi, plus simplement, d'occasion.

L'occasion, ce fut sans aucun doute la mort de Verlaine, en janvier 1896, qui laissait enfin le champ libre à Isabelle. Le prétexte, ce fut sa lecture de l'article bien connu de Mallarmé sur Rimbaud, qui pourtant ne contredisait nullement la chronologie soutenue par Verlaine. Mais le paradoxe, on va le voir, n'est qu'apparent ; et rien n'éclaire d'un jour plus cru les motivations réelles d'Isabelle que les circonstances dans lesquelles elle allait affirmer pour la première fois ouvertement qu'*Une saison en enfer* était la dernière œuvre de son frère.

« Oui, je désire lire tout ce qu'on écrit sur Arthur » écrivait-elle le 10 septembre 1896 à son futur mari Paterne Berrichon qui proposait de lui envoyer le texte de Mallarmé. Sans le savoir, elle avait d'ailleurs en l'occurrence toutes les raisons de se méfier, puisque l'article évoquait plusieurs épisodes de la vie de son frère pour elle inadmissibles et faisait même allusion à l'existence londonienne du «drôle de ménage» en la qualifiant d'«orgiaque misère[1]». En bonne logique, on était donc en droit d'attendre de sa part une réfutation en règles des assertions du poète d'*Igitur*. Or si, dans sa lettre suivante à Berrichon, en date du 21 septembre, elle ergotait bien quelque peu sur «le plus ou moins d'exactitude» des faits rapportés dans l'article, elle le faisait comme en passant et en tout cas sans la moindre virulence. C'est que, pour une fois, les détails de la vie de son frère étaient passés pour elle au second plan et qu'elle pensait avoir trouvé dans le texte qu'elle venait de lire quelque chose de beaucoup plus important et qui exigeait qu'en tant que témoin, Mallarmé ne fût pas disqualifié. Dans le cours de sa lettre en effet, elle écrivait en parlant du coup de pistolet de Bruxelles :

> Comment se fait-il que Verlaine ait été condamné à deux ans de prison pour cet incident de Mons, une simple égratignure cependant ? Vous savez que la *Saison en enfer* a été écrite après cette affaire. – Elle fut composée ici, sans que l'auteur ait eu recours à aucune «excitation sensorielle»; ici, également, elle fut détruite. Vous pensez, n'est-ce pas, comme M. Mallarmé, que, malgré l'assertion de Verlaine, les *Illuminations* sont de conception antérieure à celle de la *Saison en enfer* ?

La voilà bien, la nouveauté décisive qui explique cette surprenante mansuétude d'Isabelle vis-à-vis de Mallarmé : car comment récuserait-elle trop vivement sur un point celui dont elle prétend invoquer le témoignage sur un autre – surtout si ce dernier, à ses yeux, est capital ? Or le doute n'est pas permis : à lui seul, le fait qu'elle appelle à son secours ce témoin que tout aurait dû la conduire à rejeter suffirait à prouver que, dès ce mois de septembre 1896,

---

[1] Berrichon éprouvait d'ailleurs là-dessus quelque inquiétude : le 16 septembre, il écrivait à Isabelle qu'en lui remettant son article, Mallarmé «éprouvait quelque ennui d'y avoir insisté sur des anecdotes plutôt drôles»; et il l'excusait sur ce qu'il était «peu documenté». À quoi Isabelle répliquait le 21 : «Comment ne sentez-vous pas, vous autres littérateurs, qu'en relatant ces faits "plutôt drôles" auxquels vous faites allusion, vous commettez une mauvaise action ?»

la chronologie relative des *Illuminations* et de la *Saison* était déjà devenue pour elle la question essentielle : celle qui, plus que tout autre, devait être résolue dans le sens qu'elle souhaitait.

Cette nécessité explique d'ailleurs aussi la manière dont elle a lu Mallarmé. Car (et c'est peut-être là le fait le plus révélateur), si elle invoque bien son autorité pour s'autoriser à contredire Verlaine, il n'est que de parcourir l'article pour s'apercevoir qu'elle le fait sans la moindre apparence de raison et qu'il n'est pas un mot sorti de la plume de Mallarmé qui lui permette, si peu que ce soit, de lui faire dire ce qu'elle prétend qu'il a dit. Cela saute aux yeux dès qu'on s'avise de chercher à quoi elle pense exactement, lorsqu'elle invoque le témoignage du poète d'*Igitur* pour affirmer l'antériorité des *Illuminations* par rapport à la *Saison* ; car les seules lignes de l'article auxquelles elle puisse se référer en la circonstance – celles qui évoquent le destin de Rimbaud après l'affaire de Bruxelles – ne vont nullement dans ce sens :

> Rimbaud revenait, pansé, de l'hospice et dans la rue, obstiné à partir, reçut une nouvelle balle, publique maintenant ; que son si fidèle expia, deux ans, dans la prison de Mons. Solitaire, après cette circonstance tragique, on peut dire que rien ne permet de le déchiffrer, en sa crise définitive, certes, intéressante puisqu'il cesse toute littérature : camarade ni écrit. Des faits ? Il devait selon un but quelconque, retourner en Angleterre, avant 1875, qu'importe ; puis gagna l'Allemagne, avec des situations pédagogiques, et un don pour les langues, qu'il collectionnait, ayant abjuré toute exaltation dans la sienne propre [...]

Aucune ambiguïté en effet dans ce fragment. Pour qui le lit sans idée préconçue, il est clair que la « circonstance tragique » de Bruxelles ne s'y confond nullement avec la « crise définitive » qui conduit Rimbaud à abandonner la littérature et que Mallarmé situe, sans autre précision, au cours de la période qui suit la fin dramatique de la liaison avec Verlaine. Tout au plus le fait qu'il évoque un Rimbaud « ayant abjuré toute exaltation » dans sa langue maternelle lors de son séjour en Allemagne, prouve-t-il qu'à ses yeux, c'est en 1875 au plus tard qu'il a cessé d'écrire. Ce qui est d'ailleurs confirmé par un autre passage de l'article :

> Ordonner en fragments intelligibles et probables, pour la traduire, la vie d'autrui, est tout juste impertinent : il ne me reste que de pousser à ses limites ce genre de méfait. Seulement je me renseigne. – Une fois, entre des migrations, vers 1875, le compatriote de Rimbaud et son camarade au collège M. Delahaye, à une réminiscence de qui ceci puise, discrètement l'interrogea sur ses vieilles visées, en quelques mots, que j'entends, comme «Eh! bien, la littérature?» l'autre fit la sourde oreille, enfin répliqua avec simplicité que «non, il n'en faisait plus», sans accentuer le regret ni l'orgueil.

Si l'on veut bien remarquer en outre que, dans les lignes évoquant l'affaire de Bruxelles et ses suites, une expression telle que «ni écrit» prouve indiscutablement que Mallarmé ne considérait nullement la *Saison* comme un adieu de Rimbaud à la littérature, on conviendra qu'il n'y a pas dans son texte le moindre détail qui permette réellement de lui faire dire, comme l'a fait Isabelle que, contrairement à la thèse de Verlaine, les *Illuminations* étaient antérieures à la *Une saison en enfer*. Seulement, pour qui n'est pas coutumier du langage mallarméen, le texte n'est pas exempt de certaines ambiguïtés : il suffit par exemple d'y confondre la «crise définitive» qui conduit Rimbaud à délaisser la littérature avec la «circonstance tragique» de Bruxelles pour faire dire à Mallarmé le contraire de ce qu'il a dit et le transformer en témoin de ce qu'après la *Saison*, Rimbaud effectivement a cessé d'écrire. C'est sans nul doute ce qu'a fait Isabelle. L'a-t-elle fait sciemment? Ou n'a-t-elle tout simplement rien compris à une «étude» dont, dans sa lettre du 10 septembre précédent, elle prévoyait qu'elle devait être «un peu compliquée» pour elle? Difficile d'en décider, mais ce qu'on sait d'elle ne permet évidemment pas d'écarter l'idée d'une manœuvre délibérée. La question est d'ailleurs de peu d'importance car, même si on admet qu'Isabelle a pu se tromper dans sa lecture de Mallarmé, il reste qu'elle ne pouvait ignorer que le poète d'*Igitur* n'était pas un témoin à prendre en considération, puisqu'il n'avait pour ainsi dire pas connu Rimbaud et n'en faisait pas mystère dans son article. Ce serait alors le cas où jamais de parler de mauvaise foi inconsciente, car ce qu'Isabelle faisait dire à Mallarmé coïncidait trop bien avec ce qu'il était dans son intérêt d'entendre pour qu'elle n'ait pas lu son texte dans ce sens.

Quoi qu'il en soit, la boucle était bouclée : grâce à cette affirmation chronologique, Isabelle Rimbaud parachevait l'édifice à partir duquel elle allait construire, avec le succès que l'on sait, sa version du mythe rimbaldien. Restait seulement à imposer au monde cette datation nouvelle des *Illuminations*, à convaincre le lecteur que, sur ce point, Verlaine avait fait erreur. Isolée dans sa province, sans contact aucun avec les milieux littéraires ou journalistiques, Isabelle n'en avait évidemment pas les moyens. Un relais lui était indispensable si elle voulait persuader l'opinion, mais en cette année 1896, elle l'avait d'ores et déjà trouvé.

Ce relais, en effet, allait être Paterne Berrichon, avec qui elle correspondait déjà depuis quelque temps. De son véritable nom Pierre Dufour, bohème, poète à l'occasion, peintre, sculpteur, anarchiste et ami de Verlaine, le personnage ne manquait pas d'un certain pittoresque. Il allait par la suite demander la main d'Isabelle sans l'avoir jamais vue et parcourir jusque dans les années vingt une carrière spectaculaire de beau-frère posthume de Rimbaud. Il ne l'avait pourtant pas connu et ne semble pas s'être particulièrement intéressé à lui jusqu'à l'époque de la mort de Verlaine. Mais précisément, cette mort allait tout changer pour lui – et pour Isabelle.

La disparition du poète de *Sagesse* lui inspira en effet un article, paru dans *La Revue Blanche* en février 1896[1] et pompeusement intitulé « Verlaine héroïque » (le style de Berrichon a toujours quelque chose de réjouissant). L'héroïsme est une vertu qu'on n'est ordinairement pas tenté d'attribuer à Verlaine, mais pour Berrichon, cet héroïsme avait consisté dans le refus de la norme sociale et c'est ce qui allait l'amener à s'intéresser à Rimbaud. Ce

---

1 *La Revue Blanche*, 15 février 1896, p. 177-181.

«petit petzouille ardennais» [*sic*] lui semblait en effet avoir été une sorte de génie de la liberté, qui aurait en somme converti Verlaine aux valeurs anarchistes. Seulement, à lire l'article, il saute aux yeux qu'en dehors de cette image d'Épinal, il savait en fait très peu de chose de lui, le peu qu'il en sait venant des articles verlainiens : des *Illuminations*, en particulier, il ne dit pas un mot, de sorte qu'on peut légitimement se demander s'il les avait lues à l'époque. Mais cette bienheureuse ignorance n'allait pas se prolonger bien longtemps.

Sur la lancée de son article verlainien en effet, Berrichon entreprit de traiter de Rimbaud, toujours dans le cadre de *La Revue Blanche*, où son texte parut le 15 août 1896 sous le titre «Rimbaud (premier article)». L'esprit dans lequel il abordait son sujet était celui d'un thuriféraire, voire d'un hagiographe, au point qu'il n'hésitait pas à parler de «la surhumanité du rimeur de *Voyelles*», affirmant même que «ce poète, lorsqu'il mourut, à l'âge à peu près du Christ, allait faire œuvre de dieu». Mais sa connaissance de Rimbaud a réellement progressé (il s'était renseigné, notamment auprès d'Ernest Delahaye); il est clair qu'il n'ignore plus l'œuvre et les *Illuminations* elles-mêmes trouvent place dans le bilan, tout de même assez allusif, qu'il fait de l'œuvre rimbaldienne. De la chronologie, en revanche, pas un mot, ce qui n'est après tout que normal de la part d'un auteur qui admet lui-même que sa connaissance des faits est récente et lui vient d'autrui. Toutefois, traitant de la période parisienne de la vie de son héros, il ajoute ces lignes un peu étranges :

> Cependant c'est à ce moment que Rimbaud suggérait à Verlaine les lois de cette poésie fluide, ténue, si vaguement troublante et précisément troublée dont se créeront les *Romances sans Paroles*, *Sagesse*, tout un art nouveau qui fera l'auteur des *Fêtes Galantes* grand poète ; c'est à ce moment qu'il stylait de «diamant» ces notes qui seront les *Illuminations* […]

Berrichon avait-il des doutes sur la chronologie de Verlaine ? Que signifie exactement «[…] qui *seront* les *Illuminations*» ? Savait-il même quelque chose à ce sujet ? Cela semble difficile à croire quand on se rappelle son ignorance en matière rimbaldienne quelques mois plus tôt. Le plus probable, c'est qu'il a cédé à sa logique de thuriféraire et que, voulant désormais faire de Rimbaud l'inspirateur en tout de Verlaine, il fallait pour qu'il puisse soutenir cette thèse que les *Illuminations* aient été au moins ébauchées durant la période parisienne de Rimbaud : car ce n'étaient évidemment pas *Les Premières Communions* ou même le *Bateau ivre* qui avaient pu inspirer le Verlaine des *Romances sans paroles*.

Quoi qu'il en soit la chronologie, à cette date, était certainement le dernier des soucis de Berrichon. Ses véritables préoccupations étaient ailleurs : il voulait avant tout exalter la mémoire de Rimbaud et, en défi au monde bourgeois, dresser sa statue en héros libertaire, en Christ de l'anarchie que la mort seule avait empêché de faire « œuvre de dieu[1] » au bénéfice de l'Homme. Quand, le 12 juillet 1896, il s'avisa d'écrire à Isabelle pour lui demander son aide, il n'attendait sans doute d'elle que des renseignements et n'imaginait assurément pas qu'elle pût souhaiter autre chose que de servir cette entreprise d'exaltation de son « divin frère[2] » ; mais sur ce point, il se trompait. C'est lui, au contraire, qui allait devoir capituler devant elle, avaliser quasiment sur tous les sujets la construction mythique qu'elle avait déjà édifiée – et avant tout sur ce point désormais décisif pour elle : la chronologie des *Illuminations*.

Il n'est pas indispensable de suivre ici dans le détail les étapes de cette capitulation. Disons simplement que dès sa première lettre Isabelle, repoussant d'un revers de main ce que lui écrivait Berrichon, ajoutait cependant :

> Et puis peut-être, après tout, avez-vous raison ; peut-être avez-vous eu l'intuition exacte de ce qu'il aurait fait, si, vivant aujourd'hui, il avait appris le bruit fait autour de son nom et de son œuvre de jeunesse. Il est possible qu'alors il aurait formulé quelque rétractation admirable,

---

[1] On aura noté l'usage de la minuscule.
[2] L'expression est de Berrichon, dans cette lettre à Isabelle du 12 juillet 1896.

essayé d'effacer, par quelque chant de repentir sublime, telles parties de la première conception abhorrées et maudites ; créant ainsi dans son immense désir de racheter le passé un chef-d'œuvre littéraire d'un éclat merveilleux, quelque chose de divinement bon et d'incommensurablement beau[1].

Berrichon essaya d'abord de se défendre, mais sa correspondante mit aussitôt les choses au point. Lui faisant remarquer sur un ton aigre que, dans *Une saison en enfer*, Rimbaud « se déclare revenu de tant de choses », elle achevait sa mercuriale, comme on pouvait s'y attendre, sur l'histoire de l'autodafé[2]. Et du coup, Berrichon capitula. Dans sa réponse, il admettait pour la première fois que Rimbaud adulte avait renié sa jeunesse, déclarait cette évolution « logique, en déduction *nécessaire* de la qualité des faits et gestes de son adolescence ». Il allait même au devant des désirs d'Isabelle en écrivant que rien ne lui serait « facile comme d'expliquer la destruction des exemplaires d'*Une saison en enfer*, sans même insister sur les défectuosités d'édition [...] » ; c'est que, ajoutait-il, « de plus profondes raisons [...] seront offertes ». Après quoi, on n'est évidemment pas surpris de sa péroraison :

> Au fond, nous nous entendons mieux que vous ne paraissez le croire [...]. Ne polémiquons plus donc, je vous en prie. Il s'agit de prouver, de montrer au monde qu'Arthur Rimbaud valut mieux et plus que tous ! Vous en avez le pieux souci ; moi aussi[3].

Or on se rappelle que c'est quelques semaines plus tard que Berrichon fit parvenir à Isabelle l'article de Mallarmé et qu'elle réagit en faisant dire à celui-ci que les *Illuminations* étaient « de conception antérieure à celle de la *Saison en enfer* ». Et on n'est pas surpris de la réponse pleine d'humilité de Berrichon :

---

1 Lettre du 21 juillet 1896.
2 « Comment expliqueriez-vous qu'il ait détruit, avant la mise en vente, tous les exemplaires de la *Saison en enfer*, seule chose qu'il ait jamais fait imprimer ? » (lettre du 2 août 1896).
3 Lettre du 5 août 1896.

Je savais en effet que la *Saison en enfer* a été, non écrite, mais revue aux brouillons, terminée et transcrite, à Roche ; c'est de là qu'il la fit éditer à Bruxelles. Je savais aussi qu'elle est de conception postérieure aux *Illuminations*, la dernière illumination, en quelque sorte[1].

L'ex-anarchiste n'en était plus à une capitulation près et cette lettre montre à l'évidence qu'il était déjà tout disposé à remplir le rôle de propagateur de la chronologie nouvelle. Le lieu pour cela était tout trouvé : c'était la deuxième partie de son article de *La Revue Blanche*, qui devait paraître à l'automne de 1896[2]. Retardé par divers incidents au demeurant mineurs, « Rimbaud, deuxième article » parut finalement en avril 1897[3]. Berrichon s'y place ouvertement sous le patronage d'Isabelle, invoque dévotieusement son témoignage sur son frère, affirme sans hésiter qu'elle « eut les confidences de son âme, à la dernière période de sa vie ». Aussi est-ce sans surprise qu'on le voit faire état comme d'une chose reconnue de l'antériorité des *Illuminations* par rapport à la *Saison en enfer* :

> *Voyelles, Les chercheuses de poux, Les Corbeaux*, [...] *Patience, Jeune Ménage, Mémoire, Fête de la Faim* [...] sont de cette période d'amitié avec Verlaine ; lequel, dans le même temps, ne l'oublions pas, faisait les *Romances sans Paroles*. Toute la prose publiée de Rimbaud, aussi, date d'alors : *Les Illuminations*, puis *Une saison en enfer*.

---

1 Lettre du 23 septembre 1896.
2 Isabelle lui ayant expédié le 12 octobre un texte intitulé *Rimbaud en Orient* Paterne lui répondit le 16 du même mois : « Si ces documents m'étaient parvenus seulement huit jours plus tôt, je les eusse pu utiliser pour mon second article » : précision d'importance, parce qu'elle prouve que Berrichon avait les moyens de modifier son écrit jusqu'aux premiers jours d'octobre, c'est-à-dire après son ralliement aux thèses d'Isabelle et une dizaine de jours après qu'elle lui a écrit qu'*Une Saison en enfer* était la dernière œuvre de Rimbaud.
3 *La Revue Blanche*, 15 avril 1897, p. 450-460. Malgré ce retard, l'article n'a pas été modifié depuis octobre 1896, date où Berrichon l'adresse à l'imprimeur. Il envoie, en effet, les épreuves à Isabelle le 27 décembre, en même temps qu'une lettre ; et aux critiques qu'elle lui adresse, touchant notamment l'aspect religieux des choses, il répond le 2 janvier 1897 : « Pour l'article et ses imperfections, je vous en avais prévenue ; il est matériellement impossible d'y rien toucher à l'heure qu'il est ».

Ce fut ainsi qu'Isabelle Rimbaud parvint à rendre publique l'affirmation chronologique qui avait pour elle une si grande importance. Seulement, *La Revue Blanche* n'était peut-être pas pour cela une tribune suffisante ; et surtout, la thèse opposée bénéficiait de l'autorité de Verlaine et en face de lui, ni Isabelle, ni même Berrichon n'auraient suffisamment de poids aux yeux de l'opinion : Isabelle était encore une enfant en 1873 et Berrichon, en mettant les choses au mieux, avait à peine entrevu Rimbaud à cette époque. Si l'on voulait que la chronologie nouvelle eût des chances de supplanter effectivement celle de 1886, il fallait donc qu'elle puisse se réclamer de l'autorité de quelqu'un qui ait bien connu Rimbaud durant la période cruciale de son activité littéraire. Rares étaient ceux-là, mais il y en avait au moins un que Berrichon connaissait bien et qui réunissait toutes les qualités requises : c'était Ernest Delahaye.

DELAHAYE IMPOSTEUR OU IDIOT DU VILLAGE ?

Ernest Delahaye a longtemps bénéficié d'un préjugé favorable. Chacun reconnaissait que l'ami de collège de Rimbaud sombrait dans le ridicule dès lors qu'il entreprenait de se faire exégète ou commentateur, mais on le créditait d'une honnêteté sans faille en tant que biographe. Il faut en rabattre : Delahaye ne cesse de mentir, et d'abord pour se poser en témoin privilégié – ce qui l'amène notamment à se porter garant pour tel ou tel poème d'une datation qui lui permet d'affirmer que Rimbaud le lui a lu à peine écrit (or il faut rappeler qu'après son départ pour Paris, Delahaye ne l'a revu que par intermittence). Qui plus est, il est difficile d'affirmer, comme on l'a fait, qu'il est resté en marge de l'entreprise mystificatrice d'Isabelle et de Berrichon. Ce dernier avait pris contact avec lui dès l'époque où il préparait son premier article pour *La Revue Blanche* et c'est ensemble qu'ils ont procuré l'édition de 1898 des œuvres de Rimbaud, à une époque où Berrichon se conformait déjà entièrement aux vues d'Isabelle : or c'est dans cette édition que la chronologie nouvelle des *Illuminations* – celle défendue par Isabelle, précisément, avec l'acharnement qu'on a vu – s'affirme véritablement. Et en tant que responsable du volume, Delahaye s'en portait en quelque sorte garant.

Ce rôle, il ne l'avait guère joué jusque-là, ne s'étant guère manifesté à propos de Rimbaud que comme biographe ou fournisseur de renseignements pour autrui. C'est le cas pour le premier texte qu'on connaisse de lui en la matière, cet article intitulé *Sur Arthur Rimbaud* qui parut en décembre 1891 et devait, comme on l'a vu, si fort choquer Isabelle[1]. Il remontait en fait[2] à 1887 et il s'agissait d'une brève notice biographique rédigée à la demande de Verlaine qui songeait alors à éditer Rimbaud : le silence sur l'œuvre y est donc complet, sans nul doute parce que ce n'était pas l'objet poursuivi. Peut-être, en revanche, peut-on tirer quelque indice de sa position par rapport aux *Illuminations* des textes dont il a fourni la documentation, seul ou avec d'autres. C'est le cas de l'article que Rodolphe Darzens fit paraître au début de 1889 sous le titre « Enquêtes littéraires. Arthur Rimbaud[3] ». Darzens, en effet, y écrit ceci :

> Quant aux dernières productions de ce cerveau si étrangement organisé ; voici ce qu'en a dit l'ami et le poète qui fut le compagnon de presque toutes les heures d'Arthur Rimbaud : « *Vers délicieusement faux exprès* » [...]

---

1 Ce texte parut en décembre 1891 dans les *Entretiens politiques et littéraires*, avant d'être reproduit le 15 dans *Le Petit Ardennais* où Isabelle put le lire.
2 On a parfois prétendu qu'il était plus ancien, mais c'est impossible : on y lit que, découvrant Verlaine, Rimbaud se mit « à le proclamer le premier poète [...] en avance seulement de seize ans sur Morice et les décadents » : cela se situant en 1871, ces lignes ne peuvent avoir été écrites qu'en 1887.
3 *La Revue Indépendante*, janvier-février 1889, p. 190-201. Cet article allait former deux ans plus tard une partie de la préface du *Reliquaire*.

On aura reconnu dans ces « vers délicieusement faux exprès » une citation de la préface à la première édition des *Illuminations*, dans laquelle Verlaine parlait aussi de « prose exquise[1] ». Les *Illuminations* sont désignées par conséquent comme « dernière[...] production[...] » de Rimbaud par Darzens, qui ne contredit donc pas la chronologie verlainienne. Faut-il conclure qu'à l'époque Delahaye faisait de même ? Darzens, il est vrai, devait ménager Verlaine et tout cela n'est pas bien clair, sans compter qu'à un moment où Rimbaud commençait seulement d'être connu, ces questions de dates ne signifiaient sans doute pas grand-chose. Reste que rien dans cet article ne permet de croire qu'à ce moment-là, Delahaye récusait déjà les dates avancées par Verlaine en 1886.

Il ne semble d'ailleurs pas les avoir récusées davantage dans les années suivantes[2] puisque, comme on a vu, l'article de Mallarmé, renseigné par lui et composé dans les premiers mois de 1896, s'accordait parfaitement avec la chronologie verlainienne. Cela implique-t-il qu'il savait cette chronologie exacte ou la considérait comme telle ? Pouvait-il avoir oublié la lettre que Verlaine lui avait envoyée le 1ᵉʳ mai 1875 et qui précisait que Rimbaud, par son entremise, venait de faire transmettre à Nouveau « des "poèmes en prose" siens » à des fins d'impression, ce qui impliquait au minimum que *l'homme aux semelles de vent*, à ce moment-là, s'intéressait encore à la littérature ? Comment savoir ? Il est possible après tout que Delahaye se soit simplement désintéressé de la question, mais un fait demeure, massif : il n'en avait rien dit tout au long de ces années et eût-il disparu alors que la chronologie de Verlaine serait demeurée sans doute incontestée, comme elle l'avait été en somme depuis son apparition et comme elle devait le rester jusqu'à ce que l'édition de 1898 vienne apporter une vérité différente.

---

1 Le mot *vers* s'explique évidemment par le fait que cette édition de 1886 mêlait *Illuminations* proprement dites et poèmes de 1872.
2 Il n'y a rien à tirer, s'agissant des *Illuminations*, de l'article intitulé « Arthur Rimbaud » que publia Delahaye dans *Le Réveil catholique* du 16 janvier 1892, puisqu'il ne conduit le lecteur que jusqu'à septembre 1870.

Comme pour Isabelle, ce fut la mort de Verlaine qui vint bouleverser la donne. Le poète de *Sagesse* une fois disparu, Delahaye, de simple témoin de la vie de Rimbaud qu'il avait été jusque-là, se trouva brusquement le plus qualifié aux yeux du lectorat pour témoigner de l'évolution de l'œuvre et des circonstances dans lesquelles elle était née[1]. Il n'avait pas en réalité les moyens de tenir ce rôle mais le public l'ignorait, sans compter que l'avenir allait montrer qu'il ne répugnait nullement aux constructions susceptibles de pallier les carences de sa mémoire ou de son information. Mais la raison qui, plus qu'aucune autre, allait disposer l'ami de Rimbaud à accueillir la chronologie nouvelle pourrait bien en définitive tenir à tout autre chose : à un désir inassouvi de participer à la vie littéraire. C'est qu'ami de Rimbaud, de Verlaine, de Germain Nouveau, ayant été grâce à eux quelque peu mêlé à la vie des milieux artistiques, Delahaye ne pouvait qu'en subir le prestige et être tenté d'écrire à son tour ; à cette tentation, il avait d'ailleurs déjà succombé, puisqu'il avait publié quelques brèves nouvelles[2], sans compter des *Devoirs d'Histoire de France* parus en 1892 et dont Verlaine avait fait l'éloge. Or de ce point de vue, les relations privilégiées qu'il avait entretenues avec un Rimbaud désormais célèbre lui ouvraient des perspectives considérables : n'était-il pas autrement qualifié pour témoigner qu'un Berrichon, qui allait pourtant publier dès 1897 le premier livre de critique rimbaldienne[3] ? Seulement, la situation n'était plus pour lui ce qu'elle était à l'époque de *Sur Arthur Rimbaud* : quiconque désormais voulait écrire sur Rimbaud se heurtait à

---

1 Seul Nouveau aurait pu lui disputer ce rôle, mais au début de 1896 il est à Alger, ayant commencé de mener depuis plusieurs années l'existence marginale que l'on sait.
2 Delahaye publie des nouvelles en 1894 dans *Le Cicerone de Boulogne-sur-mer et de Wimereux* sous le titre général d'*Histoires de province* : par exemple « Une défaillance » (14 novembre 1894, p. 211) ou « Pauvre Nounousse » (21 novembre 1894, p. 215).
3 Paterne Berrichon, *La vie de Jean-Arthur Rimbaud* (Mercure de France, 1897). L'auteur y reprend ses articles de *La Revue Blanche*, mais il les complète et surtout les modifie dans le sens souhaité par Isabelle.

l'obstacle que constituait une Isabelle pour qui, à l'évidence, tous ceux qui n'entraient pas dans son jeu devaient être traités en ennemis ; et celle-ci, on l'a bien vu, ne reculait devant rien pour imposer sa vérité. Or, à la date de 1896, la majeure partie de l'œuvre rimbaldienne était désormais publiée : l'ère des découvreurs était presque close, celle des exégètes pouvait commencer. C'était la chance de Delahaye, car ce dont on avait besoin désormais, c'était d'un témoignage qui restituât à l'œuvre rimbaldienne la logique de son développement ; mais c'était là aussi qu'il rencontrait précisément Isabelle. Car le terrain était déjà largement occupé par un Berrichon désormais entièrement converti par elle, répandu dans les milieux littéraires et avec lequel l'ami de Rimbaud était donc bien obligé de composer. En outre, vouloir reconstituer l'évolution réelle du poète menait à entreprendre une nouvelle édition : or là-dessus, tout dépendait d'Isabelle[1]. Dans ces conditions, Delahaye, qui avait au surplus à se faire pardonner *Sur Arthur Rimbaud*, ne pouvait guère songer à aller contre les thèses de la sœur abusive s'il voulait, à titre d'« ami de Rimbaud », faire la carrière de critique et de témoin qui lui semblait promise. Comment s'étonner dès lors de ce qu'il ait fini par témoigner en faveur de l'antériorité des *Illuminations* par rapport à la *Une saison en Enfer* ? On ne saura sans doute jamais ce qu'il savait vraiment sur la question, mais il n'avait au fond guère le choix, la logique de la situation s'imposant à lui. Elle devait au bout du compte en faire le témoin qui, désormais, s'opposerait à Verlaine pour assigner aux *Illuminations* la place qu'Isabelle souhaitait pour elles : celle qui permettrait enfin aux constructions mythiques qu'elle avait si longuement élaborées d'acquérir une vraisemblance aux yeux du public.

Quelles qu'aient été en tout cas chez Delahaye la part relative de ces diverses raisons, il ne fallut pas longtemps pour qu'il

---

1 On sait par exemple qu'Isabelle avait empêché pendant près de quatre ans la parution des *Poésies Complètes*, qui ne virent le jour de ce fait qu'en 1895.

s'aligne sur les positions d'Isabelle et apporte sur la chronologie des *Illuminations* le témoignage qu'on attendait de lui. En août 1896 encore, le ton dont il usait en parlant de la sœur de Rimbaud était des plus désinvoltes, puisqu'il écrivait alors à Berrichon qu'elle était «décidément bien amusante» en s'obstinant à nier certains faits et à présenter à sa manière la biographie de son frère[1]. Mais quelques semaines plus tard, nouveau son de cloche : dans un texte sur Verlaine encore inédit, écrit par lui en collaboration avec le peintre F.-A. Cazals[2] et que je désignerai pour cette raison sous le nom de *Manuscrit Delahaye-Cazals*[3], il se répandait en éloges d'Isabelle et affirmait froidement qu'il lui faisait confiance en tant que biographe; il écrivait en effet au moment d'en venir à la dernière partie de la vie de Rimbaud :

> Ce que l'on raconte de sa paisible vie de commerçant oriental, de sa justice, de sa charité [...] est, à mon avis – je l'ai connu longtemps et aussi bien que possible – absolument vraisemblable et d'ailleurs tout à fait logique. [...] Et s'il et mort «comme un saint» – nous devons en croire la tendresse – un peu jalouse, un peu passionnée, – mais *si respectable, si touchante et si justifiée* de Mlle Rimbaud, sa sœur, qui l'affirme, et, certes, je le crois fermement[4] [...].

Volte-face d'autant plus symptomatique que le *Manuscrit Delahaye-Cazals* date selon toute apparence[5] de l'automne de

---

1 Lettre du 27 août 1896.
2 L'examen du manuscrit montre en fait qu'il s'agit d'un texte de Delahaye auquel Cazals – qui fut, comme on sait, un ami de Verlaine – s'est contenté d'ajouter quelques annotations.
3 Bibliothèque littéraire Jacques Doucet (cote 7203-149 / A-IV-10).
4 *Manuscrit Delahaye-Cazals*, feuillets 30-31. Delahaye fait là allusion (il le dit quelques lignes plus haut) aux «Notes de l'éditeur» qu'Isabelle avait fait ajouter à l'édition Vanier de 1895, lesquelles parlaient effectivement de la vie de Rimbaud au Harar sur le ton de la plus pure hagiographie et avertissait le lecteur qu'il était mort «comme un saint».
5 Le *Manuscrit Delahaye-Cazals* ne peut être antérieur au printemps 1896. On y trouve en effet (f. 18) cette note au sujet de *Voyelles* : «Lemaître, dans la *Revue Bleue* (et actuellement dans *La Lecture*) prend ce sonnet au sérieux» : or l'article de Lemaître («Paul Verlaine et les poètes symbolistes et décadents»), où il est effectivement

1896 et se trouve donc être postérieur, non pas seulement au ralliement de Berrichon à l'ensemble des thèses d'Isabelle, mais aussi et surtout à la prise de position de cette dernière sur les problèmes de chronologie. On ne sera donc pas surpris de voir Delahaye aborder dans son texte cette question devenue cruciale, ni encore moins de le voir emboîter le pas dans ce domaine à Isabelle : le *Manuscrit Delahaye-Cazals* parle d'*Une saison en enfer* comme de la « dernière œuvre[1] » de Rimbaud et affirme qu'en juin 1873 « s'écrivent apparemment les dernières *Illuminations*[2] ». Mais on pouvait mesurer par là l'ampleur de sa palinodie, car Delahaye avait tenu au cours de l'été un langage tout différent. Dans sa lettre à Berrichon du 21 août, il écrivait en effet à propos de Rimbaud :

---

question de *Voyelles*, est paru dans *La Lecture* du 10 février 1896 (n° 207, p. 225-237). Seulement, il est difficile de donner un sens précis au mot *actuellement*, parce qu'il oppose l'article de *La Lecture* à celui de la *Revue Bleue*, alors vieux de huit ans, puisque paru le 7 janvier 1888 (« Paul Verlaine et les symbolistes décadents », t. XV, p. 2-14). Il existe heureusement d'autres arguments, qui permettent d'être plus précis. On lit dans le *Manuscrit Delahaye-Cazals* : « Ces notes ce sont les *Illuminations* », écho évident du premier article de Berrichon dans *La Revue Blanche*, où il est question de « ces notes qui seront les *Illuminations* ». Or on se rappelle que cet article a paru dans le numéro du 15 août ; et d'ailleurs, dans une lettre du 27, Delahaye remercie Berrichon qui le lui avait fait envoyer. Le *Manuscrit Delahaye-Cazals* est donc postérieur à août 1896 (on sait d'ailleurs que Delahaye vit Cazals dans les mois qui suivirent ; dans une lettre à Berrichon du 21 août, il lui demande de dire à ce dernier qu'il « espère le revoir » à la rentrée). On ajoutera enfin que le mot *actuellement* (*cf.* ci-dessus) ne permet guère de descendre plus bas que 1896. On ne se trompera donc sans doute guère en pensant que le *Manuscrit Delahaye-Cazals* date de l'automne de cette année-là. D'autre part la volte-face de Delahaye est explicable seulement à cette même époque. C'est à la fin d'août en effet qu'Isabelle lut l'article de *La Revue Blanche* et découvrit avec fureur que Delahaye (qu'elle vomissait depuis *Sur Arthur Rimbaud*) était le principal pourvoyeur de renseignements de Berrichon, qu'il voyait régulièrement. Or on sait que Delahaye revit Berrichon en septembre, c'est-à-dire au moment précis où celui-ci allait devoir accepter la chronologie des *Illuminations* défendue par Isabelle. Il y a gros à parier qu'il fit part à Delahaye des sentiments qu'on lui portait à Charleville et tout porte donc à croire que ce fut à ce moment-là que ce dernier prit conscience de la nécessité pour lui de ménager Isabelle : d'où les éloges qu'il lui prodigue dans le *Manuscrit Delahaye-Cazals*. C'est ce contexte qui devait l'amener à accepter lui aussi la chronologie nouvelle des *Illuminations* et même à s'en faire le garant.

1 *Manuscrit Delahaye-Cazals*, feuillet 3.
2 *Ibid.*, feuillet 18.

> Je dois ajouter que depuis 1875 il n'avait plus, ou ne paraissait plus avoir de préoccupations littéraires : l'étude des langues, les aventures, la soif de sensations nouvelles le tenaient uniquement.

Voilà qui ne cadre, ni avec les affirmations du *Manuscrit Delahaye-Cazals*, ni avec la chronologie d'Isabelle, mais fort bien en revanche avec ce qu'avait écrit Verlaine : car si Rimbaud ne se désintéressait de la littérature que «depuis 1875», cela signifiait apparemment qu'il s'en était occupé jusqu'à cette date, que la chronologie de Verlaine avait donc de fortes chances d'être la bonne ou qu'à tout le moins la *Saison* ne mettait nullement un point final à son œuvre. Or force est de remarquer qu'au moment où Delahaye écrivait cette lettre, il ignorait encore qu'Isabelle allait faire du silence de Rimbaud après l'affaire de Bruxelles un véritable dogme, puisque la lettre à cet égard décisive est du 21 septembre suivant. On admettra, je pense, sans difficulté, que la formule prudente dont il use quelques semaines plus tard dans le *Manuscrit Delahaye-Cazals* – «en juin 1873 [...] s'écrivent *apparemment* les dernières *Illuminations*» – en reçoit un éclairage nouveau et sans aucun doute peu favorable à la véracité du témoin Delahaye.

En cette fin de 1896, l'ancien ami de Rimbaud s'était donc décidé à fournir le témoignage que pouvait souhaiter la sœur du poète; mais il le faisait avec une prudence qui révélait à coup sûr sa propre incertitude, sa répugnance sans doute à démentir ouvertement Verlaine et aussi le fait que cette chronologie était bien plutôt celle d'Isabelle que la sienne. Certes, au fil des mois, il allait prendre quelque assurance, écrivant par exemple avec aplomb à Berrichon qu'«*Entends comme brame...* est, naturellement, de l'époque des *Illuminations*. C'est-à-dire 72-73[1]». Mais lorsqu'il s'agit pour lui, dans l'édition Berrichon-Delahaye de 1898, d'affirmer publiquement la véracité d'une chronologie dont il était désormais le garant, on vit reparaître le ton d'incertitude. Les

---

1 Lettre du 25 novembre 1897.

poèmes en prose y portent bien comme titre : « *Les Illuminations* (1872-1873) » ; mais à côté de cette affirmation péremptoire, on trouve la note suivante :

> Tout en adoptant rigoureusement le texte et l'ordonnance de l'édition de *La Vogue*, nous croyons que la confrontation des *Illuminations* avec *Une saison en enfer* désapprouve les dates que leur assigne Verlaine en une préface[1].

Certains exégètes ont cru discerner dans ce « nous croyons » une hésitation ou un scrupule. Je pense que nous en savons désormais assez pour conclure qu'il n'en est rien et qu'il s'agit là tout simplement d'une précaution destinée à masquer l'incertitude de Delahaye en tant que témoin et surtout la gravité de la volte-face qu'en quelques mois il venait d'accomplir.

Quoi qu'il en soit, une fois aligné sur les thèses d'Isabelle, Delahaye allait se faire plus royaliste que le roi et se transformer en un véritable hagiographe. On se rappelle que, quelques années plus tôt, ses premiers articles sur Rimbaud faisaient de lui un jeune vagabond en rupture de ban avec le milieu familial, un Communard, une sorte d'anarchiste, sinon de voyou ; et Delahaye de faire un sort à toutes les anecdotes qui pouvaient aller dans ce sens : les livres de prix vendus, l'emprisonnement à Mazas, l'engagement carliste, la désertion à Java, d'autres encore. Or en 1905, il publie un premier livre où le portrait de Rimbaud est bien différent : c'est désormais un « mystique prodigieux », doué de « pouvoirs surnaturels », un « magicien » qui a vécu une

---

[1] Dans la même édition de 1898, on trouve ceci à propos des *Illuminations* : « Le manuscrit de ces sublimes notations, retrouvé en 1886 par M. Charles de Sivry, fut, par Paul Verlaine, remis à la *Vogue* qui, la même année, le publie... » : Delahaye avait-il donc oublié que Verlaine avait reçu de Rimbaud, à Stuttgart, en février 1875, des « poèmes en prose » dont le même Verlaine l'entretenait dans une lettre du 1er mai suivant ? D'autre part, bien que Sivry ait effectivement été le détenteur du manuscrit jusqu'en 1886, ce n'était pas Verlaine qui l'avait transmis à *La Vogue*. Cette manière embrouillée de présenter les choses permet à Delahaye et à Berrichon de passer sous silence la transmission de manuscrits à Stuttgart – épisode gênant pour la chronologie qu'ils adoptent.

« aventure unique dans l'histoire de l'esprit » ; Delahaye conserve bien quelques-uns des épisodes scandaleux de la jeunesse de son héros, mais c'est pour les intégrer à une aventure spirituelle qui leur donne une signification toute nouvelle et dont la conclusion du livre donne la véritable clé :

> Nous savons qu'aux heures finales [...] il vit s'ouvrir devant ses yeux extasiés le monde céleste, qu'il le découvrit longuement, avec une joie délicieuse, avec des mots plus beaux et plus forts que les plus merveilleux employés jamais par son génie. Celui en qui Dieu avait voulu réunir et condenser, au degré suprême, les sensibilités, la pensée, les essors de l'homme, y compris – pour que cela fut bien complet – l'élan de la révolte, était maintenant réconcilié, rappelé, repris par le terrible Joueur. Il en recevait la vision lucide, divine, non plus comme autrefois satanique, « illumination » définitive, « illumination » vraie, donnée par le maître lui-même souriant à l'être choisi, à l'Isaac sur le bûcher du sacrifice, que l'ange délivre, l'ange de la mort[1].

Comment ne pas reconnaître là les thèmes légendaires mis en circulation par Isabelle au sujet de la prétendue mort édifiante de son frère ? Quand on sait que c'est à la même époque que Delahaye se met à attribuer à son ami d'enfance des amours féminines dont il n'avait soufflé mot jusque-là, mais à l'existence desquelles la famille de Rimbaud tenait extrêmement[2], on ne peut s'empêcher de rapprocher cette série de volte-face du fait que depuis 1897 il avait entamé avec Berrichon, devenu le mari

---

1 *Rimbaud* (Éditions de la *Revue littéraire de Paris et de Champagne*), 1905, p. 199-200.
2 Dans ses premiers écrits, Delahaye ne fait pas la moindre allusion à une vie amoureuse de Rimbaud. C'est le premier article de Berrichon pour *La Revue Blanche* (celui du 15 août 1896) qui fait la première allusion à « un amour, le premier ». Mais cette allusion est déjà fort suspecte car dans une lettre du 29 août adressée à Isabelle, Berrichon avait écrit : « Il serait périlleux de nier un amour à Rimbaud [...] ». On ne comprend dès lors que trop les raisons qui ont pu pousser Delahaye à présenter dans son *Rimbaud* de 1905 une rocambolesque histoire de maîtresse qui aurait accompagné Rimbaud dans son second voyage à Paris : d'après lui cette maîtresse (dont il n'avait dit mot, bien entendu, jusque-là) n'est autre que la Vierge Folle ! Rappelons que Delahaye a toujours nié les relations homosexuelles entre Verlaine et Rimbaud.

d'Isabelle, la collaboration qui devait aboutir à l'édition de 1898. Voudra-t-on après cela nier encore qu'il avait cédé à l'entreprise familiale d'hagiographie ? Et comment ne pas conclure que la chronologie de 1898, loin d'être le résultat d'un témoignage spontané de l'ami d'enfance de Rimbaud, n'est que l'expression de son ralliement aux thèmes légendaires propagés par Isabelle ?

La fin de l'histoire, d'ailleurs, suffirait à le prouver, s'il en était encore besoin. En 1913 en effet, on découvrait l'édition originale de la *Saison* dans les caves de l'imprimeur : fin de la légende de l'autodafé ! Or comme par hasard Berrichon, en publiant quelques mois après dans *La Nouvelle Revue Française* « Trois lettres inédites de Rimbaud[1] », les assortissait de commentaires pour le moins surprenants. S'agissant de la lettre à Delahaye du 14 octobre 1875, notamment, il écrivait que Rimbaud n'avait plus alors « – est-ce à regret ? – d'activité à dépenser du côté de la littérature ». Texte éclairant ! Car si cet abandon se datait désormais de l'automne 1875, n'était-ce pas que le mari d'Isabelle admettait désormais que Rimbaud pouvait s'être intéressé à la littérature jusqu'à la rencontre de Stuttgart, en février ? Mieux encore : glosant la lettre du 5 mars 1875 au même Delahaye, Berrichon, remarquant que cette année-là Rimbaud avait eu vingt ans et faisant le « rapprochement » avec « la partie de *Jeunesse* intitulée *Vingt ans* », ajoutait : « Faudrait-il en conclure qu'en réalité certaines *Illuminations* sont postérieures à la *Saison en enfer* ? ». Bon apôtre ! C'était pour parer aux conséquences possibles de la découverte de l'édition originale de la *Saison* qu'il cherchait ainsi un compromis entre les deux chronologies rivales : s'il avait pu changer totalement ses batteries sans risquer de dénoncer par là ses propres impostures, il l'aurait certainement fait sans le moindre scrupule. Isabelle, d'ailleurs, n'avait pas agi différemment. Au mois de juin 1914, elle avait publié dans le *Mercure de France* un article intitulé « Rimbaud mystique[2] » où on pouvait lire ceci :

---

1 *La Nouvelle Revue Française*, juillet 1914, p. 49-57. Il s'agissait de la lettre de mai 1873 et de celles des 5 mars et 14 octobre 1875.
2 *Mercure de France*, 16 juin 1914, p. 699-713 : le texte cité figure aux p. 701-702.

> Verlaine, dans sa notice à la première édition des *Illuminations*, a dit qu'elles furent écrites de 1873 à 1875. Cette assertion, contredite par la réalité, par l'évidence, en ce qui concerne la majeure partie du livre, ne pourrait, à la rigueur, s'appliquer qu'à un certain nombre de proses. [...] Et voici comment il faudrait alors dissiper le malentendu créé par cette assertion : conçu, sous un titre ou sous un autre, dès la fin de 1871 [...] et continué en 1872 et 1873, l'ouvrage aurait été, après, reconstitué, sélectionné, corrigé, augmenté par l'auteur. Celui-ci, ainsi que l'atteste Verlaine, l'aurait remis en 1875 à « quelqu'un qui en eût soin » – c'est-à-dire à Charles de Sivry, de passage à Stuttgart, où Rimbaud se trouvait alors, quand l'audition des œuvres de Wagner commençait à attirer en Allemagne nombre de musiciens de tous pays. D'ailleurs, cette rectification dans les faits et les dates aiderait singulièrement à comprendre l'amertume des dernières proses, *Jeunesse, Vies*, par exemple ; à expliquer les modifications apportées à d'autres, selon qu'on l'a vu par la publication des différentes versions ; à justifier les regrets et les ironies surajoutés à d'aucunes.

Isabelle joue certes l'intransigeance et s'accroche à la légende de « l'anéantissement volontaire de la *Saison en enfer* » : comment faire autrement ? Elle ne s'en efforce pas moins, elle aussi, de gommer le « malentendu » avec Verlaine[1], mais c'est pour maintenir l'essentiel à ses yeux, c'est-à-dire le thème du reniement. Forcée à présent de reconnaître que Rimbaud avait pu travailler aux *Illuminations* après 1873, elle martelait aussitôt que ces ajouts n'avaient pu traduire que « regrets » ou « ironies » de sa part. C'est que pour elle, paradoxalement, l'important n'était pas dans la chronologie elle-même, qui n'était qu'un instrument : il était dans le sens à donner à la dernière œuvre de Rimbaud, quelle qu'elle fût.

À cette date, la chronologie de Delahaye était donc devenue, pour Berrichon comme pour Isabelle, un facteur de faiblesse ; mieux valait donc l'abandonner ou, du moins, cesser de la défendre de façon intransigeante, à condition toutefois de le faire sans

---

[1] Mais pas au point d'admettre son rôle dans la transmission du manuscrit des *Illuminations* : à en croire Isabelle, ce n'est pas lui qui est allé à Stuttgart, mais Sivry.

éclat : ni Isabelle, ni surtout Paterne n'y manquèrent. Delahaye, lui, maintiendra toujours ses affirmations ; peut-être avait-il fini par se convaincre lui-même mais, en tout état de cause, il n'aurait pu faire machine arrière. Dans son rôle de témoin, en effet, il s'était de plus en plus avancé au fil des années : en 1898, on lisait encore dans l'édition Berrichon-Delahaye ce modeste «nous croyons» ; mais sept ans plus tard, il avait apparemment recouvré une mémoire momentanément perdue, puisqu'on lit dans son *Rimbaud* de 1905, à propos des *Illuminations* : «Je me souviens d'en avoir entendu lire quelques-unes par leur auteur qui les appelait alors – en 1872 – *Poèmes en prose*» : lorsqu'on a témoigné avec une précision pareille, il est évidemment bien difficile de reculer. Mais c'était, surtout, affaire de logique : si c'était Isabelle qui se trouvait en réalité à l'origine de la date fournie en 1898, il en restait aux yeux du public le garant puisque, des trois compères, lui seul avait connu Rimbaud à l'époque de sa vie littéraire. Les Berrichon pouvaient donc faire machine arrière, lui ne le pouvait pas ; et il était ainsi condamné à s'enfoncer toujours davantage dans une imposture qui, pour celle qui l'avait inventée, avait en grande partie perdu sa raison d'être.

IMPOSTEURS ET IMPOSTURE

Qu'en dites-vous, benoît lecteur ? Verlaine «inattentif et naïf», comme il l'a écrit lui-même ? Isabelle «absolument incapable de mensonge», comme Claudel le dira sans rire ? Delahaye «d'une honnêteté certaine» ? Fariboles que tout cela ! Ces trois-là furent bel et bien des imposteurs, mais jamais autant sans doute qu'avec cette affaire de la chronologie des *Illuminations*. C'est qu'il y avait anguille sous roche, des motifs et des enjeux décisifs : la tartuferie sexuelle, l'argent, la mythification de la poésie à une certaine époque. Après cela, bien sûr, et sous quelque forme que ce soit, tout ce qui découle de cette imposture triple est nul et non avenu ; mais sommes-nous en mesure d'en percevoir les frontières ? En vérité, quand on pense aux conséquences de cette affaire, on se dit qu'il y a là quelque chose d'un peu humiliant pour l'esprit : des impostures si médiocres, si ridicules même, et un triomphe qu'on n'aurait jamais pu imaginer, triomphe qui ne concerne pas, tant s'en faut, la seule poésie, mais désigne sans doute la ligne de fracture de toute une société. *Plaudite cives*[1] !

---

1 « Applaudissez, citoyens ! » : formule par laquelle, à Rome, le chef d'une troupe théâtrale, à la fin de la pièce, invitait les spectateurs à l'applaudir.

CHOIX BIBLIOGRAPHIQUE

La bibliographie de Rimbaud est immense et très inégale. On s'est donc volontairement limité ici à un choix de travaux dont, même si on peut assez souvent discuter les perspectives qu'ils adoptent, la lecture est stimulante et donc profitable.

ÉDITIONS

Œuvres, édition de Suzanne Bernard, Classiques Garnier, 1960 (édition ultérieurement révisée à plusieurs reprises par André Guyaux).
Une saison en enfer, édition critique par Pierre Brunel, José Corti, 1987.
Œuvres (t. I : *Poésies*, t. II : *Vers nouveaux, Une saison en enfer*, t. III : *Illuminations*), édition par Jean-Luc Steinmetz, G / F Flammarion, 1989.
Œuvres complètes, édition par Louis Forestier, Robert Laffont, coll. «Bouquins», 1992.
Poésies complètes / Une saison en enfer, Illuminations et autres textes (2 vol.), édition par Pierre Brunel, Le Livre de poche classique, 1998.
Œuvres complètes, édition par Pierre Brunel, LGF, coll. «La Pochothèque», 1999.
Œuvres complètes (*I. Poésies*, édition critique par Steve Murphy, 1999 ; *II. Œuvres diverses et lettres 1864-1870*, édition par Steve Murphy, D. Bandelier, B. Claisse, D. Huë et G. H. Tucker, 2007 ; *III* à paraître ; *IV. Fac-similés*, édition par Steve Murphy, 2002), Honoré Champion.
Éclats de la violence, édition par Pierre Brunel, José Corti, 2004 [il s'agit en fait d'une édition critique et commentée des *Illuminations*].
Œuvres complètes, édition par André Guyaux, Gallimard, Bibliothèque de la Pléiade, 2009.

BIOGRAPHIES

Steinmetz, Jean-Luc, *Arthur Rimbaud. Une question de présence*, Tallandier, 1991.
Lefrère, Jean-Jacques, *Arthur Rimbaud*, Fayard, 2001.

OUVRAGES CRITIQUES

BONNEFOY, Yves, *Rimbaud par lui-même*, Le Seuil (coll. «Écrivains de toujours»), 1960.
BRUNEL, Pierre, *Rimbaud. Projets et réalisations*, Champion, 1983.
CLAISSE, Bruno, *Rimbaud ou le «dégagement rêvé»*, Charleville-Mézières, «Bibliothèque sauvage», Musée-Bibliothèque Rimbaud, 1990.
COMBE, Dominique, *Poésies, Une saison en enfer, Illuminations d'Arthur Rimbaud*, Gallimard (coll. «Foliothèque»), 2004.
CORNULIER, Benoît de, *Théorie du vers. Rimbaud, Verlaine, Mallarmé*, Paris, Le Seuil, 1982.
ÉTIEMBLE, *Le Mythe de Rimbaud* (t. I : *Genèse du mythe* ; t. II : *Structure du mythe*), Gallimard, 1952.
ÉTIEMBLE, *Le Sonnet des Voyelles*, Gallimard, 1968.
FONGARO, Antoine, *De la lettre à l'esprit. Pour lire* Illuminations, Paris, Honoré Champion, 2004.
GUYAUX, André, *Poétique du fragment. Essai sur les* Illuminations *de Rimbaud*, À la Baconnière, 1985.
GUYAUX, André, *Duplicités de Rimbaud*, Champion-Slatkine, 1991.
HENRY, Albert, *Contributions à la lecture de Rimbaud*, Académie Royale de Belgique, 1998.
MEYER, Bernard, *Sur les Derniers Vers. Douze lectures de Rimbaud*, L'Harmattan, 1996.
MURAT, Michel, *L'Art de Rimbaud*, José Corti, 2002.
MURPHY, Steve, *Le Premier Rimbaud ou l'apprentissage de la subversion*, CNRS / Presses Universitaires de Lyon, 1991
MURPHY, Steve, éd., Arthur Rimbaud, *Un cœur sous une soutane*, «Bibliothèque sauvage», Musée-Bibliothèque Rimbaud, 1991.
MURPHY, Steve, *Stratégies de Rimbaud*, Honoré Champion, 2004.
RAYBAUD, Antoine, *Fabrique d'*Illuminations, Le Seuil, 1989.
SACCHI, Sergio, *Études sur les* Illuminations *de Rimbaud*, Presses de l'Université de Paris-Sorbonne, 2002.

ARTICLES

ASCIONE, Marc et CHAMBON, Jean-Pierre, «Les "zolismes" de Rimbaud», *Europe*, mai-juin 1973, p. 114-132.
BIVORT, Olivier, «Le modèle du discours pictural dans quelques poèmes des *Illuminations*», in *Malédiction ou révolution poétique*, Colloque de Cerisy, *Lez Valenciennes*, 13, 1990, p. 147-166.

Brunel, Pierre, «Rimbaud récrit l'Évangile», *Le Mythe d'Étiemble*, Didier Érudition, 1979, p. 37-45.

Chambon, Jean-Pierre, «Noms propres et construction du sens dans la "lettre de Laïtou"», *Hommage à C. A. Hackett, Parade Sauvage Colloque* n° 2, 1990, p. 121-135.

Claisse, Bruno, «*Soir historique* et l'illusoire», *Vies et poétiques de Rimbaud, Parade Sauvage Colloque* n° 5, 2005, p. 546-563.

Claisse, Bruno, «*Matinée d'ivresse* sans "paradis artificiels", *Parade Sauvage*, n° spécial «Hommage à Steve Murphy», octobre 2008, p. 617-627.

Collot, Michel, «La dimension du déictique», *Littérature*, 38, mai 1980, p. 62-76.

Cornulier, Benoît de, «La Chambre ouverte d'un *Jeune ménage*», in *De la musique à la linguistique. Hommages à Nicolas Ruwet*, 1992, p. 57-70.

Denis, Yves, «Glose d'un texte de Rimbaud, *Après le déluge*», *Les Temps modernes*, 1968, p. 1261-1276.

Ducoffre, David, «Rimbaud conteur : autour d'*Aube*», *Littératures*, n° 54, 2006, p. 153-177.

Gouvard, Jean-Marie, «La *Chanson de la plus haute tour* est-elle une chanson ?», *Parade Sauvage*, n° 10, 1994, p. 45-63.

Murat, Michel, «Sur l'arête des cultures», *Littératures*, n° 54, 2006, p. 201-213.

Murphy, Steve, «Les *Illuminations* manuscrites», *Histoires littéraires*, n° 1, 2000, p. 5-31.

Murphy, Steve, «Architecture, astronomie, balistique : le châtiment de Hugo», *Vies et poétiques de Rimbaud, Parade Sauvage Colloque*, n° 5, 2005, p. 183-224.

Murphy, Steve, «Logiques du *Bateau ivre*», *Littératures*, n° 54, 2006, p. 25-86.

Tucker, George Hugo, «Rimbaud latiniste», *Textes et contextes d'une révolution poétique, Parade Sauvage Colloque* n° 4, 2004, p. 5-28.

Watson, Lawrence, «La sexualité parnassienne chez Rimbaud», *Rimbaud à la loupe, Parade Sauvage Colloque* n° 2, 1990, p. 27-37.

HORS CONCOURS

On s'en voudrait de ne pas citer pour finir le chef-d'œuvre de Pierre Michon, *Rimbaud le fils*, bien qu'il ne s'agisse évidemment pas d'un livre de critique au sens ordinaire du terme. On s'en voudrait encore davantage d'user de démagogie sur un tel sujet : reste qu'un livre comme celui-là ramène la critique, certes indispensable et légitime, à la conscience de ses propres limites. Comme le disait jadis Ducasse sous le masque du Comte de Lautréamont : *allez-y voir vous-mêmes si vous ne voulez pas me croire*.

INDEX

ADAM, Paul : 26, 34
ANDRIEU : 99, 101, 104-109, 382
ARAGON : 46, 47, 48, 341
ARÈNE : 244

BANVILLE : 14, 64, 70, 74, 77, 165, 188, 200, 208, 209, 242, 259, 267, 332, 344, 400, 401
BATAILLÉ, Christophe : 74
BAUDELAIRE : 23, 25, 63, 64, 69, 70, 121, 152, 162, 167-170, 187, 204, 215, 227, 240-245, 247, 248, 267, 337, 355, 356
BERNARD, Suzanne : 19, 51, 148-151, 172, 179, 181, 207, 249, 291, 292, 293, 433
BERRICHON, Paterne : 37-41, 147, 148, 179, 183, 184, 379, 388, 401, 409, 410, 413-419, 421-430
BIVORT, Olivier : 22, 116, 367, 389, 434
BLANCHOT : 361
BLÉMONT : 20, 69, 74, 221
BOUILLANE DE LACOSTE : 48-51, 289, 397
BRETON : 18, 43, 44, 45, 49, 93, 132, 153, 202, 341, 342, 343, 348, 358
BRUNEL, Pierre : 19, 55, 116, 120, 167, 180, 181, 182, 207, 208, 209, 215, 256, 257, 291, 292, 293, 298, 313, 315, 317, 323, 337, 363, 364, 433, 434, 435

CHAMPSAUR : 20, 164, 224
CHAR : 18, 50, 81, 324
CLADEL : 260
CLAISSE, Bruno : 121, 343, 345, 346, 369, 372, 433, 434, 435
CLAUDEL : 12, 13, 17, 18, 33, 40-44, 50, 82, 131, 132, 147, 188, 225, 290, 430
COMBE, Dominique : 53, 434

D'ORFER : 27, 28
DARZENS : 27, 32, 403, 405, 406, 407, 419, 420
DELAHAYE : 37, 46, 59, 62, 63, 74, 84, 86, 93, 94, 107, 108, 174, 180, 187, 198, 199, 201, 291, 292, 293, 305, 342, 347, 379, 399, 412, 414, 418-430
DUCOFFRE, David : 435
DUJARDIN : 27, 32

ETIEMBLE : 17, 18, 20, 45, 49, 122, 132, 207, 209, 231, 233, 237, 249, 250, 252, 253, 256, 323, 379, 399, 434, 435

FÉNÉON : 29, 30, 32, 33, 34, 49, 386, 392, 396, 397
FLOUPETTE, Adoré : 24, 26, 27
FONGARO, Antoine : 182, 186, 289, 290, 297, 306, 343, 345, 346, 348-351, 354, 358
FORAIN : 182, 186, 289, 290, 297, 306, 343, 345, 345, 348-351, 354, 358
FORESTIER, Louis : 179, 181, 186, 224, 256, 291, 292, 330, 433
FOURNIER, Alain : 41, 42

GAUTIER : 25, 101, 134, 144, 343
GHIL : 27, 31, 32, 96, 224, 228, 229, 230
GIDE : 11, 39
GLATIGNY : 332
GONCOURT : 72, 73, 97, 98, 219, 270, 279, 303
GUYAUX, André : 39, 47, 62, 101, 117, 215, 223, 249, 315, 330, 335, 336, 374, 433, 434

Hugo : 13, 19, 26, 27, 56, 63, 64, 65, 68, 70, 73, 74, 86, 90, 93, 95, 96, 123, 146, 150, 152, 153-162, 166, 173, 174, 176, 187-193, 195, 198, 199, 203, 204, 205, 212, 215-218, 222, 235, 238, 240-248, 258, 263, 272, 273, 275, 280, 285, 287, 289, 302, 311-314, 316, 318, 320, 322, 325, 328, 343, 362, 369, 389, 435
Huysmans : 25

Izambard : 61, 62, 64, 67, 75, 83, 94, 163, 165, 167, 169, 172, 176, 182, 200, 261, 287, 400

Kahn : 25, 27-30, 33

Lamartine : 68, 73, 94, 150, 215, 280, 310, 368
Lawler, James : 331
Leconte de Lisle : 66, 70, 73, 215, 216, 240
Lepelletier : 78, 96, 99, 102, 104, 221, 302, 344, 392
Lissagaray : 84, 88, 89, 91, 99, 101, 104, 107, 108, 273, 299, 369

Mallarmé : 11, 12, 22, 25, 32, 34, 37, 46, 188, 229, 232, 332, 391, 409-413
Marx : 89, 103, 104, 106, 107, 272
Mendès : 164, 167, 266, 332
Mérat : 70, 115, 252, 253, 262
Michelet : 68, 94, 137, 138, 139, 145, 146, 214, 388, 402
Mirbeau : 20
Moréas : 25, 27, 29
Murat, Michel : 63, 76, 200, 201, 202, 239, 269, 306, 322, 365, 434, 435
Murphy, Steve : 20, 23, 55, 69, 71, 77, 78, 84, 96, 101, 121, 134, 135, 136, 145, 148, 160, 167, 170, 174, 198, 221, 227, 235, 265, 266, 267, 269, 270, 273, 276, 279, 281, 282, 284, 285, 298, 361, 433, 434, 435
Musset : 140, 295, 317, 332, 343, 362, 390

Nouveau : 48, 49, 183, 420, 421

Pakenham, Michael : 71, 78, 98, 221, 380
Pierquin, Louis : 398-407

Renan : 122, 123, 295
Reverdy : 12, 39
Rigault, Raoul : 97, 98
Rimbaud, Isabelle : 35, 36, 37, 39, 40, 46, 48, 50, 51, 54, 57, 148, 379, 394, 398-410, 412, 413, 415-419, 421-431
Rivière, Jacques : 11, 41-44, 46, 47, 52, 83, 147, 202, 225, 290, 309, 316
Rolland de Renéville : 44, 49
Rougerie, Jacques : 88, 303
Ruff, M.-A. : 83

Sand, G. : 72, 150, 241, 343
Steinmetz, J.-L : 86, 136, 179, 180, 181, 223, 251, 291, 292, 323, 336, 433

Tailhade : 25
Trézenik : 25, 26
Tridon : 103
Tucker, G.-H. : 62, 63, 433, 435

Valade : 20, 69, 70, 74, 76, 115
Valéry : 39, 45
Vallès : 71, 72, 87, 93, 368
Verlaine : 13, 19, 20-26, 28, 34, 36, 37, 38, 51, 53, 55, 60, 63, 69, 70-75, 77, 78, 79, 82, 84, 85, 96-102, 104, 105, 113, 117, 119, 120, 121, 123, 133, 142, 143, 147, 148, 162, 164, 168, 170, 176, 178, 179, 180, 183-188, 190, 191, 197-200, 208, 219, 220, 221, 224, 226-231, 235, 248, 252, 253, 254, 258, 260, 272, 284, 302, 306, 307, 311, 315, 324, 325, 326, 328, 329, 330, 344, 347-352, 354, 356, 358, 379-400, 402, 405, 409-415, 417-427, 429, 434
Vermersch : 70, 71, 97, 99, 100, 101, 102, 104, 105, 107, 108, 308
Vigny : 101, 150, 191, 208

Wyzewa : 32

Zissmann, Claude : 336, 343, 345, 350

TABLE DES MATIÈRES

QUELQUES MOTS POUR COMMENCER 11

PREMIÈRE PARTIE
RIMBAUD EN SON TEMPS

MYTHE 17

ÉCOLE(S) 57

COMMUNE 81

ASSASSINS ? 115

DEUXIÈME PARTIE
RIMBAUD DANS LE TEXTE

JEANNE-MARIE LA SORCIÈRE 131

À PROPOS DE *L'HOMME JUSTE* 147

LES POUX ET LES REINES
À propos des *Chercheuses de poux* 163

EUROPE 71 OU *LES DOUANIERS* 177

MICHEL ET CHRISTINE OU LES NOUVEAUX BARBARES 207

VOYELLES SANS OCCULTISME 223

QUELQUES MOTS SUR «*L'ÉTOILE A PLEURÉ ROSE...*» 249

FAITES VOS *PARIS*? 265

BONNE PENSÉE DU MATIN AU PIED DE LA LETTRE 289

QUELQUES MOTS SUR *MYSTIQUE* 309

LOGIQUES DE *BEING BEAUTEOUS* 323

QUATRE NOTES SUR *DÉVOTION* 341

BARBARE OU L'ŒUVRE FINALE 361

APPENDICE
Traité des trois imposteurs :
Verlaine, Isabelle Rimbaud, Delahaye 379

CHOIX BIBLIOGRAPHIQUE 433

INDEX 437